1840 | 1850 | 1860 | 1870 | 1880 | 1890 | 1900 | 1910 | 1920 | 1930 | 1940 | 1950 | 1960 | 1970 | 1980 | 1990 | 2000 | 2010

モダニス

建築の20世紀はここから始まった

彰国社編

彰国社

はじめに

モダニス

建築の20世紀はここから始まった

彰国社編

彰国社

1840 | 1850 | 1860 | 1870 | 1880 | 1890 | 1900 | 1910 | 1920 | 1930 | 1940 | 1950 | 1960 | 1970 | 1980 | 1990 | 2000 | 2010

はじめに

『モダニスト再考［海外編］』の姉妹編となるこの［日本編］では、ヨーロッパで興ったモダニズム運動とその成果をいちはやく移入して、日本独自のモダニズムを開花させ、さらには、深化・発展させるうえで大きな役割を果たした30人をクローズアップして紹介します。

吉田五十八、堀口捨己、坂倉準三、丹下健三をはじめ、日本のモダニズム史においては必ずその業績が紹介される建築家たちに加え、逓信省や内務省などに籍を置いて腕を振るった組織内建築家、さらには、研究者や雑誌メディアで活躍した編集者も取り上げて、幅広い視点で読み直します。

彼らを中心として大正から昭和にかけて独自の発展を遂げた日本モダニズムは今に至るまで建築のあり方を大きく規定することになりますが、建築家、建築史家から美術家まで、21人の多彩な論者による読み直しの作業は、新たな光で日本のモダニズムを照らし出すにとどまらず、われわれの建築を逆照射することになるでしょう。

まずは自らの脚元をしっかりと見つめ直すこと——この作業は、われわれの未来に対しても、これまでとは異なる新たな視線を投げかけることになるに違いありません。

彰国社

装丁——刈谷悠三+角田奈央｜neucitora

Nakamura Tatsutaro
Sano Toshikata
Sunami Takashi
Fujii Koji
Kon Wajiro
Antonin Raymond
Murano Togo
Koyama Masakazu
Ueno Isaburo
Ishimoto Kikuji
Yamada Mamoru
Yoshida Isoya
Kurata Chikatada
Morita Keiichi
Horiguchi Sutemi
Ishihara Kenji
Imai Kenji
Ito Masabumi
Tsuchiura Kameki
Kishida Hideto
Sato Takeo
Yamakoshi Kunihiko
Sakakura Junzo
Kawakita Renshichiro
Yamaguchi Bunzo
Taniguchi Yoshiro
Shirai Seiichi
Maekawa Kunio
Kosaka Hideo
Tange Kenzo

Nakamura Tatsutaro 1860－1942

中村達太郎

1882年、工部大学校造家学科を卒業後、工部省営繕局へ入局し、1887年まで皇居造営に携わる。東京帝国大学工科大学助教授を経て、1894年、教授。建築学会の会誌『建築雑誌』の編集を手がけ、1906年、1人で蒐集、編纂した『日本建築辞彙』を出版。

亀裂の保存

中谷礼仁

むしろモダニストによる絵画の仕事は、いま現在、その因習だけが、彼の作品のアイデンティティを絵画として確立しうるような、そういった諸因習を発見することなのである。

マイケル・フリード「芸術と客体性」[1]

とりあえず、モダニズムという態度の規定を、ここからはじめたい。なんとなく承認されている近代－モダンの時代においてモダニズムを再読することに、さほど意味が認められないからである。そのような行為は、特に日本近代を対象とする場合、よくてそのお家芸の「洗練」に加担して終わる。

そもそも「切断」（モダニズム）を成立させるそれより前の基体が存在している。日本の近代建築を成立させているそれについての注釈からぜひともはじめるべきだと思う。

彼は不統一を編纂の主眼に置いた

いばら（茨）
曲線相會シテ生ジタル角点ヲイフ。加州〔2〕辺ニテハ之ヲ「いが」ト称ス。（英cusp）。図ノ一ハ唐破風《からはふ》ノ茨ニシテ、ニハ窓ノかすぷナリ。孰《いず》レモ尖端ヲ有スルヲ見ルベシ。 蓋《ただ》 かすぷノ語源ハ尖端《ポイント》ノ意義ヲ有スル羅典語《ラテン》ニシテ、いばらニモ其意義アリ。地方ニヨリ毛毬《イガ》ト称スルモ亦《また》 同一義ヨリ出タル語ナリ。 然《しか》ルニ星霜ヲ経ルニ従ヒ、漸々原意ヲ逸スル者少ナカラズ。茨モ亦其例ニ洩レズ。即チ図ノ三及ビ四ノ如シ。三ハ徳川時代ノ唐破風ニ見ルコトアル茨ニシテ、四ハ十五世紀ノ某窓ニ設ケタルかすぷナリ。何レモ尖端ヲ有セズ、全ク原義ヲ失イタル形ナルヲ見ルベシ。

いまあたうかぎり、その表記を再現してみた〔図1〕（出典：『日本建築辞彙』、括弧付のルビ、また句読点は引用者による、以下同じ）。その辞書は、いろは順なので「いばら」からはじまる。中村達太郎1人によって蒐集、編纂された『日本建築辞彙』〔3〕（以下、辞彙《じい》とする）は、いわゆる「日本建築」だけについての辞書ではなかった。伝統的な日本建築から、当時の西洋式建築の部位までの4000語弱の建築関連用語を並べている。その意味での日本建築の辞彙である。

中村は、明治15年工部大学校を卒業し同20年まで皇居造営に携わった後は、帝国大学工科大学教授として、以来専任の教育・研究者となった。たとえば辰野金吾が建築意匠を、伊東忠太が建築史を専門的に担当したのに比較して、中村はその他の領域をオールマイティにこなした。中村は、現在ではまったく忘れられた存在といってよいが、今にいう建築環境学や材料学、構法、施工、建築法規など多様なジャンルの事実上の創始と見なす評価もある。また明治期のほとんどを通じて『建築雑誌』の編集委員をも任じていた〔4〕。中村は、自らの行為をひとつの専門領域として閉じることがなかった。むしろ建築の外延において、ジャンルとしていまだ自律していない領域を探しだし、それにいくばくかの学的な整理を加えた。この非理念的な性格が、彼の特徴といえば特徴である。彼の著した技術書は実に多岐にわたるが、それらの中でも辞彙はもっとも興味深く、豊かな情報に満ちている。

図1:『日本建築辞彙』
「いばら」の項より

辞彙は、1906(明治39)年に初版が出され、いくたびもの改訂を経て、中村の死後も戦後まで版を重ねた。絶版後は、特に「日本建築」に関係する実務者、研究者の間では、何世代にもわたって複写され続けてきた。私のものは、もう、だいぶかすんでしまっている。日本初の本格的な建築辞書であり、またこの100年に国内で発行された類書のうちで、これだけの命脈を保ってきたものも他にないだろう。現在流通している建築辞書の、少なくともその「日本建築」に関する項目を照らし合わせることも無意味に近い。なぜならほとんどの部分がこの辞彙を引き写しているからである。

このように優れた辞書であるにもかかわらず、中村はその序の中で、奇妙にも、こう書いている。

説明の繁簡区々にして、一見統一を欠き居る如くに見ゆるならんが、其不統一なることがすなわち余の注意したることである。

つまり不統一にすることが、彼のここでの主要な課題であった。その表記は、確かに、「いばら」の項に象徴されるように、錯綜している。西欧の類義語が引き当てられ、それらの意味の変容も併せて指摘される。いばらは、むしろ確定されていないことによって「いばら」なのだ、とでもいいたげである。

　なぜ不統一な建築辞書が、かような命脈を保ったのだろうか。むしろ中村のいう不統一にこそ、その鍵があるのではないか。いくつかのプロセスを経たうえで、私たちは再びこの辞書に立ち戻ってみたい。

モダンとモダニズムとはわけて考えたほうがいい

近代世界（モダン）にはさまざまな規定がある。ここではごく一般的なその図式として、2つの解釈を採用してみたい。ひとつはI・ウォーラーステインのいう近代世界システム（Modern World System）と、もうひとつはB・アンダーソンによる国語による認識空間の公定（National Printed Language）を主軸とした近代・国民国家論である。

　前者は、単一の分業によって覆われる広大な領域で、その内部に複数の文化体を包含する世界システムとしての近代像である。近代世界は「国家」を単位として動くのではなく、国家間におけるひとつのまとまったシステム（構造体）をなしている、とする説である。15-16世紀における西欧の世界帝国から資本主義化を第一波とし、19世紀において世界の大半が組み込まれたという。

　そして後者における、18世紀後半から成立しはじめた国民国家とは、同じ「時間」「空間」を共有する「我々」（国民）がいると感じることによって成立する。この共有された空間の下部構造に、国民的出版語がある。つまり時の権力によって公定された言語の専一によってこそ、国家を成立させる空間は生まれた。たとえば新聞をにぎわす、さまざまな事件に象徴されるように、互いになんの脈絡もないはずなのに、そこになんらかの共時性が感じられてしまうこと自体が、すでに特定の空間をつくりあげている。

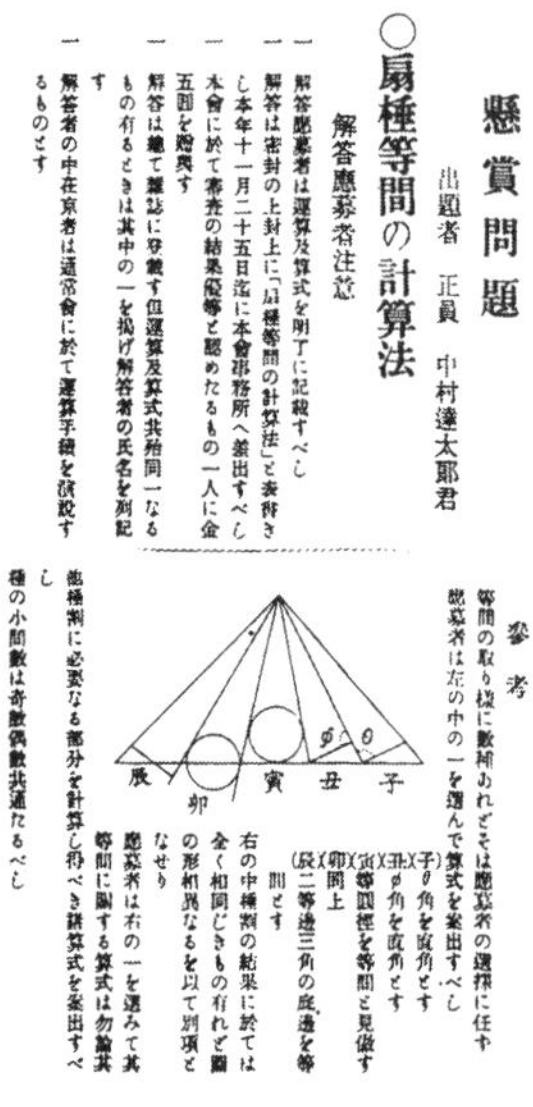

懸賞問題

出題者 正員 中村達太郎君

○扇棰等間の計算法

解答應募者注意

一 解答應募者は運算及算式を明了に記載すべし
一 解答は密封の上封上に「扇棰等間の計算法」と表書きし本年十一月二十五日迄に本會事務所へ差出すべし
一 本會に於て審査の結果優等と認めたるもの一人に金五圓を贈與す
一 解答は總て雜誌に登載す但運算及算式共殆同一なるもの有るときは其中の一を掲げ解答者の氏名を列記す
一 解答者の中在京者は通常會に於て運算手續を演說するものとす

參考

等間の取り樣に數種あれども其は應募者の選擇に任す
應募者は左の中の一を選んで算式を案出すべし

(子)θ角を直角とす
(丑)φ角を直角とす
(寅)等圓徑を等間と見做す
(卯)同上
(辰)二等邊三角の底邊を等間とす
右の中種類の結果に於ては全く相同じきもの有れども圖の形相異なるを以て別項となせり
應募者は右の一を選みて其等間に關する算式は勿論其他種類に必要なる部分を計算し得べき諸算式を案出すべし
種の小間數は奇數偶數共通たるべし

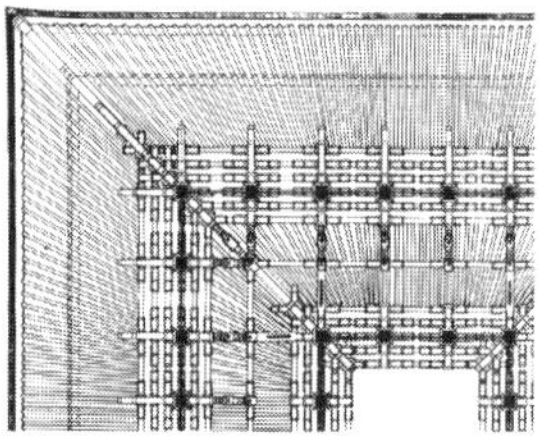

図2：中村達太郎出題・
扇垂木等間の計算法
(『建築雑誌』第212号、明治37年8月)
図3：扇垂木の例。
円覚寺舎利殿、15世紀前半

つまり公定された言葉が共通の時間や空間、要は奥行きのある歴史を事後的につくりあげる、という説である。

これらは均質性と固有性をめぐって、一見対立しているかのように見える。しかしアンダーソンの、新聞という見事な比喩に象徴されるように、その固有性は、均質的な時空間を成立の条件としている。つまり均質性の幻想は生産システムとして、そして固有性の幻想は解釈システムとして併存する、同じ平面のつがいである。近代・日本・建築とは、その意味において、均質的な時空間を前提とした「自国的文化」の発露であった。そしてこの平面が、私たちの建築認識における、制度的な〈みえがかり〉を構成している。20世紀初頭のモダニストたちが、折衷的な建築様式の断片(装飾)を捨てたのは、そこに疎外された固有性を見たからであった。その因習は、作品成立の条件を他のものへと変換、流通させてしまうからである。だとしたら、モダニズムという行為はこのモダン一般の平面に、垂直的に亀裂を入れる行為でなければならない。その裂け目から、彼らにとってより本質的な因習を見出さねばならない。彼らはその意味で優れた歴史主義者なのである。だからモダンの平面とモダニズムという垂直運動は、わけて考えたほうがいい。

　では中村が切り裂こうとした、当時の日本におけるモダンは、どのような平面をしていたのだろう。

中村は奇妙な懸賞問題を提案した

1904（明治37）年8月、中村は、建築学会の機関誌『建築雑誌』に以下のような懸賞問題を広告している［図2］。それは日本建築のいわゆる禅宗様《ぜんしゅうよう》特有の意匠である扇垂木《たるき》［図3］に関する証明問題であった。扇垂木はその名のとおり軒裏の垂木が放射状に配される形式で、その垂木の等しい間隔を導きだす解法を募ったのである。

　応募10編というこの小さな企画の連載（応募者それぞれの説を号ごとに詳細に掲載している）の途中、自身によるその解答案ともいえる「扇垂木の計算及び図法新案」［5］で、中村は、実は扇垂木の研究などははなはだのんきのことで決して焦眉の急なる実用的のことではない、と述べている。時代は日露戦争の真っ最中だった。

　実は、この「のんき」は、彼の文脈においてはほとんど正反対の意味あいが込められていたように思われる。この懸賞での追求の対象となったのは、実は扇垂木そのものではなく、その背後にあった、近世以来の大工の高等幾何学としての規矩術《きくじゅつ》であった。扇垂木の配置法は、規矩術のもっとも困難な問題群とされていたから、対象としたまでである。

　規矩術とは、日本建築の美的中心である屋根から軒裏を対象とした、複雑な部材のかたち、加工形状を曲尺《かねじゃく》をもちいて導きだす応用幾何学である。この技術は大工の奥義といわれながら、実はその完成は幕末においてであった。さらに明治以降西洋建築の日本への導入にともなってさらに発展するという、奇妙なうごきをしている。現存する明治期に公刊された建築書を通覧するとき、その主調は建築家たちによるものではなく、実はその多くがこの規矩術書で占められているという、驚くべき事実に遭遇する[6]。もちろんその担い手は、近世以来の大工棟梁の中の学究肌の人々であった。つまり伝統技術と考えられていたはずのものが、当時最新の建築様式の中においてこそ発展しているのである。明治30年代は、以上のような規矩術の展開が最高潮を迎えていたころであった。彼らによって西洋式建築のさまざまな部位やかたちが追求（征服）の対象とされ、トラスや螺旋階段などが、すでに厳密に把握されていた。幕末に大成された規矩術は、明治期にいたって様式の差異をのりこえて、どのような形状においても用いることのできる極度に抽象的な次元をふくんでいたからである［図4–6］。

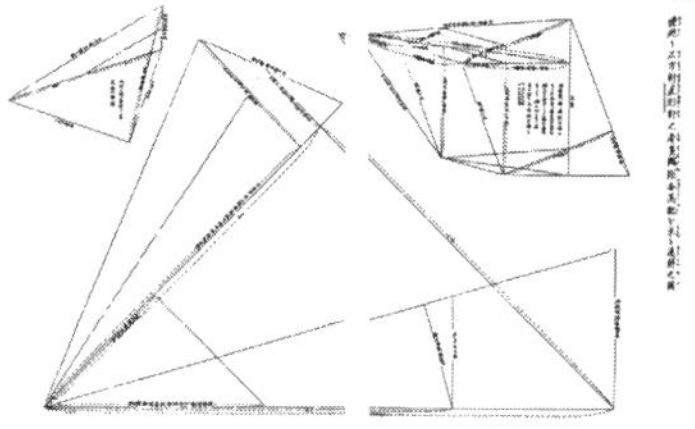

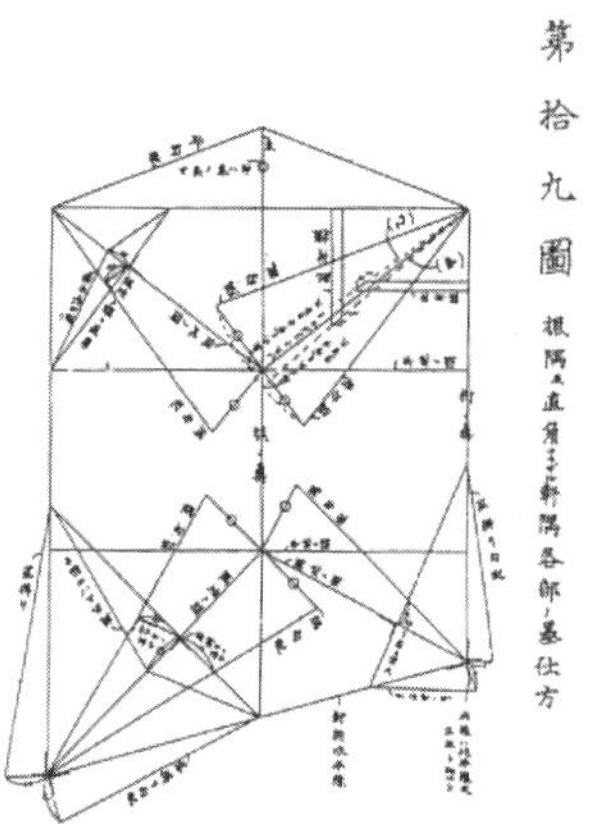

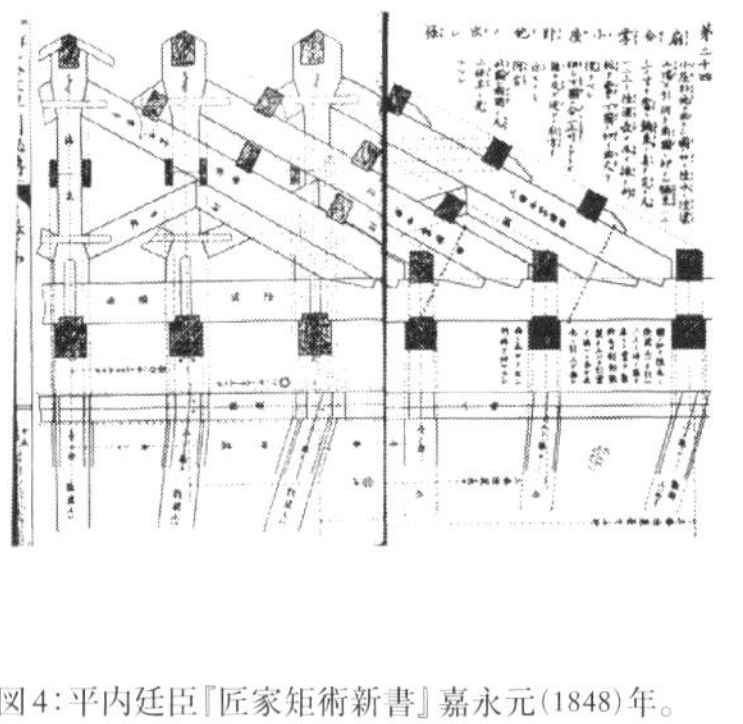

図4：平内廷臣『匠家矩術新書』嘉永元（1848）年。
規矩術の大成、数学による建築形態の抽象表現
図5：斎藤平次郎『日本建築規矩術』明治38（1905）年。
直角ならざる軒隅各部墨の仕方——
いかなる形態の屋根においても適用できる規矩術解法
図6：田中國城『和洋建築大小早割秘伝』
明治44（1911）年。
通常あり得ない扇配置のキングポストトラスの解法

中村の懸賞企画は、このような背景を前提として提案されたのであった。規矩術者らの権力は制度的にはなきに等しかったが、方法的には、すでに西洋建築の全体的な骨格を把握していたのである。それに比較して明治20年代よりはじまる日本人建築家の、建築の実体化に関する把握力、統率力は、むしろ劣っていた側面があった。彼らが唯一大工より優れていたのは、図面の上で実現される意匠記号においてであった。ここでひとつの困惑すべき状態が発生する。私たちの前提となっているモダンの出自は、どこに置かれるべきなのか、という問題。

近世建築は、すでにモダンなシステムを構築していた

1884年のある西欧の建築雑誌は、日本の伝統的な住まいを記事に採り上げ、畳が普遍的に取換え可能であること、その面積単位が住居全体の規模を決定するモデュールになっている点等について、その合理性を高く評価し、将来の建築の〈鏡〉として把握している。

日本における近世建築が獲得した技術は基本的には、モダンなものである。一般に日本建築の近世は建築的には何も生み出さなかった時代と総括されることが多い。しかし、それは成果物としての建築作品を対象とした指摘に過ぎない。むしろ近世は、建築が建設されるまでの流通のプロセスが異常に発展した時期であった。幕府の統制下で、棟梁たちは官僚的な事務作業に重きを置くようになっていったとされる。つまり彼らにおける最先端は、設計標準類としての建築書をまとめ公刊することであり、安く早く仕上げるために積算技術を磨くことであり、建築形態の把握術としての規矩術を磨くことであった。つまり建築表現内部での展開というよりは、再生産の迅速化を目的とした経済的、外在的位置からの建築把握といったスタンスに、当時の建築技術の最前線が移行していたのである。これらは現在でも坪単価制や、〜畳といった空間表記に綿々と生き残っている。この影響は、近世当時の地縁的労働組織の改革と相まって、設計技術の流通を推進し、町場の大工たちの技術的競合の下地をつくる

と同時に、分業化された専門職（職人）を出現させる方向を補完した。さらに規格化への技術上の内的要因となり、当時の商業資本や流通過程の発達をともなって、標準寸法、木材、建具、畳等の商品化を推進した、といわれている。つまり近世末における日本建築生産の特質は、自らの全体性を、社会に向けて分析し、対象化し、解体してゆく過程なのであった。明治における規矩術とはその末端に位置した象徴的な技術であった。

建築をめぐる抗争がはじまった

中村が語彙の蒐集をはじめたのは、おそらく、このような、現前するモダンとしての近世を目の当たりにしたからであった。前述したように中村は、帝国大学で教鞭をとる以前の5年間（明治15–20年）に、皇居の造営事業に事務方として参加している。おそらくこれが、彼にとって本格的な伝統的日本建築の全体像にかかわった初めての経験だっただろう。この〈遭遇〉は、大学において高等建築教育を受けた人物としては、もっとも初期のものである。

この5年間で彼が遭遇した具体的なできごとは知られていないが、おそらく事務方としての作業を遂行する際に、現場の大工棟梁の用いる専門用語は大きな障壁となったに違いない。

近世期のある漢学者は、オランダ語のことを「侏離鴃舌《しゅりげきぜつ》」（侏離=野蛮人の音楽、鴃舌=モズの鳴き声）と喩えたといわれる。漢文の素養はあるが旧来の建築文化とはなんの関係もない旧士族の出身で、大学教育で洋語になじんだ中村においては（これは帝国大学で高等建築教育を受けた建築家たちの多くに共通する社会的性格である）、逆に大工棟梁の発話こそが、モズの鳴き声に等しかった。しかしその意味不明の音楽、符牒によって、事実、建物は建設された。声の裏に潜む圧倒的に不明示な層の存在。近世的モダンとできたての日本近代との断絶した重なり。建築の全体的な把握は、この場合いかになされるのか。中村のその後の方向性は、この遭遇によって決定づけられたと思われる。

明治19年に帝国大学の造家学科の出身者たちによって設立された造家学会は、しかしながらその機関誌名は『建築雑誌』

と銘打たれた。その後明治30年になって学会は建築学会へと改名された。

　これまでの近代建築史学の見解では、この経緯を、技術的な意味の強い「造家」から、芸術的意味を含む「建築」への「発展」として語ることが多い。しかしこれは、現在の「建築」のパラダイムを安心させるための事後的なパースペクティブに過ぎない。近年の研究では、明治初期においては、むしろ家を「造る」という明確な意図を込めた「造家」のほうが芸術的創意の意味を含むものであり、逆に「建築」は従来の建設行為、塀の築造、鉄道の敷設、電信柱の設置等々、より広範に用いられたことが判明している。「建築」・「造家」はいずれも、幕末期におけるArchitectureの訳語なのであるが、つまりは「造家」こそが、帝国大学ら工部省のインテリが意図的に選びとった訳語だったのである。

　実は、「造家」が「建築」へいたる過程は、建築家側の用語の敗北をも示している。明治20年代当時、「造家」はほぼ帝国大学内のみで用いられるようになり、その水位差は広がるばかりであった。造家学会の自発的な建築学会への改名行為は、以上のような意味で、「造家――建築という二項対立」に対するクーデターとしての役割をはたすものであった[7]。今にいう「建築」の成立は、近世モダンと明治以降のモダニズム的意志との調停作業の結果である。

　学会の設立当初、中村は、造家学会の『建築雑誌』という、象徴的な器の編集委員に推挙された。中村は水を得た魚のように活動した。創刊当初の数年においては、さまざまなペンネームを使いわけながら、その誌面のほとんどを1人で執筆した号もあったという。明治の人物には常軌を逸するような作業量を残す人物が多いが、中村もその1人である。その背景には、たとえば「造家」と「建築」をめぐっての抗争関係のように、何か錯乱した状況を背景に想像することも、あながち不自然とはいえないはずである。

　辞彙に連なる蒐集作業は、出版16年前の明治23年より、「もしほぐさ」[8]と題して、断続的に『建築雑誌』に報告されはじめる。

中村は、言葉に対応する対象がひとつではないことに気づいてしまった

中村の蒐集、注釈作業が辞彙に結実するまでのプロセスは、すでに源《みなもと》愛日児《あいひこ》がまとめている[9]。

それによると報告をはじめた明治23年以降、同雑誌明治24年第56号「建築語一定法ニ就イテ」の中で、西欧の建築訳語が一定していないことを十数年前より聞き及んでいるとし、その訳語の統一を求め、「簡易なる文字を用いる事」「他国語の言い難くして職人に不適当なる語はこれに似よりて新たに日本語を製する事」「用い慣れ居るものといえども大いに不穏当なる文字はこれを改正する事」などとしている。続いて同25年第65号では「叨《みだり》に原語に拘泥する勿《なか》れ」と主張し、さらに辞彙出版直前の明治37年第205号「建築語に関する卑見」の中では「我国建築語の数はなはだ多く余の編集したるものにても既に二千余言に達せり其中意見あるもの少計《すこしばかり》を抜粋し順次これを掲載せん」として70余りの用語について読者に意見を求めている。そしてこれらの主張の暫定的結論が、辞彙においてまとめられることになる。

その主張は大きく2つに、かつ対立的にわかれる。

ひとつは序にあたる「はしがき」での主張である。

いささか乱暴にまとめると、語の選定については、言葉の必要不必要はその人の職および境遇によって大いに相違があるから、「技術家」なる自分が必要と信じた言葉のみを蒐集した。またその際には、「高襟《ハイカラー》よりは印半纏《しるしばんてん》を取れりと答ふるのである」。それゆえに古語および雅語よりはむしろ通用語を、文字よりは言葉を積極的に認める、とする。そしてこれら大方針は大方針にすぎず、各語についての具体的な採用の基準は一々決定するより仕方がないとして、続いて5つの具体的事例をあげる。

一、読みやすいようにすること（無意味な当て字であってもすでに習慣となっているものは採用する、ただし文学者風に「あずまや」に「四阿」を当てることは不賛成、また屋根の形状をさす「きりづま」を「切妻」と書くことは学的には不適当であるが、「印半纏主義」としてはかまわない）。

二、紛らわしい文字は避けること（「はぐ」に「接」を当てるのは「つぎ」に読めるからよくない。「矧」は当て字であるが、混同がないのでよい）。
三、なるべく簡単な字を用いること（「垂」はいいが「埀」はよくない）。
四、ひとつの言葉に一定の文字を当てたい（「軒」「簷」「檐」は「軒」で統一したい）。
五、日本字をなるべく用いたい（「束《つか》」は現行分かりやすいが、「棳」という中国語を当てたり「短柱」を当てることは好ましくない）。

そして最後に、支那字および洋語を排斥するのではなく「崇拝及び心酔が大嫌いなのだ」と念を押して終わっている。彼が単なる排斥論者でないことは、洋書を通じて知りえた欧米の建築技術を日本語に適用させ、建築各職に分けて説明した『建築学階梯』（明治21–23年）が存在することでも知られる。これらの主張は以前からの提案内容の延長上にあるだろう。

さてもうひとつは、巻末に付された論文「建築語及び文字に就《つい》て」である。こちらのほうは、中村による語源の検討事例が多数掲載されている。（天）文字の部、（地）言葉の部という明確な2部法で構成され、当時流通していた建築用語を具体的に示し、それぞれの側面からその生成過程を論じている。その詳細を検討することは能力を超えるが、その論点は以下の言葉の生成のカテゴリー分けを見れば明らかであろう。

（天）文字の部
（一）古人が支那字の意味を取り違えたるもの
（二）古人が支那字を書き誤りてそれが自然に日本字となりたるもの
（三）是非とも改めたき誤謬
（四）当字
（五）支那にて動詞に用いる字を我国にては名詞となすもの
（六）支那におけるよりは広き意義を有するもの
（七）日本字
（地）言葉の部
（八）誤謬の言葉
（九）文法上誤謬の如くに思わるる言葉
（一〇）疑わしき言葉

（一）原意を失くしたるもの

（二）言葉の変遷

以上、前後者、2つの重なり合いが、結果的に中村の総体的な主張となっている。

前者の序文における中村がめざしたのは、和洋の別なく、当時の建築用語に一定の表記のルールを与え、一対一対応を理想とする、透明な建築原語の世界をつくることであった。ただこのような、錯綜する用語に統一した体系を与えようとした動きは、すでに近世の官僚的大工棟梁によって試みられていた。たとえば東都工匠長官・溝口林卿《りんきょう》による『紙上蜃気』（1758年／宝暦8年）は、約2300もの当時の建築用語を羅列、収録している[10]。田中文男によれば、『紙上蜃気』の題名は海上に生じる蜃気楼にちなみ、紙上に建築の要素を挙げて楼台のかたちを示すこと——つまり現実とは別の平面上で建築を透明な記号の体系として構築すること——をめざして、名づけられたという。このような運動は、近世後期において、職人の初等教科書であるいわゆる往来物《おうらいもの》として流布した。つまり近世にいたるまでに、すでに建築言語はそれを公定する必要があるほどに錯綜していた。というよりも、そもそも言葉に、整然とした体系はないのである。

これらの近世期の「辞書」には、通常文字のみが羅列されており、その意味は説明されていない。言葉の意味は黙知であり、むしろそれを客観的に流通させるための書き方を統一することだけが、求められていたのである。近世のモダンは、アンダーソンのいう公定を、客体としての漢字表記の上で実現させることによって、成立させたのである。この作業がまったく政治的にしかなされえないことを、中村はすぐに悟った。しかしながら中村の所属していた「造家」が、より外延の広い「建築」に敗北しつつあった当時の状況にあっては、その近代版の作業の勝算は少なく、公定作業は、すぐに陳腐化する危険をはらんでいた。

そして明治というさらに異なった文脈が層的に重なり合う状況にいて、近世の言葉に付着した意味はすでに考古的な事物として、あらたに発見すべき対象になっていた。辞彙での主要な追求対象となった単語は、近世における専門的建築技術書の数々からとられた。これら建築書に収録されている語は、話し言葉として継承されはしたものの、漢字表記とは出自を異にするものが多かったという。中村は語の意味を対比的に考察するため、『家屋雑考』『貞丈雑記』『和名抄』『和漢三才図会』『骨董集』『大内裏図考証』『東雅』など、大工棟梁以外の、江戸時代の各領域のインテリが記した著作を参考書とした。辞彙における後者の論文調は、このような複数のコンテクストを照らし合わせた検討結果としての非体系的、かつ学的な備忘録である。たとえば本論の冒頭にあげた「いばら」については、その成立ちの経緯と対処法を以下のように論じている。

> 茨
>
> 尖端を有するものを茨といへど徳川時代の破風などには円き端を有する「いばら」も沢山ある。右のごとき例は余程《よほど》多い。畢竟《ひっきょう》名称を選む場合には其当時の状況を見て将来には無論考《かんがえ》を及ぼさぬからである。若《もし》古昔木材が無くて鐵《てつ》のみありたらんには「たるき」なる語は出来なかったであらう。今は鐵にて作りたる椽《たるき》をも「たるき」と称することが便利である。又字に書きても木扁を用ひて宜《よろ》しい。それと同じく「丸桁」「茨」など何れも原意とは違へども各其名を保存し置く方便利ならん。右は物の形少しく変りても言葉を其壗《そのまま》に用ひたる例である、次に言葉同じくして物大いに変はりたる例を示す……（句読点は引用者による）

一般に言語は、事件的にその意味を他と関係づけていく。加えて「日本語」というシステムは、中国文字（客体）に非体系的な言葉（主体）が恣意的に転写され（当て字、誤写）、その文字上の変化が逆に言葉を変えてしまう。あるいは文字だけを残して、そのさししめす対象がまったく変化してしまう。中村が喩えたように、「さよう」が「左様」と当て字され、それが文章の右部分を示しているものだから、本来は「右様」が正しかったと「厳密に」解釈される。この構造においてはアルファベットも中国文字の役割と同じことである。ひとつの用語の生成過程は、言葉のネットワーク、さらに日本語におけるような言葉と文字とのずれをめぐる偶発性

に満ちており、岡崎乾二郎のいうように[11]、そもそも単一な体系的ルールには事後的にしか当てはめられない。それならば、中村のいうように、おのおのその名を、矛盾を抱えたまま保存しておいたほうがいい。むしろこの日本語の客体(文字)と主体(言葉)とのずれの中に、異なった径路をたどった、ある言葉の史的個別性が敷衍されるからである。中村の作業を日本近世と日本近代という2つのモダンと決定的に異ならしめたのは、これら平面下の構造に、直接触れようとした方法にあった。

近世は「伝統」と命名されて、人々を安心させた

明治期に興隆した規矩術書、ならびにそこでの活発な洋式建築への規矩術の適用は、総じて大正期にいたって減少する。これは建築学会が中村達太郎らの第1世代の手を離れて、佐野利器ら、日本の本格的なモダン建築を推進した第2世代の手に渡ったところと時期を同じくしている。この規矩術衰退の原因として、まず第一に、構造を一体として計画し、かつ陸屋根を可能とした、当時の鉄筋コンクリート造の発達があげられる。これは、個別的部材の集積を前提としていた規矩術の、実際上の適用範囲を根底から無化するものであったといえよう。この原因はまず何よりも大きかった。しかしながら規矩術の普遍的性格は、これらの状況に対して、方法的にはまったく外在可能であったといえる。

だから問われるべきなのは、規矩術に対する社会的認識の変質のほうである。大正期以降、規矩術は伝統的技術のひとつとして、次第にその価値が決定されてゆくように思われる。たとえば昭和初期に佐野利器の提唱により編纂された大系的建築書シリーズである『高等建築学』全26巻[12]において、規矩術は第8巻「建築構造」における第17編「社寺建築」(角南隆著)の項にかろうじて記載されるのみになった。大正から昭和にかけての、日本近代のモダン平面を構築しようとした人々によって、規矩術は「伝統」的技術、いわば「過去」のものとして、制度的にようやく疎外されることになったのである。

明治30年代は、「和洋」あるいは「近世と近代」が、等しく現

在的な事物として現前していた最後の時期であった。中村の『日本建築辞彙』は、その時に書かれたのである。

現在、辞彙は、鬼籍に入られた太田博太郎、稲垣栄三、田中文男の念願通りにおよそ25年を経て、改訂版が公刊されている。そのうちの10年ほどをその改訂作業に関わった者として、今後とも同書がさらなる改訂とともに生き続けることを祈っている。

[註]

1——同文註4から抜粋、『モダニズムのハードコア 現代美術批評の地平』(『批評空間別冊』太田出版、1995年)に所収。

2——引用者註。加賀国、現在の石川県の一部のこと。

3——中村達太郎『日本建築辞彙』丸善書店刊、明治39(1906)年6月発行、昭和6(1931)年改訂増補版。

4——中村達太郎の『建築雑誌』の編集委員の担当時期は中断をはさんで3回あり、1回目が明治19–25年、2回目が同28–31年、3回目が同34–36年である。

5——『建築雑誌』217号、4頁、明治38年1月に掲載。

6——現在、国立国会図書館に所蔵されている明治期建築書159冊のうち、規矩術書は49冊である。規矩術書は、カテゴリー別に見ると、圧倒的に1位の座を占めている。

7——これらの経緯については、中谷編集、金行信輔、倉方俊輔、清水重敦、山崎幹泰共同執筆「建築改名100年」、『建築雑誌』1410号、1997年8月を参照のこと。

8——もしほぐさ：もしおぐさ【藻塩草】藻塩をとる材料にする海草。アマモの類。掻き集めて塩水を注ぐことから、歌などに、多く「書き集む」にかけて用いる——『広辞苑』岩波書店、第5版、1998年。

9——源愛日児「日本建築辞彙を読み直す」、出典は前註7に同じ。

10——この作業の抜粋は同時期に『木匠言語』(1757年/宝暦7年)として公刊された。

11——岡崎乾二郎「建築と古文字学」、『10+1』No.18、INAX出版、1999年。

12——常盤書房発行、昭和7–9年。

Sano Toshikata

佐野利器

1880 − 1956

1903年、東京帝国大学工科大学を卒業。1917年、同大学教授。「震度」の概念をはじめて導入し、日本の耐震構造学の礎を築いた。また、1919年の「市街地建築物法」および「都市計画法」の制定に尽力し、震災後は帝都復興院建築局長として都市計画の分野でも敏腕をふるった。

都市・テクノロジー・ナショナリズム

田所辰之助

「科学的理論」の確立へ向けて

佐野利器は大学を卒業してすぐに大学院へ進学し、同時に講師として東京帝国大学建築学科の教育スタッフの一角に加わった。初年度は製図や図学の指導に当たり、2年目から1年生を対象に強度計算の講義を担当するようになる。「講義のノートを作るのが大変な仕事だった」と佐野は述懐しているが、洋書を頼りにしたり、土木学科の橋梁の講義を参考にして、手探りで講義ノートの作成が行われていったという[1]。ときには、物理学科の授業を学生にまじって聴講したこともあったらしい。また、佐野はこのときに、セメントや木材、石材、鉄材などの建築材料の試験法をほぼ独学に近いかたちで修得している。建築学科には材料試験のための機器類はなく、機械学科や震災予防調査会の万能試験機を借りて、「職工相手にほとんど自習で」実験がなされていった。また、耐火試験については、蔵前高工へ出向きそこに備え付けられていた炉を用いて行った。

佐野が後年の回想のなかで、大学時代に教育内容が芸術教育に偏っていると感じ、「科学的理論」の不在を嘆いたという逸話はよく知られている。「建築学には何の科学的理論もない事に失望し、自分に不向きな学科を選んだ事を悔やみ、やめようかとさえ思った」ほどなのである。佐野の事績をふりかえってみると、卒業後の歩みは、この「科学的理論」を確立していくための道程だったことがわかる。だが、その出発点においては、実験用の機材もなければ試験法もまるで未知のままという状況だった。物理学や機械工学の理論を援用し、ある意味では間に合わせの機器を用いて、暗中模索のなか佐野は研究活動をスタートさせたのである。まさに、何もないところからの出発だった。

「単位」へのまなざし

佐野は大正4年に、学位請求論文「家屋耐震構造論」をまとめている。これは、よく知られるように、「震度」という概念をはじめて耐震理論に導入したものである。「地震の激しさはどういふやうな標準数に依て言ひ表はされるか」という問題に対して、従来の重力ではなく、「標準数」として震度を採用した。震度によって地震の揺れが定量的に把握可能となり、その結果建築物の強度もまた数値化できるようになった。「何の科学的理論もない」分野だった建築学が、分析可能な科学的対象として定位されていったのである。

この震度という考え方に象徴されるように、その後の佐野の活動を概括すると、それがある一面において、さまざまな領域において基準となる「単位」の導入と、それにもとづく計量可能なシステムの構築へ向けられていったことがわかる。佐野が敷設した日本の近代建築の見取り図は、「科学的理論」をベースとして、計量可能性をその特質として備えるものだった。

より直接にこの単位という概念が反映されたものとして、たとえばメートル法の制定に関する佐野の主張をみることができる。大正8年に度量衡調査会が設立された際、佐野は委員のひとりとして参画した。尺貫法、ヤードポンド法、メートル法の混在による度量衡単位の混乱をメートル法で一元化する法案が審議され、これは2年後の大正10年にメートル法専用度量衡法として施行されることになる。単一法への移行にともない、習熟上の困難が考慮されて、メートル法による統一を完遂すべき分野を施行後10年以内と20年以内に分類し、法案の実施を二段階にする暫定的措置がとられた。だが、第1段階の10年を超えたばかりの昭和8年に、尺貫法存続、メートル法排斥の運動が起こり、議会を舞台に論争が巻き起こる。このとき佐野は日本技術協会の会長職にあったが、先陣をきってメートル法擁護論を唱えるのである[2]。戦時体制へ向かいはじめていたなか、工業製品の規格統一の基礎となる「数量的の観念」の国民への普及が謳われている。だが、佐野の主張の根幹は、「メートル法は物差であって物ではない。メートル法を用ふることに依つて物の変るべき筈がない。物は同じでよい」というものでもあった[3]。佐野の主張とはつまり、計測される対象と表示単位との慣習上のつながりを切断し、「単位」そのものの普遍性と自律性を獲得していくことにあったのだと考えることができる。

モナドとしての都市

こうした近代技術の基礎概念としての単位へのまなざしは、住宅政策や都市問題の領域においても顕著に観察され得る。佐野は大正8年に「規格統一」という講演を建築学会で行い、都市住宅の規格化への提言を論じている[4]。

ここで着目されるのは、佐野が都市生活の基本をまず「密集生活」に置いてその論理を展開させている点である。「小面積内に多くの人口を良好なる状態に収容する」ために、土地の「配分」が必要となる。そして、この「配分」を可能にするための前提として、都市住宅が具備すべき性質を、1：間取りの融通性、2：採光と通風の確保、3：大量生産を可能にする単純な構造、の3点に集約させる。佐野は、2階建ての規格化連続住宅の試案を提示してもいるが、それは1スパン内において2室、3室、4

室の3種類の平面型のバリエーションが可能な、可変性の高い平面システムをもつものだった。

　こうした佐野の提案の背景には、「人間の生活は斯の如く千差万別なるを必要とするのでありませうか、…各一の規格を以て統一せらるべきものではありますまいか」という独自の都市生活像があった。生活そのものを規格化というかたちでひとつの「単位」＝間取りへ還元し、それにより都市を統一していこうとする強い意志がここにはうかがえる。均質で操作が容易に行える「単位」＝間取りの可変性、場所性さえも喪失していきかねない統一され反復される都市住宅のイメージ。それは、「大有機体としての完全なる組織」としての都市を形成する、「その分子たる住民」に投影されるイメージでもある[5]。佐野にとっての都市とは、「有機体の分子」＝住民を基本単位とした、モナドとしての都市として描かれるものでもあった。

「経済」という指標

それでは、このような都市像は、具体的にはどのような形象をもって佐野のなかで実像を結んでいたのだろうか。佐野は鉄骨構造の研究を目的として、明治43年末からほぼ3年にわたり、イギリス、ドイツ、イタリアそしてアメリカを視察している。この際の欧米の建築、都市に対する佐野の印象を、「現代欧米建築の趨勢」と題された、帰朝報告ともいえる建築学会での講演の記録にみてみよう[6]。

　ここで佐野がつよく称揚するのは、ニューヨークのスカイスクレーパーの建築である。それが、都市の「密集生活の第一解釈」であること、また各種設備の共用やレストラン、郵便局などの付設による都市機能の複合化など共同生活のためのさまざまな工夫が盛り込まれていることに、都市生活の受け皿としての大きな可能性が読み込まれている。そして、「スカイ、スクレーパー（ママ）が燐寸箱と言はれたのは既に過去の事」であり、「其壮麗の観は歐羅巴に於ける何れの宮殿よりも優れり」とその現代性を強調する。

　しかし、佐野が描出するスカイスクレーパーの姿に増してここで

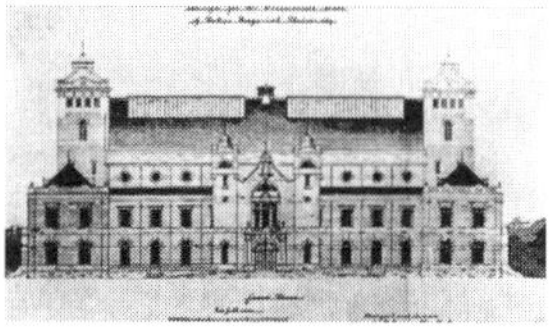

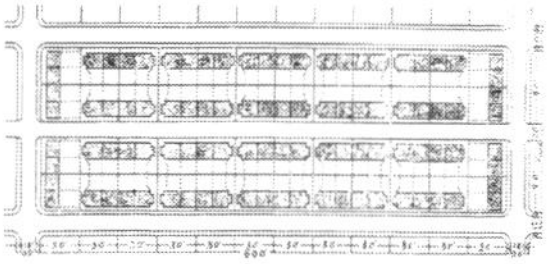

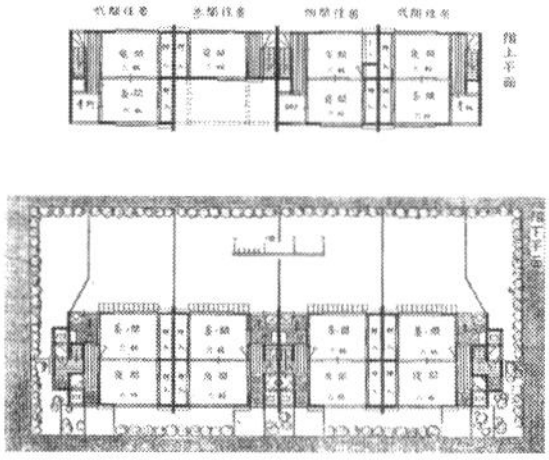

上：卒業設計
「A Ceremonial Hall」1903年
中上：「両国国技館」の
鉄骨構造の棟上げ。
佐野が構造設計を担当し、
竣工時には世界一の規模となった。
1908年竣工
中下：佐野の提案による
規格化住宅の配置図
下：規格化住宅の2階平面（上）と
1階平面（下）

着目したいのは、佐野が「歐米の趨勢と云ふも日本の趨勢と云ふもつまりは同一物」であるという認識を示している点である。この講演全体にわたって、ヨーロッパやアメリカの建築と日本のそれを対立的な構図で捉えるという視点はまったくみられない。むしろ「世界の趨勢と云ふものは一」であるという、両者のあいだの共時的な連関が強調されている。そして、この両者を架橋するものとして、「社会の大勢」を決定する「経済的の競争」という共通の原理が示されている。「建築界に君臨し之を指導して行く者は経済を本にした建物」であり、「商業区域の建物と云ふものが将来に於ける建築界に君臨」するのである。

建築と経済の関係についての佐野の認識は著書『建築』のなかに端的に示されている[7]。その序文に「過去十数世紀に亘り芸術的色彩に依つて掩蔽され来つた建築なる綜合的概念から、工業としての建築概念を抽出して、之が体系的叙述をなす」とあるように、この著作は、近代技術の発展と社会構造の転換に対応して、「建築」を「工業」という新たな産業分野のなかで限定的に記述し直したものといえる。まず西洋建築史を技術史的側面から通観し、構造、材料、建築計画の一般的事項について概説したのち、「建築工業の経済的考察」として請負業の組織形態、施工制度、不動産と金融などの点について詳述される。また、施工計画や規格化、標準仕様、そして建築教育などの点についても言及されている。それはなによりもまず、「建築現象は同時に経済現象として取扱はる」ことを示し、社会の変化にともなって「建築」の概念もまた再定義される必要があることを表明するのである。それはまた、「古来建築的研究の最大目標であり、それが本質は飽く迄主観的」で、「所謂建築芸術と称へられ」ていた建築が依拠する「美的範疇」からの脱却を目指したものでもある。また、文化的領野のなかでつねに「建築芸術」として記述されてきた「建築」を、近代的な都市と国家を編成する「経済」という新たな指標のもとに読みかえていこうとする主張である。

「文化」の切断

こうした佐野の建築観は、「文化」という表象そのものの転位に向かっていく。大正10年の建築学会の講演会は「建築と文化生活」という共通テーマが掲げられ、その一環として佐野は「文化生活」と題した講演を行っている[8]。このなかで、「文化の定義」についての奇妙な留保がなされている点が興味深い。「さる文学士」が文化の意義に関する講演で述べた見解と断りながら、「文化に付ては的確なる定義を下し兼ねると称しまして、文化とは結局文化内容の増加なり」と佐野はその論を敷衍していく。「文化」は「文化内容の増加」であるという、自己言及的な定義が行われるのである。そして、つづいて、「文化」を「文明と云ふやうな先づ大抵大きな違のない概念」と規定し、「文化の状況、私は是を物質的にのみ申述べます」と主題を限定する。「文化」は「文明」へ置換され、「物質的」な問題へ話題は集約されている。なによりも、「文化」が「文明」と同義であるという、なんとも雑駁な理解がここにはみられる。というよりも、ここでは、「文化」の意味内容を定義することを巧妙に避けているような、あるいは、概念規定そのものから遁走しているかのような、「文化」概念に対するある種の判断停止の状態が招来されているのである。

佐野に特有の、このような価値判断の留保は、たとえば大正4年の、明治神宮寶物殿懸賞競技における審査評などにもみることができる[9]。このとき佐野は、一等案の作品を「気分派」と命名し、その他の「和風派」「洋風派」「支那派」に対しその優位性を説いている。「気分派」とは、「建築様姿の根本」である用途や構造の問題を解決した上で、その外観の意匠について、周辺環境との調和を重視し、かつその調和を「気分」において決定する態度、であるとされる。この競技設計では、寶物殿と明治神宮の本殿や楼門などとの意匠上の連関が大きな主題となっていた。それを、「和風派」「洋風派」「支那派」といった様式上の選択肢を廃して、「気分」という主観的な判断基準のもとに決めていこうというのである。そして、「此の派の理想を以て努力する事は獨り寶物殿に對するときのみならず我が國土の凡ての耐久的建築物に向つて適當にして必要なる事」と、その方法の妥当性が唱えられている。だが、はたして「気分」とはなんであろうか。「風物調和の要件」を設計の要素に取り込むという点で、たとえばコンテクスチュアリズムのような考え方に近いものなのかもしれない。だがそれは、「気分」という曖昧なものへ意匠を還元していくことで、「和風派」「洋風派」「支那派」などのスタイル上の区分けを無効化させる結果を生むことにもなる。建築の形態に関

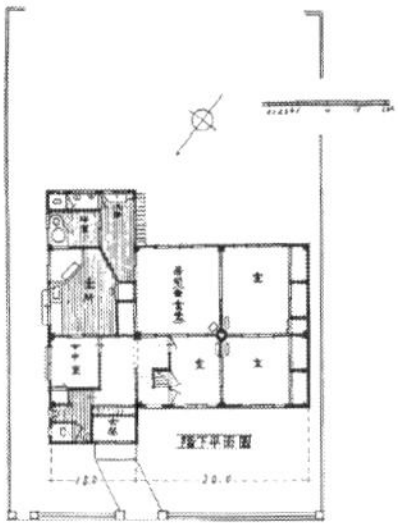

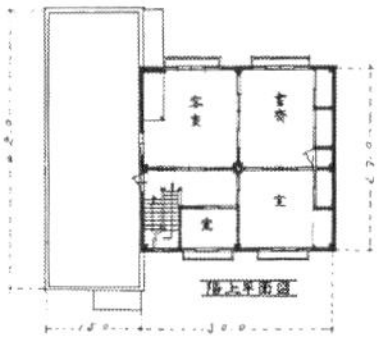

上:「自邸」外観、1923年
中上:同、居間
中下:「自邸」1階平面
下:同、2階平面

する様式的な規定が、「気分」という客観性を欠いた指標の導入によって等閑に付されていくのである。

このように、佐野において、「建築芸術」は「経済」の問題へ換骨奪胎されていき、「文化」は「文明」へといつのまにか横滑りさせられていく。そして、建築の形態は明確な規範を失って「気分」のなかへ溶融していくのである。「美的範疇」のなかで統合されていた「綜合的概念」としての建築像は解体され、「経済」や「工業」によって担われる近代テクノロジーによって、生活という単位へ還元された都市空間のなかへ回収されていく。本来はテクノロジーを理念的に支えるべく擁立されるはずの「建築芸術」や「文化」といった理念は、その実効性を剝ぎ取られ、価値判断を留保されたまま、奇妙な宙吊り空間の狭間に行き先もなく漂いはじめるのである。

テクノロジーの回収

ところで、先述した「規格統一」の問題に関連して目を海外に転じてみると、たとえばドイツでは、１９１４年にドイツ工作連盟を舞台に規格化をめぐる論争が行われ、この新たなテクノロジーの受容をめぐる問題の枠組みが組み立てられた。これは、ヘルマン・ムテジウスが提案する規格化導入に対し、アンリ・ヴァン・ド・ヴェルドを中心とする芸術家勢力が芸術家の「個性」を標榜して対立し、その結果「デザイン」という近代的な概念をかたちづくる、技術と芸術の問題が顕在化されていったものと一般に了解されている。だが、この規格化論争は会長解任の策動と一体のもので、ドイツ工作連盟内部の、ビジネス路線を先鋭化させる主流派と芸術家勢力とのヘゲモニー争いという性格もあった。ムテジウスは論争的な人物で、そもそも工作連盟の設立に際しては、芸術家たちの参入を拒む硬直化した製造業界の団体を批判して逆に公職罷免のキャンペーンが繰り広げられたほどで、これが工作連盟創設の直接の原因となったという経緯もあった。

ムテジウスが一貫して追求していたのは、当時のドイツの帝国主義的対外拡張にともなう輸出振興策を契機として、ユーゲン

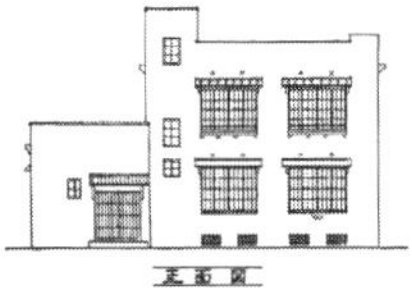

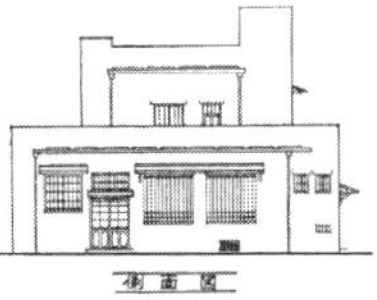

上:「自邸」北側立面
中:同、東側立面
下:「丸善株式会社」1923年。
日本ではじめて
カーテンウォール式の
鉄骨構造を採用した

トシュティールの芸術家たちを介して残存していた「芸術」を清算していくことだった。商務省産業局に所属し敏腕をふるい、工芸学校改革という大事業を手がけ、工作連盟を舞台に「芸術」の再編を推進していく。そこには、ムテジウスというテクノクラートを介して、モダニズムが国家の政策のなかに組み込まれていく事態が観察されるのである。

ドイツは、イギリスやフランスに比して、ユンカー《土地貴族》や工業家、軍人などの封建勢力の影響力がつよく、また新興ブルジョアジーの社会的基盤が脆弱だったこともあり、ブルジョア革命が十分に完遂されなかった。そのため、流入する資本主義的価値に対抗する反自由主義的伝統のなかで、啓蒙のイデオロギーによるコントロールを前提としているはずの近代テクノロジーが、啓蒙理性を欠落させたままに、国家体制のなかへ直接回収されていくという反転された状況がつくられていった。「反動的モダニズム」とも呼ばれるこうした近代テクノロジーの選択的受容は、だがひとりドイツにおいてのみ観察される例外的な現象ではない[10]。ブルジョア革命を経ず、あるいは十分に行われずに近代化が急速に推進されていく国家、つまり日本においても、その特徴的な現れがみられる。

「建築家の覚悟」

もちろんムテジウスと短絡的にその立場の相似を云々するわけにはいかないが、佐野もまた、近代的体制を整えようとしていた日本の国家を背負って、建築の近代化の基盤づくりに邁進していた。それは、さまざまな基本法の整備に、佐野が中心的役割を担ったことにも示されている。東京市建築条令を立案し、また、建築警察の必要性を警視総監に直言して、それは部分的にだが建築取締規則として警視庁令に組み込まれていった。そして、佐野が主宰する都市研究会と片岡安率いる関西建築協会、建築学会の三会共同による都市計画法と建築物法制定の請願運動、これは日本初の本格的な建築法となった大正8年の「市街地建築物法」と「都市計画法」の制定に結実していった。震災後の帝都復興院建築局長そして東京市建築局長としての活動は、テクノクラートとしての佐野の一面を物語るものである。見えざる制度としての法体系を築き、建築を「一経済現象」に翻訳して、その文化的文脈を断ち切っていく。そして、そこに現出する、近代テクノロジーが効率的に稼動し得るモナドとしての都市のイメージ。これはまさに、佐野が担った、近代国家日本の基盤整備という大きな課題の実像なのである。

佐野のもっともよく知られた論文「建築家の覚悟」には、国家へ奉仕するエンジニアとしての建築家像が極端なまでに純化され記述されている[11]。社会の文化的規範を担い、近代国家においては啓蒙理性の体現者として立ち現れる「アーキテクト」としての建築家は、「日本の今日の事情に依て」その必要性を認められていない。逆に、「国家の事情を探って答を求め」るとき、建築家は「実利」と「科学」に依拠する「技術家」、さらには佐野のいう「建物処理者」へその意義を転換されていく。佐野は一応は、「美術の価値」「趣味の普及」という、建築家に帰属すべき責務への配慮をみせてもいる。しかし、こうした啓蒙的な価値はむしろ欠落させられたまま、「技術家」「建物処理者」としての建築家像が性急に国家というイデオロギーに連結されていく。ここには、アーキテクトという西欧的価値を拒絶しながら、同時に、やはり西欧の所産にほかならない近代テクノロジーを受容しようとする、後発国型の近代化に特徴的な事態が生まれている。「小さい時から質実剛健というモットーで育てられ、形のよし悪しとか色彩の事等は婦女子のする事で、男子の口にすべき事ではないと思い込んでいた」という、佐野についてよく語られるエピソードについても、佐野が規定したテクノロジーが、じつは「質実剛健」という日本の旧来の精神的伝統に沿うかたちで導入されていったものであることを物語るものでもある[12]。「婦女子のする事」という言葉に込められた反啓蒙的な社会的慣習も、近代テクノロジーの受容に際してはなんら矛盾を引き起こさなかったことが、この佐野の言葉によく示されている。

このような、西欧近代が規範とした価値を拒否しながら、技術的合理性のみを国家あるいは伝統と結合させるモダニズム受容の形態には、――ホルクハイマーとアドルノによって指摘されたような――啓蒙理性そのものに内在する問題もみられる[13]。昭和5年に創設された新興建築家連盟を、佐野はその影響力を駆使してわずか2カ月で瓦解させている。戦前における日本の近代建築運動はこのときにひとつの到達点を迎えながら同時に終焉に向かっていった。合理主義を標榜する若手建築家たちの企ては無残にも打ち砕かれたのだが、彼らによる合理主義建築の措定と佐野の合理主義の理解とのあいだには、それほど大きな隔たりがあるというわけでもない。「フアンクシヨナリズムとインプレツシヨニズム」という副題を添えられた「復興後の東京市の面影」と題された論文のなかで、佐野は合理主義建築に対する明晰な理解を示している。「合理的といふことを、機械的にのみ考ふることは、フアンクシヨナリズムの陥り易い弊である」として機械論的合理主義の限界を指摘しながら、「望むべきはフアンクシヨナリズムの徹底的研鑽、是れに外あるべからず」として、「合理主義様式の完成」を促してもいるのである[14]。だが、当時の若手建築家たちを捉えていた自由主義的、あるいは唯物主義的な合理主義の理解は佐野にはなかった。佐野にとって合理主義とは、あくまでも日本の都市や国土建設のために作動するという意味において実効性をもつものだった。日本の近代建築が西欧からのスタイルの移入に終始し、本当の意味での近代合理主義がそこに根付かなかったとすれば、それは、モダニズムの受容に際しての西欧的啓蒙価値の拒絶という、より構造的な問題に起因するものでもある。そのひとつの現れを、佐野が描く都市像と、モダニズムに対するその理解のありようの中に読み取ることができるのである。

［註］

1——佐野博士追想録編集委員会編『佐野博士追想録』昭和32年、以下この項における引用は本書の「1・述懐」からのもの。

2——佐野「メートル法と建築」、『建築雑誌』第49集594号、昭和10年1月、67–68頁、同「メートル法擁護に関する建議」、『建築雑誌』第52集635号、昭和13年2月、237–238頁。

3——佐野「メートル法専用徹底の急務」、『建築雑誌』第56集686号、昭和17年5月、359–360頁。

4——佐野「規格統一」、『建築雑誌』第390号、大正8年6月、45–46頁。

5——佐野「都市生活と都市計画」、『建築評論』第1巻5号、大正8年5月、11–14頁。

6——佐野「現代欧米建築の趨勢」、『建築雑誌』第28集331号、大正3年7月、357–364頁。

7——佐野、櫻井良雄『建築』日本評論社、昭和10年。

8——佐野「文化生活」、『建築雑誌』第35集416号、大正10年6月、319–323頁。

9——佐野「用途構造を建築様姿の根本なりと見ての批評」、『建築雑誌』第29集347号、783–787頁。

10——ジェフリー・ハーフ『保守革命とモダニズム』中村幹雄他訳、岩波書店、平成3年。

11——佐野「建築家の覚悟」、『建築雑誌』第25集295号、明治44年7月、361–364頁。

12——註［1］に同じ。

13——マックス・ホルクハイマー、テオドールW・アドルノ『啓蒙の弁証法』徳永恂訳、岩波書店、平成2年。「完全に啓蒙された世界は勝ち誇って災いを撒き散らす」という、よく引用される冒頭の一文に示されているように、脱神話化、脱魔術化をもたらしたとされる啓蒙的理性のなかに、じつは神話的世界への退行の契機も同時に含まれていることを、ホルクハイマーとアドルノは指摘した。神話と啓蒙のあいだの「相互浸透性」という問題は、ドイツばかりでなく、すべての後発型の近代国家に普遍的な命題として考えることができる。

14——佐野「復興後の東京市の面影　ファンクショナリズムとインプレッショニズム」、『新しい東京と建築の話』時事新報社、大正13年。

Sunami Takashi 1887－1980

角南 隆

1915年、東京帝国大学工科大学卒業。1919年、内務省神社局の専任技師となる。昭和戦中期に国家機構を担う官僚建築家として活躍、全国の主だった神社建築を手がけ、神社境内・社殿のイメージを塗り替えていく。戦後独立し、明治神宮の復興プロジェクトでは指揮をとった。

技術官僚の神域：機能主義・地域主義と〈国魂神〉

青井哲人

伊東忠太—大江新太郎—角南隆

神社建築の設計者としては、伊東忠太（1867—1954）、安藤時蔵（1871—1917）、大江新太郎（1876—1935）あたりがおそらく広く知られているだろうか。本稿でとりあげる角南隆は、どんな教科書を読んでもたぶん登場しない。そもそも近代建築史で言及される神社といえば平安神宮・明治神宮くらいのもので、それらは建築家・建築史家・イデオローグとしてかねてより議論の焦点となってきた伊東忠太と国民様式論を軸として論じられているだろう。しかし、私たちが今日当たり前のものとしてイメージする神社の空間・環境をつくったのは誰かと問われれば、角南隆は間違いなく筆頭に名をあげなければならない人物である[1]。彼は神社建築を専門とする設計技術者であり、官僚であり、同時に誰よりも透徹したモダニストだった。

とはいえ、多くの読者にとって近代の神社建築はおそらく親しみのない分野であろう。ここではまず、未曾有の国家的・国民的な神社造営プロジェクトであった明治神宮造営を物差しとして、伊東・安藤・大江・角南といった人々の世代関係と交代劇を整理しておこう。

１９１５（大正４）年にはじまる明治神宮の造営は、伊東の指揮下で安藤が設計実務に腕を振るい、そして安藤の死後は大江によって１９２０（大正９）年の竣工まで導かれた。帝国大学教授であった伊東は、当時、自他ともに認める神社建築の最高の権威であり、明治神宮と朝鮮神宮（１９２５）という、この時期の日本帝国にとって最も重要といってよいモニュメントの設計を任された。この両社の造営は、伊東の国家的神社造営への関与のクライマックスであり、そして実質的には最後ともなった点で象徴的位置にある。

以後、１９２０年代後半から１９３５年頃までは、伊東よりひとまわり下の大江新太郎が、複数の神社造営プロジェクトを通してその日本建築への素養と溢れんばかりの創意を生かし、のちにつながる社殿・境内設計のアイデアを一挙に豊富化していくのだが、病気がちであった大江は１９３５年に他界し、さらにちょうどひとまわり下の角南隆が権威者の地位を継ぐことになる。彼は大江の創意を帝国の政策に沿って巧みに標準化したといえようか。ただし角南は、伊東や大江のようにプロジェクト毎に神社造営に携わった建築家とは違って、１９１９（大正８）年より内務省神社局（１９４０年より神祇院に改組）の初めての専任技師となり、戦時期まで一貫して専門官僚・技術官僚としての立場にあった。とりわけ大江の死後、神社造営事業は帝国全域で極度に活発化し、神社局–神祇院の造営組織も肥大化して、角南は絶大な発言力を持つようになる。角南は、昭和戦中期の国家機構を担う官僚建築家だったのである。後述するように、その角南の目には、伊東はいわば実務を知らない「学者さん」にしか映らなかった。

こうした建築家の交替劇は、神社建築の設計をめぐる巨大な転換を伴っているはずだ。すぐに指摘できるのは、プロフェッサー（有識者=建築家）からテクノクラート（官僚機構）への（国家的神社造営の）設計体制の転換であり、また、19世紀的折衷主義から近代的合理主義への思想的・技術的転換である。だが、それほど単純な説明で事足りるわけではない。

ところで、戦火に焼かれた明治神宮は、1950年代に復興事業を行う（1958年竣工）。このプロジェクトを指揮したのは、GHQによる国家神道体制解体後に設計事務所を立ち上げた角南隆であった。復興にあたっては、佐野利器や内田祥三の主張するRC造復興に対して、岸田日出刀が「伊東先生を地下に泣かせない」ために木造論を熱心に説いたというエピソードもあるが、現存する明治神宮を見れば、角南が、伊東の設計の輪郭を

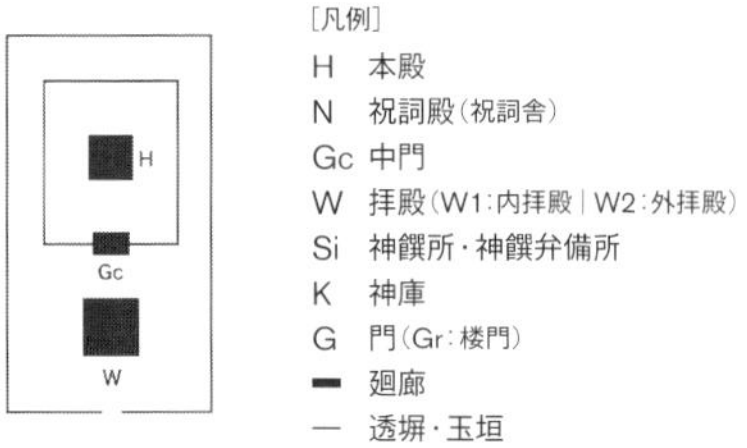

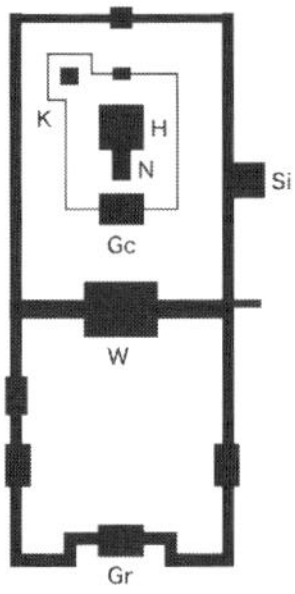

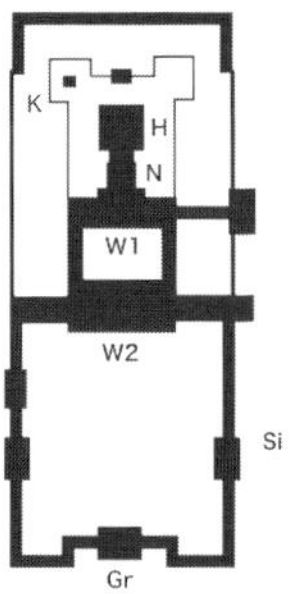

上から
図1：制限図 平面模式図（筆者作成）
図2（左）：「明治神宮 創建社殿」
平面模式図（筆者作成）、1920年竣工
図3（右）：「明治神宮 戦後復興社殿」
平面模式図（筆者作成）、1957年竣工
図4：「明治神宮 創建社殿」1920年竣工
図5：「明治神宮 戦後復興社殿」1958年竣工

尊重しながら、その内部の空間構成をいかに大胆に改変しているかが分かる[図2–5]。

明治神宮だけでなく、角南と、彼の下で帝国全域で活躍した技術者たちは、戦後も全国の神社の復興を通じて、実に裾野の広い影響力を発揮したようだ。彼らがいかに私たちの神社境内・社殿イメージを塗り替えてきたかの究明は、まだ緒についたばかりなのだが。

功利主義

角南は、明治神宮の戦後復興の計画意図を説明するのに、わざわざ明治最初期の神社政策にまで遡って論拠を示している。「制限図」(神社制限図)に言及するためである[図1]。

ここで、この文章を進めていく都合上、〈社格〉という制度について簡単にふれておきたい。社格とは国家による神社の格付けであり、そのヒエラルキーから超脱した伊勢神宮をのぞくすべての神社は、(少なくとも建前上)国家がその経営責任を有する「官社」と、各地方の氏子により経営される「諸社」とに大別される。官社には天皇・皇族を祀る官幣社(官幣大・中・小社の3ランク)と、国(=地方)の一宮もしくは国土の開拓経営にかかる神を祀る国幣社(同様に国幣大・中・小社の3ランク)および別格官幣社があり、諸社は府県社、郷社、村社と社格を持たない神社(無格社)に分けられる。角南隆ら神社局の営繕組織が直接かかわったのは、このうちの官社(母数は200社あまり)であり、創建だけでなく、改築事業も多かった。つまり古社といえども決して古式のままではないのだ。

しかし、伊東や角南のような建築家が登場する前、明治初期には相当数の新しい神社の創建が想定されたため、政府がそれに備えて作成したのが「制限図」と呼ばれる社殿の標準設計である[2]。とりわけ王政復古の精神に沿った「伝統の創出」のために、南朝方の忠臣や明治維新の功績者を祀る神社が相次いで創建され、制限図が採用されていった。政府官僚としては、制限図の目的は予算管理にあり、おそらく社殿配置や意匠を統制する意図はほとんどなかったと考えられる。しかし実態としては、

図6:「朝鮮神宮 創建社殿」全景、
朝鮮京畿道(現・韓国ソウル)、1925年竣工

これをそっくりなぞって建設された神社も決して少なくない。それればかりか、やがて制限図が有名無実化した後の伊東忠太の設計にさえ、無意識のうちに踏襲されていくのである。

　伊東はたしかに制限図に描かれる社殿の意匠には囚われなかった。しかし、本殿を透塀で囲み、中門を置き、その手前に独立の拝殿を置くという、その配置形式をなぜか墨守しつづけた。この配置では、本殿と拝殿とが透塀・中門によって切り離されてしまい、参列者が祭儀にインヴォルヴされた感覚が得られないし、神職にとっても神饌の奉献その他の日常的な奉仕が風雨にさらされ不便きわまりない。逆にいえば、伊東には、拝殿での座礼を立礼に変え（したがって畳敷きの板床を土間に変更し）近代的生活様式に適合化させる決断をした以外には、実際的・功利主義的な発想がほとんど欠落していたのである。

　角南はこの点を痛烈に批判した（引用中の括弧内は引用者注）。

> この制度［制限図］の面影をのこしながら実施された最後の神社が、実に明治神宮の社殿規模［構成］であったのである。……こうした、学者と技術家と役人の常識をまとめながら進めたのであるから、はっきり言わせて貰うならば、神社で真剣に苦労してきている人が一人もなかったと言い得る。さればこそ神社制限図の内容を、そのまま採り入れてあるのである[3]。

文中の「学者」に当たる者は伊東忠太以外にない。角南にとっては、伊東は制限図を無意識に「常識」化してしまった前時代の「学者」に他ならなかったのである。

　実は、その伊東自身も制限図には大いに不満を抱いていた。伊東の制限図批判は、19世紀的折衷主義を時間的に展開させようとしたあの「建築進化説」に基づくもので、要するに神社の祭神や奉斎経緯に依らずその社殿様式をあらかじめ規格化するのは建築の発達の歴史から見て「不自然」であるとするものだった。そのかぎりで、彼は明治神宮造営に際しても古式遵守に反対し、明治天皇を祀るにふさわしい新様式を創造すべしとの立場をとったのである。もっとも、やがて設置された明治天皇奉祭神社の創建に関する国の審議会（神社奉祀調査会）では、伊東はこの持論を胸に仕舞わざるをえなかったのだが、それでも伊東の関心は、いかなる様式が明治天皇奉祭にふさわしいか、という様式論に集中していた。しかし、明治神宮は、全国民が明治天皇を祀る施設という了解が広範に浸透した初めての神社であったため、神明造や大社造などの党派性・固有性が避けられ、誰でも受け入れやすい「最も普通」の流造が本殿形式に選ばれることになった。同時に「群衆」という主題が浮上したのも明治神宮がおそらく初めてであろうが、伊東にとってそれは、群衆に社殿の威容を示したい、という課題として受け止められたのであって、群衆を収容し、その流れを捌く空間構成、群衆の祭儀への巻き込みといったことを気にした形跡はない。こうして明治神宮は、またしても制限図式の配置形式を踏襲してしまった［図2、4］。朝鮮神宮［図6］は神明造だが、配置形式はやはり制限図と同じである。

このように無意識に現れる制限図の「面影」にこそ、角南は伊東の古さを嗅ぎ取った。そして、明治神宮の戦後復興［図3、5］において、角南は伊東の残した外形こそ尊重しながら、本殿から拝殿までの中枢部分の構成を大きく改変したのである。すなわち、本殿－祝詞殿－拝殿を互いに接続して一体の内部空間とする。かつての中門から拝殿の位置には、回廊でつながれた内外2つの拝殿が置かれて中庭を囲む。この二重拝殿の脇には、さらに神饌所や祭器庫につながる廻廊がとりつく。伊東忠太設計の創建時に比べ、著しい複合化である。「神社で真剣に苦労してきて

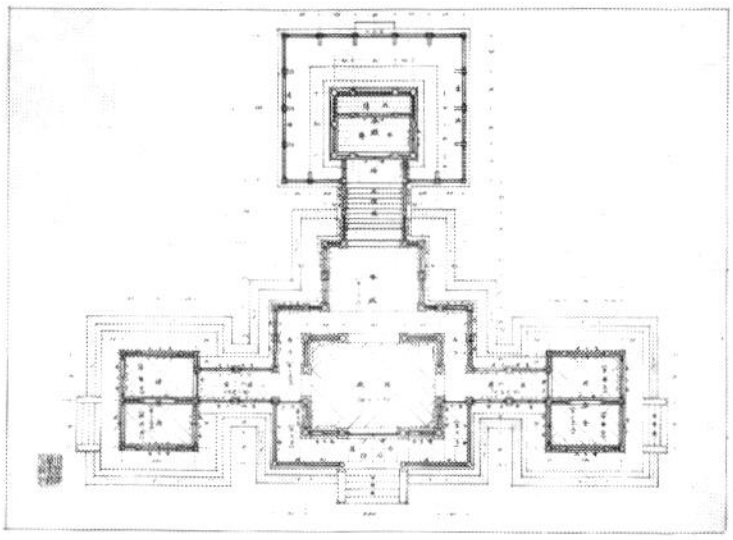

図7：「織姫神社 昭和造営」
平面図、栃木県、1937年竣工
図8：「吉野神宮 昭和造営」
社殿全景、奈良県、主要社殿は1929年竣工
図9：「吉野神宮 昭和造営 祝詞殿・祭舎」

いる人」の視点に立つということの意味が想像される。しかし、こうした空間構成の変貌についてはもう少し理解を深める必要があるだろう。

拝礼・参列空間の肥大化・複合化、その系統的展開

角南と神社局—神祇院の影響下にあった社殿建築には、見かけの多様性の下に一定の共通性がみられる。まず、ほぼすべての神社において、本殿—祝詞殿—拝殿は、権現造風に相互に接続して一体化された。拝殿の左右から翼廊が伸び、その先にそれぞれ神饌所と祭器庫がつく（翼廊のないものも多い）。こうすれば、神饌所で調理された神饌を持した神職が翼廊を通って拝殿に進み、祝詞殿もしくは本殿に奉献するといった動作空間が、すべて断ち切られずに連続する。以上で、全体としてT字形の構成になるが［図7］、これが昭和期神社局—神祇院が開発・普及させた基本型であったと思われる。

この基本型においては、拝殿が参拝者の拝礼や祭典時の参列の空間である。しかしこの拝礼・参列の空間は、個々の神社の社格や要求される造営規模などによってさまざまな試行錯誤が行われた部分であり、その構成には多様だが系統的なヴァリエーションが生み出されている。

たとえば角南の実質的なデビュー作である官幣大社吉野神宮（１９３２）［図８・９］では祝詞殿の左右に参列舎を設け、拝殿の左右からは廻廊を出して中庭（祭庭）を囲む。この形式は、やがて植民地朝鮮の官幣大社扶余神宮（扶余、未完）や、国幣小社龍頭山神社（釜山、未完）、同全州神社（全州、１９４４）［図10］に応用され、さらなる複合化をとげようとしていた。また内務省神社局—神祇院時代の集大成とも評される近江神宮（１９４０）［図11］では、祝詞殿につく拝殿を「内拝殿」とし、さらに手前により大きな「外拝殿」を置く。内外両拝殿の間はやはり廻廊に囲まれた祭庭である。これが先述の明治神宮戦後復興（改造）時に採用されていることはすでに述べたとおりだが、他にも官幣大社橿原神宮改築（奈良、１９４０）［図12］、同関東神宮創建（関東州旅順、１９４４）、

同台湾神社改築（台北、未完）、国幣小社京城神社改築（ソウル、未完）、官幣大社平安神宮改築（創建時は伊東忠太設計、京都、1895／改築1940）などにこの二重拝殿型ともいうべき形式が採用されている。

すでに明らかなように、角南隆、あるいは昭和戦前期の内務省神社局−神祇院時代の神社建築を、伊東忠太時代のような一回的な〈作品〉と見るのでは事実をまったく見誤る。逆にいえば、異なる造営規模に対応できる一定の標準と系列的類型が開発されており、そうした作業空間にこそ彼らの建築設計が備えていた特質を見て取るべきなのである。

角南は、明治神宮戦後復興を「神社の民主化」という文脈で説明した。しかし、その空間構成は戦前・戦中期に開発されたも

図10：「全州神社」
朝鮮全羅北道、1944年竣工
図11：「近江神宮 創建社殿」
滋賀県、1940年竣工
図12：「橿原神宮 昭和造営 」
社殿全景、奈良県、1940年竣工

のである。戦争動員や民主化といったイデオロギーを超えて、一貫した開発と普及が進められたのだと考えた方がよい。

空間＋祭祀の開発

ここで護国神社を例にとろう。護国神社とは、明治以降の全国各地の招魂社を、１９３９（昭和14）年に府県あたり一社の原則で一斉に再編成したもので、祭神はいうまでもなく国家に殉じた戦没者である。均質に並ぶ無名の兵士の墓地こそネーションネスの最も分かりやすい表象だとB・アンダーソンはいうが、遺族たちを集めた戦没者の慰霊の形式が、戦中期に至って、靖国神社の下に統合され、均質化されたのである。政策的に発明された新しいタイプの神社であり、短期間のうちに、国内外に数十社が創建されたところに大きな特徴がある。実際、（直接には神社局―神祇院が設計したわけではないが）角南らの指導下でほぼ同じ平面形式の社殿が民間設計事務所と地方庁によって量産されたのである。

護国神社は、その性質上祭神の数が例外的に多く、しかも増え続けるところに最大の特徴がある。合祀祭（新たに祭神を加えるための祭典）や例祭などの祭典時には遺族などの参列者が五千人といったオーダーにのぼり、また軍隊の参拝や教育にも用いられたため、参列にあてるべき空間は極度に大きくなる。こういった事情と神社局―神祇院の機能主義的な設計態度からすれば、拝殿の著しい大型化が予想されそうだが、実は護国神社の拝殿はかえって一般神社よりも小さい。一般神社の拝殿は大規模化する傾向が明白であったから、このことはかえって興味を引く。

１９４４（昭和19）年の記事で、当時神祇院技師であった谷重雄はこう書いている。もし、参拝者数の想定から必要面積を割り出し、これに恒常的な建築を充てようとすると、たしかに拝殿が大型化し、柱の数も膨大になり、とんでもない棟高の屋根は大量の木材を必要とする。そこで、拝殿はむしろ最小限の大きさに抑え、かわりに広大な祭庭（外部空間）を参列の空間として確保する。しかし、これで解決というわけではない。広場に出された数千人の参列者を、どうしたら祭儀にインヴォルヴできるかが、大きな問題なのだ。「祭典の模様を充分に見せる為めには、従来の拝殿の中丈けの動作では如何にも小さい」［4］。

そこで、参列者代表や神職ら、いわば演者に当たる人々の動きを大きくすることが考えられた。拝殿の左右に翼廊・翼舎をシンメトリーに展開させ、拝殿―翼廊―翼舎を全体として「凹」字型になるように構成する［図13―15］。左右翼舎には胡床（椅子）が並べられ、参列者代表らが広場の参列者たちを見て着座しているが、そこからひとりずつ次々に翼舎・翼廊を歩いて中央の拝殿に至り、玉串を奉献し、拝礼をして帰ってゆく。こうすれば参列者は祭儀の動きを演劇のように見守ることができる。拝殿は誰も着座しない、動きの焦点となる小さなステージとして再解釈される。凹字型の社殿は、大きな腕を広げて数千人の参列者を抱擁するような効果もあろう。これは一種の劇場の光景に他ならないのではないか。

角南らの功利主義・機能主義は、神社祭祀というプログラムの性質上、演出的な色彩を強く帯びたのである。儀式そのもの

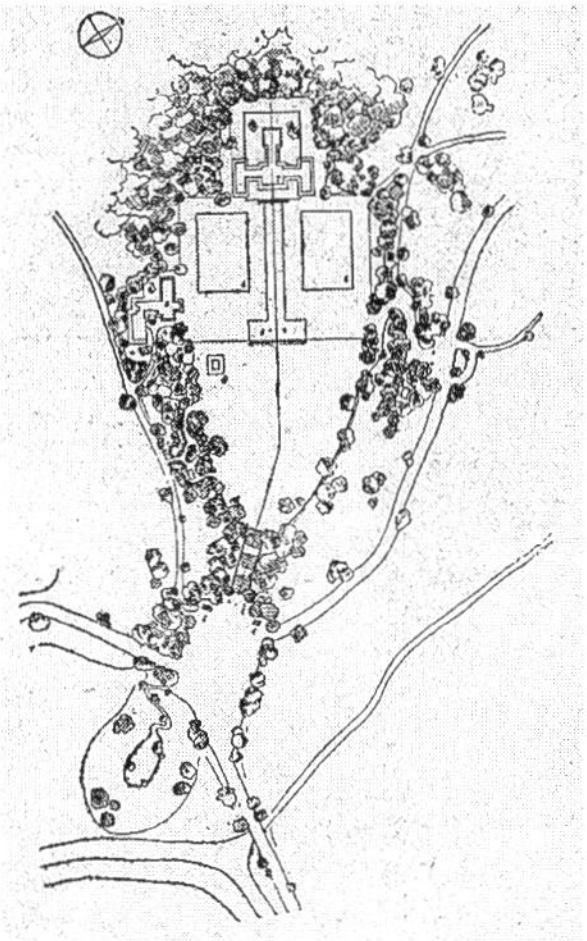

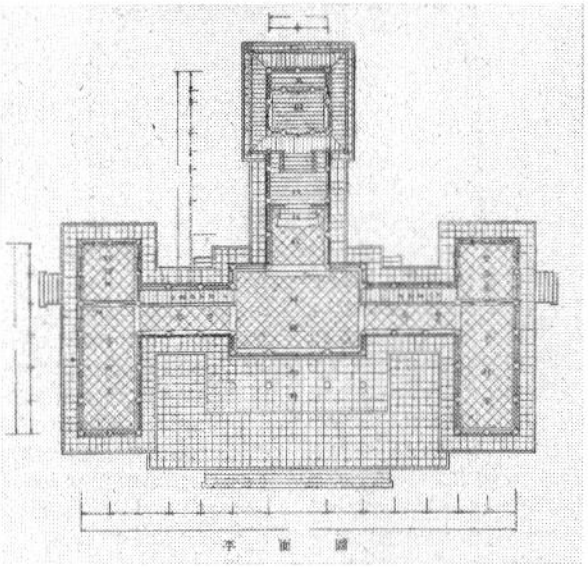

図13:「茨城県護国神社」配置図、茨城県、1941年竣工
図14:「茨城県護国神社」平面図
図15:「茨城県護国神社」全景

の詳細は帝国一律に定められていたが、参列者を巻き込む空間的演出としての祭儀プログラムは、むしろ空間の開発によって改革・発明すべきものと捉えられていたことになる。角南らがとりわけ拝礼・参列空間の複層化を試みたのは、空間を深く活用した祭儀の演出を可能にし、かつ多様な祭儀に応じて幾通りもの空間の活用を触発するようにしたものであろう。実際、筆者がインタビューした近江神宮の神職によれば、年間の多様な祭儀を計画・実施するたびに、その空間がいかに周到に組み立てられているかを感じるのだという。

伊東忠太にとって最大の問題であった「様式」（とくに本殿形式）が、明治神宮ですでに後景に退いたことは先に述べたとおりである。これ以後、古社では固有の本殿形式の保存・継承・復興が重視されるとしても、新規創建ならば流造とするのがほとんど暗黙の前提となり、様式の選択が議論されることはなくなった。いいかえれば、神社は膨大な数の人々を祭典の厳粛さに参加させ、心身ともに埋没させるための空間的装置に他ならなくなっていったのである。そこでは祭神の固有性は二義的にならざるをえず、本殿の後退、様式論の意義低下も頷けるところだろう。こうした道筋で、「近代」は着実に神社に浸透し、神社を変質させつつあったのであり、角南隆はその変化を捉え、推し進め、空間的に制度化（公定）する役割を担うことのできたテクノクラート的なモダニストだったといえる。

官僚機構の特質と内外地のネットワーク

賢明な読者はお気づきのことと思うが、昭和期神社局–神祇院時代の神社建築の「設計主体」は、いわゆる〈建築家〉と〈作品〉の一対一対応と同じようには語れない。個人に集約される創作ではなく、組織による方法的開発の性質を捉える必要がある。

稲垣栄三は、すでに『日本の近代建築』（1959）のなかで、日本における近代建築の推進に果たした官庁営繕機構の大きな役割を指摘し、とくに逓信省営繕課をとりあげて論じている。昭和戦前期の段階で、近代建築の重要な特性である機能性・

経済性・規格化といった特質を具体的な設計過程において一貫して追求しえたのは、特定のビルディングタイプに日常的に取り組んでいた官庁営繕機構の設計チーム以外にはありえなかったのではないかと稲垣はいう。組織内の技術者に共有可能な明確な目標をかかげ、各地の現場で基本的には同じ目標の下に異なるプロジェクトを動かし、情報の収集や実績の評価・修正・蓄積を効率的に進める。

固有名と一回性に基礎づけられる、いわゆるアトリエ的な建築設計事務所はこうした営繕機構とは対極的であり、だからこそアトリエが近代建築のひとつの抜きがたい特質である「量」と「大衆性」に取り組むときにはアンビルト・プロポーザルのかたちが取られることが多いのである。

ところで、中央政府や府県・市などで専門的組織が拡充されてくるのは1935(昭和10)年前後であるとされ、恐慌と戦争のなかで、政党政治による意思決定は退けられ、テクノクラートの行政支配が進むというのが、あくまで一般論ではあるが歴史の趨勢であった。内務省神社局も、昭和初期までは弱小組織で、角南以前は専属の技師を欠くほどであったが、1936−38(昭和11−13)年頃に技師5、6名、技手約20名(下級技術者はさらに多数)といった体制が整ってくる。その背景には、室戸台風(1934)後の災害復旧での予算拡張、戦時総動員体制の確立という至上命題の下での神社の地位の急激な浮上と造営量の増大などが想定される。それでもこなせないほどに仕事量は膨大で、1930年代後半以降終戦まで、数名の技師が1人につき数十社の工事を担当する状態も珍しくなかったという。

そうした環境において、標準と系列的開発によって帝国中の規模・類型別の神社造営に答えていくような、本稿で述べてきた建築設計の特質が実装されていたとしても不思議でない。ここで神社局−神祇院には、営繕課と並んで、祭神・社格・社号・由緒・祭式などを考究する考証課があったことにもふれておこう。造営課長・角南隆と考証課長・宮地直一は日常的に激しく衝突していたというが、それは先述のような祭典と空間との相互作用的な再編成プロセスを具体的に支えた背景でもあったはずである。

ところで、この時期に活発に展開した神社造営では、国家的事業でも一般的には構想段階の基本設計を民間設計事務所にやらせることが多く、神社局−神祇院が予算を検討しながら設計概要をまとめたが、実施設計・現場監理については国と地方の官僚および彼ら民間事務所の所員が設計チームをつくった。この意味で民間事務所も重要な役割を担ったのである。

大正末から昭和初期は、民間の建築設計事務所が数多く育ってくる時期だが、神社の場合も例外でなく、小林福太郎（1882−1938）の小林建築事務所や、二本松孝蔵（1884−?）の国粋建築事務所などはとりわけ力のある事務所だった。彼らは官国幣社・府県社クラス、護国神社などを中心に無数の神社造営に設計者として腕を振るっている。小林も二本松も工手学校を出ており、また明治神宮造営局の職歴がある。こうしたコネクションの形成においても、（林学や造園学の専門家も含む）大勢の技術者を投入した明治神宮造営は、きわめて重要な歴史的役割を果たしたといえよう。

植民地の例を2、3紹介しよう。戦中期の朝鮮では国幣小社を各道に拡張整備する計画がたてられ、管見では未完成・未実施も含めて12社の造営計画があるが、このうち7社で角南隆が指導したことが確認でき、他も同様であったと推測される。そして、設計者は小林福太郎が4件、二本松孝蔵が3件確認できる。他方で、朝鮮総督府の技手・松本芳夫が実施設計・監理にあたっていることが3件で認められるが、松本は1937（昭和12）年7月に内務省神社局を辞して朝鮮に移った人である。要するに、これら一群の神社造営事業の場合、総督府を通じて角南が招聘され顧問として指導にあたり、小林や二本松が基本的な設計図面をつくり、そして角南の下から植民地政府に送り込まれた技手クラスの松本が実施設計・監理を行う、といった体制が見えてくる。内地の場合、神社の造営事務所あるいは地方庁と、本庁（神社局−神祇院）との間で、人材が出し入れされていたが、おおむね同様の体制を想定できる。

神社の設計とは、本庁、地方庁、植民地諸官庁、各神社、民間設計事務所などをつなぐ帝国的なネットワークと、その内部での人々の移動・交流が支える、集合知の形成・蓄積によって支えられるものだったのではないか。角南はこうした動的な巨大組織のオーガナイザーでもあったと考えられるのである。

代入可能性としての地域主義

ここで朝鮮の国幣社造営のうち興味深い例をひとつ紹介しよう。1942(昭和17)年竣工の江原神社である[図16・17]。設計は角南(顧問)―小林(基本設計)―松本(実施設計・監理)という先述の体制である。その社殿は、角南らにとってはひとつの重要な実験であった。

朝鮮では(支那台湾でも同様であるが)古来信仰の対象となって来た祠とか廟とかは勿論曲線式で色彩を施したものが多い。そこでこの朝鮮色を神社建築に採り入れようと、角南造営課長監督の下に総督府の松本芳夫技師が苦心して設計したのが江原神社のそれであった。これまで曲

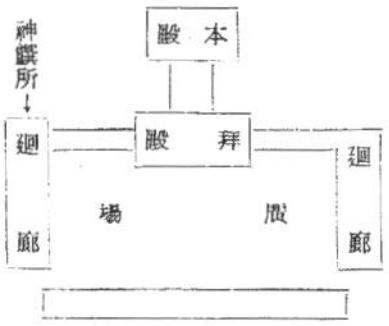

図16:「江原神社 神門・広場」
朝鮮江原道、1942年竣工
図17:「江原神社 拝殿」
図18:角南隆
「満州に奉斎すべき神社の建築様式」
付図

> 線式のものは偶にあるとしても丹塗は始めてで朝鮮建築を加味しての設計は最初の試みであった。云はば次に造営されるべき扶余神宮や海州神社の試験台になったわけである。即ち本殿始め祝詞舎、拝殿、神饌所、御輿庫、廻廊、神楽殿、神門、透塀、手水舎、灯籠、鳥居、摂社に至る迄悉く曲線丹塗で、殊に神門透塀には朝鮮色が多分に盛られ、斎館社務所等は概観はすっかり朝鮮建築で各室は温突《オンドル》とし、僅かに内部の装飾に和風を施されたに過ぎなかった。これが確かに形の上から半島人に親しまれた原因となったものと思ふ[5]。

同社宮司（戦後は住吉神社宮司）の述懐である。あらゆる社殿の木部を「曲線丹塗」とし、さらに斎館社務所に至ってはオンドル、すなわち朝鮮特有の暖房設備を含んだ床廻りの構造を含めて「すっかり朝鮮建築」だったというのである。しかも、この江原神社造営は、帝国日本にとってより重要な役割を担うことになっていた前出の官幣大社扶余神宮や、後続するその他の神社の「試験台」であった。角南自身、江原神社を一種のモデルケースとして評価し、実施にあたった松本の労をねぎらっている。神社におけるリージョナリズム（地域主義）の実験である。

ここで確認しておきたいのは、第一に「朝鮮色」は本殿形式に関心を集中したものではなく社務所などを含む全社殿を統一的に考慮したものであったこと、第二に社殿や祭庭の空間構成の仕方そのものには「朝鮮色」は認められず、先述の基本型の変奏に他ならないということである。つまり、社殿群全体の空間編成は地域に左右されず、なおかつ、細部意匠については社殿群全体にわたって地域性を付与する、そういった設計思想が実地に試されていたのである。

内地でも、１９４０年竣工の近江神宮では蟇股・絵様・木鼻などに滋賀県下の地域的な特徴が採り入れられたが、この近江神宮の空間構成がほぼそのまま旅順でもソウルでも台北でも採用されたことはすでに述べたとおりである。もっとも、「滋賀県」と「朝鮮」が同列になってしまうあたりはいかにも日本の植民地観を反映しているといえようが、その点をおくとすれば、天智天皇を祀る内地の官幣大社近江神宮も、朝鮮の国魂神を祀る江原神社も、設計の方法は基本的に同質であった。

朝鮮の「丹塗」にしろ滋賀の「絵様」にしろ、それが代入可能なもの、つまり他の地域ならばそこでまた別の何かを代入するのみだということが了解されていたことが明白である以上、角南らの思考・作業の空間はむしろ超地域的であったといわねばならない。しかし、オンドルはやや違うとしても、丹塗や絵様はいかにも表層的にすぎないというべきだろうか。同時代のモダニストたちが批判した折衷主義的な設計方法にむしろ近いのではなかろうか。いや、角南はもう少し深いところの何かを掘り当てつつあったとみなければならない。

〈国魂神〉と〈神社〉概念の肥大

小笠原省三という昭和戦前期に活躍した神道家がいる。『海外の神社』(１９３３)、『海外神社史 上巻』(１９５３)などの著作で知られる小笠原は、関東大震災における朝鮮人虐殺などを通じて抱くことになった朝鮮人との同胞意識から、朝鮮神宮創建をめぐる祭神論争では明治天皇とともに神話上の朝鮮始祖である檀君を〈朝鮮国魂神〉として奉斎すべしと主張、これに挫折していよいよ海外神社奉斎の熱烈な運動家となった。ちなみに小笠原は、朝鮮神宮の社殿様式について「内地式」と「朝鮮式」の「混合」による新様式とすべきことを主張した。こうした折衷主義的な建築観そのものは凡庸であり、とりたてて注目すべきものでもないが、ここで注目したいのは彼の〈国魂神〉論である。

〈国魂神〉とは天照大神のような超越的な神格ではなく、個々の土地の開発・経営にかかわる神、あるいはむしろその土地の固有性を神格にいい換えたようなものと理解できる。つまり小笠原の〈国魂神〉奉斎運動は、海外諸地域における神社の地域主義的な展開(すなわち神社の土着化)を目指すものだった[6]。

角南と小笠原との間には、少なくとも海外神社奉斎運動に関して、親交があったようである。小笠原は１９３０年代に、在満州朝鮮人のための神社奉斎運動を展開していたが(これは朝鮮人農民の国策的な満州移住運動にもかかわりがあった)、その際、角南隆に「満州に奉斎すべき神社の建築様式」（１９３４）なる講演を依頼している[7]。小笠原は、角南のことを「海外神社問題に関してわれ等とその主張信念を同じくせる人」と紹介し、神祇院考証課長の宮地直一を含む来場者は「満腔の共鳴」をもって角南の講演に耳を傾けたと賞賛する。彼らが「共鳴」したという「主張信念」の核に〈国魂神〉奉斎論があった。宮地もまた、〈国魂神〉奉斎には積極的であったようで、朝鮮神宮（１９２５）では政府が容れなかった〈国魂神〉奉斎＝地域主義が、戦中期の朝鮮・満州では、内地中央政府の官僚を主導者として展開していくという奇妙な転換が起こっていた。

さて、角南はこの講演で、先に見た護国神社と同一の社殿配置形式を示し［図18］、満州でもこれが「其土地の衆庶を迎える場合適当な方法ではないか」と述べている。護国神社制度が敷かれる以前の１９３０年代前半の時点では、角南はこの形式を一般神社で採用されるべき標準型、いわば「神社の国際様式」として見定めていたのではないかと思われる節もある。しかし、ここで注目したいのはその先である。角南は、満州の地では「鬱蒼たる常緑樹」は望めないから社殿は「或る構築物をもって囲んだ構造にしなければならぬ」といい、彼自身が台湾で見たらしい寺廟の建築を例に引きながら、石や煉瓦の壁を多用した、日本の神社とはずいぶんイメージの異なる社殿建築を（致し方なしとするのではなく、むしろ）肯定する。「日本」への後ろめたさや、「近代」への倫理的バイアスなどは微塵も感じさせない。角南によれば、日本で神社といえば必ず森が付き物であるのは、日本各地の〈国魂神〉の「御神意」がそれを望んだ結果にすぎない、したがって日本とは異なる〈国魂神〉がつくる満州に森を望むのは「不自然」であり、無理に植樹せんとするのは〈国魂神〉の「御神意」に背くことになるという。同様に、手水舎は水が凍ってしまうから無意味で、浄めには香を焚けばよい、あるいは神饌も満州でとれる産物を使えばよい。こうして固定観念としての「神社」がことごとく相対化されていき、その土地で最も自然に立ち現れてくる姿を〈神社〉と呼べばよい、という強力な〈自然《じねん》〉の論理が貫かれる。

1930年代の他の一般的な新興建築家・批評家ら(モダニスト)は、のちに「帝冠様式」などと呼ばれることになる当時の折衷主義的な日本趣味建築を批判し、構造の合理性や機能主義の徹底がつねに=すでに茶室・数寄屋・神社のような「日本」的な美につながっているのだというトートロジーを繰り返した。ナショナリズムとモダニズムが結合したこの倫理的な機制は1920年代以降の建築論から柔軟性を奪った。建築家は「日本」以外の地域性にほとんど主題を見いだせず、なおかつ、近代的倫理を徹底した先に自ずと日本らしさは得られるとするオートマティズムか、手っ取り早く日本的な表徴の断片を引用するエクレクティシズム以外の立場は想像できなくなってしまったといってもいい過ぎでない。その機制自体が疑われ、地域のリアリティと建築を結ぶ回路が豊富化されるのはようやく70年代以降だろう。

しかし角南は、彼らとは別種の、ある意味ではより透徹したモダニズムに至っていた。帝国全体を一望するテクノクラートとしての角南は、機能=普遍性と地域=固有性とがあらかじめ対立せず、相補的に一体化された論理としての「神社」を再定義した。だから角南には、一般的モダニストや折衷主義者のように「日本」をことさらに強調する必要がない。彼の考える地域性は一般的モダニストほど観念的ではなく、また折衷主義者のように表層的でもない。むしろどんな地域性をも建築として形態化しうる強靭な制作方法を組み込んだ神社(=日本)が措定されている。

分厚い石積みの壁をもつ社殿が満州に立ち上がってもよいではないか。それも神社であり、日本なのだ。いや、私がそれを見届け、神社と名付けようではないか。そう角南はいっていたようにも思えてくる。そんなふうに考えると、国魂神論という形をとった角南の生成=制作論は、世代こそ違うが、あの丹下健三の強靭さを思わせるところがある。ただし、丹下健三においてディオニソス=ミケランジェロのヒロイックな単独的創造性が担っていたものは、角南においては〈国魂神〉の遍在性と、帝国に拡がったテクノクラートたちの方法的な集合知が担ったのだと考えるべきかもしれない。

〈国魂神〉は、どこにでもあって、潜在的な一般概念としての〈神社〉の特殊な現れを媒介する。角南は自身を〈国魂神〉と同一化していたのかもしれない。小笠原省三は、神社は「日本人の占有すべき性質のものではない」と考え、角南隆は「如何なる国に行っても国魂神はあるのだから」、地球上のどこにでも固有の神社を創り出せると考えた。敗戦がもう10年遅れていたら、などという危険な妄想がもし許されるならば、われわれの想像を超えて変貌した社殿建築が海外につくられ、神社の観念やイメージさえも変質をこうむっていたかもしれない、そう思われてくるのである。

[註]

1――藤岡洋保氏は近代神社建築史の数少ない研究者の1人であり、角南隆についても最もまとまった論考をまとめている。藤岡洋保「内務省神社局・神祇院時代の神社建築」(『近代の神社景観』中央公論美術出版、1998年所収)。藤岡氏の論は、合理主義とロマン主義を同居させ、葛藤を生きる近代的知識人(建築家)の1人として角南を位置づけようとするものだが、筆者は帝国的尺度を扱う中央テクノクラシーが構築した思想と方法論という視点から角南を論じる必要があると考える。

2――藤原恵洋「明治期制限図の制定経緯と意匠規制に関する考察」、『デザイン学研究』No.91、1992年、および、青木祐介「制限図の作成過程とその成立時期について」、『日本建築学会計画系論文集』第546号、2001年8月。

3――角南隆「明治神宮社殿の復興計画について」、『新建築』1959年3月号。

4――谷重雄「護国神社の造営に就て」および二本松孝蔵「護国神社建築計画に就て」、『建築世界』1944年1月号。

5――早山静夫「江原神社を回顧して」、小笠原省三編『海外神社史 上巻』海外神社史編纂会、1953年。

6――神道家を中心とする〈国魂神〉論の構造については、菅浩二『朝鮮神宮御祭神 論争再解釈の試み――神社の〈土着性〉とモダニズムの視点から――』(『宗教と社会』1999年6月)を参照。

7――前掲『海外神社史 上巻』所収。

*――近年の成果として、山口輝臣『明治神宮の出現』(吉川弘文館、2005年)、今泉宜子『明治神宮―「伝統」を創った大プロジェクト―』(新潮社、2013年)、藤田大誠・青井哲人・畔上直樹・今泉宜子編著『明治神宮以前・以後――近代神社をめぐる環境形成の構造転換』(鹿島出版会、2015年)も参照されたい。

Fujii Koji

1888－1938

藤井厚二

1913年、東京帝国大学工科大学を卒業後、竹中工務店に入社。1919年、同工務店を退社後、欧米諸国を視察。1920年より、京都帝国大学工学部建築学科で教鞭をとる。1926年、同大学教授。生涯で4つの自邸を設計するが、代表作の「聴竹居」はそのうちのひとつ。

藤井厚二という不安

丸山洋志

藤井厚二の透明感

数寄屋というスタイルは矛盾したふたつの傾向を内包している。ひとつは、形の遊びと言うか演出と言うか〔……〕見る人の目を喜ばせる造形性だ。もうひとつは、そうした遊びっぽい形を洗い去った後に残る空間のさわやかな抽象性だ〔……〕と考えた上で、藤井厚二の聴竹居から扇葉荘への変化の道をたどると、それは、聴竹居の豊かな造形性から扇葉荘の颯爽たる抽象性への道のり、と見なしていいであろう。

藤森照信「数寄屋はいかに発見されたか」、『昭和住宅物語』新建築社、1990年

床の間、棚、縁あるいは仏壇などを巧みに配置することによって、一つの室の内部にさまざまなヴォリュームを重層させていったのである。そのもっとも豪奢な作例が扇葉荘の残月床であろう〔……〕ここにおいて、和も洋も等質の抽象的なヴォリュームと化し、違和感なく併存し、融合する。

石田潤一郎「『日本趣味』の空間——藤井厚二序説」、『日本の眼と空間』セゾン美術館、1990年

日本の近代建築黎明期においてひときわ異彩を放つ存在、と目されてきた藤井厚二。まず、彼の作品に対する2人の建築史家の結論を冒頭に紹介した。当然のことながら、両結論は周到なる資料分析と鋭敏なる観察眼にもとづいたものであり、この国の文化あるいは空間的感性を享受してきたものにとっては反駁しようのないほどの説得力を持つ。注目すべきは、藤井の空間的質(石田が藤井の用語である「趣味」を「質」と言い換えたのは正しいであろう)が、藤森にあっては〈数寄屋〉という伝統的な透明性に、石田にあっては〈均質性〉という近代的な透明性に、ともに抽象的という枕詞をともなって収斂していることである。藤井厚二の建築を特長づけるある種の透明感の出自を、一方は〈日本の伝統〉に、もう一方は〈近代への自覚〉においているのだから、両者(藤森と石田)は決定的に対立しているのだが、そのことをさして気にすることもないだろう――その理由は後述する(はずである)。とにかく、石田は藤井厚二の透明感を見るために自覚的に「ヴォリュームとは非物質的、無重量的、そして幾何学的に境界づけられた空間」(傍点筆者)であるとするヒッチコック=ジョンソンの定義を参照しているが、藤森の扇葉荘を体験していく眼もまったく同じ意識にもとづいていることだけを、ここでは指摘しておく。

ここで、筆者はこのような近代的意識(=何らかの透明性を求める眼)が建築においてどのように芽生え展開していったのか、いつの時点で日本人が意識的にあるいは無意識的に承認するに至ったのか、さらには、そのような空間的質を伝統的日本建築が感覚的に内包していた(あるいは、いなかった)のか、といった議論に踏み込むつもりはない。ただし、「ヴォリュームとは非物質的、無重量的、そして幾何学的に境界づけられた空間」といった定義は、漠然とした空間に当てはまるものであり、それ自体で建築原理をなすわけではない。それゆえに、西欧においてはこういった抽象理念のもとで建築原理そのものの再考・再編もしくは刷新に迫られたことだけを指摘しておきたい。そう、問題なのは、建築原理あるいは**建築の形式**と拮抗することなく、単なる印象的な「透明感」に満足し、それを受け入れてきたわれわれ(日本人)の眼差しなのである。藤森や石田の藤井論も結局のところそれではないかと言いたいところであるが、何を隠そう筆者もまったく同じように藤井の作品を見てきたのだから、そのことを批判する資格などまったくないことをここで正直に告白しておく。

　日本の建物に原理がないことは、ライトをはじめとして多くの西欧の建築家が指摘し続けてきたことである。そんな日本建築に原理原則を見出したB・タウトですら「藤井氏は建築家というよりもむしろ小工匠だ[……]明らかに繊細な感覚を備えた人ではあるが、しかし建築家としてはひどく感覚が欠けていると思う」とかなり辛辣な感想を洩らしている。この藤井厚二に向けられたタウトの批判を本格的に問題にしたのは、筆者が知るかぎり、堀勇良が最初であるが、堀自身は日本の木造建築における空間意識の自明性——自然発生的——を問題にしながら「空間が予め自明であるとすれば、その見え隠れに創意工夫が費やされるのは当然」と、タウトの見解を論理的に補足しながら藤井の建築に何らかの抽象性よりも空間の「非創出性」と「匠術性」を見ようとする。そして、〈透明〉なるものを吉田五十八の〈新興数寄屋〉に見出そうとする。もちろん、そのときの〈透明感〉とは「構成的な時間の流れ」（堀）にもとづいた、構想力と図式の共働から産出される**（虚の）透明性**《フェノメナル》ではなく、単なる所与としての空間＝「空間の自明性」（堀）の露呈、すなわち規定根拠としての概念を欠いた**（実の）透明性**《リテラル》であるが。

　堀勇良は「建築空間とは？」に論理的に踏み込みながら藤井厚二、B・タウト、吉田五十八を比較しており、それ故に藤井に向けられた批判も説得力を持つ。しかしながら、〈新興数寄屋〉などにみられる透明感（ある意味で、今日若手建築家が追求してやまない「軽さ」なども同じだが）が、〈空間に対する科学的・合理的認識〉と〈空間に対する非規定的概念〉の見せかけだけの一致、もしくは名人芸的一致にすぎないことを見抜くほどの「反省的判断力」を備える者は逆に、吉田五十八の作法にこそ空間の「非創出性」と「匠術性」を見るのではないだろうか。翻って、反省的判断力を有する2人の建築史家、藤森照信と石田潤一郎の藤井厚二評価を素直に読むかぎり、彼らの眼は十分に藤井の作品に空間の「創出性」と「非匠術性」を見出しているではないか。

先に、わたしは藤森や石田の藤井論は結局のところ印象的な「透明感」を指摘しているにすぎないと批判しつつ、その印象を共有すると告白し、今度は堀の「空間を隠蔽する（藤井の）匠術性」を論理的帰結であると認めつつ拒否しようとしている。一体どうしてしまったのだろう?　藤井厚二の作品を前にしたときの、このような不安……そして、おそらく大方の人間がこういった不安を共有しているだろうという確信……

自然科学的分析と様式

本論は、藤井厚二の建築そのものを歴史的に、あるいは対象的に克明に論じることを目的としたものではない。上述したモノローグ的〈不安〉をより建築的に明確にすること、ただそれだけに集中している。かすかな期待への〈途上の道〉として。

藤井厚二は5作の実験住宅を建てた後に、それまでの成果を踏まえて『日本の住宅』（1928）という著書を出版した。この著書は建築計画原論あるいは建築衛生学の日本における嚆矢として、藤井厚二の名を建築史に留めることになる。彼は住環境や衛生学の知見を生かして日本の住宅の改良を目論んだ、最初の建築家なのだ。だから、藤井厚二を「健康的な住宅を目指した」あるいは「日本の住宅を科学した」建築家と評することは、まさに事実であり否定しがたいのだが、この著書の原論的内容そのものが、実際の住宅に見られる彼の作風、すなわち「和風」と「趣味」に集中するその表現態度とある種の違和を産み出していることも動かし難い事実であろう。藤井の自然科学的分析に対するこだわりについては、京大建築学科と東大建築学科の役割分担にもとづくアプローチの相違（東大における卒業設計は新古典主義的な意匠を試みていたにもかかわらず、建築設備の講座の教官として京大に招聘されている）からきている、あるいは竹中工務店退社後京大教官着任までの欧米巡遊中とりわけアメリカにおける環境工学の発展に影響されたからだ、というのが定説となっているようだ。だから、実際にこの『日本の住宅』を手にとって読んでみるなら、「藤井厚二という建築家を考える上で（この著書を）どう理解していいのか、僕はいまだに釈然としない」とする藤森の感想に同意せざるを得ない。

　だが、西洋における建築理論書の元祖として崇め立てられてきた、かのウィトルーウィウスの『建築書』も、その記述の大半は、建物に対する「自然科学的分析」に終始しているではないか。確かに、古典建築におけるオーダーに関して克明なる作法が記述されているが、それとて客観的合目的性に支えられながら美を論理的に確定していこうとするものではなく、理想とされる人間像から単に類推的に導き出された規則（らしきもの）の集合でしかないといったらいいすぎだろうか。だから、20世紀に生まれ、欧米の衛生学・環境学を目の当りにして、なおかつ建築書なるものをものにしようとするならば、このぐらい最新の自然科学的分析が前面に出てきて当然であろうといえなくもない——ちなみに、藤井厚二も『日本の住宅』において「建物が具備せねばならない必要条件は便利堅牢愉快の三語」とウィトルーウィウスが建築の本質と定めた用・強・美を念頭においている。

上：「聴竹居」南西側外観
中：同、食事室から見た居室
下：同、透視図

そのくらい覚めた眼で、あらためて藤井厚二の『日本の住宅』を読み返すと、彼の作風からいって巻末項の「趣味」が当然気になるにせよ、冒頭の「和風住宅と洋風住宅」をはじめとして「気候」「設備」と続くいわゆる自然科学的分析の記述が、きわめてスリリングなものとして読めてくるから不思議なものである。たとえば、彼は和風住宅と洋風住宅の様式的相違を列挙しつつ、「日本特有建築様式が住宅に於て表現されるべき時代ではないか」ときわめて妥当な提言をしている。このこと自体、日本の伝統的様式である〈和風〉と新生活様式すなわち〈洋風〉の合体、いわゆる〈和洋折衷〉という様式が始まる文脈と見事に重なる。しかしながら、（和であれ洋であれ）その「様式」なるものが建築においてどのような役割を持っているか、すなわち藤井厚二の「様式」理念がさっぱり解ってこない（そういう意味で、スリリングなのである）。ともあれ、その多くが自然科学的分析に費やされている藤井の『日本の住宅』を詳細に検討しながら、建築史家石田潤一郎は単なる科学的分析結果以上のものを読み取ろうとしている。

藤井厚二の「日本の住宅」を子細に読むと、著者が「和風」と「日本趣味」とを使い分けていることに気付く。「和風」は様式であり、坐式生活や深い軒といった生活習慣・気候風土と対応する建築手法群である。それにたいして「日本趣味」は彼が要約しているように〔……〕抽象的な空間構成の問題である。

石田潤一郎、前掲書

石田潤一郎はきわめて正確に『日本の住宅』を読解しているであろう。石田が説明しているように、藤井は様式を生活習慣・気候風土に対応する建築手法群としてのみ把握しているのであり、それゆえに「彼の様式理念がさっぱり解らない」といったわたしの不満もそこに集中する。石田はこのような指摘の後に、「日本趣味」の変革に向かおうとした藤井厚二のメートル法にもとづく「手法原理」を解説しているが、この手の手法原理そのものはどんなに詳細に説明されようと、あるいは数学的体系性にもとづいて解明されようと、「対象の経験的認識を構成する原理」（カント）になり得るものではない。すなわち「客観において何がそれ自体に与えられているかを先取的に認識する原理」（カント）ではないのだ。当然のことながら石田もそのことを知っており、「なかでも柱間心々2メートルのグリッドが支配する水平方向の広がりは私たちが建築的伝統にひたりこむのをどうしようもなく疎外しつづける」（傍点筆者）と、建築におけるある種の可能的経験の枠組み、すなわち「意味の限界」を規定する原理（藤井の作品にあるかないかは別にして）の存在を認めることになる。そして、筆者が問題にしようとしている〈様式〉とは、まさにそのようなものとしての様式なのである――さらにいうならば、この枠組みを単に〈伝統〉で済ませるなら、建築理論などまったく成立しなくなるであろう。

様式という意味の限界（この場合、感官の対象と理性から構成される可能的経験の範囲のこと）、あるいはそれを支える〈概念〉とその限界を原理的に規定する〈形式〉の関係を、藤井厚二はどのように捉えていたのであろうか。単に坐式生活や深い軒などを生活習慣や気候風土に結びつけるだけでは様式を語ったことにならない。それこそ、建築的慣習もしくは建築的伝統で済まし得るのだから。そして、結論からいうならば、筆者が「さっぱり解らない」と再三再四独白してきたように、そして、石田の様式説明からも解るように、藤井厚二は『日本の住宅』で様式に言及しているようで、様式なるものを見事にすり抜けているのである。より正確にいうならば、すり抜けているように見えるのだ。もちろ

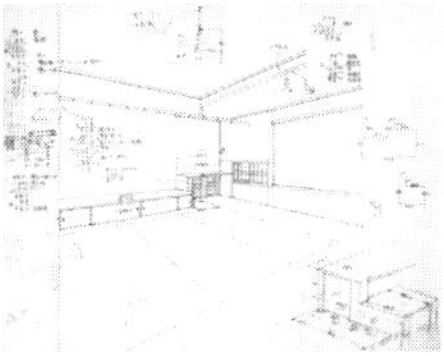

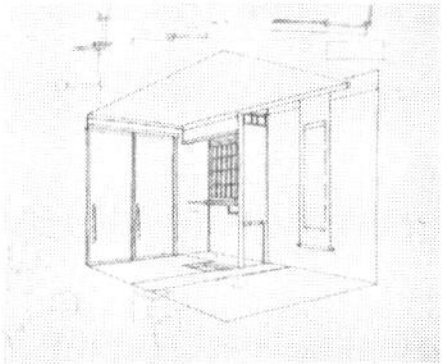

上:「聴竹居」下閑室/閑室
中:同、透視図
下:同、下閑室・茶室透視図

ん、それは様式を等閑視することとはまったく異なる。ちなみに、年代的には3年ほど遅れて書かれているとはいえ、堀口捨己の著書においては、日本様式なるものを語るにしても、筆者が〈様式〉の背後に求める〈概念〉〈形式〉なるものが十分に意識されている、すなわち堀口は十分に理性的なのだ。

清潔好きは夏期の多湿に関係が深いであろうが、座る生活はまったく別である。この坐る生活によって、建築のあらゆる部分を規定しているのである［……］以上の理由で、有史以来文化的影響を受けてきたシナとは全く異なる住宅を作った［……］坐る生活が常に主になっていて［……］ついに全く世界的に独自の住生活様式を確立し、したがって住宅建築を全く特殊なものにした。

堀口捨己「建築における日本的なもの」、『建築論叢』鹿島出版会、1978年

堀口は坐式様式を何らかの自然的因果関係において捉えるのではなく（もちろん何らかの自然的因果関係があるだろうが）、所与の文化における人間的経験がつくりだした枠組み、すなわち**概念**として受容せよといっているのである。もし、そうでなければ、「高温多湿に起因する清潔好き」の後に、わざわざ断わりなど入れずに、淡々と坐式様式を史実的に記述すればよいはずだ。あるいは藤井のように「坐式生活」＝「和服を着て畳の上で生活し得る」と、すべてを慣習に依存する態度で素通りしていくだけでよい。蛇足ながら、概念なる言葉から、何か抽象的な構造に支えられた想像的理念を思い浮かべることは誤りである。ここではその理由を述べている余裕はないが、概念なるものにそんなものを期待したら、ウィトルーウィウスをはじめとする西洋の建築理論書ですら理論書として読めたものではない。いや、建築的経験を可能ならしめている概念が普遍的でも客観的でもないゆえに、ウィトルーウィウスにおいては規律としての〈オーダー〉が、そして、堀口においては「主要材料たる木材、建具、畳、紙、瓦は皆規格統一されていて［……］（規格統一と室の融通性を）欧州で論ぜられる以前幾世紀前から実行して」いた規律としての〈体系〉（堀口自身、日本の家屋組織を〈体系〉と見なしている）が要請され、両者すなわち〈概念〉と〈悟性〉が理念的に折り合うこと——反省的に総

合される――によって（建築の）〈形式〉なるものが成立するのである。それゆえに、（建築の）〈形式〉は目的なき合目的性に向かう理性の主観的条件を満たし得るものとして、さらには客体としての必然的合目的性を実現する条件としても語り得るのである。堀口捨己の『現代建築に表われた日本趣味について』の記述は、あるいは様式認識は、そんな自覚に満ちあふれている。

とりあえずの期待……『日本の住宅』において藤井厚二が様式に求めていることは、単に「自然に見える」こと、それだけだったのではなかろうか。彼が再三再四「人情風俗習慣等および気候風土が建築様式の相違をきたす根本条件」であると指摘しているにもかかわらず、その相違を概念として建築的な形式に仮構する意思をまったく欠いていることは、『日本の住宅』を読めば一目瞭然であろう。いやむしろ、概念と形式の仮構は、様式を「型」として固定することになり、様式そのものが内包せざるを得ない「不定性」――方眼紙のうえで和風様式をエスキスすることなどはこれに当てはまるであろう――が、あるいは「統整的原理」と悟性（の「図式」）から構想（指示）される「経験的背信」としての「産出性」がむしろ疎外されるだけであると自覚していたのではないか……。

そして不安……藤井厚二の意匠的所作をこのように深読みできるにせよ、果たして彼自身そのことをほんとうに自覚しながら、「趣味」（被規則的支配としての〈概念〉〈形式〉を免れているにもかかわらず、目的的であること）なるものを様式に向かって厳密に「批判」として行使したのであろうか。いや、それ以前の問題として、たとえばウィトルーウィウスの『建築書』を理論書として読むためにはアリストテレスの『詩学』を必要とするごとくに、ある程度の飛躍がなければ古今東西の建築書など理論

書として読むに値しないと啖呵を切りつつ、カント的な定義において藤井厚二の「様式」「経験」「アルゴリズム」「趣味」を規定解釈していこうとするわたし自身の態度そのものにたいする不安……。

「自然に見えること」と「自然に見ること」

「自然に見えること」――藤井厚二は『日本の住宅』において、日本における住宅様式の混乱を至るところで指摘する。だが、その混乱の基準たるや、結局のところ、それが「自然に見えない」、ただそれだけである。当然ながら、われわれ日本人が「自然に見える」様式すなわち〈和風〉が概念化という葛藤なしにいつのまにか選択され、和風様式の客観的・合目的欠落・欠陥は、「設備」によって科学的に補完されることになる――まさにそのための「環境学」「衛生学」なのだ。いやむしろ、転倒した文脈で彼の建築所作を語るほうが解りやすいであろう。すなわち、先に〈様式〉を支える〈概念〉を「所与の文化における人間的経験がつくりだした枠組み」として定義したが、そしてその枠組みが「経験」ではなく「設備」によって科学的に代理・正当化されるならば、「人間的経験がつくりだした枠組み」としての概念が概念としての効力を発揮するのは、せいぜいのところ**視覚**的経験においてしかないであろう、と。だから、「所与の文化における人間的経験がつくりだした枠組み」としての視覚性、すなわち「自然に見えること」だけが様式の問題になるのは藤井にとって当然なのだ、と。「床の間」に関して「平面にて区画なしたる［……］凸凹を有する空間」と〈見え〉だけを語る藤井と対照的に、堀口捨己はその床の間を「絵画に額縁があるごとくに、室に対しての特殊な空間で、そのうちに入れる芸術品の自由な世界から及ぼす影響から緩和させ、独立せしめると同時に、その絵画から室に波及する空気をその特殊な空間で限るのである」と見事なまでに概念化している。

もちろん、藤井厚二にとって建築をつくること、住宅をつくることは〈自然に見える〉ことを実践することではない。『日本の住宅』の巻末項「趣味」で述べているように、それは単なる〈和風〉様式の

「模倣」でしかない。藤井にとって、つくることとは様式を「表現」することである。しかしながら、その著書を熟読すれば解ることだが、藤井自身この「表現」という言葉に決して奔放なる自由さや情緒の発露を託しているわけではない。藤井の「趣味」に対して再び石田潤一郎の見解を引用するが、こと「趣味」に関しては、石田自身も窮しているようだ。

> 「日本趣味」は彼自身要約しているように、
> 1――木材・紙・土などの自然材料を材質感を生かして用いる
> 2――室内において多くの小なる凸凹の空間をもうける
> 3――光線を柔らかく室内に取り入れる
> という抽象的な空間構成の問題である。
> 石田潤一郎、前掲書

石田潤一郎が藤井の「日本趣味」として挙げた3項目はまさに否定しがたいほどの日本趣味であり、またそれゆえに伝統的和風住宅においてすでに実現されている。確かに、この3項目は抽象的な空間構成に関係するとはいえ、藤井自身「どうしていくべき」と構成的に記述しているわけでもない。どちらかというと、様式と同じく「自然に見える」所作によって記述されているだけである。すでに様式によって実現されていること――そう、『日本の住宅』の「趣味」をきわめて素直に読むかぎり、藤井はそれを〈社交〉や〈関心〉のもとに見るのではなく、虚心坦懐において「自然に見よ」といっているだけなのだ。

様式としての〈和〉がもたらす「自然に見えること」、そして**趣味**が要請する「自然に見ること」。もちろん、この中間にあるものこそが藤井厚二の〈建築〉なのであり、その不一致において「自然に見える」ことを価値としてきた建築空間が隠蔽されていることを、堀勇良は指摘しているのだ。もはや、本格的な空間論を展開するスペースがないが、「わが国の建築風土はその獲得すべき空間を予め自明なもの」として始まっているという堀の指摘を素直に受け入れるとすれば、そして、そんな所与の建築空間の露呈こそが「自然に見える」ものとしての日本的建築空間(の価値)ならば、西洋の建築(理論)は理性が獲得した人為的空間がいかに自明=自然なものであるかを、その現前において示すことにあるといえよう。つまり、どちらも最終的には「自然に見える」ものとしての建築空間が求められていることに変わりがないのである。それこそが建築の建築たるゆえんであり、建築の役割であるといった〈古典的《クラシック》〉な――この場合の古典とは近代建築全般をも含む――価値が急激に下落する今日において、もちろんその古典的価値を再度知らしめるべく、藤井厚二の意匠的所作を真正面から批判することも必要であろう――堀勇良のように、そしてタウトのように。だが、「自然に（単に）見る」ことだけ要請し、「自然に（正しく）見える」ことなど一切顧みない今日的ヴァーチャリティに荷担するつもりなど毛頭ないが、建築空間なるものが「自然に見える」「見えなければならない」ことによって、常に「自然に見ること」を抑圧してきたこともまさに建築的事実なのである。

そして……そのように謙虚に考えるとき、藤井厚二の意匠的所作は単なる和風・日本趣味・和洋折衷あるいは「建築空間を隠蔽する匠術性」を越えて新たな可能性を獲得することになるであろう、といったあまりにも楽天的な（根拠なき）展望。

そして……冒頭において、2人の建築史家、藤森照信と石田潤一郎の藤井評価の〈基盤〉が決定的に対立しているにもかかわらず、「気にすることもないだろう」と素通りを命じた理由。それは、対立しているにもかかわらず、どちらも最終的には「自然に見える」建築空間を問題にしているのだから「気にするな」といいたかったわけではなく、藤井厚二の建築を「自然に見る」ことにだけ集約したかっただけである。

そして……とんでもない結末（建築空間にまつわる拘泥）によって、より相乗化された「不安」。藤井厚二（の作品）を歴史の彼方ではなく、わたしの〈前〉におくにはこうするしかなかった、という弁明とともに。

Kon Wajiro

1888－1973

今 和次郎

1912年、東京美術学校卒業後、早稲田大学理工学部建築学科の助手となる。1920年、同大学教授。はじめ民家研究に携わるが、関東大震災後にバラックの観察から始めて、その対象を都市風俗にまで広げ、1927年に「考現学」を提唱する。主な著書に『日本の民家』『考現学入門』など。

ノート〜『日本の民家』を中心として

中谷礼仁

顕微鏡で小指の皮膚の一部を観察したことがありますが、その皮膚が溝や穴のある原野に似て見えた。ちょうどそれと同じような感じが、人間たちとその営みを眺める時、ぼくを襲ってきたのです。ぼくにはもう、何事も単純化してしまう習慣の目でもってそれを捉えることができなかった。すべてが解体して部分に分かれ、その部分がまた細分化し、何物ももう一つの概念で覆いつくすことができなくなったのです。

ホフマンスタール『チャンドス卿の手紙』（原出版1902年）
川村二郎訳、講談社文庫、1997年

畠の野は眼界が狭い

今和次郎は、34歳の時に、『日本の民家』（1922）という本を書いた。彼の処女作である。

その他の彼の主な作業を挙げよう。東京美術学校図案科での「アブソリウト・パターン」の制作（1911–12）、早稲田大学における教育活動（1912–59）、日本近代最初の民家研究会（白茅会）での全国調査（1917–18）、農村改善政策へのかかわり（1920頃以降）、関東大震災直後のバラック装飾社の設立とその活動（1923–24）、ジャンパーを制服とする（1923以降）、現在を対象とした考古学である考現学の提唱とその実践（1925–31）、雪氷協会への参加（1939）、いくつかの実施設計、家政学への接近・服装・流行研究（1947以降）、農村建築研究会の設立（1949）、日本生活学会の創設（1972）等である。そのほかにもさまざまな周縁的な役職を兼任している。

彼の作業の全体はなかなか見えづらい。あいまいな領域を包摂するジャンルを渉猟してきたという印象があるからである。ただそれら雑とした経路の中から、おぼろげながら「農村・民家」と「生活」という2つの領域は、つねに浮かび上がってくる。

彼の作業は、その地味な領域にもかかわらず、たいへんなポピュラリティをも持ちあわせていた。特にそれが意図的に明視化されたと思える、バラック装飾社や考現学の成果が、これまでにも多く流布してきた。確かに彼がエンタテイナー（演技者）としての自覚を持ちはじめるのは、おそらく考現学周辺以降であったろう。しかしながら彼は、ポピュリストではない。彼自身のいう「ニヒルの気分」［1］を経過した後の考現学の今は、もっと複雑な器である。その奥行きを見るためには、その「ニヒル」な時代を、そしてその端的な成果であった『日本の民家』をつねに訪ねてみるべきである。

都市計画についての処女論文「都市改造の根本義」（大正6年／1917年）から、農務省役人・石黒忠篤のバックアップのもと、5年をフィールドに費やした後の『日本の民家』は、日本近代初の「民家」（この名称もこの本によって広められた）研究の書である。しかしながら、日本の建築史学の世界にあっては、その価値を不当におとしめられてきた。第2次世界大戦後以降に活発化した日本の民家研究は、急激に破壊されていく民家の悉皆調査と、その

経年変化を間取りの変遷の実証分析などによって確定することにより、客観的な学問として成立していった。これらの主要な流れの中で、『日本の民家』は、非科学的（データが抽象化、客観化されていない）として片づけられてしまったのである。確かにそのような方法的な位置づけの中では、今の分析は粗削りであり十分に乗り越えられている。しかしながら、それは『日本の民家』の含む内容にしてみれば、ほんとうにささいな部分に過ぎない。

この本は、特異な構成を持っている。大きくは論文「日本の民家」と、「採集」と題された事例報告、個別の調査研究をまとめた「調査」に分かれる。うち最初の論文は3つに細分され、それぞれ「I田舎の人たちの家」「II構造について」「III間取りについて」である。新版ではこのほかに「間取りの由来考」が新たに追加された。その「非厳密性」が指摘しうるのはそのうちの「II」「III」のうちにおける部分的記述であり、それぞれ以降の民家調査、最近の都市史研究によってさらに批判、発展されている。ということはそれ以外の部分は生きており、いまだ批判しきれていない前人未到のようなテクストが含まれている。たとえば、「I」の中の「三畠の村の人たちの家」の記述を挙げてみる。

水田と畠とでは普通の農作物を作るのに、一方は大変有利で一方は不利益で、そして労力においても畠の方が遥かに大きい。畠場の農夫たちは悲しい。彼らは土により多くいじめられる。土はほり返すにかたい。…そして畠の野は眼界が狭い。土と、作物と、森と、空とが廓然といつも立っている人の眼にうつるだけである。遠くの景色や、遠くの村の有様が見えない事はそこに働く人たちの心にいつとはなしに孤独の心を育くまして行く。そして個人としての本当の忍耐の力をも養って行くのだ。家々は多くの場合散らばって出来、二、三軒ずつ森の下に南の日を受けるように、そこに井戸を掘り、または清水を利用して、彼らの住居は色々の備えを作ることとなる。そして不規則な道路は森をぬけて丘をめぐって、隣接の部落へ導かれているのだ。…

畠場の村の家はというと、多くはうっちゃりぱなしである。一般に工芸的工夫は大まかで、住家の瑣細なことには及ぼされていない。…そして隣家との窮屈さもないから、塀などを設けることも少ない。…家の間取りも下手だ、器用でない。茶とか、煙草とか、また養蚕とかの特殊の仕事をしている土地では、それぞれ幾何かずつ特色をもっていて、多少社交的な色彩を帯びているが、一般に粗野で、服装も住宅も汚ないのが畠場の特色である。一言で言えば畠場の住宅は発達していない、体裁上にも、衛生上にも、その他にも。しかし、彼らの住宅は無理をしていない。のんびりと手足を伸ばして寝そべったかたちである。…軒先が腐って来ても、屋根に草が生えて来ても、また急に雨が降り出して来ても、彼らの心に大した騒がしさを起させない。実に畠場の村の人たちは悠長である。

つまんでいるので心もとないが、これまでの論者も指摘しているように、初読者を驚かせるのは、今の視点のパノラミックかつ急激な移動である。彼の中に蓄積された体験、知識をもとに、街道を抜け、いったん大空にまいあがったと思いきや、一気に農家の土間に上がり込み、また農民の手に携えられた鍬の様子、軒先の樋の形状にいたるまで、いくつものスケールの異なった層を切り崩してつなげている。建造物としての民家はそれらをつなぐ点として活写される。今の論をいまだに生かしているのは、民家をこのような、いくつもの層を縦横する関係性の表象として書き表したことによる［2］［図1・2］。

周知の通り、都市の郊外化、田園生活が喧伝されるようになるのは、大正期からのことである。概念的には、「建築」と「生活」とが結びつけられたわけである。これは明治期の建築に比較して、まったく新しい地平であったといわねばならない。ちょうど『日本の民家』は、このような風潮を後ろ盾にして成立した。しかしながら、その「田園」の多くは、都市の対照的理想物として描かれたという意味で、本来的に都市的な産物であったことも、また多く指摘されている通りである。たとえば建築家・堀口捨己には、アムステルダム派にことよせて田舎屋風の茅葺きを実現した紫烟荘がある。その発表時のエッセイ「建築の非都市的なものについて」（1926）では、「田園」の枠組みについて触れられている。その田園の住居の可能性とは、「出発点が一個の人間から始められる」点においてであり、すなわち「休息」「睡眠」「食事」「育児」「保養」等の「人間的な欲求があるがままに充たされるための設備」という意味においてであった。これは今が『日本の民家』の中で、「都会では、働くところ社交をするところは、住宅とは別に建てられるのが普通であるから、住宅を純粋に家族たちの居住の場として便利で楽しいように作ればいい。都会で暮らしている人たちはその点で幸福である。生活と文化ということをいつも結びつけて、自分たちの家を直ぐに改善していくことができるから」

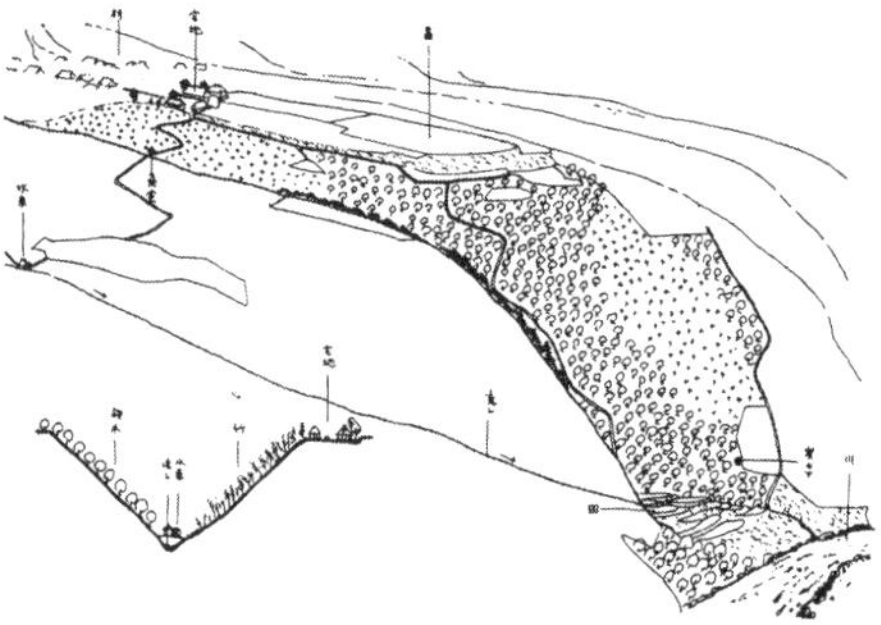

図1：一農家の所有地全景（『日本の民家』118図）
図2：Bの家の内部（同、125図）

と都会の家を総括していることと好対照をなしている。今からすれば、堀口のいう「田園」の住まいこそ、とことん都会的なものだったのである。

ニヒルの所在

では『日本の民家』における先駆的な作業に、なぜ今が「ニヒル」を感じていたのかを、考えてみたい。今和次郎論と呼べるものに、長谷川堯、川添登、藤森照信、黒石いずみらの論考がある。いずれも優れた作業であるが、特に藤森が『日本の民家』周辺の作業を端的にまとめている。

> もう一度、彼が日本の民家のどこにひかれていたかを考えてみよう。まず、その美しさ、すくなくとも完成された民家形式の美しさにはいっさい興味を持っていなかったことは言うまでもない。つぎに、予定調和的田園を夢見ていたことはすでに述べた通りだが、こうした白樺派的な質は、考現学・バラック装飾社の活動によって自覚的に清算されている。あと一つ郷愁があるが、これも震災後の活動の中で清算される。では、そうした器の方面ではなくて、中味の生活や民俗にひかれていたかというと、柳田から「生活がない」と言われる程度である。…
>
> 本文の中で彼が「たまらなく羨ましく感じられて来る」と〝告白〟している家が一つだけあって、それは家というよりは家になる手前の開拓農民の仮小屋。…
>
> 今和次郎が生涯を通して立脚したのは、仮小屋のシーンから文学性を抜いた物件としての仮小屋だった。
>
> ありあわせの木の枝や草を組み合せて作られる仮設的な工作物、たとえば大きいものでは開拓農民の家から小さなものでは肥溜めの差し掛けまで、そうしたものの中に彼は〝真〟を見ていた。
>
> このように説明すると、〝民芸〟と似ている視覚と思われるかもしれないが、ちがう。白樺派の一つとして誕生した民芸運動は、農民の制作物の中にあくまで〝美〟を見ていたが（民芸派に肥溜めは鑑賞できただろうか）、彼はちがって、農民の工作物の中に工作そのものというか、美の発生以前のもっとプリミティブな
>
> 〈人と物との初原の関係の面白さとせつなさ〉

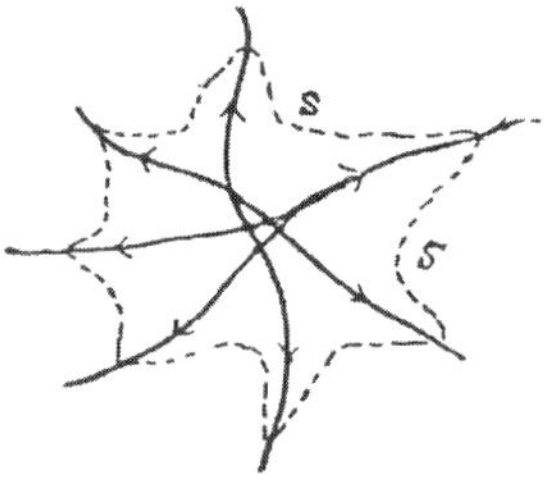

図3：都市の伸び方（「都市改造の根本義」より）

のようなものを感受していた。

藤森照信「解説」（『日本の民家』岩波文庫、1989年に所収）

藤森の指摘はおおむね的確であり、これによって当時の今の特質の吟味のほとんどは終わるほどである。しかしながら、なお検討に値する項目は、藤森による『日本の民家』＝ニヒル論の位置づけである。藤森は、その理由を白樺派に代表される「都市と農村を予定調和的に考える大正期的な田園思想」への追従とその破綻、としている。そしてそのニヒルは、震災後のバラック装飾社、考現学という一連の（クールな）作業の中で乗り越えられたとまとめている。しかしながらこの総括は編年的に見ても、検討を要する。

まず、今がニヒルを感じたのは、本人の述懐にあるように、明治末年に東京美術学校で工芸図案を学んだとき以来である。そして彼は、先に示した引用の通り、『日本の民家』執筆時点で「都会の家」と「田舎の家」との断絶を察知している。またこの傾向はすでに大正6年の「都市改造の根本義」においても認められるのである。

反－美学

彼は粗末な民家の、1つひとつの部材の使われ方に偏執的な興味を示した。今の民家への尽きるところない興味は、単なる個々の要素の集積が美としてのまとまりを代弁しうることはないはずにもかかわらず、その存在が、なお美的に解釈しうる点にあったように思われる。なぜか。

民家の部材の指し示す範例は弱い。そこでの部材の意味はそれが存在している周囲の状況の例外性を前提としている。状況が異なればそれに応じてその対処も変化する。ゆえにその部材は、実はあらかじめ決まった用法（機能）だけに定められえない。たとえば使い古された鎌が屋根の樋の固定具として再利用されるように。その部材の役割は、決して抽象化できず、一回的な個別性として存在する（だから今は彼のフィールドワークを「採集」と呼ぶのである）。つまり当初の目的は見失われていることによって、むしろその部材は周囲との関係性においては、まったく正当的な目的性を持つにいたる。ゆえに彼は「人の作ったものは美しい、神の作ったものはまた美しい」（「処女郊外住宅地への同情」、『日本の民家』）と「ニヒル」につぶやかざるを得ないのである。ひるがえって、今にとって都市は、このような関係性のネットワーク（あらかじめ予知しえない調和）を持たない、異次元の運動体として解釈されたのであった。

先の「都市改造の根本義」（『建築雑誌』31(367), 545-555, 1917-07-25）において、彼はパトリック・ゲデスの“Cities in Evolution”を引きあいに出しつつ持論を進めるが、彼はゲデスのいうコナーベーションという、当時最も最先端でありかつ現在の都市論にも通じる自然発生的都市の要因に興味を持っているのである。ここで示された「都市の伸び方」の模式［図3］（『建築雑誌』31(367), 545-555, 1917-07-25）は、周囲との調和に関係なく進展するアメーバのように見なされている。つまり「平原の中央に出来た部落があったと

図4：バラック装飾社+
曾禰・中條建築事務所「カフェ・キリン」
1923年

して、（アメーバのように〔引用者注〕）それぞれ自身に好都合な影響から、だんだんその面積を広げて発達していくには、四周の各地への交通路にそって、次々と裏通りに家が建っていく。…それでSS'というようなところが広がる力が一番弱い。…水鳥の足かきのように、ほとんど血も神経も通っていないような薄い膜の街が広がるのである。都市の発達に伴われて急速に増加していくところの貧乏人はそこに住むこととなる。それで一般にSS'などの区域は、いわゆる「貧民街」のできる場所」なのだ、と今は述べている。

ではそこでの実際はどのようなものであろうか。

郊外に立って、郊外の美しいプランニングという事を念頭に置いて見廻わすと、一等醜く思われるものは都会から吐き出されたような不具な住宅その他が散乱していることである。都会だけは立派に美しく成長して行っても都市自身で消化し切れないで吐き出さなければならないような、濃い喰いものの残りを郊外に吐き出している状態を、どこの都市でもの現実として見せられつつある。…

土の仕事と言えば都会の人たちは直ぐ汚ないものと思ってしまって、農村は美しいものだということを知らないのかも知れない。都市の場末は農夫の働くところと接しているから汚ないものだと、うっかり思うかも知れないが、それは郊外の汚ない事の原因と結果とを取り違えた考えである。農村には色々の形があるが、皆んな整った調和を得たものなのである。

いずれも「処女郊外住宅地への同情」、『日本の民家』に所収

彼にとって近代都市とは、その初期機能、関係性を状況に応じて変えることのない、自閉的な産物なのである。この発展は他を食いつぶす以外にない。この意味において、あらかじめ機能的なものは美しくない、のである。その非関係、その中だけの美学によって反照される「田園」を、彼は当初から嫌悪した。だから、彼のニヒルは決して、その象徴たる白樺派的田園賛美の追従と破綻とによるものではないだろう。

　それはむしろ藤森のいう「せつなさ」、さらには坂口安吾のいった「文学のふるさと」に直結するものであった、と解釈したほうがよいのではないだろうか。

バラックと表現主義

以上のような、今の美学は、なお普遍的なものとして検討される余地があるように思える。もちろんそれが日本的文脈の中でつきつめられてもかまわないし、より広い領域において検証されてもかまわないだろう。

　たとえばヴォリンガーの『抽象と感情移入』（1908）は、「抽象衝動」という概念を美学に持ち込むことで、以降の近代抽象美術の理論的基盤となったといわれる。しかしながらこの抽象概念は、その依って立つところの「芸術意欲」の積極的な響きとは対照的な、現実界に対する本質的な齟齬が前提とされていた。ヴォリンガーは、この原初的な感情を、「外界の諸条件によって人間が不安にさせられること」とか、「不確実性」とか、「世界全体のなかで人間が自己を見失っていること」とか、「生得的な世界に対する不安」といいかえているのである。その結果「諸現象の仮象性」という根源的な経験をすることになり、さらにこの経験が

「存在の測りがたさ」の経験にまで高められることがある、というのである。今がニヒルを経験したのは、東京美術学校におけるまったく現実的モチーフを入れない「アブソリウト・パターン」の制作（1911–12）以来であったという。この話はまったくもって抽象衝動における深層の部分と共通してはいないだろうか。

そして、このようなヴォリンガーの芸術理論や、大きくは20世紀初頭におけるいわゆるドイツ表現主義は、F・フェルマンによれば、表層の現実以外の現実を主体の内側から見出そうとし

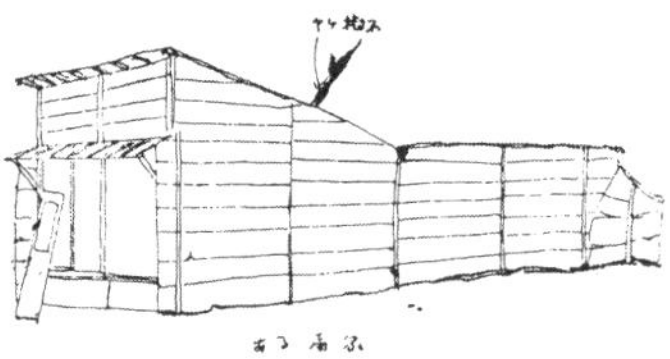

図5：土ムロのような小屋（『日本民俗叢書 民俗と建築』87図）
図6：盛んに干し物をしている小屋（同、88図）
図7：土管を利用した小屋（同、94図）
図8：焼木のあるバラック（同、99図）
図9：たて看板を掲げたバラック（同、105図）

た当時の現象学と、共通の思考形態を強く持っていたという[3]。フェルマンによってフッサールとの書簡が見出された、同時代の詩人・ホフマンスタールによる文章の一節は、以下のようなものである。

たとえば、また別の日の夕ぐれ、胡桃の木の下に、庭師の徒弟が置き忘れた、半分水の入った如露を見つける、この如露と、木の影に蔽われて小暗くかげる、その中の水と、水の面を、暗い一方の岸から他方の岸へと泳いでいるげんごろうと、こうした取るに足らぬものの組み合わせが、無限なる存在の現前をありありと感じさせながら、ぼくを総毛立たせる、髪の毛の根元から踵の骨の髄に到るまで、ふるえおののかせる、その結果ぼくは、何ごとか叫びださずにはいられない気持ちになってくる。こうしたことが、同情となんのかかわりがあるでしょう。

「チャンドス卿の手紙」(出典は前に同じ)

もちろん同情(ポピュリズム)とは異なっている。この主人公の視点は、やはり今の視点とほとんど同一なものなのではないだろうか。

大正12(1923)年9月、突如東京を襲った震災は、あたり一面を一瞬のうちに焼け野原にしてしまった。

この震災後の東京を舞台にして、1カ月後の10月、今和次郎が美術家の卵や学生らと協調して、バラック装飾社なる請負集団を結成し、焼け野原の東京に再び建てられつつあった急場しのぎのバラック建築に、ペンキでさまざまな先鋭的モチーフを描き上げる活動を行ったことは、考現学に次いでよく知られている[4][図4]。翌年に解消するまで、有名無名の商店建築を対象にした活動を行い、当時のメディア等においても、好意的に紹介されていた。

バラック装飾社は、殺伐となっていた世情に少しは華やかさと潤いをあたえよう、という今和次郎の提案からはじまったとされているが、このような回顧は、彼によくあるけれんとといれないこともない。藤森によっても、バラック装飾社以降の活動は、「ニヒル」な大正期の活動を脱した転回点として語られているのだが、一概にそうとはいえない面がある。

今はバラック装飾活動を開始する直前の9月に、ノートを携えて雨後のタケノコのように生えつつあったバラックの記録をとりはじめた。その途上で会ったある人物に、今は「今度は田舎へ行かんでも研究が出来ますね」と挨拶されたと記している。その時、今は「本当にさうだ」とうなずかなければならなかったという。彼は震災直後のバラックの様子に、彼における民家と同様な美学を見ていたのではないだろうか。

今はバラックに3種類の類型をあてはめる（「バラックのはなし」[5]）。もっとも原始的な「セルター(shelter)」、それよりも一歩建物らしくなった状態を「ハット(hut)」といい、その土地の自然に順応して、得やすい材料で、貧しい手法で営んだ小屋のことをいう［図5–7］。そして「バラック(barrack)」は、兵舎のことをさす。より大きい流通経済の上に存在するものであり、前2者に対しまったく別の観念で考えられてよいものだとする［図8・9］。そして彼は、帝都復興のためには、「セルター」や「ハット」を一日も早く捨て、「バラック」に移行しなければならない、という一般通念を批判している。すなわち今にとって、前者は「民家」であり、後者は彼が以前に規定した意味での「都会の家」であったことが、いまや明らかだろう。この文章では、今がバラック装飾社の開始直前に書いた、やや今らしからぬ感情のこもった一節が残されている。それを紹介して、とりあえずの終わりとしたい。

田舎では此の類の家々（引用者註：「セルター」や「ハット」のこと）は大きな山や広い野によってつつまれかくされてしまふ。都会では大きな家がそれらをかくしてしまふ。災害は、災害によって、実に都会の善良な人達の前に、これらの家々が展開されて注意に留められたと云ふ事は一つの奇縁である。平常の場合の人々の注意と云ふものは不思議にお目出度《めでた》く、その限界を限定されている。それで、復興都市の先頭をやっている焼けあとの真中のこれらの家々は遂に永久に都会の内蔵としての存在である。而《しか》して遂に最後の人々の眼からは、考への中からはそれは隠されてしまう運命のものである。新聞紙も今にかかる家の事に就いてはかかなくなるであらう。而《しか》してそれらの存在が然し、仕方なく、平和になり栄えて行く街の上表に、それらの存在を主張する為めに、全般の注意を呼びたい為めに、世の夫人達に復酬する為めに、銀座通り

に、丸ビルに、また、生命をも貞操をも犠牲にして派手な意匠に武装して、街の到るところに現はれることになるのであらう。…これからの日本にも本式な社会小説がもっとそれらの因果交渉をはっきりと指示してくれ、世の紳士達を、同情深き婦人達を、驚かし泣かしてくれる事であらう。華やかな復興が出来れば出来る程、人生は、都会の人生は複雑な経程を歩み進むことであらう。表面の賑やかな仕事を、固定した真実な存在に加えるわけに行くものではないと、私は広い事実を尊重したい心から、これだけの言葉を記しておく。

『日本民族叢書 民族と建築』磯部甲陽堂、1927年

彼は「うるおい」のために装飾をはじめたのではなかった。一瞬だけ東京が民家化、いわばエポケーされた時の痕跡を、残しておこうとしたのであった。

［註］

1——「とにかく明治末年に私は工芸図案を学んでニヒルにおちたのだ。それで、むしろ小説でもかこうかなどと考えたものだ。…とにかく私のニヒルの気分が、震災後のバラック装飾社をやらせたのだし、また、考現学だって、ニヒルの気分からやりはじめたものにほかならない」（「思い出」、『日本デザイン小史』日本デザイン小史同人編、1970年）。

2——なお川添登は、この傾向を地理学者・小田内通敏との協調作業からの影響としている（参照「Ⅱ都市と農村と」、『今和次郎 その考現学』リブロポート、1987年）。後に紹介する藤森にも同様な指摘がある。

3——ヴォリンガー以降のまとめはF・フェルマン『現象学と表現主義』木田元訳、講談社学術文庫、「表現主義的思考形態としての現象学的還元」による。

4——バラック装飾社周辺については、川添登『今和次郎 その考現学』（ちくま学芸文庫）がよくまとめている。

5——後に「震災バラックの回顧」とまとめられて『日本民俗叢書 民俗と建築』、1927年、磯部甲陽堂に所収。

Antonin Raymond　1888－1976

アントニン・レーモンド

プラハ工科大学で建築を学んだ後、1910年、アメリカに移住。1916年、フランク・ロイド・ライトの事務所に入所。1919年、ライトの助手として、帝国ホテル設計のために来日。1922年、レーモンド事務所を開設。主な作品に「霊南坂の自邸」「旧イタリア大使館日光別邸」「夏の家」など。

表現と表出と表象

南泰裕

私は一体、何をしたいのか

アントニン・レーモンドの建築について考えることは、「私は一体、何をしたいのか」という問いの内実を生きることであって、決してそれ以外ではない。しかしこの問いは、文字どおり生きられるべき問題のかたちであって、この問い自体に答えてはならないのみならず、問いの形式そのものを批判することでそこから逸脱するような了解可能な記述を反復してもならない。そうでなければ、われわれはレーモンドの建築を、再び「良質なモダニズム建築の体現」や「モダニズムを越えた技術と地域性との融合」という安定した物語の地平においてのみ、なぞり直すことになってしまうだろう。

「何をしたいのか」という問いは、さしあたり建築においては、「何を表現したいのか」という問題によって集中的に翻訳される。だが、この問い方はすでに、建築と建築家をめぐる社会通念のフレームを反駁不可能なかたちで強いているように見える。「何を表現したいのか」という問いへの応答を求めることによって、（建築家には）ある作品の体現に際して、表現したい何かが先行的に存在しているはずだ、という前提が一挙に共有され、措定されてしまうからである。イデアルな、表現したい何かが先験的に存在し、そこからの逸脱やずれを問うことが建築についての表現論を成立させる、という一般認識がそのようにして強いリアリティを帯びてしまう。しかし、どのように考えてみても、建築において表現したい何かが先行的に存在するわけではない。作家の奥泉光が自らの小説をめぐって、「書きたいことなどひとつもない」と断言していることに倣っていえば、おそらく建築家には、「表現したいことなどひとつもない」ということも可能である[1]。だが、ここで注意しなければならないのは、表現したい何かが先行的に存在しないということが、表現そのものを否定するのではない点である。言い換えれば、「表現したい何か」が存在しないのであっても、「何かを表現したい」という記述は十分に成立し得るし、それが表現の強度を高いレベルで獲得することもあり得る。レーモンドの建築を自らの問題として生きるためには、そこに「表現したい何か」を見出そうとするのではなく、イデア的な了解の構図を転倒させた表現の強度とねじれこそを問うべきだろう。

何を表現したいのか

実際、レーモンドの建築家としての履歴は、この「何を表現したいのか」という問いを語形変化させることから始まっている。1888年にオーストリア＝ハンガリー帝国のボヘミア（現・チェコ領）で生まれたレーモンドは、プラハの工科大学卒業後、アメリカへと渡り、フランク・ロイド・ライトのもとで建築を学ぶ。その後、基本設計の進んでいた「帝国ホテル」の現場進行にともない、ライトに誘われて1919年に日本を訪れるが、やがてライトのもとを離れて独立し、日本を拠点として設計活動を始めていくことになる。このとき、独立したばかりのレーモンドにとってもっとも大きな課題は、「ライト風以外の何を表現できるのか」という問いだったのである。彼は当時の自身の作品を振り返って次のようにいっている。

日本における実務の当初は非常に困難であった。内心では反抗していたにもかかわらず、ライトの強い個性がどれほど私の考えを支配しているか、私自身認識していなかった。懸命に努力しようとも、ライト調から逃げ出すことができず……［2］。

レーモンドが自らそう語っているように、彼の初期の作品は、ライトの影響が読み取れるというレベルを超えて、ほとんどライトそのものである。「東京ローンテニスクラブ」（1921−22）や東京女子大学の構内に建てられた住宅、「リード博士邸」（1924）といった一連の建築は、屋根の形状やプロポーション、バルコニーの配置等を含めて、ライトがタリアセン周辺を念頭に置いて生み出した「プレイリー・スタイル」の住宅とまったく変わるところがなかった。

このこと自体は、建築家の履歴として特に珍しいことではない。それどころか、ある建築家が自らの学んだ手法や方法を踏襲し、それを反復することは、建築を構想する際の決定数の多さを効率的に縮減させるうえで、きわめて有効であり、自然なことだろ

上：「霊南坂の自邸」東南側外観、1924年
中：同、東側外観
下：同、居間

う。図面の書式からディテールの処理、建材の選択といったことを含めて、建築家は自らが学び、身につけた方法やスタイルを多かれ少なかれ反復する。建築の構想はいつでも、それ以前の自身の思考と実践を参照する、ということの繰返しと離反によってなされていくため、「何を表現したいのか」という問いがせり上がってこない限り、その表現は過去の方法を忠実に反復することになる。レーモンドもその初期においては例外ではなかった。ライト風の建築から飛び立ちたいと思っていても、ライト以外の「表現したい何か」を同定することができなかったのである。

何を表現したかったのか

しかし、やがて彼はこの「何を表現したいのか」という問いを、遠い他者へと投射し、折り返させることで手元に引き寄せていく。問いが、ここから本当に生きられていくことになる。

１９２４年に、レーモンドは東京に「霊南坂の自邸」を設計する。敷地いっぱいに建てられた3階建てのこの住宅は、完全な鉄筋コンクリート造で、内外ともにコンクリート打放しで仕上げられたものだった。全体の構成は中庭を取り囲むコの字形の配置となっており、プロポーションの異なるいくつものキューブが折り重なって複雑なヴォリュームを形づくっている。それらが、コンクリート塀によって道路側から閉じられた中庭や建物上部の屋上庭園、全体を縁取る庇やスチールサッシュによる開口部と関連づけられ、平面図には還元できない自由な空間を生み出している。

この住宅は、何度見返してみても、何か表現し難い驚きを喚起させる。それが歴史的に重要な意味を持つ建築であることはもちろんなのだが、それ以上に、ここにはいわば、「何を表現したいのか」という問いが高密度で折り畳まれているように感じられるのである。

すでに多くの指摘によって明らかにされているように、住宅において内外ともに完全なコンクリート打放しを実現させたのはレーモンドのこの自邸が世界で初めてだった。また、そこで実験的に制作されたスチールパイプによる椅子は、バウハウスにおいてマル

上・中：「夏の家」1933年
下：ル・コルビュジエ
「エラズリス邸案」1930年

セル・ブロイヤーが作成したパイプ椅子よりも早く生み出されていた。こうした点から、われわれはこの住宅の世界レベルでの先駆性をさまざまに読み取ることができるのだが、それ以上に驚くのは、多様な直方体を相互嵌入させ、組み合わせたようなその空間構成が、当時の建築表現の先端をなしていたデ・ステイルの表現方法と深く交叉している点である。デ・ステイルの理念をもっともはっきりと示す、リートフェルトによるシュレーダー邸が完成したのが1924年だったから、レーモンドはそれとまったく同じ時に、日本においてデ・ステイルの理念を高い強度で体現していたのである。しかも、この住宅は内外にわたる単一素材の貫徹や、たて樋と庇の組合せが全体の構成原理に組み込まれていることを考えるならば、シュレーダー邸よりもデ・ステイル的である、とさえいえる側面を持ち合わせている。それはデ・ステイルの建築以上にデ・ステイル的な理念を、先駆的に、きわめて高い純度で実現させていたのである。

デ・ステイルの建築がライトの空間構成に触発され、ベルラーへ経由でヨーロッパへ広がったことを考えれば、ライトのもとにいたレーモンドがデ・スティル的な建築表現を生み出したことは、表現方法の変遷として十分理解できるように思える。また、彼が仮にデ・スティルの活動内容を知っていたとしても、その完成時期から考えて、レーモンドがデ・スティルの建築に直接影響を受けてこの住宅を構想したのではないことも明らかだろう。しかし、そうした記述のみでは覆いきれない意志のようなものが、この住宅からは確かに響いてくる。「何を表現したいのか」という自らの不透明な欲求を他者へと投企し、それを自身に再び回収することによって、「他者が何を表現したかったのか」ということを当の他者以上によりよく具現させているように見えるのである。他者による表現の、自己のための過剰翻訳。「何を表現したいのか」という焦眉の問いを、他者へと投げ込み、「何を表現したかったのか」という読解問題へと反転させる作業。

「夏の家」と「東京女子大学礼拝堂・講堂」

このことは、その後しばらくして軽井沢に建てられた「夏の家」（１９３３）において、もっともきわだったかたちで現れることになる。仕事と避暑を兼ねた、彼自身の別荘として建てられたこの建築は、木造横板張りの外壁からなっており、内部は土地産の栗丸太を柱に、杉丸太を梁や母屋、垂木に使用し、各部材をあらわしにした内部空間が創り出されている。南面部分は開口部の引き戸をすべて戸袋に引き込むことができるようになっており、内部と外部を連続させる開放的な空間が生み出されている。

木造によるこの住宅は、その建設にかかわる大工や職人までをも含めて、日本の気候や自然を配慮したつくりとなっているかに見えるが、その原案はル・コルビュジエのアイデアによるものだった。１９２０年代に、白と直角のモダニズムとは異なったスタイルを模索し始めていたル・コルビュジエは、その最初の具体的提案としてエラズリス邸案（１９３０）を発表する。バタフライ屋根やあらわしの丸太梁、スロープと吹抜けを組み合わせた居室によるこの計画案は、結局実現することなく終わるが、この案を見たレーモンドが日本という地域のフィルターをかけて、そっくりそのままのかたちですぐに引用したのがこの「夏の家」だったのである。これを知ったル・コルビュジエはいったん憤慨するが、やがて「私のアイデアの見事な翻訳」であるとして賞賛し、エラズリス邸と並べて、自らの作品集にレーモンドのこの住宅を記載するまでになる。

かなり前に、初めてル・コルビュジエの作品集でこの住宅の写真を見たときに、私はそれがル・コルビュジエによる作品だと思っていた。構想の経緯から考えて当然ではあるのだが、それほどまでにエラズリス邸案と「夏の家」はよく似ていたのだった。しかも、大きな開口部や地域に即した部材の選択など、実際に出来上がったレーモンドの「夏の家」の方が、エラズリス邸案よりもより明快にその意図を表現しているのである。彼は、「何を表現したいのか」という問いをル・コルビュジエに向けて投射することで、ル・コルビュジエよりもル・コルビュジエ的な何かを表現し得たのだった。

こうした、他者の建築による過剰読解的な自己表現は、「東京女子大学礼拝堂・講堂」（1934－37）においても異なったかたちで繰り返されることになる。講堂と背中合わせに一体化した構成のこの礼拝堂は、プレキャスト・コンクリート・ブロックに色ガ

「東京女子大学礼拝堂・講堂」
1934－37年、礼拝堂内観

ラスをはめ込んだ壁と段状に立ち上がる鐘楼からなっている。内部は直方体の空間を打放しコンクリートの丸柱が天井高く支え、むき出しの素材による生々しく荘厳な気配が生み出されている。この礼拝堂もまた、オーギュスト・ペレによる「ル・ランシーの教会」（1923）の精密な読解にほかならなかったのである。しかし、完全な鉄筋コンクリートとしては初めての教会であった「ル・ランシーの教会」はコンクリートの仕上げの質が悪く、その後表面が剥離するような状態となってしまったのだが、レーモンドによる礼拝堂は、今もなおしっかりとした表面を保っている。レーモンドはここでも、ペレの建築に密着しながら、ペレを超える表現の水位にたどり着いていたのである。

表出という次元

レーモンドはこうして、「何を表現したいのか」という問いを「他者が何を表現したかったのか」という問題へと転写させることで時代を先駆ける建築を次々と創り出していった。しかしもちろん、こうした記述だけでレーモンドの建築を十全に了解できるわけではない。というよりも、こうした記述のみでは、レーモンドの思考と実践をわれわれ自身の問題としてリアルに生きることはできないだろう。その建築家の決定論的な物語の記述ではなく、その建築家の決定的な決断を疑い、それと対峙するような契機を掴み取ってみる必要がある。そうでなければ、「何を表現したいのか」というすぐれて現在的な問いは、いつまでもわれわれの手元からすり抜けてゆくだろう。

　あらゆる表現をめぐって、「何を表現したいのか」という問いに対して答えることは、本当は原理的に不可能である。表現したいことの叙述は、つねに事後的にしかなされないからだ。言い換えれば、「何を表現したいのか」ということの内実は、つねに事後構成的に発見されるのでしかあり得ない。しかし、だからといって「何を表現したいのか」と問うことが不毛であるのでもない。そのように問わなければ、事後的に構成される表現からこぼれ落ちてしまうもの、つまり表現の残余のようなものに、触れることすらできないからだ。「何を表現したいのか」と問うことで初めて、その問いに対する応答から逸脱し、表現する意志が図らずもあらわにしてしまうものをかすめ取る可能性に接着するに違いない。その、表現を超えて表れ出てくるものの輪郭を、仮にここで表出と呼ぶとするならば、われわれはさらに、レーモンドにおける表出を問い詰めてみなくてはならないだろう。

かつて、知合いの女の子に誘われて、東京女子大学の礼拝堂でパイプオルガンのコンサートを聴いたことがあった。そのときの空間体験を、今ここで思い起こしてみる。冷え冷えとした、巨大な井戸の底のような礼拝堂に、パイプオルガンの分厚い音が反響し、壁を覆うひとつひとつの色ガラスが無数の小さなスピーカーとなって、音の破片を全身に浴びせかけてくる。コンクリートという生の素材によって仕上げられた内部空間が、荒々しくその場にいる人々を包み込む。ガラスを伝って幾筋もの冷たい光が流れ込み、それらが音の乱舞に溶け込んでいく。

その空間が、表現の意図を超えてあらわにしていたものは何だったのだろうか。

過剰さ。ごく、わずかな。しかし、無数のレベルの。

それこそが、レーモンドにおける表出の次元ではなかっただろうか。

過剰性の表出

1919年の大晦日に、ライトに同行して初めて日本を訪れたレーモンドは、その日の夕方、日本の汽船で横浜に到着し、車に乗って東京へと向かう。その道のりの記述が、レーモンドの建築表現の行方を物語的に決定づける。

1919年12月31日の、日本到着の夜、横浜から東京までの道、封建時代の名残をとどめた狭い村を、車で通ったことを私は決して忘れることができない……この15マイルに3時間半を要した忘れられない旅行の間に、私は日本の建築の最初の研究を始めた[3]。

道の両側に立ち並ぶ、古い木造民家や商店と、そこにたむろし、談笑する人々。レーモンドはこの日本との劇的な邂逅によって日本建築の美しさを知り、それが自らの建築の方向性を決定づけたのだ、と繰り返し語っている。

しかし、本当にそうなのだろうか。レーモンドの建築を語るうえで必ず参照されるこの記述は、その表現方法の起源を自ら構成しているように見える。「何を表現したいのか」という問いを、起源へ向けて問い詰めるのであれば、この記述の妥当性を確かめるほかない。そして今の私は、おそらくこの記述を内側から確かめることにおいてのみ、レーモンドの建築を自らの問題として読み込み、そこに切り込む資格があるのだ、と感じる。なぜなら、今の私は、レーモンドがこの日本建築との劇的な邂逅を体験したときとまったく同じ歳だからである。

レーモンドは、果たして日本とのこの邂逅によって、自らの建築観を劇的に転覆させられ、それが彼の建築表現における原型的な起源をなしたのだろうか。

そうではない、と私の直観は答える。

確かに、自身が体験し、通過してきた文化とは根本から異なった日本の光景に、彼が強い衝撃を受けたことは事実だろう。そして日本という風土や気候に通暁し、その中から多くの示唆を受けて建築のあり方を思考し続けたことも間違いない。しかし、それが建築表現の方法をめぐって決定的な基準をレーモンドにもたらしたのではない。

異なった文化との出会いから、そこにすぐれたものを読み込もうとする視線は、オリエンタリズムの色調を帯びており、レーモンドの記述もその例外ではないが、彼の記述にはその色調にとどまらない、ある過剰さが透かし見えている。レーモンドは、いってみればオリエンタリズムの衣服を、裏返しにして着こなしているのだといえる。「何を表現したいのか」という問いからこぼれ出る、微細な過剰性のようなものを、レーモンドは日本というフレームを通して表出していたのではなかったか。

たとえば彼は、日本の建築をもとに導き出した原則として「単純さ」「正直さ」「直截さ」「経済性」「自然さ」の5つを挙げ、その根本原則に即して建築をつくり続けてきたのだ、といっている。これ自体はひとつの文化の読解として十分に了解できるものであ

右頁とも「レーモンド自邸と事務所」1951年

るし、事実、レーモンドが残した多くの建築は、そうした原則を忠実に遵守して生み出されたように見える。しかし、「聖ポール教会」(1935)や「麻布の自邸・事務所」(1951)をはじめとして多くの建築でレーモンドが試みている「芯はずし」や「シザートラス」という手法は、注意深く考えるならば、それらの原則に即しているというよりも、その原則を過剰に自己増幅させている、と見るべきだろう。柱芯を壁面からずらし、引き戸やガラス戸を内外部に持ち出す「芯はずし」は、日本建築の特性として抽出された開放性をより徹底させようとしたものだった。また、あらわしの丸太梁を斜材として組み合わせた「シザートラス」は、構造の直截さをよりダイナミックに表現しようとするものだった。これらの手法はいずれも、その原則を徹底化させることで過剰に表現しようとするものであり、いわばそれらの原則が表象されているのである。この、建築の仕上げや被覆をはぎ取り、その素形を本来の姿で表現しようというレーモンドの手法は、同じような構えを旨とした池辺陽の建築と比較してみた場合、その過剰

上:「聖ポール教会」1935年
下:「麻布の自邸・事務所」製図室、1951年

性がくっきりと見えてくるに違いない。

そもそも、建築における「直截さ」や「単純さ」、「自然さ」といったものは、構造の水準において正確に表現することはできない。なぜなら、建築構造というシステムは、それ自体、本来的に過剰性を帯びているからである。建築構造はつねに、ある一定の安全率を見込んで計画がなされる。だから、建築の構造システムは、その建築が必要としている構造の要求値と厳密に等価ではあり得ないのである。実際、レーモンドによる「シザートラス」が、現実にどの程度まで利いているのかは分からない。しかし、その表現は構造的な緊張感を現実よりも高い倍率で見る者に伝えてくる。そこでは構造が過剰に表象されているのだ。にもかかわらず、レーモンドの建築が、いわゆる構造表現主義といったカテゴリーには乗らない、とはっきり感じ取れるのは、その過剰さが表現の水準にではなく、表出の水準において初めて浮かび上がってくるものだからである。

そのようにして、レーモンドは日本の建築を通して、「何を表現したいのか」という問いを自己が抽出した原則に溶かし込み、「何を表現すべきなのか」という倫理的な問いに接続させた。しかし、もちろんわれわれは、彼の建築をそうした倫理性において受け取るべきではない。「私は一体、何をしたいのか」。レーモンドの建築をありありと、現在において手元に感じ取るために、そのことがつねに、繰り返し自問されなくてはならない。

［註］

1——奥泉光『虚構まみれ』青土社、1998年、12頁。

2——アントニン・レーモンド『自伝アントニン・レーモンド』三沢浩訳、鹿島出版会、1970年、76頁。

3——アントニン・レーモンド『私と日本建築』三沢浩訳、鹿島出版会、1967年、49–50頁。

Murano Togo

1891－1984

村野藤吾

早稲田大学理工学部建築学科を卒業後、渡辺節建築事務所を経て1929年に独立。モダニズム建築の主流からは距離を置いた作品を生み出す一方で、和風建築でも腕を振るう。代表作に「宇部市渡辺翁記念会館」「日本生命日比谷ビル」「千代田生命相互保険本社ビル」など。

「社会的芸術」として構想されたもうひとつのモニュメンタリティの射程

矢代眞己

手元に2枚の写真が並んでいる［図1・2］。いずれも、一般には「宇部市民館」の通称で知られている、1937年に竣工した「宇部市渡辺翁記念会館」の建設途上、躯体工事期間中に撮影された写真である。その1枚は、鉄筋コンクリート造のホワイエ部分の外観を撮ったもの、そしてもう1枚は、鉄骨造の逆梁構造をなすホール部分を写したもの、となる。

これら工事期間中の写真を、その竣工後の姿［図3・4］と見比べてみよう。すると、ホワイエ部分では、躯体工事の段階における「要塞」をも想わせる圧倒的なまでの鉄筋コンクリートの量塊性＝無骨な様子と、皮膜としての外壁タイル工事終了後に見られる一転した優雅な感覚との、見事なまでのコントラストに気がつく。また一方で、ホール部分においては、そのダイナミックな架構のシステムが、隠蔽されることなく、明快に造形へと取り込まれていることも分かる。そこで、構造体を覆い隠すことと、素直に表現すること、という理念的には相反する造形手法が、ひとつの建物の内に、軽やかに共存していることにも思いいたる。

くわえて、どのようなかたちであれ、そこに込められた村野藤吾の建築家としての力量、巧みに、あらためて感じ入ってしまうことにもなる。

宇部市渡辺翁記念会館の解釈格子

1937年は、宇部市渡辺翁記念会館が完成するとともに、建築専門誌への発表は翌1938年に持ち越されるが、「帝冠様式」の力作である渡辺仁の「東京帝室博物館」、そして機能主義建築＝「国際様式《インターナショナル・スタイル》」の労作となる山田守の「東京逓信病院」が、それぞれに竣工した年でもある。そして、この年以降、戦時体制下の建築統制が発動されはじめ、また、年を追うごとに強化されてもいくため、いわゆる本建築は、急速にその姿を消していくことになる。

そのためこれらの3作品は、実質的に戦前日本の「建築」の到達点を、3つの異なる立場から具現した存在とも見なせる。

当時、わが国の建築界では「日本的なるもの」の表現方法が、主題として議論の中心に据えられていたが、その一典型をなす帝冠様式の代表作と、これとは逆に、「普遍性」を根拠としていかなる表象をも拒んだ国際様式の傑作、さらに、そのどちらにも属すとは見なせない「第3の立場」となる、いわば「異形」の問題作と、いずれも鉄筋コンクリートという材料を用いながらも3つの異なる造形が、「揃い踏み」することになったのである。

この異形の作品に接した際の日本の建築界のとまどいは、市浦健の「（東京逓信病院や谷口吉郎の慶応幼稚舎などの他に＝筆者注）本年度の建築界に記録すべき建築として推す事が許されると思えるものは、宇部市渡辺翁記念会館（村野藤吾氏設計）である。然しその美しさは鉄筋コンクリート構造と云うよりは寧ろMasonryのものの様な気がする」というコメントが、端的に物語っていよう[1]。

図1:「宇部市渡辺翁記念会館」1937年。
コンクリートの量塊性が圧倒的な
ファサード部分(工事期間中)
図2:同、劇場部分側面の鉄骨逆梁構造
(工事期間中)

ところで、当時までに村野は、大阪の「そごう」(1935)や神戸の「大丸」(1937)など、百貨店をはじめとする一連の商業建築の設計を軸として、建築家としての名声を確立させていた。そんな村野にとって、宇部市渡辺翁記念会館の設計作業は、非商業建築として「売れる図面」=商品性を考慮することなく、純粋に建築家としてその手腕を振るえる千載一遇の場が与えられた、いわば初めてともいい得るビッグチャンスでもあった。

こうして、第3の立場の位相、そして表現者たる村野の意図という二重の観点から、「宇部市渡辺翁記念会館」に示された造形を解釈していく必要が、求められることになる。それでは、そこで村野は、何を表現=表象したのだろうか、と。

二律背反するプログラム

その正式名称が示すように「宇部市渡辺翁記念会館」は、根本として渡辺翁、つまり、現在の宇部興産の前進である「沖ノ山炭鉱グループ」の創設者で、宇部の大恩人とも称される人物、渡辺祐作《すけさく》の没後に、その遺徳を記念する事業として、企図、建設された施設であった。ところが一方で、「宇部市民館」という通称からも明らかなように、地域市民文化への寄与を目的に「郷土文化の殿堂」とも位置づけられながら、基本的には「公会堂」としての役割を果たす施設として建設された存在でもあった。そして、竣工後は「永遠に市民の教化殿堂として大衆のために使用」、つまり「市民館」というニュアンスを帯びて利用されることになる[2]。

つまり、プログラムそのものに、きわめて個人的な「モニュメント」かつ「郷土文化の殿堂」としての象徴性と、大衆の利用に供される「公会堂＝市民館」としての機能性という、二律背反するベクトルが内包されていたのである。

そこで、それゆえに派生してくる、個人性／大衆性、郷土性／普遍性といったさまざまな二項対立的な枠組みを、建築的に、造形的に紐解いていくことこそが、村野にとって最大のテーマとなったと考えられる。そして、宇部市渡辺翁記念会館に求められた「モニュメンタリティ」は、いわずもがなだが、日本的なるものの表現＝帝冠様式によっても、いかなる表現も拒否すること＝国際様式によっても、体現不可能な事象でもあった。

要するに、「第3の方法」の模索・探求が、不可避であったのだ。とすれば、村野は何を「手がかり」として、設計を進めていったのだろう。

存在としての「労働者クラブ」との類似性

「全く我が国の如何なる大都市もかつて持ったことのない立派な市民館」として出現した宇部市渡辺翁記念会館[3]。

基本的には「公会堂」と位置づけられて建設されたものであったが、そのホール部分には講演会のみならず、娯楽用に映画鑑賞会、舞踏会、音楽会なども開催可能な設備が設けられていた。また、ホワイエ部分は宴席として利用されることも考慮されていた[図5]。さらに、屋上部分には市街を一望できる展望テラスも

図3:「宇部市渡辺翁記念会館」
優雅なファサード部分外観
図4:同、逆梁構造が
素直に露出された劇場部分外観

設置されている[図6]。

つまり、「市民館」と呼ぶにふさわしい多目的なかたちでの活用が想定されていたのであり、その多くが炭鉱労働者や工場労働者で占められている市民たちが、積極的に足を運ぶことができるようにと、配慮されていたのである。いわば、市民の日常的な「社交の場」としての性格が、強く打ち出されていた。

これら宇部市渡辺翁記念会館がもつ、市民を主役と捉えることで導入された実用的な多機能性は、20世紀に生まれたひとつのビルディングタイプとの類似を想い起こさせる。労働者が主体となった平等な社会の実現をめざして誕生し、労働が祝福された国家、ソヴィエト連邦で発明された、労働者の「社交の場」としての「労働者クラブ」あるいは「労働宮殿」である。

1930年にモスクワを訪れていた村野は、労働者クラブも見学しており、少なくともその存在と、存在の意味を知見していたことは疑いない。そして、気候を無視した大ガラス面の採用など、逆説的な意味での「芸術のための芸術」としてのイデオロギッシュな造形表現には、苦言も呈していた[4]。

そんな体験をもち、しかも『資本論』を愛読書ともしていたという村野が、施主側の「工業都市の一般市民同士で共用しようと云うグッと砕けた趣旨」を聞いた時[5]、その脳裏には、レファランスの対象として、内容（機能）的にもそれほどの差はない「労働者クラブ」の存在が、一瞬とはいえかすめたのではないだろうか。

これについては、残念ながら実証はできない。だが、宇部市渡辺翁記念会館に内包されている、市民に顔を向けての多機能性と、設備の充実は、当時の「公会堂」の水準をはるかに陵駕するものであったことは、まぎれもない事実である。

そして、機能的な類似もさることながら、具体的な造形表現の模索については、設計作業に携わった所員、杉浦巴の言葉を借りれば、村野ら設計者サイドは「只管生産工業に従事する労働者の群が、かれらの協力によってのみなされる偉大な力によって、建設される明日の建築的表現、或いは建築様式を夢見て居た」のである[6]。つまり、「労働」こそを造形化へ向けてのテーマ=手がかりとした方法こそが、追究されていった。

ちりばめられた「労働」の徴

その造形の特色は、施主側の言によれば、「インターナショナルタイプにして、自由模作」、あるいは「超近世式」とも呼称されるものであった。また、建築計画的な特徴は、「旧来の伝統型を打開して自由な新形式の劇場向の構造」に求められており、さらに意匠上の主眼は、「外観内容ともにスマートな機構を表現し優しい明るい感じを以て来会者の身心をして一新せしむる魅力を与える」ものと認識されていた。そして、これらの特徴は村野が、「欧米に渡りて考究見聞せられし近代建築の精粋を広く万集し」たものをベースとしたもので、その「豊富な経験により氏独特の技巧を見せた会心の作」と、受けとめられてもいた[7]。

宇部市渡辺翁記念会館の造形は、便宜的に「自由模作」あるいは「超近世式」として理解されていたわけだが、実際はそう単純なものではなかった。先述したように、理念的には渡辺翁とい

図5:「宇部市渡辺翁記念会館」
宴席使用も可能となるよう
広く取られた2階ホワイエ
図6:同、屋上の展望テラス
図7:同、正面テラスを挟んで
ファサードの前面に屹立する6本の独立柱

う個人を記念する建物である一方で、実際的には市民が主役となって利用する施設でもある、という二律背反する困難なプログラムを内在させており、それを止揚した存在として、構想、デザインされたものであることが、その造形の随所に表現されているからである。

その解決のための鍵となっているのが、先に指摘した「労働」という主題である。

「労働」を祝福するような記号やモチーフが、各所にちりばめられている。

たとえば、ファサードの前方に屹立する沖ノ山炭鉱グループ7社6業種の存在を連想させる6本の独立柱、主玄関の両脇を飾る炭鉱労働者が描かれたレリーフ、1階ホワイエの大理石の壁面に象嵌された未来の工場の図柄、などである〔図7−9〕。

さらに、「労働」の主体である労働者=市民こそが主役と考えられていることも、車寄せのない主玄関へのアプローチなど、建築的な表現において示されている。

まさに「労働宮殿」とも読み得る表現が、そこかしこに点在している。

同時に、渡辺翁の個人的な記念館であるという、モニュメンタルで堂々とした性格を打ち出すための建築的な仕掛けも、造形全体を貫くロジックとして用いられている「シンメトリー」という形式性によって、巧妙に取り込まれている。しかも、それは「劇場向の構造」として、機能的にも裏付けられている。しかし、それぞれに異なる曲線を描いてファサードを形成する3枚の壁面のラインの構成など、シンメトリーという形式がもつ強度を和らげ、親しみやすさをもたらす工夫も、同時になされている。

発展の基礎としての「労働」

それでは、なぜ「労働」が、造形上の鍵とされたのであろうか。

宇部市渡辺翁記念会館が完成した1937年は、「宇部市開発40周年」に当たる年でもあった。炭鉱業の成功を契機として宇部は、ひなびた一寒村から、飛躍的なまでの発展を遂げることになったのであり、また、新興の工業都市として、活況を帯びるまでにもいたった。

ところが、前述の杉浦は、当時の宇部の風景について、「僅かな丘陵より緩やかな斜面が地平線と共に南の海に流れ込むあたりに、得体の知れぬ形態をした鉄塔、セメント会社の銀色に塗られた高いタンクが海面から浮かび出たように」そびえ立っている、そして、「工場以外にコンクリート造の本建築らしい建物のない新開地」だとも、記している[8]。

つまり、いまだ、繁栄の象徴であり、富の源泉でもある、海底から運び出される「石炭」と、その産出を支える「労働」を除いては、コンテクスト=地域性あるいは郷土文化を考えるうえで宇部は、あまりにつかみどころのない、名状しがたい場所に留まっていた。

そして、石炭という天の恵みを、最大限に活用した人物こそ、渡辺祐作翁だったのであり、そんな翁の事業を陰で支えたのが、無数かつ無名の炭鉱労働者の汗=労働であった。つまり、渡辺翁の立場に立っても、そして市民の立場に立っても、宇部をシンボラ

イズする最大のコンテクストとは、石炭であり、労働であったのである。それゆえ、石炭と労働は、宇部の発展を目の当たりとしながらの、渡辺翁と市民とをつなぐ共通項であり、また「絆」でもあった。

第3の方法としての「モニュメンタリティ」

宇部市渡辺翁記念会館には、先述したように村野の卓越した造形手腕により、威風堂々としているが、とはいえ親しみやすいモニュメンタリティが醸し出されてもいる。しかし、その造形には、伝統的な様式＝意匠の具象的な模倣に基づく「日本的なるもの」の表現も、ゼロからの発想たる抽象的な「白い箱」の表現も、見受けられない。

どちらかといえば、抽象的な造形語彙が用いられてはいるが、そこには宇部の歴史に根ざした「労働」の成果をシンボライズする作業が重ね合わされている。そのため、祝福された「労働」のサイン＝モニュメントとして、宇部市民であれば、容易に読解できる意味＝対応関係が築き上げられている。

こうして村野は、宇部市渡辺翁記念会館において、過去の模

図8：「宇部市渡辺翁記念会館」
正面入口の両側を飾る
炭鉱労働者のレリーフ
図9：1階ホワイエに象嵌された
「未来の工場」の図柄

倣による国家の象徴でもなく、普遍性を求めて抽象性に寄りかかりいかなる表象を拒むのでもなく、渡辺翁という個人の象徴の場を借りつつも、「労働」によって花開いた「地域」そのものの特徴を、鮮やかに表出=象徴することに成功している。そして、第3の方法として、「モニュメンタリティ」をもたらす可能性も示しているのである。

そしてその「モニュメンタリティ」は、先に指摘した造形上の特徴ばかりではなく、地場で産出された大理石や地元で製造された外壁タイルなどの建築材料の積極的な使用や、「沖ノ山炭鉱グループ」による建設資金の拠出と直営工事での施工という、建設のプロセスそのものも取り込んだものとなっている。こうして宇部市渡辺翁記念会館は、あらゆる面において地域と密着しており、そのため、その存在自体が「社会性」を帯びたものとして、姿を現している。

ただし、地方固有の造形表現を安易に借用した、地域主義の建築とも異なる存在であることには、注意を促したい。

それゆえ、市浦が「寧ろMasonryのものの様な気がする」と疑念も呈した「美しさ」は、後の村野の言葉を借りれば、「社会的芸術」[9]へと昇華されることによって出現した美しさだと位置づけられる。

それは、アプリオリな造形原理に囚われることなく、社会における存在意義こそを課題とするものであり、「なに」を表現するのかではなく、「どこへ」表現するのかを、何よりも問うた概念といえよう。

そのため、宇部市渡辺翁記念会館の設計作業をつうじて示された、村野のモニュメンタリティの表現に対する射程においては、観念論に凝り固まった市浦の視点こそ、ナンセンス以外の何ものでもないことを明らかとする。裏返せば村野の立場は、国際様式の表現が「社会的芸術」として必要になるとすれば、そのときは躊躇することなく、それを実行するということでもある。

つまり、「異形」の表現たる宇部市渡辺翁記念会館は、「社会的芸術」という構想のもとに、祝福された「労働」のモニュメントとして、市民がその存在意義を建築的、造形的に読解、共有できるシンボルとして、体現された存在だったのである。そして、こうしたかたちで「社会性」という回路が内在されることにより、もうひとつのモニュメンタリティの表現の可能性も、見事に切開されたのである。

さらに、このように考えてくると、フリッツ・ヘーガーの「チリ・ハウス」にインスパイアされたという、微妙な凹凸をもって張られた「土管色」の外壁のタイルがつくり上げているテクスチュアも、宇部の富の象徴であり、源泉でもあった「石炭」のメタファーと思えてくる。

では、村野のいう「社会的芸術」という構想は、どのような特質をもっていたのであろうか。

村野流合理主義の「橋頭堡」

社会主義への共感も少なからず示していた村野だが、その「建築」の成立基盤についての結論は、左派の建築家の多くが「社会的技術」という方向に向かっていったのと比べて、「社会的芸術」という回答を導くにいたった。

そのエッセンスは、村野がしばしば語った「（施主の要求を）99パーセントまで受け入れ、残りの1パーセントに（私性つまり芸術性を）託す」（括弧内、筆者注）[10]という言葉に凝縮されている。村野は、建築は社会の評価、大衆の支持という洗礼を受けて初めて、その存在意義を得られる、との理解を示していたからである。こうした認識は、商業建築を数多く手がけた村野ならではとなる視点でもあろう。要するに村野は、理念と現実との落差を、身に染みて知る機会を数多く、体験していたのである。

そして、このような認識は、理念が先走りがちであった左派の建築家には、何よりも欠落していた視野でもあった。

さらには、「社会性」という観点が導入されたことにより村野は、異論もあろうが[11]、単なる流行として、独りよがりで表現をもてあそぶことからも、あるいはポピュリズムに堕することからも、逃れ得たのである。

つまり、「社会的芸術」という構想は、理念と現実との軋轢の中からこそ生まれた、社会における建築家《アーティスト》の存在意義という根源的な問いに対する村野ならではの「合理主義」の回答であり、それゆえ、もはや後には退けない「橋頭堡」でもあったといえよう。

こうして村野の中では、主体性の発露としての「芸術性」への志向は、一方で「芸術至上」の帰結として「芸術のための芸術」という回路に閉ざされることなく、他方で「技術至上」のあまり「芸術性」という回路を閉塞させてしまう袋小路に陥ることもなく、つねに社会へとつながる回路が準備されることになった。つまり、「私」を「公」へと溶解する回路が、内在されたのである。

そして、この点において村野は、主体性＝芸術性のあり方をめぐって、20世紀の建築が抱えていた、そしていまなお抱えている問題点を、ひとり足どりも軽やかに突き抜けていくこととなった。

［註］

1――市浦健「1937年を顧みて」、『国際建築』1937年12月号。

2――山口県宇部市渡辺翁記念事業委員会『郷土文化の殿堂渡辺翁記念会館』（パンフレット）、1937年。

3――宇部市渡辺翁記念会館を掲載した際の編集部のコメント。『新建築』1937年7月号。

4――村野藤吾「動きつつ見る」、『建築と社会』1931年1月号。

5――篠川辰次「躍進宇部の一大威容渡辺翁記念会館工事成る」、村野建築事務所『渡辺翁記念会館図集』、国際建築協会（非売品）、1937年に所収。

6――杉浦巴「宇部市記念会館に就て」、『建築知識』1937年7月号。

7――註［5］に同じ。

8――註［6］に同じ。

9――たとえば村野藤吾「社会的芸術としての建築をつくるために」、『新建築』1980年1月号。

10――たとえば対談・村野藤吾、武田礼仁「年を取らないと建築はできません」、『学生サロン』1975年1月号。

11――この点に関しては、村野による建築を「ストラクチュラル・バリュー」と「コマーシャル・バリュー」とに分けて考える視点などを考慮されたい。たとえば、拙稿「商業性と公共性をつなぐ衣装《ファサード》」、『建築知識』1996年8月号を参照のこと。

Koyama Masakazu　１８９２－１９７０

小山正和

雑誌『建築世界』で編集者のキャリアをスタートした１９１９年、早稲田大学建築学科に入学（のち英語へ転科）。同大学卒業後、商社経営に携わりながら、『建築世界』の編集を続ける。１９２８年『国際建築時論』を改題して『国際建築』を創刊し、欧米と国内の建築動向を紹介する。

日本的モダニズムの雑誌編集人

川嶋勝

輸入代理店としての『国際建築』

モダニズム建築の展開は雑誌ぬきに語れない。ル・コルビュジエやミースは『レスプリ・ヌーヴォー』『G』などでその建築論を喧伝した。デ・ステイルとは、ドゥースブルフ率いる芸術運動のグループ名であり、その機関誌の名称であった。日本の分離派建築会は、展覧会を開き、その作品集を刊行することが活動の柱とされた。

わが国では１９１０年前後から市販の建築誌がつぎつぎと創刊され、やがて海外情報の窓口にもなっていく。各誌の興隆は、ヨーロッパにおけるモダニズム建築の展開と並行していったが、その中核となった雑誌が『国際建築』であった[1]。

モダニズムを信奉する建築誌として、建築運動体の機関誌の多くが短命に終わっていったなかで、『国際建築』は市販誌でありながら長命を保ったといってよい。刊行期間は１９２５－４０年と１９５０－６７年。戦前・戦後のモダニズムの最盛期にあって、海外建築情報の輸入代理店として活躍した。その支配人となった編集長が小山正和である。

建築の雑誌時代

「月刊『建築世界』を編集することによって建築界にデビュー」した「生涯にわたる編集生活のはじまり」を小山は晩年に回顧している[2]。1892年に京都で生まれ、京都一中から第三高等学校へとエリートコースを古都で歩むが、在校3年で同高を中退。1914年に上京して飛び込んだのが雑誌『建築世界』の編集部だった。市販の建築誌のパイオニアとして、明治末の創刊から昭和戦前期末の終刊まで、中堅技術者を中心に幅広く愛読された庶民派の最大手誌である。

小山はここで編集の実務を身につけながら、早稲田大学建築学科へ入学する。1年後に英語へ転科して1919年に卒業し、岡田信一郎の推薦で建材商社に就職。2年あまりで起業し、建材商社など複数の会社経営に携わった。関東大震災時には家具用木材を扱っていたという。一方で、『建築世界』の編集にもかかわりつづけ、その掲載写真は「依然自カメラアングルによる」小山の撮影だった。

雑誌などの建築書の市販は、高等教育機関と中堅技術者層の増加とともに明治末から盛んになり、関東大震災の復興の波にのって加速する。建築実務で参考となる設計の雛形や新技術の知識がより広く求められていった。そこに加わったもうひとつの波が、欧米の最新情報としてのモダニズムであった。

波を伝えたのは、輸入された海外雑誌と外遊した日本人建築家たちであり、建築誌上を活気づけていく。西洋様式建築がお雇い外国人や大学教育による制度を軸として受容された経緯とは大きく異なる。欧米のアヴァンギャルドたるモダニズムの海外雑誌やそれを報じる国内各誌が、青年建築家たちを刺激して建築運動を誘発し、それぞれに機関誌が生まれていった。1930年代前後には学協会や運動体の機関誌、そして市販誌が百花繚乱の様相を呈し、戦前期モダニズム建築のピークを示している。

こうしたわが国の建築誌には、早稲田大学の流れをくむ人脈からなる系統がみられる[3]。『国際建築』を編集・発行した国際建築協会も、早大建築学科のグループとして発足している。1925年の創刊時の誌名は『国際建築時論』。この雑誌と協会を継承するかたちで、1928年に小山が改題・創刊したのが『国際建築』だった。

建築界の大衆化の波にのった『建築世界』で「編集生活」をはじめ、建築誌の第二の興隆となるモダニズムの波に伴うかのように『国際建築』へ身を投じた小山正和。編集、写真、会社経営に通じ、早大建築の系統につらなるその存在は、建築の雑誌時代の申し子といえよう。

上：小山正和
下：『国際建築』
改題・創刊号の表紙、
1928年1月号

静かなる主張

小山が国際建築協会を引き継ぐ以前の『国際建築時論』の時代、掲載作品はドイツ表現主義が中心で、日本の古建築も取り上げられていた[4]。ユニークなのは、中堅技術者とその養成機関である高等工業学校の学生を対象とした記事だ。RC造などの新技術はドリル形式の問題集も連載され、高等工業学校で教鞭をとる国際建築協会のメンバーが出題者となっていた[5]。

『国際建築』と改題した小山は、誌名どおり「国際」を看板として誌面を刷新していく。編集体制も一新され、同人制となった[6]。

国際路線への分水嶺とみられる誌面としては、連載「国際雑記」（1928年12月号―1930年10月号）や、2号にわたったル・コルビュジエ特集（1929年5月号、6月号）などが挙げられる。前者は編集同人・蔵田周忠による海外文献の翻訳をつうじた最新情報コーナーであり後者は戦前期のル・コルビュジエ礼賛のピークをしるすものとなった。このころから各号でテーマを絞った特集形式が基本となり、欧米の新しい建築思潮や作品が誌面を埋めていく。

これらの最大の情報源とされたのは、雑誌交換で提携していた欧米の建築誌であろう。作家特集をはじめ、ビルディングタイプや国別に焦点を当てた特集も組まれていく。モダニズムの建築が日本国内で実現されるようになると、乾式工法や鋼管家具、アレキサンダー・クラインの室内動線論など、設計や建設の実践に即した特集が組まれていった。

国内の動向についても注目すべき特集は少なくない。たとえば、創宇社建築会主催の第2回「新建築思潮講演会」は1930年代初頭におけるモダニズムへの理解の深化を示すものとして著名だが、その全貌を収録している（1930年12月号）。また、ウクライナ劇場の国際コンペにてグロピウスなどを押し退けて堂々の4等入選を果たした川喜田煉七郎の応募案を克明に紹介しながら、同じ号において東京帝室博物館コンペの入選案と前川國男の落選案を掲載し、「コンペティション号」とする編集上の演出をみせた（1931年6月号）。前川に「負ければ賊軍」を、川喜田には帝室博物館コンペの保守性を批判する論文を書かせたのは、小山だったに違いない。一方では、タウトの来日を契機としたモダニズムの視座からの伝統建築再考の風潮に対し、「日本建築再検」特集を数寄屋と民家の2号にわけて世に送っている（1934年1月号、7月号）。

こうした小山の編集方針は、欧米のモダニズム建築を同時代

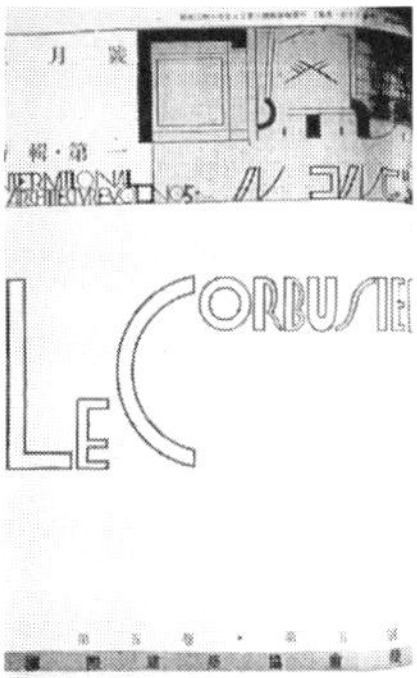

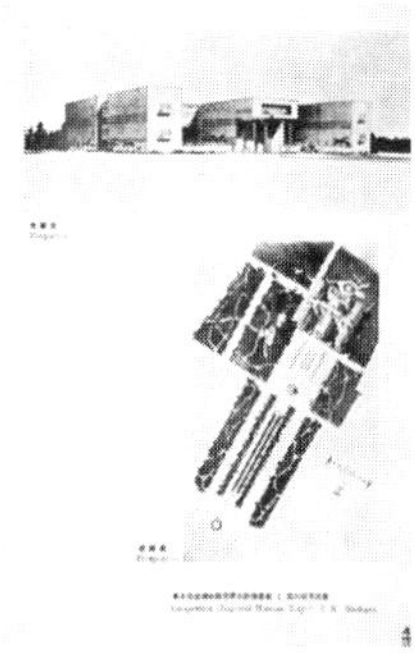

上：「ル・コルビュジエ特集」表紙、
『国際建築』1929年5月号
中：「コンペティション号」表紙、
『国際建築』1931年6月号。
表紙の挿図は川喜田煉七郎による
ウクライナ劇場国際コンペ入選案模型
下：同号に掲載された前川國男の
東京帝室博物館コンペ落選案

的に紹介し、それらを評価の尺度としながら、日本国内の動向についても報道していくことにあったといえる。つまり、国内外の建築情報のパイプ役を担うことによって、日本におけるモダニズム建築の導入と展開を醸成させ、少壮の建築家たちを育成する役割を果たしていった。

こうした小山と『国際建築』の姿勢は、編集同人・蔵田周忠の執筆活動にも共通している。当時群発していた建築運動体の機関誌のように、自らの主義主張を表立って振りかざすことはなく、欧米のモダニズム建築をじっくりと研究し、日本の読者に紹介することが重視されていた。運動体の機関誌の多くが短命に終わるなかで、『国際建築』は同じモダニズム路線を歩みながらも紹介役を第一義とすることで、一定の読者層を獲得し、市販誌としての軌道にのせていったのである。

小山の仕事ぶりを知るものは、建築写真の撮影から誌面レイアウトまで自らの手で行う職人気質の強さを語り、文章でアジテートするタイプの編集者ではなかったという[7]。取り上げるテーマや誌面構成そのものが小山にとっての主張であり、その静かなる編集行為によって、モダニズムへの信奉と雑誌の市販性のバランスが図られていたといえよう。

モダニズムの日本的構図

「諸種の欧米専問《ママ》雑誌に表はれた作品や思想文献を容易く消化して、その大勢を御知らせする事」――『国際建築』の改題・創刊号の巻末に付された編集方針は、こう締めくくられている。

小山が編集長に就いた1920年代後半の建築書は、専門誌の多彩な展開とともに、アルス社の『建築大講座』などの講義録シリーズが各社からつづいていた[8]。「戦前期の建築学叢書の決定版」[9]として名高い『高等建築学』が完結したのは1935年のことである。こうした1930年前後の建築書における全集化の傾向は、モダニズム陣営にも観察できる。岸田日出刀らが国別の海外写真集『現代建築大観』を全17集で完結させたのは、建築学会による『建築グラフ』シリーズの前兆ともみなされる[10]。川喜田煉七郎は「近代建築史」としてやはり国別にまとめている[11]。

つまり、建築を出版活動の観点から振り返ると、近代運動として興った欧米のモダニズム建築は、日本に移入される際に書物のかたちに再編集されることで、ある種の建築学のように大系的に整理されていった様相が浮かび上がってくる。それは、輸入国・日本ならではの構図といえるのであり、モダニズムを「容易く消化して、その大勢を御知らせする」小山の編集方針は、そうした図式を先取りしていた。

モダニズムの建築は、ときにデザインの新奇性として消費されがちであったといえようが、しっかりと消化していくことを信条とする小山の姿勢は、建築における出版活動の役割とデザインのありかたについて、ひとつの道筋を示している。雑誌の興隆とともにあったモダニズムの建築にとって、小山正和という編集人のパーソナリティが日本建築界におけるメディアになったのであり、雑誌『国際建築』の個性として結実された。

［註］

1——本稿を最初に記した『建築文化』2000年1月号以降、雑誌『国際建築』に関する研究は大きく進んだ。たとえば石坂美樹は「雑誌・『国際建築』研究——昭和期の建築界におけるその位置付け」にて2001年度日本建築学会優秀修士論文賞を受け、その一部は花田佳明との共著により同学会大会で報告された（「建築雑誌『国際建築』研究1・2」2001年日本建築学会学術講演梗概集 F–2、653–656頁）。また、『国際建築』の戦前期全号が復刻刊行され、第1巻には監修の内田青蔵による解題が付されている（柏書房、2009–10年）。本稿は、これらの成果をふまえながら加筆修正した。

2——小山正和の経歴については「日本建築学会賞・業績 近代建築思潮の導入と育成についての出版活動 小山正和」（『建築雑誌』1966年7月号、359–360頁）による。早大卒は「英語科」と記されているが、当時の名称では英文学科とみられる。

3——たとえば、戦前期において図集や雑誌などの建築書を1000点あまり刊行した洪洋社は、佐藤功一や今和次郎、田辺泰らが顧問や編集協力として参画していた。なお、建築誌の系譜に関する先駆的な論考として、大川三雄「建築ジャーナリズムの『昭和』」（『昭和彩譜』シーアイ化成、1990年）がある。

4——前掲注［1］石坂美樹、花田佳明「建築雑誌『国際建築』研究1」。

5——『国際建築時論』時代の発行兼編集人は渡辺虎一、協会理事に今井兼次、桜井省吾など。

6——編集同人に、蔵田周忠、菅原栄蔵、明石信道、山中節治、能勢久一郎、青山忠雄、丹羽美、長根助八、浜田義男、三浦元秀、池田英夫など。

7——花田佳明『植田実の編集現場』（ラトルズ、2010年、113–115頁）。同書では、小山とともに戦後建築誌の編集者5名が紹介され、「日本の建築ジャーナリズム史の中で」とする章立てにおいて植田実が位置づけられている。

8——たとえば、建築世界社『建築講義録』（1924–29年）、アルス社『建築大講座』（1926–29年）、早稲田大学出版部『早稲田大学建築講義』（1929–31年）、常盤書房『高等建築学』（1932–35年）など。なお、わが国の建築講義録の刊行は、ジョサイヤ・コンドル口述『造家必携』（松田周次、曾禰達蔵筆記、加藤良吉刊、1886年）や中村達太郎『建築学階梯』（上・中・下・続、米倉屋書店、1888–90年）などに遡ることができる。

9——内田祥哉「序」（『日本建築辞彙〔新訂〕』、中村達太郎著、太田博太郎、稲垣栄三編、中央公論美術出版社、2011年、i頁）。

10——『現代建築大観』（構成社書房、1929–31年）は岸田日出刀、堀口捨己、今井兼次、藤島亥治郎によって編まれ、その全員が『建築グラフ』（建築学会、1932－36年）に参画している。

11——川喜田煉七郎「近代建築史」（『建築工芸アイシーオール』1932年7月号－35年12月号、洪洋社）。

Ueno Isaburo

1892–1972

上野伊三郎

早稲田大学理工学部建築科を卒業後、1922年に渡欧。ウィーンではJ・ホフマンの事務所に勤務。1927年、「日本インターナショナル建築会」を結成、主導。1932年、「近代建築展」(MoMA)に日本代表として「スターバー」を出品。1933年、B・タウトを日本に招聘、行動を共にする。

さまよえる建築工芸

奥佳弥

「リッチ嬢と結婚した上野伊三郎氏」

1926年11月、「リッチ嬢と結婚した上野伊三郎氏」と題されたゴシップ風記事が、雑誌『建築と社会』の誌面を賑わした[1]。それは、「ながくホフマン氏につかへてオースタリーを中心に中欧の建築界に雄飛し」、しかも現地ウィーンで「ホフマン門下生の中での才媛で全欧州に名声さくさくたる女流装飾家である」フェリス・リチ・リックス(Felice Lizzi Rix, 以下リチ)と結婚、1925年末に帰朝した上野伊三郎を歓迎し、彼の今後の日本での活躍を期待するものであった。翌年9月に来朝、京都に居を定めたリチ夫人は、日本とヨーロッパ間を往復しながら「ウィーン工房意匠部員」として創作を継続する一方で、上野の設計した建築の室内装飾を担当した[2][図1・2]。それは、関西における本格的なモダニズム建築運動としては初になる「日本インターナショナル建築会」のリーダー、あるいはブルーノ・タウトに日本を紹介した建築家として知られる、上野伊三郎の工芸、そしてウィーンとの結びつきを象徴するものであった。

上野は、先の記事を書いた中西六郎を含む友人らの期待に応えて、帰朝の翌年さっそく上野建築事務所を設立、自宅兼事務所［図3―5］を京都に新築した。彼の最も華やかなりし新婚と創造の京都時代の始まりである。この上野の事務所で青年建築家がときどき会合するようになり、時事問題や建築について討議しているうちに新建築運動を起こそうということになったのである。その中心メンバーとなったのが、上野の早稲田大学時代の級友、中西六郎、中尾保、先輩であり大阪市建築課の技師だった伊藤正文らだった。彼ら若手の集まりには、上野より10歳年長で、当時、京都高等工芸学校（現・京都工芸繊維大学）の教授だった本野精吾も参画していた。

やがて1927年7月2日、上野らは京都の上野事務所において「日本インターナショナル建築会」を結成、その「宣言」、「綱領」を発表した。上野によると、交通機関の発達が地方的文化の交流を盛んにし、「生活様式も相互に影響して共通化する」であろうし、建築材料は、理化学と工学技術が世界共通である限り、共通した部分がほとんどであることなどから、「構造的に相似のものとなるべきである」という信条に立ち、「国土に根ざすローカリティは承認する」という立場から「日本インターナショナル建築会」（以下「建築会」）と名づけることにしたという。さらに、「国際」というと狭義には各国の様式を混合したもののように受け取られる懸念があるので、あえて「インターナショナル」という語を使用したという。そうした用心にもかかわらずこの名称は懸念通りの誤解を生み、のちには会を閉鎖に追いこんだのであるが［3］。

この「建築会」の運動を広めるための国内外に及ぶ働きかけは、当時としても注目に値するものであった。それは会の名称「インターナショナル」を選択の対象としての様式として捉えるのではなく、国際的な交流交換をまさに実践しようとするものであった。

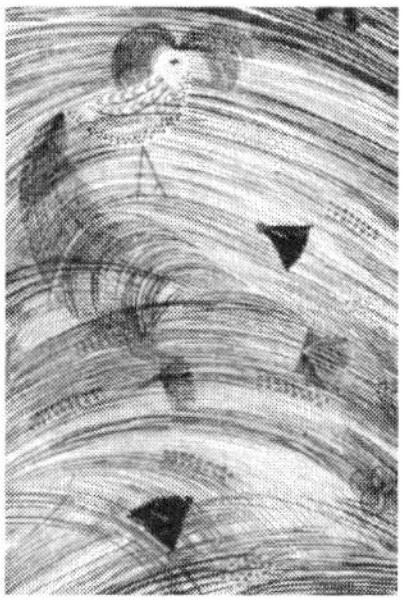

右上より
図1：新婚の上野とリチ夫人、京都にて、1926年頃
図2：フェリス・リチ・リックス、壁紙「麦と孔雀」1920年代
図3：「住宅（自邸）」京都、1926年
図4：同内観（壁紙デザイン：上野リチ）
図5：「応接室の飾り棚」1927年
図6：『インターナショナル建築』表紙

「日本インターナショナル建築会」

発足から2年後の1929年8月、「建築会」は、東京の分離派、創宇社に続く本格的な建築運動として、機関誌『インターナショナル建築』（以下『会誌』）［図6］を発行する。その創刊号には、上野ら8名の正会員に加え、外国会員として、B・タウト、E・メンデルゾーン、W・グロピウス、J・ホフマン、G・T・リートフェルト、J・J・P・アウトなど、錚々たる建築家8名の名前が掲げられた。

これら外国会員の多くは、上野が在欧中にリチと共に近しく交流していた人たちだった。また、設立当時、パリのアンリ・ソヴァージュ事務所にいた中西六郎の当地での働きかけも大きかったようである[4]。

「建築会」の国外への働きかけの最も早い実践のひとつとして、オランダの前衛芸術・建築運動「デ・ステイル」の機関誌『デ・ステイル10周年記念号』[5]に、1927年9月27日付で、その「宣言」と「綱領」をドイツ語で掲載していることが挙げられる。そこには、上野ら6人の「建築会」設立メンバーの署名が付されている。この『デ・ステイル』誌上に「建築会」の「宣言」が掲載されたのは、「綱領」にある「世界各国の同志と提携して」いることを公に強調したいという点において双方の利害が一致したというのが主な理由であろう。その後「建築会」のメンバーがデ・ステイルの思想に特に共鳴した様子は見られないが、『会誌』創刊号に発表された「建築会」の在外会員リストが、ピカソやアーキペンコなどの名を掲げたデ・ステイル創立当初の国際色豊かな会員リストを想起させる。その戦略的な活動形態はデ・ステイルに学んだのかもしれない。

「建築会」は発足とともに展覧会、講演会を開くなど活発な運動を開始した。「宣言」「綱領」の発表を機に、大阪で第1回公開講演会を開き、引き続き、第1回建築展を11月1日から7日間三越呉服店大阪支店で開いた。この時上野は、事務所で計画中だったと見られる住宅の模型を5点出展している[6]。その後も「建築会」は展覧会、講演会を開催するほか、「建築会」の宣言文や作品は、フランスやドイツなど海外の雑誌で紹介された。

中でも、上野の「スターバー」(1930)[図7-9]が、ニューヨークの近代美術館(MoMA)が1932年に開催した、いわゆる「インターナショナル・スタイル」を広めた建築展として知られる「近代建築:国際展覧会(Modern Architecture: International Exhibition)」に出品されたことは特筆に値する。この国際展出陣に先立ち、国内で行われた何段階もの審査を経て、最終的に選出、出品されたのは、上野の「スターバー」と山田守の「電気試験所」（1930）の2作品のみだった。「スターバー」が、ル・コルビュジエやW・グロピウス、ミース・ファン・デル・ローエなど当時の最先端をいく建築家の作品と並んで展示されたことは、上野が海外からも注目されるに値する建築家であることを示した。こうして「建築会」は雑誌や展覧会を媒介としながら国際的な交流を実践し、上野はその中心的役割を担った。

「建築会」は、その「綱領」において「インターナショナル」の実践のみならず、「研究及び創作の範囲は建築を中心として人間の生活に関する総てを含む」と謳っている。上野は『会誌』に自身の論考を発表するほか、『建築と社会』『帝国工藝』などにも寄稿した。その執筆範囲は、都市設備、風致問題、住宅問題、新建築、工芸と多岐にわたっており、扱うテーマの幅広さにかけても抜きんでていた。それは、上野が交流としての「インターナショナル」を実践するだけではなく、「建築会」のインタージャンルとでもいうべき側面を示すものであった。留学経験者の常として上

図7:「スターバー」京都、1930年
図8, 9:同内観

野は、ヨーロッパ諸国の現状を紹介して、日本の実情との差異を指摘し、各問題ごとに海外の習慣や対策に学べる具体的な改善策を示した。その一方で「精神の理解をしないで、外形の模倣のみをやる」日本人の模倣癖や拝外思想に対する憤りを訴え、また日本の画一的な学校教育を批判した[7]。

竹内芳太郎によれば、「建築会」の顧問的役割を担ったのが本野であった一方、「建築会」の構図を描き、多くの人に働きかけた張本人、そして運営面でのリーダーだったのは上野であったという[8]。実際、上野は『会誌』の1929年8月の創刊から1933年5月の終刊までかわらず「建築会」の「代表」を務めている。

設立時には6名だった「建築会」の会員数は、外国会員10名を合わせ、最盛期には実に180余名という、戦前の日本における最大の規模と広がりを誇る建築団体となった。だがその一方で、「インターナショナル」という会の名称の誤認から、共産党と関係があるかのように疑われ、1932年に上野を残して伊藤、中西が編集委員を辞した頃には、警察当局からの相当な弾圧があったらしい[9]。加えて、1932年3月号、7月号と引き続き、新編集委員らとソヴィエトの住宅特集を組んだことも警察当局に左翼のイメージを強めたらしい。それらはやがて運営委員ら会員の設計業務にも影響を来すようになり、「建築会」の活動は失速の一途を辿る。

「建築会」は、「インターナショナル建築家として目醒しく活躍してゐる」ドイツの建築家ブルーノ・タウトの来日を大きく報じたまま、1933年5月号をもって『会誌』を予告なく終刊、活動を停止している。それには、上野が、同5月に来日したタウトの世話に忙しくなったことに加え、「建築会」の名で招聘した当のタウトが、ドイツから亡命した「社会主義思想者」あるいは「ユダヤ人」であるといううわさがますます「建築会」への特高(特別高等警察)の監視を強くしたことも絡んでいたようである[10]。タウトは「建築会」の大会への招待状があることを理由に亡命、来日したのだが、その手紙を送ったのも他ならぬ上野だったという[11]。また、会員数が増えるに従って会費の未納者が続出し、その赤字分は上野の責任のもとで解決しなければならなかったが、経営状況が悪化しつつあった上野事務所がそれを支えきれなくなったという経済的な事情もあったらしい[12]。まさに「建築会」の興亡の鍵を握っていた男であった。

グラフィカルな壁

1892年12月9日、上野伊三郎は京都で上野工務店を経営する父、上野伊助の長男として生まれた。父伊助が棟梁を務める工務店は、祖父の代までは、京都御所に出入りする宮大工の集団としての色合いが濃かったが、伊助の代からは、住宅の施工を主に手掛けるようになっていたようである[13]。上野が幼少期をこうした環境の中で過ごしたことは、後の上野の建築観に少なからぬ影響を及ぼしたと思われる。上野は、長男として家業を継ぐため旧制中学を中退し、大工仕事の一通りを教え込まれた。だが、技能を修得するに飽きたらず、晩学の志を立て、1917年、早稲田大学高等予科理工科に入学した。

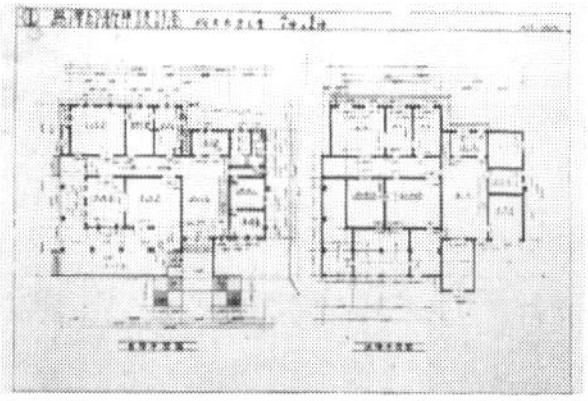

図10：「島津邸」京都、1929年
図11：同外観
図12：同平面図
図13：「岡野邸」京都、1933年

実務経験のある上野は、大学教育がその欠を補ってくれるものと期待していた。しかし多くの場合それが裏切られ、画一的な日本の大学教育への失望もあって、１９２２年７月、大学卒業と同時にかねて憧れていたドイツに留学した。１９２３年７月にベルリン工科大学建築科で構造学を修め、その後ウィーンに移り、１９２４年７月、ウィーン大学物理学科で振動学を修めた。その後直ぐさま、当時ウィーンを代表する建築家であり、かつウィーン工房を主催するデザイナー、ヨーゼフ・ホフマンの建築事務所に勤務した。建築と工芸の統合を目指すホフマンの事務所での経験は、後の上野のあり方を大きく左右することになる。日本の規矩術の一通りを習い、ベルリン、ウィーンで最新の構造学を学んだ上野は、その技術的知識において相当なレベルにあったはずである。だが、一見構造学からデザインへの転向とも見られるこの変化も、上野にとっては「転向でなく進歩」であったという[14]。

約３年の留学期間を経て帰国した上野は「建築会」の活動・運営に精力的に取り組むかたわら、自作の建築作品を次々に『会誌』に発表した。１９２６年の自邸に始まり、『会誌』が終刊する１９３３年５月までの数年間に、大規模なものはないが住宅や店舗を合わせて筆者が知る限り、19件の実施設計をこなしている。上野が生まれ育ち、また事務所を構えた京都の銅駝学区には、近衛や島津など名門や名士を含む各界の有力者がいた。彼らとの強力なコネクションのおかげもあって、上野事務所は好調なスタートを切った。

主要な作品としては、「島津邸」（１９２９）[図10–12]や「岡野邸」（１９３３）[図13]などの住宅、そして前述の「スターバー」をはじめ「レストラン東洋亭」（１９２９）、「スター食堂」（１９３０）などの店舗がある[図14–17]。いずれも白を基調とした陸屋根の、上野らのいう「インターナショナル式」とおぼしき、モダニズムの外観を呈するものであった。これらの作品において、リチ夫人は壁紙のデザインを担当するなど、内部装飾において大いに協力している。それは、前述の「インターナショナル・スタイル」の美学的原理のひとつである「装飾忌避」に反するものだった。向井正也はそのことを、「装飾過剰のウィーンの様式と折り合いをつけることを余儀なくされたもののようである。それはまた、そのまま上野とリチの……理屈ヌキの愛情の所産だったようにも思われる」[15]と評している。

当時、上野は「壁面に模様を使用しないことは、一面に相当理論的に根拠のあることではあるが、これが人間の本理に適合してゐるものであるか否かは今少しく実験時代を経過しなければ格言することはむずかしいと思ふ」[16]と述べている。つまり、上野にとってリチの装飾デザインは装飾の排除という理屈では割り切れない「人間の本理」に適合していたのである。また、上野に限らず「建築会」の同人たちも、バウハウスよりむしろ、装飾的、手工芸的なウィーンのスタイルに関心があったという。それは、リチ夫人や上野がいたからではなく、「芸術性を建築から否定する程合理性に偏したバウハウスの主張や作風に共感出来ないものが少なくなかった」[17]ためであったらしい。

図14:「レストラン東洋亭」京都、1929年
図15:「スター食堂」京都、1930年
図16:「スター食堂出町分店」京都、1931年
図17:「祇園ソーダファウンテン」京都、1932年

渡辺豊和のインタビューに答えて、上野は当時の作品について次のように語っている。

> 仕事がなかったものですから、私は新しい表現の立面を持つ壁の設計をすることが多かったのです。スターバーはその代表的なものです。本当は住宅を設計したかったのですが、初めは自分の別荘を作った位しか作品がなく、岡野邸、高原邸、島津邸くらいです。又新しい形成の建築を建てさせてくれる奇特な人が少なかったし、平面が平凡なのは、当時まず立面構成から革新を始めようという意識が私たちにあったのです[18]。

このように上野は「平面」からでなく「立面構成から革新」を始めざるをえなかったという。渡辺も指摘するように、「高原邸」(兵庫県西宮市、1934)以外の上野の住宅の平面は中廊下型の大正期の文化住宅のものとそれほど違いはない。それに対し、古い木造の家屋に外壁を巡らした二重壁構成の「スターバー」をはじめ、上野の店舗設計はその被膜的デザインのためか、「本当は住宅を設計したかった」という本人の希望はともかく、他の住宅作品のものより立面が軽妙で清新な作品になっている。

全体として上野の建築は、平面に対する関心が希薄に見える一方、立面や内装などの壁のグラフィカルな操作に才能を発揮している。それらは、建築の空間的な表現よりも、内、外に限らず「壁の設計」に終始しているように見える。その背後には、上野特有の工芸への関心が潜んでいた。

新ウィーン工房様式

上野の工芸とのかかわりはウィーンに遡る。上野には「パリの如き華美ならずと雖もベルリンの如く剛ならず、……工芸美術に於ては遥かにパリを凌いでゐる」ウィーンに何か共鳴を感ずるところがあったらしい。ウィーンに惹かれた動機には、ウィーン工房の装飾家、ダゴベルト・ペッヘの存在もあった。上野は、早稲田時代に写真で見たペッヘの作品に強く感銘を受け、ベルリン滞在中からウィーンでペッヘの教示を仰がんと日程まで組んでいた。そこへ、1923年春に夭折したと聞き、ひとかたならず落胆したという[19]。

上野がホフマン事務所に勤務していた第1次大戦後のウィーン工房は、首席デザイナー、ペッヘの参加によって、その作風を繊細優美で自由奔放なものに大きく変貌させ、その影響を受けたリチらウィーン美術工芸学校出身の女性デザイナーたちの参加に支えられ「新ウィーン工房様式」として公認されるようになっていた[20]。上野は、ペッヘについて「モーザやホフマンの角張った作風に新バロックとも称すべき味と特有の高尚なファンタジーを与え、純真、真面目な作風を以て」おり、その「すべての作品には彼の材料に対する純真な愛の表れがあった」[21]と評している。上野は帰国後も亡きペッヘ作の壁紙を自作の建築に使用するなど、彼の作風をかなり好んでいたようである[22]。

『帝国工藝』が1928年8月号においてオーストリア工芸の特集を組んだ折り、上野はウィーン工房について「現代に於ては、セセッション運動以来、新バロク式とも称すべき清新優雅な意匠を有する一様式を生じ、更にインターナショナル式へと歩を入れんとしてゐる」[23]と紹介した。当時、「インターナショナル式」に適した工芸美術の様式はいまだ現れていないと見ていた上野はウィーン工房の展開に期待をかけていた[24]。だが、その一方で、一時は「建築会」会員だった中村鎮のように、大戦後の新ウィーン工房の表現派的傾向を現代社会の歩むべき正道からの逆進にあると批判する意見もあった。上野と「建築会」の活動を共にした本野もまた、大戦後の欧州の状況を知り、装飾美術を代表するセセッション派の行き詰まりを認識し始めていたという[25]。これに対し、当時の上野は相当にウィーン工房に期待をかけ、また、その作風にかなり傾倒していたようである。

だが、その3年後の1931年には、バウハウスは「1926年デッサウに假轉して以來その活動は特に目覺しいものがあって、インターナショナル建築に適合した多くの家具、工藝品が製作發表された」と評し、ウィーンではなくバウハウスが「インターナショナル式」に適した工芸美術の様式を提示していることを認めている[26]。

上野は当時の日本における産業工芸の傾向について、何らの創意なく伝統工芸を複写する「伝統工芸模写」、現代の大衆生活に適した経済的、能率的要素を具備し、しかも現代的美を有して大衆の生活に貢献し、その生活を豊富にする「大衆工芸」、大衆生活を考慮せずして、生産者の芸術的悦びを得ることを目的とした「芸術至上主義的工芸」の3つに分けた。その上で、「伝統工芸模写」の傾向を「大衆工芸」あるいは「芸術至上主義的工芸」に進め、その製作技術の発展を導かねばならないとする[27]。ここで上野のいう「大衆工芸」とはバウハウス式の、「芸術至上主義的工芸」はウィーン工房式の工芸を指していると見られ、上野はその両方を共に発展させることを望んでいたといえる。実際、上野自身、自作の建築の内装にペッヘやリチの壁紙を使用しており、その「繊細優美で自由奔放な作風」の方が「人間の本理」に適合すると感じていたようである。それゆえ、上野は現代がバウハウスの機械による生産手段の発達の時代に入りつつあることを容認しながら、ウィーン工房のような「生産者の芸術的悦びを得る」ものに共感せずにはいられなかったのである。

タウト来日——「精神的な性質」の美

1933年5月3日、おりしも「建築会」の活動が失速しつつあった頃、ブルーノ・タウトが「建築会」を頼って敦賀港に到着した。翌4日は、ちょうどタウトの誕生日で、彼は誕生日には居合わせる土地の最上の建築を見ることにしていた。そのタウトの所望に応えて、上野は迷わずタウトを桂離宮に案内した。果たしてタウトは非常に驚嘆した、というのは有名な逸話である。

上野は桂が「日本最上の建築であり現代建築と同質の美を有するものと信じていた」[28]という。上野らに、タウトの中にある表現主義的あるいは反合理主義的な傾向を伏せ、合理主義者としてのタウト像を強調するメディア戦略が相当にあったらしいことは多々言及されるところである。井上章一も指摘するように、タウトが桂に「合理的には把握しえない精神的な性質」の美を認めたことは、彼が合理主義一辺倒の建築家ではなかったことを表明している[29]。興味深いのは「建築会」のメディア戦略のリーダー格と目される上野もまた、先に述べたような「人間の本理」、つまりは「合理的には把握しえない精神的な性質」を重んじる側面があったことである。

　アメリカに亡命する途上の2、3カ月の日本滞在予定が、約3年間という長期滞在を余儀なくされたタウトは、日本の工芸の近代化の指導にあたった。1933年11月、タウトは仙台の国立工芸指導所の嘱託顧問に就く。仙台在任期間はごくわずかではあったが、タウトの指導理念「良質生産」、「見る工芸から使う工芸へ」は、以来、工芸指導所の一貫した造形理念となったという。

　仙台の後、1934年8月、タウトは高崎の実業家、井上房一郎の誘いで群馬県工業試験所高崎分場の嘱託となる。実質的にはそこに設置された「井上工芸研究所」の顧問として勤務した。そのタウトの推薦により、1936年4月、上野は、同高崎分場を改組し新設された「群馬県工芸所」(以下「工芸所」)の嘱託として所長に就任する[30]。上野は、京都の事務所をいったん閉鎖、リチ夫人と共に高崎に移り住み、篠竹など地場の素材を用いた工芸品の製作を進め[図18]、機関誌『群馬工藝』[図19]を自ら編集し発行するなど、「工芸所」所長として、風土に根ざ

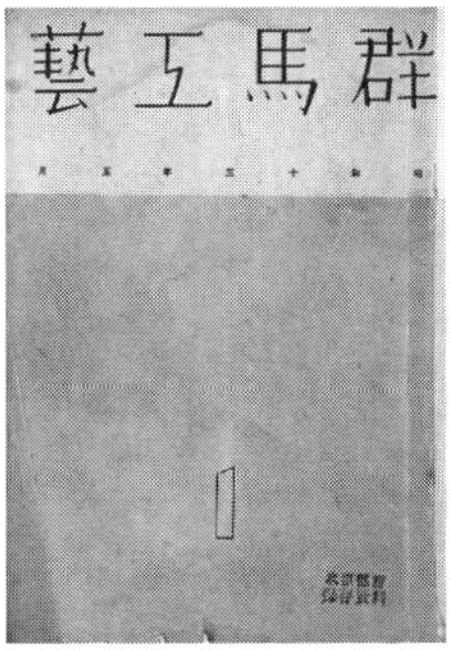

図18:「椅子と卓子」1937年頃
図19:『群馬工藝』表紙

した近代工芸の普及に努めた。

上野は、1925年の帰朝以来、当時の日本における産業工芸振興の胎動に対し、日本工芸界の行くべき方向性を展望する意見を『帝国工藝』等に投稿していた[31]。タウトが来日する以前より、上野は、図案工程と加工工程の分業、工業的生産のための規範原型、材料の研究、意匠権の保護などについて提示しており、それらは、タウトが仙台の国立工芸指導所に残した「タウトの提案」[32]とほぼ内容を同じくしている。特に「規範原型」の提案は、ドイツ工作連盟が推進した指導理念における要のひとつであり、タウトと上野の提案はその源泉を共有していたのである。

にもかかわらず、当時、タウトの助手を務めていた水原徳言によれば、上野を高崎に迎えたことは失敗だったという[33]。上野がタウトに無断でリチ夫人を嘱託デザイナーとして起用したことで、タウトが、来日以来、公私共に日本で最も信頼を置いていたはずの上野との間に溝が生じたのである。

タウトは日記にこう記している。

（上野君は、）私が何遍も注意したにも拘わらず、リチ夫人をこの仕事に関与させてしまった。夫人の作品は、残念ながらいかものである。私は日本における最大の親友に所長の地位を世話したものの、今となっては同君を支持できないのである、これは私にとっては実に悲しむべきことだ[34]。

タウトは、リチの作品に見られるウィーン・セセッション流のデザインを「いかもの」として非難していた。タウトにとって、それはセセッションという過去の再現に過ぎなかった。だが、上野からすると、リチが「工芸所」でデザインした作品はタウト作と間違えられるほど、その質の高さに変わりはなく、タウトがリチのデザインを嫌悪するのは、ホフマンとの個人的な確執のせいであったとしているが、その真相は分からない[35]。

上野はタウトを「彼の生涯の作品を通じて評価すれば、建築における合理派と言うべき」と見ていた[36]。一方、タウトの工芸には独特の「表現派的な奇矯な形」といった特質があった[37]。

タウトと上野は、それぞれ「ドイツ表現派」と「ウィーンの纖細優美」という趣向の違いがあったが、いずれも「合理的には把握しえない精神的な性質」を重んじていたといえる。

いずれにしても、上野は慣れない役所仕事に追われ、不遇な立場にあったようである。上野によれば、それは「現代の日本工芸の意匠の貧困の原因の一つとして」ある「我国工芸教育の欠陥」を目の当たりにする日々であったらしい[38]。上野は着任後3年足らずで自ら所長の職を辞した。その後、京都に戻って建築事務所を再開すると共に、建技将校を志願、陸軍嘱託建築技師としてリチ夫人を連れて渡満している。それには、時局ならではの事情も諸々あったが、建築の仕事ができさえすればといった純粋な気持ちで志願したという[39]。

終戦後、再び京都に戻った上野は、主に、教育の仕事に従事する。1946年、摂南工業専門学校（現・大阪工業大学）教授に就任し、その後1950年には、京都市立美術大学（現・京都市立芸術大学）教授となる。翌年、リチ夫人も同大学講師（後、教授）に就任、定年退職するまで共に後進の育成にあたった。退職後は、やはりリチと共に、1963年にインターナショナルデザイン研究所（後に、京都インターアクト美術学校）を設立し、理想のデザイン教育を追求した。

さまよえる「建築工芸」[40]

向井や渡辺は、上野をその華々しいデビューの後、建築に挫折し、工芸に転向したように描く[41]。その理由として上野の商売下手や建築への執着の希薄さを挙げる。

だが、上野はその肩書きを終生「建築家」とする一方で、工芸への関心を帰朝以来、すでにその執筆活動を通じて表明していた[42]。彼の日本工芸界に対する提案は、時宜を得たものであり、高崎での活動は、それを実践に移す機会となった。戦後に携わった「デザイン教育」という仕事も、それまでの上野の経験と才能を余すことなく発揮させるものであったに違いない。

上野の建築を、何の苦労もなく安易にデザインしているようにいう者もある。しかし、上野がその建築設計において内、外にかかわらず、「壁の設計」というグラフィカルな表現に終始していたのは、彼は広く社会性や規範を要求されるという意味での建築が要求する普遍性と、彼が工芸に希求する風土性や地域性を統合できず、両者を並置するしか成す術を見いだせなかったようにみえる。

　上野が風土性、地域性のみならず、ウィーン・セセッションあるいはリチという個人の創意を「インターナショナル式」の建築に取り込むことに矛盾を感じていたかどうかは分からない。上野がタウトと親しく交わることによって確認したのは、建築や工芸における「合理的には把握しえない精神的な性質」の美の存在だった。それだけに、上野の建築と工芸は、その精神性においてしか統合されなかったのかもしれない。ただ、上野が固有性を否定するほど合理性に偏ったバウハウスの無節操な作風よりも、ウィーンという風土に根ざした繊細優美な手工の創意に共感を覚えずにはいられなかったことは確かである。だが、ウィーンに近代工芸の技術と精神の源泉があることを信じ[43]、その精神に立ち戻っていくことによってしか、上野のさまよえる「建築工芸」は安住の地を得ることはなかったのだろうか。

　1932年、H・R・ヒッチコックとP・ジョンソンは、前述の「近代建築：国際展覧会」（MoMA）を企画・監修し、その『展覧会カタログ』とは別に、共著書『インターナショナル・スタイル』（以下『本』）を同展開催と同じ年に刊行している。興味深いのは、F・L・ライトの一連の作品がそうであったように、上野の「スターバー」は、展覧会に出品されながら、『本』では収録されなかったことである。その一方で、山田守の作品は『本』に収録された[44]。

　この事実は、むしろ、生涯「建築家」として上野が追い求め続けた「建築工芸」が、『本』に掲げられた「インターナショナル・スタイル」の美学的原理に納まりきれない、豊かな、そして多様なモダニズム建築のあり方を希求するものであったことを示唆しているといえよう。

[註]

*——本稿執筆にあたって、京都インターアクト美術学校(現存せず)の渡邊しおり氏に資料閲覧等で、お世話になった。ここに記して感謝する。

1——TN生「リッチ嬢と結婚した上野伊三郎氏」、『建築と社会』1926年、60頁。TN生とは、おそらく中尾保のことである。

2——「リチ・上野=リックス経歴」、『リチ・上野=リックス作品集』1987年。

3——上野伊三郎「日本インターナショナル建築会」、『建築と社会』1961年12月、42頁。

4——竹内芳太郎『年輪の記』相模書房、1978年。

5——*De Stijl*, vol. VII, no.79/84, 1927.

6——『デザイン』no.4、創生社、1927年12月号、建築展号。

7——上野伊三郎「モダーンマンネリズム」、『インターナショナル建築』1930年1月号、1頁。

8——竹内芳太郎へのインタビューによる(1987年)。久保田正一『日本インターナショナル建築について』、京都大学修士論文(私家版)、1988年、26頁。

9——竹内芳太郎、前掲書、1978年、502頁。

10——タウトは、「反ナチス」の立場からドイツを脱出したのであり、血統上の理由があったわけではない。水原徳言「群馬県とブルーノ・タウト」、『群馬とブルーノ・タウト』あさお社、1976年、39頁。

11——上野伊三郎・本多正道・星広文ほか「上方こんじょう」、『ひろば』1964年5月号、16–18頁。

12——竹内芳太郎へのインタビューによる(1987年)。久保田正一、前掲書、1988年、87頁。

13——上野寛一郎へのインタビューによる(1987年)。久保田正一、前掲書、1988年、26頁。

14——竹内芳太郎「学友たち」、前掲書、107頁。

15——向井正也「建築/人と作風——上野伊三郎」、『HIROBA』1987年11月号、18頁。

16——上野伊三郎「最近住宅様式の傾向」、『建築と社会』第13集5号、1930年5月、305頁。

17——伊藤正文「本野精吾氏を憶う」、『建築と社会』1950年10月号、39頁。

18——渡辺豊和「連載異色建築家論2 上野伊三郎—その転身と収奪—」、『建築評論』第4号、建築評論社、1972年3月、72–77頁。

19——上野伊三郎「夭折せる天才ダゴベルト・ペッヘ氏の生活と作品に就いて」、『建築新潮』1925年6月、161頁。

20——濱野節朗「ウィーン工房とアール・デコ—D・ペッヘのデザイン—」、『京都工芸繊維

大学工藝学部研究報告「人文」』第47号、1999年2月。

21 上野伊三郎「ウヰーナー・ウェルクステッテ」、『帝国工藝』1928年8月号、3頁。

22 「国際欄」、『インターナショナル建築』1929年11月第3号、13頁。

23 上野伊三郎「ウヰーナー・ウェルクステッテ」、『帝国工藝』1928年8月号、3頁。

24 上野伊三郎「オースタリーの工芸博物館に就て」、『帝国工藝』1928年3月号、15頁。

25 宮島久雄「本野精吾の図案教育」、『京都大学文学部美学美術史学研究室 研究紀要』1999年、第20号、8頁。

26 上野伊三郎「ドイツ及オースタリーに於けるインターナショナル建築」、『インターナショナル建築』1931年6月号。

27 上野伊三郎「商工展を如何に改善すべきか」、『帝国工藝』1931年8月号。

28 上野伊三郎「ブルーノ・タウト来日の思い出」、『建築と社会』1958年1月号、81頁。

29 井上章一『つくられた桂離宮神話』弘文堂、1986年、42–63頁。

30 ブルーノ・タウト、篠田秀雄訳「1936年5月3日」、『日本・タウトの日記』岩波書店、1975年。

31 上野伊三郎「建築に関する工芸品と、工芸意匠権の保護と工芸の大衆への進出と、」、『帝国工藝』1929年4月号/上野他「京都美工院展の感想」、『帝国工藝』1928年6月号/上野「近代工芸の変遷と将来への発展」、『インターナショナル建築』1931年1月号、ほか。

32 「タウトの提案」、『産業工芸資料所三十年史』1960年、30頁。

33 水原徳言『群馬県とブルーノ・タウト』あさを社、1976年、42頁。

34 ブルーノ・タウト、篠田秀雄訳「1936年9月3日」、前掲書。

35 上野伊三郎「ブルーノ・タウト(2)」、『建築界』1964年7月号、29頁。

36 上野伊三郎「ブルーノ・タウト(1)」、『建築界』1964年3月号、29頁。

37 蔵田周忠『ブルーノ・タウト』相模書房、1942年。

38 上野伊三郎「現代日本工芸の諸問題」、『建築と社会』第19集6号、1936年6月。

39 竹内芳太郎「学友たち」、前掲書、114–115頁。

40 自ら設立したインターナショナルデザイン研究所で、上野は「建築工芸史」という名称の講義を担当している。

41 渡辺豊和、前掲書、74頁。向井正也、前掲書、18頁。

42 上野伊三郎「芸術と社会」、『ホシライト』1971年7月号、10頁。

43 上野伊三郎「オースタリーの工芸博物館に就て」、『帝国工藝』1928年3月号。

44 佐々木宏『「インターナショナル・スタイル」の研究』相模書房、1995年、259頁、H・R・ヒッチコック、P・ジョンソン、竹澤秀一訳『インターナショナル・スタイル』鹿島出版、1978年、186頁。

Ishimoto Kikuji 1894－1963

石本喜久治

1920年、東京帝国大学工学部建築学科を卒業。同年、同期の堀口捨己らとともに分離派建築会を結成。竹中工務店に入社し、「東京朝日新聞社」の設計を担当。1931年、石本建築事務所を設立。代表作として、「山口銀行東京支店」「白木屋本店」「銀座パレス」などがある。

「建築美」、その転換という作為

本田昌昭

プロローグ

世界はゆきづまつてゐます。精神的にも、物質的にも手ぬるい改善、改良ではなくて、直ちに根本改造に向ひ、過去五千年の歴史を捨てゝ、全く出直ほさなければなりません[1]。

第1次世界大戦を経験した人々の心には、すべてが変わるという楽観的な期待と変えなければならないという焦燥感が同居していたのではないだろうか。そんな時代に石本喜久治は、分離派建築会とともに建築家としての活動を始め、一躍時代の寵児となる。

拙論は、この機略縦横な建築家の長きにわたる活動にとって基点となったと考えられる1920年代の彼の建築観について、その素描を試みるものである。

建築、あるいは建築家の「切断」

――建築は一つの藝術である

このことを認めて下さい――［2］。

このあまりにも有名な一節は、1920年に石本が著した論文「建築還元論」の冒頭に掲げられたものであった。いうまでもなくこの小論は、分離派建築会が出版した『分離派建築會宣言と作品』に掲載されたものである。なぜ彼は、このような悲壮感すら漂わせる、懇願とも取れる言葉を発せねばならなかったのであろうか。そしてそれは、誰に向けられたものであったのだろうか。かの「宣言」には「我々は起つ。過去建築圏より分離し…」［3］とある。それゆえ先の石本の言葉も、過去のすべての建築を対象としているようにも解される。しかし直接的にはそれが、当時の建築界を牛耳っていた「構造派」に向けられていたことは、これまでも繰り返し指摘されてきた。

石本は、分離派建築会の旗揚げ直前、雑誌『建築世界』（1920年1月号）に「帝大建築學科の現制を論じてそが根本改造に及ぶ」と題された論文を寄せている。表題にあるように石本は、同論文において、自らが籍を置く帝大建築学科の2分科制の問題点を指摘している。その中で彼は、当時の建築界の状況を「沈滞不振」［4］と捉え、その元凶を以下のように分析している。

われ〱の狭き學窓からでも容易に認められる誠に悲しむべき惡傾向がわが國建築界に横溢してゐるのである。換言すれば、所謂構造派横暴時代なる現象を呈し、何等の創作的才能なく、詩情を有たずして、只に構造學の智識のみを以つてよく建築家たり得べしとなし、構造そのものが建築であるかの謬見を懐いて、彼の構造萬能論を唱える愚衆を餘りに多く見るのである［5］。

同様な主張は、他の分離派メンバーの言説にも見出されるが、一方で彼らは、「構造」を全面的には否定していなかった点で共通していた。先の引用をつぶさに見れば、石本が異議を唱えていたのは、「只に構造學の智識のみを以つてよく建築家たり得べし」と考え「構造そのものが建築であるかの謬見」を固持する「構造萬能論」に対してであったことが了解される。

われ〱はその構造方面と等しく、現代建築の様式形態に就いても大

> いに工夫反省しなくてはならないのであります[6]。

さらにいえば石本は、「構造」に比して「形態」が不当に扱われているという状況に疑問を抱いていたのであった。なぜなら石本の思考の前提には、そもそも建築が「物質的要求」に加えて「美意識」の対象であり続けてきたという認識が存在していたからである。

> 建築が單に物質的要求のみならず、更に人類の美意識即ち美を創造し又鑑賞する全的意識作用の對境となり、所縁となつてから世紀は幾度か廻りました[7]。

当時石本が建築を歴史的に振り返るという作業を執拗に繰り返していたという事実[8]は、あるいはその証明を試みていたとも考えられる。同時にこのことは、自らの立場の正当性を主張することに他ならなかった。

またここでわれわれは、石本が建築を「構造」と「様式形態」という二面から捉えていたことに注意しておかなければならない。そこには、建築を2つに分ける切断線が意図的に引かれていた。

> 實にわれ〳〵は新構造法に於て構造方面の還元は殆んど成就したものと見られませう。それにも拘らず今日尚ほ變態建築に溺れて折角の新構造法を殺し、建築は現代に於て堕落したと思はしめるのは未だ様式形態に思ひ切つた還元のないためではありますまいか[9]。

同様な趣旨の発言は同論文中に散見されるが、この枠組み自体は、先に取り上げた帝大建築学科を糾弾した論文においてすでに現れていた。同論文において石本は、2分科制の徹底によって「構造家」と「設計家」を個別に育成すべきであると主張している。取りも直さずこのことは、建築家に「構造家／設計家」という線引きを行うものであった。しかしこの「切断」の思想は、彼に始まるものではなく、19世紀末以降「建築」をめぐって立ち現れた多くの二項対立的思考の一例と捉えるべきであろうし、たとえばそれは、石本が建築家として起つことを決意した際に、対峙の姿勢を見せた構造派を率いた佐野利器の「アーキテクト」の定義とも合致している。

> 之を大別したならば、美術を主とする建築家（之を藝術家と名づけん）、と科學を主とする建築家（之を技術家と名づけん）、との二つとなす事が出來やう……[10]。

佐野は、「日本の建築家は主として須く科學を基本とせる技術家であるべき事は明瞭である」[11]と断言する。つまり佐野は、建築家を2つに切断した上で、現在という限定付きではあったが、芸術家としての一面を排除することによって「建築家＝技術家」という自らの進むべき方途を指し示したのであった。それに対し石本は、一方を否定することによって他方を浮き上がらせるという方法を採ることはなかった。彼は、「構造」は還元を先行してなし得たと評価さえしているのである。このことからも石本の批判が一義的に構造を建築とみなす主張に向けられていたのであって、構造そのものに対してではなかったことは明白である。ただし石本は、単に構造派以前の状態への遡行を目論んでいたわけではなく、構造派によって清算された「デコレーター」[12]としての建築家に代えて、詩情を携えた創造的な建築家を登場させることで、両者の存在意義の正当化を試みたと考えられるのではないだろうか。しかしこのことは同時に、石本の建築を捉える枠組みが、構造派を含む分離派以前の建築観に囚われたものであり、その意味では、石本の「分離」が不十分なものであったことが露呈しているようにも思われる。飛躍を怖れずにいえば、分離派運動とは、あるいは構造派を補完するプロセスであったと位置付けられるべきなのかもしれない。なぜなら石本がいうように、建築が構造と様式形態によって成立するとするならば、前者は技術家の集団としての構造派によってすでに還元を達成し、それに倣って分離派が後者の還元を成就すれば、建築は完全なる還元を実現し得ると解されるからである。

進化する建築

> 一切を還元する、凡てをやり直ほす。そこに二つの原動力は残ります。細胞遺傳と時代精神……[13]

分離派と構造派の関係は、石本が当時の建築を「進化」の過程にあるとみなしていたことからも証されるのではないだろうか。石本の言説における建築と生物のアナロジーは、「細胞遺伝」に留まらず、「進化論」へと及ぶ。石本は、同時期に発表した論文においてダーウィンの名を挙げ、「進化論」を機能や環境と関連付けて論じている。

> 一方科學プロパーの立場から見ましても、ダウヰンの所謂生物進化とその環境に關する論説が盛んに行はれまして、總ての觀方が生物學的な觀方を採るやうになりまして、從つて建築にもその建築の機能とか、或は環境とか云ふものが喧しく言はれるやうになつたのであります[14]。

この「進化」という語、さらに思想は、石本に限らず彼の同時代人の言説にも度々現れる。「進化論」の建築的展開については、伊東忠太の試み[15]がわけても有名であるが、当然それは偶然の一致といった代物ではなく、伊東の帝大在職期間から考えて石本が多大な影響を受けたことは想像に難くない[16]。しかしそのこと以上にここで強調しておきたいのは、「進化」という概念が産業革命による社会の変化と密接に結びついていたように、石本の「進化」への注視の背景に、科学の発達を前提とした近代の進歩信仰が存していたと考えられる点である。

> 即ち常に何ものかを求めてやまざる努力を以つて、古き因襲や、標準權威を棄てゝ、別に眞に意義ある新建築を創造しなければならないのであります。而も之は空漠たる理想ではなく、飽くまでも科學の立脚

地を離れず、思慮ゆたかに人生に切實なるべきは勿論であります[17]。

「常に何ものかを求めてやまざる努力を以つて」とはまさに近代の姿勢そのものともいえる志向であり、さらにそれは「飽くまでも科學の立脚地を離れず」という科学信仰とも取れる立場の表明によって裏打ちされている。また先にも指摘した、石本が執拗に建築の歴史を顧みたことは、建築が連綿と続く進化の過程にあることの論証であり、自身の立脚点を強化するための作為であったとも解される。佐野は、先に取り上げた論文で、日本の国情、さらにはそれに起因する「科学」の後ろ盾によって、日本の建築家は「科學を主とする建築家」[18]、すなわち彼がいうところの「技術家」であるべきことを説いた。同時にそれは、同一根拠による「科學に交渉なき建築家（即ち藝術家）」[19]の否定を意味していた。石本にとっても、科学が近代において建築を考える場合にその立脚点となるべきことにかわりはなかった。そこで石本は、「進化論」という当時有効性を認められていた自然科学上の法則を持ち出すことによって、「様式形態」の問題を「科学的」という俎上に載せようと企図したとは考えられないだろうか。建築における進化という概念の適用によって、進化する建築に現れる形態上の変化は、主観的な、それゆえ非科学的と考えられる作家個人の創造性にのみ由来するのではなく、歴史的必然として論じられるべき対象となる。さらに当時石本が「構造」と対になる言葉として「様式形態」という語を使用していたことに留意するならば、その意図はより明白なものとなる。様式とは、一般的に「特定の時代・流派・作家などの特性を示す」[20]総合的な形式的特質と考えられるが、近代化の過程で構築済みのデータベースとして「建築=様式」を摂取した日本の建築家にとって、様式とは、たとえば横河民輔の言葉にあるように「自然的になるものにして人爲的に製造し得るものに非る」[21]存在であったと考えられる。それゆえ、少なくとも分離派の出帆の時点で、石本が「形態」を「様式」と結び付けて用いていたことは、形態を論じることが個人的な趣味の問題ではないことを彼が念押ししていたようにも映るのである。

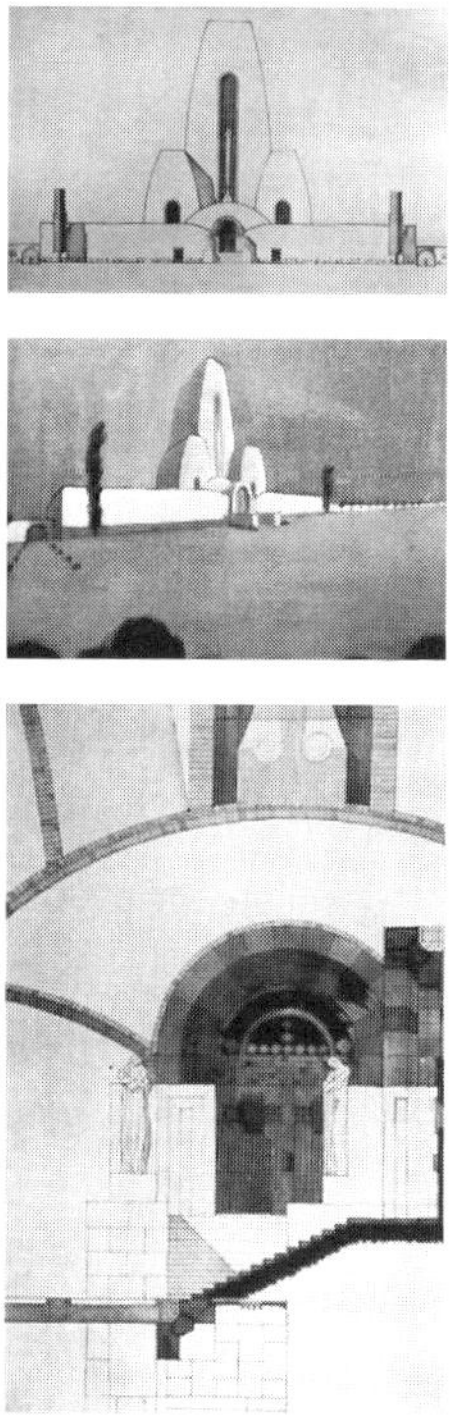

上:「涙凝れり
（ある一族の納骨堂案）」
正面、1920年
中:同、配景
下:同、詳細

建築美、その構成、所在、範疇

先づ住み心地が好い、使ひ勝手が可い――是も確に一つの建築美の要素である。又豪壮な聢りした合理的なものも、延ひては落付、其他の美的觀念を與へる一つの建築美の要素になる譯である。更に進んで從來の所謂建築美、即ち單に從來の言葉で云ふと、建築の藝術的方面と云つたものが加はれば尚更結構であるが、建築美と云ふものも他の所謂藝術の美と同樣に其認識の轉換が行はれて居るものと思ふ[22]。

1926年9月石本は、雑誌『建築と社会』に「建築美に就いて」と題された論文を発表する。同論文における石本の主張は、いくつかの点で先の論文「建築還元論」と共鳴している。ここでも石本は、建築の芸術性を一義的に主張するのではなく、それを「住み心地」「使い勝手」「合理的なもの」といった要素と並列的に扱い、さらにはそういった要素に対して2次的に、付加的にすら論じている。このような建築における芸術性の措定は、建築を「構造」と「様式形態」において捉えた「建築還元論」と同一ベクトル上に存するものと考えられる。ただしこのこと以上に興味深いのは、先に挙げた諸要素がすべて「建築美」にかかわる存在として論じられている点にある。「建築還元論」における「構造」が、「科学」に忠実に準拠していたがゆえに建築の一方の極として取り上げられていたのに対し、ここでは従来建築美とは異なった次元で取り扱われてきたはずの諸要素が、「建築美」に収斂しているのである。このことを可能にするためには、ひとつの手続きが必要であった。つまり「美」そのものの問題を「美意識」のそれにすり替えるという巧妙な操作が。同論文において石本は、前者が後者に拡張され得ることを、建築美の「構成」「所在」「範疇」の解説を通じて自明化しようと試みるのである。

> 建築美の構成を観ると、先づ物理的構成と心理的構成とに分れるのであつて、物理的とは建築の材料、構造、形式——斯う云つたものであり、心理的とは、建築創作者の個性、或は個性のインスピレーション、努力、技巧、更に進んでは國民性或は時代精神、尚ほ今日に於いては社會意識、世界感情と云ふやうなものが大きな構成要素を成して居ると思ふ[23]。

ここにおいて建築美は、それまでに比べてやや分析的に、物理的、心理的という二面からその因子とも呼ぶべきものが詳述されている。1920年の論文上では建築のひとつの極に置かれた「構造」は、ここでは物理的構成の一要素にその身を堕としている。そして心理的構成において、「建築家の個性」「国民性」「時代精神」といった諸要素が並置されている点は注意を要すると考えられる。卒業制作の「涙凝れり（ある一族の納骨堂案）」に見られるように、消費の対象としての様式とはいえ、建築家としての始まりにあって表現主義的意匠を採択した石本が、建築家の個性について言及していることは殊更に取り上げるべきことではないのかもしれない。しかしここではその「個性」が、一般的には対置されることの多い「国民性」や「時代精神」「世界感情」といった概念と同列に扱われているのである。ここには、同時代のヨーロッパに見られた個と普遍の対立は見出せず、両者の共棲が前提となっているように思われる。このことについては、さらなる考察を必要とするが、少なくともそれは、当時の社会的な状況からのみ論じられるべきではなく、「日本的なるもの」に深く関与していたと考えられる。またこのような並列的な布置は、諸要素間の関係という問題にも否応なくわれわれの目を向けさせる。つまり、「個性」

は「国民性」に回収され得るのか、あるいは両者は背反しながらも共存し得るのか、といった問題に。そこには、個人性の追求の果てに現れる、回避不能なものとしての「国民性」という図式が横たわっているのであろうか。

さらに石本は、建築美の構成についてその「所在」つまりは建築美が発現する「場」、あるいは「前提」とでもいうべき問題を取り上げている。

次にそれ等の建築美の構成の所在を考へて見るのに、建築美の所在は空間と時間とに分つことが出來る[24]。

石本の言葉を繰り返すまでもなく、建築に限らずあらゆる現象は「空間と時間」を必要としている。両者が近代において特化された視点であったことはいうまでもないが、石本の主張は、このヨーロッパ近代建築が規定した枠組みに対して興味深いズレを包含していた。そこには、構築的なフォルムが「主体-客体」という図式で捉えられるというヴェルフリン流の解釈[25]、すなわち「観者」が存在している。石本にとって「空間」は、無限に拡張され得る均質な背景ではなく、客体としての建築とそれを観る主体がともに存在する場であり、建築は観者との距離によって「繪畫的

上:「大阪貯蓄銀行西野田支店」
1923年
中:「大阪野村銀行祇園出張所」
1923年
下:「山口銀行東京支店」
1923年

に見え、又彫刻的に感じ」[26]られ、さらには「運動感覺、音覺、一般感覺等」[27]から異なった相貌を呈するのであった。また「時間」は、未来派が魅了された「速度」に還元され得るそれではなく、「移ろい行く時」として美的感覚に変化を生じさせる強力なファクターとして機能した。建築は、1日の時間的経緯、天候の変化、さらには四季の移ろいによって、刻々とその表情を変えるという。またそこには、建築の残滓、あるいは原型ともいえる「廃墟」の美が謳われている。すなわちここでは、主体の介在によって成立する、現象としての建築が考察の対象とされた。

さらにこの「主体－客体」という構図は、建築美の「範疇」、つまりはいかなるものをもって建築美と是認するかという問題にも及ぶ。石本は、それを「客観的と主観的とに依て分類制約されるもの」[28]と考えた。また彼はそれを「形式的」と「内容的」と言い換え、前者には「統一、均齊、調和、對照、比例、均衡」[29]を、後者には「瀟洒、輕快、莊重、雄大、優美、清高」[30]を美的基準として掲げている。このように、「古典主義的－ロマン主義的」とも分類可能なさまざまな美的規範が、ここでは優劣を持たず、矛盾を包含しつつも等価に扱われているのであった。そしてそれは、「観者の主観」によって判断された。

このように建築にかかわるあらゆる要素、現象、規範が、「建築美」の問題として相対化され、あるいは並列的に論じられている。すなわちここにおいて、あらゆるものを「建築美」の対象として論じ得る可能性が提示されているといえるのではないだろうか。

美意識への転換、あるいは巧妙なるすり替え

上述の所作の帰結を前提として、石本は「建築美意識の転換」について考えるという。そして石本は、ついには、美と美意識の境界を取り去ってしまうこととなる。

從來は餘りに所謂藝術的な美にのみ偏して居つて、構造の美とか、或は實用上の美と云ふものを等閑にして居つたやうに思へるし、殊にプランニングの間取りの如きものは到底美的對象になり得ないかのやうに思つて居つた人達もあるが、自分に取つては、プランニングは大きな美的

> 対象として取扱はれるものゝやうに思はれる[31]。

それまでの建築美が「所謂藝術的な美」、つまりは「美」そのものという視点からのみ論じられていたのに対し、石本は、あらゆる対象を建築美に回収する操作、つまりは「美」そのものを「美意識」の問題にシフトすることによって、「構造の美」や「実用上の美」を美にかかわる議論の俎上に載せ得たのであった。さらにはこの延長線上において、「機能主義」が建築美の問題として登場することとなる。しかし、石本のいう種々の美が、たとえば実用性を追求した後、そこに立ち現れる実体としての「形」を意味していたわけではなく、倫理的ともいえる価値判断の指標であったことは注意を要する。ただし、どちらにしろこのことは、「美」について論じることの正当性を主張するものであった。

> 尚ほ從來の所謂藝術的な建築美と云ふものは、言葉を極めて云へば、殆ど建築其ものゝ美ではなく、建築の表面、若くは内部に施された繪畫若くは彫刻の美であつて、例へば如何に其軒先を飾るべきか、或は柱や梁を粧ふべきかゞ建築意匠家の主要なる眼目であつたのであり、建築を觀賞する人もそれ等の建築とは本質的に何等の係りも無いものゝ美を觀賞の對象に置いて居つたのである[32]。

上：「平賀敏氏邸」1924年
中：「市街地建築物法への抗議案として」と題された模型
下：「Composition」と題された模型

ただし建築美について論じることは、単に様式主義的建築への回帰を意図したものではなく、逆にそれは、その種の建築を成立させてきた「建築の表面」という、それまで建築美の対象とされてきたものの否定を意味していたと考えられる。石本は、建築にかかわるあらゆる要素を建築美の対象とした上で、そこから従来の「所謂藝術的な美」を排除し去ったのであった。このことは、明治以来連綿と続いた「様式」を巡る議論にひとつの帰着を与えるための作為として、少なくともその無効性に対する石本の態度表明と捉えることができる。しかし石本は、真に「様式」の呪縛から逃れ得たのであろうか。1920年代の終わりに岡田孝男は、雑誌『新建築』の石本特集号でこの建築家の作品について以下のように記している。

（大阪貯蓄銀行）西野田支店はオランダ建築の影響の濃い作品、祇園出張所は、表現派の影響の多い作品ですが……平賀氏邸は……古都奈良にふさはしく、丸瓦葺、東洋的な細部を持つ……[33]。（括弧内筆者）

この批評に端的に現れているように、石本の1920年代の作品を一瞥すれば、ある程度時系列的な傾向が見られるものの、彼がさまざまな様式形態を自在に変奏、消費していることは明らかである。このことからいえば、先の問いに対しては否定的な立場をとらざるを得ないのではないだろうか。

大衆と建築、そして総合体としての建築へ

さらに石本の論は、建築美意識の転換に関連して、建築が傅《かしず》くべき対象へと及ぶ。

尚ほ更に進んで、建築美意識の轉換に就いて云へば、從來の建築は或は宗教、或は王侯などの權威者に捧げた純感情的な建築に於ける美意識で創作され、觀賞されたものであつたが、今日に於ては一般資本主義的な經濟組織に於ける利潤を得る爲の投資の對象物であり、若くは直接的な商品として市場に送られるものが、前者に代つて盛になり、更に一般公衆の爲の所謂公共的建築物が新しく勃興し、其間に他の文化の變遷に伴つて、建築の文化價値も自から變化を來すが如く、建築美意識も亦方向轉換をしなければならない[34]。

従来建築は、時代の主役たる「宗教」や「王侯」に仕える建築として命脈を保ち、その「権威」の表現と密接に結びついたところで成立していた。しかし、時代が少数の権威者をその座から引き摺り下ろすことに成功したことで、建築は新しい2つの論理によって構築されることとなったのである。経済法則は、ある意味で従来の権威者に代わる存在として、あらゆるものに対して絶対的な意味を有することとなる。そのことによって建築は、投資の対象として、そして「商品」という流通形態で商業行為という近代的な営みに組み込まれることとなった。そしてもうひとつ、目に見えない「一般公衆」という多数者が、時代を動かしていくかに見えたことが建築を変えていく。教会堂や宮殿は、「公共的」という言葉を掲げた建築に取って代わられねばならなかった。石本がその建築家としての初期に携わった新聞社（「東京朝日新聞社」）、百貨店（「白木屋本店」）、さらにはやや後のことではあるがキャバレー（「銀座パレス」）といった建築は、まさに大衆の時代を象徴していた。

先の引用にあるように石本は、文化の変遷によって建築の文化価値が変化し、さらにはその帰結として建築美意識の転換が

上:「東京朝日新聞社」1927年
下:「白木屋本店」1928年

生ずると考えていた。やはりこのような因果関係の検証も、建築の必然的展開という論理を正当化する方策のひとつであったといえるのではないだろうか。それは以下の言説によっても裏書きされているように思われる。

> かくの如く美意識の方向轉換から來る建築美の所謂形式若しくは範疇と云ふ様なものも、自づから變化を來たして、今日ある一つの國際的な様式が生まれつゝあるが如く我々には思へるのである[35]。

美意識の転換によって、さらには美の形式、範疇が、「自づから變化」を来すことになるというのである。そしてそれは、「國際的な様式」として結実しつつあると石本は理解していた。その際に彼は、ル・コルビュジエ、ペレ、アウト、デュドック、グロピウス、メンデルゾーン、ホフマンといった当時の名だたる建築家の名を挙げている。しかし「様式」は、その内の唯一人が導き、創造されるものではなく、彼らの「様式」の融合として国際的な建築様式が生まれるであろうと石本は結論づけるのである。

> 水なら蒸溜水の如く所謂純正藝術として、人生第一義の最高藝術だとして居た從來の繪畫彫刻其他の藝術至上主義的概念が亡んで、本當に人間の飲料として必要な水のやうな藝術概念が人間の大多數に行はれる時、人間の美的慾求を滿足せしめる生活に必要な藝術として、建築が眞の文化價値を獲得するのである[36]。

ここには「芸術至上主義」の終焉、そしてそれに代わる「必要の芸術」の擁護が見られる。またその際の必要条件として、芸術が「大多数」つまりは建築が傅くこととなった「大衆」に行使されることが強調され、その時初めて建築が真の文化的価値を獲得し、建築美は、絵画や彫刻といった諸芸術を統合した「総合的な美」を意味することとなる、と石本は論じている。そこには「研究」という科学的なプロセスが不可欠なものとしてあった。そして最終的に石本は、自らが望む建築の姿を宣することとなる。

> 斯の如く生活に必須な諸機關を經濟的に、歸納的に計劃して、藝術美創作の要素として統一されたる綜合體の建築こそ我々の望む所で、我々の所謂建築美を高調して、構造萬能論或は建築非藝術論の妄を開くのが我々の運動の目的であった……[37]。

上：「三宅邸」外観、1928年
中上：「山田自動車株式会社」1928年
中下：「エンパイヤ自動車商会」1928年
下：「銀座パレス」1932年

ここにおいて「綜合體の建築」という言葉が持ち出されるが、それは直ちに、ヨーロッパにおいては伝統的とさえいえる「総合芸術作品としての建築」という概念を連想させる。ただし石本のいうそれは、「芸術至上主義」の結晶としての、諸芸術の統合体ではなく、「生活に必須な諸機關」「經濟的」「歸納的に計劃」といった言葉が示唆しているように、従来美とは希薄な、あるいは相容れない関係にあった要素やプロセスによって構築された科学的な総合体とでも解すべき建築であった。

エピローグ

建築には種々の要素がありまして、其の材料とか或は構造、その用途即ち内容それから最後に其の形であります。此の四つの各要素が集つて茲に一つの建築様式と云ふものが現れるのであります[38]。

「建築」を移入という形で受容した日本にとって、西欧建築の様式は普遍的な意味を持ち、また同時にこの移植とも形容すべき操作は、日本の建築家に「国民的」建築を問い続けることになったと考えられる。しかし明治末期にもなると彼らは、ヨーロッパ式の建築を習得、消化することに一応の成果を見せ、このことは様式の絶対性を揺るがすこととなった。かの「我國将來の建築様式を如何にすべきや」と題された討論会[39](1910)は、まさにこの時期に開かれている。様式は、折衷主義という名にふさわしく、日本のそれをも含み、相対化され、建築を決定する一要素にその地位を堕とすのである。このことによって構造派は、従来の建築が様式を通じて保持し得た芸術的側面を否定することができたとも考えられる。また分離派は、建築における芸術性をカタログ化された様式から解放することによって、新たなる建築美を主張し得たともいえる。しかし少なくとも石本は、その運動の始まりにあって、その呪縛の中にあった。これまで分離派運動の史的意義については、彼らが建築における創作「主体」の重要性を強調した点が取り上げられてきた。

如何にしても藝術は自分からの創作でなければなりません[40]。

確かにこの堀口の言葉は、これまでのこの運動に対する評価を裏付けているように思われる。しかし石本は、建築家の資質としての「詩情」を謳いながらも、形態を様式と結び付けてでしか用いることができなかったのであった。当時の彼のこの限界、あるいは不十分な「分離」は、先にも言及したように、歴史主義者のスタイルブックには載っていなかったものであるにせよ、彼が種々の様式を選択的に自らの作品に採用していた事実が如実に物語っているように思われる。ただし1920年代後半になって石本は、形態と様式を分離し、形を構造や他の要素とともに建築様式を形成する一要因とみなすことで、枠組みの修正を行っている。様式と諸要素とのこの関係式は、同時代のヨーロッパにおける認識と共振しているが、このことは、19世紀的な歴史主義からの「分離=切断」を試みた近代建築のひとつの転機を示していたとも考えられる。すなわち土居義岳の言葉を借りるならば、消費の論理としての様式から生産の論理としてのそれへという[41]。

1927年石本は、「第6回分離派展覧会」を紹介した雑誌『建築新潮』に短い雑文[42]を残している。そこで彼は、当時の風潮としての日本における自国の、伝統的な建築への意識の高まりに対して警鐘を鳴らしている。コスモポリタンを自負する石本にとって、国民性は得体の知れない化け物に映り始めていた。そして彼は、そこに忍び寄るファシズムの影を危惧するという。かつて石本は、他の多くの建築家同様、建築が大衆に仕えるべきことを説いた。ただしそのために大衆は、個性を剝奪された個体へと、そして均質な集合体へと変換されなければならなかったのかもしれない。加えて彼は、相矛盾するとも考えられる国民性や個性、世界感情といったものを等価に扱ってもいた。さらに一般論として、空間的広がりにおいて捉えられる建築様式、すなわち様式における地方主義は、民族主義、さらには国民主義へと容易に変質してしまう可能性を包含している[43]。つまり、一建築家の問題に限定されるものでないことはいうまでもないが、つねに様式とともにあった日本の近代建築は、民主的な社会の主役たる大衆を、扇動される顔のない群集へと一瞬にして変えてしまう装置として発動する危険性を秘めていたといえるのではないだろうか。

［註］

1――石本喜久治「建築還元論」、『分離派建築會宣言と作品』岩波書店、1920年、2頁。

2――同上。

3――分離派建築會「分離派建築會の宣言」、『分離派建築會宣言と作品』岩波書店、1920年。

4――石本喜久治「帝大建築學科の現制を論じてそが根本改造に及ぶ」、『建築世界』1920年1月号、38頁。

5――同上、37頁。

6――石本喜久治「建築還元論」、前掲書、2頁。

7――同上、1頁。

8――たとえば石本は、早い時期から断片的にではあるが西洋の歴史的な建築について言及している。まとまったものとしては、岡田孝男との共著ではあるが「最近建築様式論」（『アルス建築大講座』、1928・1929年）が挙げられる。

9 石本喜久治「建築還元論」、前掲書、2頁。

10 佐野利器「建築家の覺悟」1911年（藤井正一郎・山口廣編『日本建築宣言文集』、1973年、51頁）。

11 佐野利器、同上、54頁。

12 石本は論文「帝大……」で、ビルダーとデコレーター、さらには、「建築學士」「美術學士」「建築工學士」という分類を行っている。文脈から考えて、ビルダー＝建築工學士、デコレーター＝美術學士ということになろうが、それぞれカタカナ表記されたものは「低級」なレベルにあると考えられていた。

13 石本喜久治「建築還元論」、前掲書、2頁。

14 石本喜久治「最新建築の様式の話」、『日本學術協會報告第二集』1926年、637頁。

15 伊東忠太「建築進化の原則より見たる我邦建築の前途」1909年（藤井正一郎・山口廣編、前掲書、22–31頁）。

16 伊東の帝大在職期間は、1897年から1928年までであり、石本は1920年に卒業している（土崎紀子・沢良子編『建築人物群像』住まいの図書館出版局、1995年を参考にした）。

17 石本喜久治「建築還元論」、前掲書、1頁。

18 佐野利器「建築家の覺悟」（藤井正一郎・山口廣編、前掲書、51頁）。

19 佐野利器、同上、52頁。

20 『広辞苑第五版』岩波書店、1998年。

21 横河民輔「我國将來の建築様式を如何にすべきや」1910年（藤井正一郎・山口廣編、前掲書、48頁）。

22 石本喜久治「建築美に就いて」、『建築と社会』1926年9月号、35頁。

23 同上、36頁。

24 同上。

25 ハインリッヒ・ヴェルフリン『建築心理学序説』上松佑二訳、中央公論美術出版、1988年。

26 石本喜久治「建築美に就いて」、前掲誌、36頁。

27 同上。

28 同上。

29 同上。

30 同上。

31 同上。

32 同上。

33 岡田孝男「石本喜久治氏の作品と建築観」、『新建築』1929年1月号、50頁。

34 石本喜久治「建築美に就いて」、前掲誌、36頁。

35 同上、37頁。

36 同上。

37 同上。

38 石本喜久治「最新建築の様式の話」、前掲誌、634頁。

39 たとえば、藤井正一郎・山口廣編、前掲書、33–48頁を参照されたい。

40 堀口捨己「藝術と建築との感想」、『分離派建築會の作品』岩波書店、1921年、7頁。

41 土居義岳『言葉と建築』、建築技術、1997年。

42 石本喜久治「『建築のファッシズム』其他」、『建築新潮』1927年3月号、14頁。

43 建築様式と国民主義の関係については、森田慶一『建築論』（東海大学出版会、1985年）を参考にした。

Yamada Mamoru

1894–1966

山田守

東京帝国大学在学中に分離派建築会を結成。卒業後、逓信省営繕課で電信局・電話局の設計に携わる。ヨーロッパ視察旅行中の1929年に、第2回CIAMに参加。また、ル・コルビュジエらのもとを訪れる。1949年に山田守建築事務所を設立。「京都タワー」「日本武道館」は山田の作品。

形態の誘惑——あるいは禁欲的エロティシズム

濱嵜良実

> ふと人の気配に気が付いて眼をあけると、自分の目の前に、白い肉体があった。そして、硝子戸を透して差し込んだ秋の日にくっきりと輝いて見えた。すべすべした桃色のゆるやかなふくらみの線が流れて集まったところに、明暗がくっきりとして彫りの深い縦の線があった。それは汚れをしらぬ神そのままであり、自分は息をのんで、あまりの美しさにじっと凝視したままであった。その童女の母親が姿を現わさなかったら、自分はそのまま石になっていたかもしれないほど、時間も空間も停止したような忘我の時をもったのである。（山田守のある温泉での思い出話）[1]

「形態はわれわれを狂おしいまでに誘惑する。形態はまことにこの世の魔法である」。発生学・解剖学のアルベール・M・ダルクの言葉だという[2]。数年前、この言葉に初めて接したとき、建築家山田守のことが頭に浮かんだ。彼の作品に実際接する機会があったばかりだったからだろう。山田ほど形態の誘惑に身を任せ続け、その甘美さを味わい続けたかに見える作家《モダニスト》は珍しい、とその時は何気なく思った。

暫定的反旗の掲揚——拘束具からの解放

山田は、石本喜久治、堀口捨己、森田慶一らとともに日本近代建築運動の嚆矢「分離派建築会」（1920年／大正9年結成）を結成した創設メンバーだった。いわゆる構造派・構造万能論に反旗を翻し、「建築とはそもそも芸術であったのではないのか」——あるいは本当に建築のデザイン（形や色）は「婦女子の為せるが業」に過ぎないのか——という疑義を「美は構造や機能を超える」存在——「男子一生の仕事」に足るもの——である、との確信（許諾あるいは承認）へと転化（転倒）させようとした。

あまりにも鮮烈なその宣言文とは裏腹に、彼ら個々の論文に見る口調は実際、弱々しいものであった。そして否定しようとした様式折衷主義、また当時の構造派および構造万能論に対抗するオルタナティヴ（代替物）を提示するにはしたものの、それを確定的な、独自の「かたち」にすることができず、運動体として見れば、必ずしも成功を収めたとは言い難かったかもしれない。しかしながら、その史的意義はすでに繰り返し指摘されてきたとおりである[3]。

ここであらためて確認しておきたいのは、彼らによって具体的に提示されたオルタナティヴ、すなわち、いわゆる「表現主義的なもの」＝様式が、あくまでも暫定的な方便にしか過ぎなかった、ということである。そして彼ら自身もそれを自覚していた。これは分離派のメンバーたちの限界そのものを早くも露呈させるものでもあったわけだが、端的にいえば、運動体自体としての終焉へのシナリオだけでなく、メンバーそれぞれの後の展開をも予測するに足る十分な徴候ともなっていた。

「分離派は一つの様式の名ではありません。いかなる様式の芸術もいかなる流派の芸術も創作されたものである限りに於いて包含します」[4]というのが堀口による分離派の定義だ。彼らは

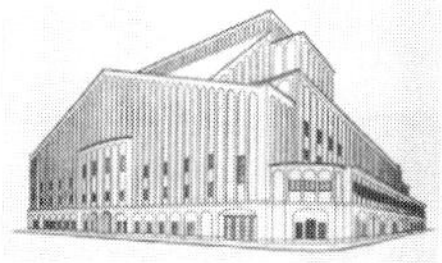

逆に折衷主義でさえよかったかに見える。時の構造派、構造万能論者からの許しさえ得られれば。創作・表現の自由、より正確にいうなら、〈芸術としての建築〉の「容認」をこそ求めていた。つまり差し当たり採用すべきオルタナティヴを議論する段階にはなかったのであって、表現する自由を拘束された状況の打破にこそ力点が置かれていた。いずれにせよ、「自由な創作活動」の権利を訴え、「構造」といった拘束具からの漠とした解放運動が分離派の巨視的輪郭といってよいだろう。

ただ、山田の場合は少しニュアンスが違っていた。

山田は当初から、自らの目標とする建築の理想形を唱えていた。「自然式」である。だだ、即刻これを実現させることは経済的な観点などから不可能との見地に立ち、その暫定的一段階として、「リズム式」を提唱していた。これによって、様式折衷主義とは異なる自由な表現を求め、そして構造派・構造万能論という時代の拘束から解き放たれようとした。

「リズム式」あるいは「土筆」のトラウマ

さて「リズム式」とは一体いかなるものであったのか。

それは山田自身の次の言葉に要約できよう。

――先ず選択した諸条件を支障なき限りにおいて直線平面などの簡単な

図1:「東京中央電信局」1925年
図2:ハンス・ペルツィッヒ「ベルリン大劇場」1919年

> 形態に表現して行って、装飾されたる構造の意味を止めて、立体芸術の観念を持て、この簡単に表されたマスとマスの間におこるリズム面と、四角い穴などに起るリズムを以って装飾以上の効果を得たならばどうであるか〔5〕。

実際その通りの創作手順を踏んで、生み出されたのが、パラボラ・アーチを連続させた衝撃のデビュー作、「東京中央電信局」（1925）〔図1〕である。

ドイツ表現主義の建築家ハンス・ペルツィッヒの「ベルリン大劇場」〔図2〕の外観を参照した、との指摘もあるが、たとえまったくその通りであったとしても、本家を凌ぐばかりの力作である。単なる装飾的デザインかと見紛う柱型が実は自然給・換気システムのダクトの役割を担うものであったり、屋上に盛り上がるパラボラ屋根の形状にも空調のシャワー効果を狙ったという理屈が付いていたという事実を知れば、その先駆性と論理性、機能性には今もって驚かされる。

この作品のデザインは「大理石で刻んだ土筆を寄せ集め…」と形容され、新聞紙面を飾った。これはさぞかし作者を喜ばせたに違いない〔6〕。分離派に肩入れしていたといわれる新聞社の記事であったとしても、である。暫定的処置であった「リズム式」は土筆《つくし》という自然の造形に準えられることによって、図らずも「自然式」へと昇華されたからだ。

しかし、作者の喜びはほんの束の間のものだったようだ。計画当初から山田の案に賛同していなかった当時の逓信省営繕課の上司は、竣工後、ポスト折衷主義を目指して提示したつもりでいた「土筆」を「ゴシック」だと切り捨てた。また「プルル生」のペンネーム（東大建築学科を卒業したばかりの山越邦彦であったといわれている）で「土筆」の非合理性・非経済性を鋭く突いた批判の投書もすぐさま新聞に掲載されたりした〔7〕。

こうしたネガティブな周囲の反応は、山田の「合理的で経済的な新しさ（モダニティ）」＝「自然式」の完成への意志をさらに強めさせたように思われる。そして誤解を恐れずにいうならば、同時に山田は後の作家人生を決定付けたといっても過言ではないほ

図3:「大阪中央電信局」
1927年
図4:「電気試験所大阪出張所」
1929年

どのトラウマを抱え込むことになったのではないか。

インターナショナル・スタイルの装着

概して「分離派建築会」のメンバーの作風は、初期の表現派風あるいはゼツェッシオン風のものから、後に抽象的な直線・面に還元するいわゆる構成主義的なものへと変節していった、という共通認識がある。しかも当事者たちには変節の自覚がまったくといってよいほど欠如している、などともいわれる。こうした自覚の欠如は、もう一度繰り返すが、ポスト折衷主義としての「様式」が問題であったのではなく、構造派・構造万能論により拘束された創作・表現への意志の解放にこそ重点があったことを示している。まさに堀口や石本の場合には見事にそれが当て嵌まる。

だが、山田にこれをそのまま適用するわけにはいかない。

1929−30年(昭和4−5年)の洋行前後で、山田もその作風を大きく変えている。だが、それは、きわめて自覚的な変節であったといわねばなるまい。「リズム式」を「ゴシック」呼ばわりされ、そしてその非合理性・非経済性を突かれながら、しばらく同じ傾向の代り映えしない作品しか世に送り出せなかった作家の心中を察するに、およそ穏やかなものであったはずもない。「大阪［中央電信局、図3］はこわしてもらってもよいが東京（中央電信局）丈はこわさず残してくれ」［8］（括弧内筆者）、と生前に山田は語った。この言葉は暗示的である。

　幸か不幸か山田は洋行前にインターナショナル・スタイルと邂逅する。というよりも、「土筆」のトラウマから逃れる道を探し、インターナショナル・スタイルを発見したのであり、そこへ辿り着かざるを得なかったかにさえ思える。しかし、それは山田の表現への意志を再び規制する新たな拘束具でもあった。

　新たな衣裳（＝意匠）を身に付けた山田は、上野伊三郎とともに、1932年のヒッチコックとジョンソンによるMoMA（ニューヨーク近代美術館）でのあの企て（近代建築：国際展覧会）に日本からエントリーしている。そしてカタログには「電気試験所大阪出張所」（1929）［図4］が掲載されたのである。だがそこに添えられたコメントは決して芳しいものではなかった［9］。理由は、ヴォリュームの角が丸められていたからである。そこが不満だと。

単なる最新様式の模倣、あるいは導入が狙いなら、こうした加工が施されるはずはない。コメンテイターの不服とした点にこそ、拘束具によっても矯正できなかった山田の〈表現主義的な身体〉＝〈本懐〉があったと見るべきではないか。

　ともかくも新たな拘束具を装着することによって、「選択した諸条件を支障無き限りにおいて直線平面などの簡単な形態に表現する」ことには成功し、同時に「合理性・経済性を確保している」との免罪符も得た。後に丹下健三から「衛生陶器」と批判されることとなるタイル張りの採用がはじめられ、そして角を丸める論理には清潔さ、メンテナンスのし易さ、すなわち〈衛生〉という「理屈」＝「客観性」が添えられていく。

矯正による違和感

後年、山田は「主観をひめたる客観詩」と喩えて戦前の自らの建築作品を説明している。それは、時流であった「科学的客観性」「社会的経済性」の獲得に精進し、「美的欲望」を制しなが

図5:「荻窪郵便局電話事務室」
1932年
図6:「東京逓信病院」
1937年
図7:「東京厚生年金病院」
1953年

らも、それでもなお「日本人的な清楚な感覚と柔らかさ」＝「日本の民族的・個性的なもの」が現れて来なければならない、という独自の認識に支えられていた［10］。概して、山田のいわゆる曲線・曲面嗜好は表現主義の名残りと簡単に片付けられることが多い。だが、作者自身にとってそれは、「清らかで、柔らかな」日本の自然の特徴、すなわち日本の民族的個性なのであって、合理性／経済性あるいは科学的客観性／社会的経済性を突き詰めた上で、さらに「日本的表現」、あるいはオリジナリティ＝アイデンティティとしてどうしても刻印せねばならないものであり、建築を建築ならしめる作業の結果なのであった。その先に理想とする「自然式」の完成形を見ていた。

洋行を前後して、山田の作品はかなり洗練されたものへと進化を遂げる。洋行後の「荻窪郵便局電話事務室」（1932）［図5］、初期の代表作「東京逓信病院」（1937）［図6］を見れば明白であろう。

洋行後の作品はとにかくシャープである。一見したところ、なるほど見事に典型的なインターナショナル・スタイルである。だがなお、角は丸い。同病院ではトレードマークとなったスロープのアールだけでなく、よく見ると塔屋、パラペットの天端などのエッジがご丁寧に、これまた執拗なまでに丸められている。インターナショナル・スタイル＝「合理性あるいは機能性、そして経済性をも保証する拘束具」を装着する際の立ち振舞いは、確かに板に付いてきているものの、いまだに山田の身体は完全なるスタイルの矯正を拒み続けている。

　山田はここでひとつの極点を迎えていたのかもしれない。山田が〈雇われの身〉、すなわち〈逓信省の役人〉であったことを忘れてはならない。これは、そもそも山田が拘束具を身に纏わねばならなかった大きな理由のひとつであったとも考えられるのだが、営繕組織のアーキテクトの限界があったのではないか、と考えるべきなのである。そうした立場の宿命、創作の限界、あるいは創造者のジレンマがあったからこそ、そしてその結晶が、逆に昭和初期モダニズムを代表する名作の誉れ高き「東京逓信病院」の真実であったとも読み解けるからである。仮に、山田がフリーアーキテクトの道を歩んだとしたら、つまり個人の創造への内的衝動を思う存分に発揮できる立場にいたならば、こうした屈折した部分を残した作品は生まれなかったかもしれない。

いずれにせよ（これは山田だけに限ったことでは決してないのだが、特に）山田の場合、自分の置かれた環境、そして時代の要請から、あらゆる意味での客観性を確保するために自らインターナショナル・スタイルという拘束具を装着せざるを得なかった。しかし拘束具を身に付けた違和感はなかなか拭えなかったのではなかろうか、と想像される。

　作品年譜がそれを裏付ける。真の意味でのインターナショナル・スタイルというモダニズムの体裁を整える拘束具をわが物とし、着こなす、すなわち拘束具の違和感の消去（払拭）には「東京厚生年金病院」（1953）〔図7〕に見るY字形ブロックプランを待たねばならない。その後の山田の作品からは拘束をともなった捻じれた快楽は消滅するのである。山田の〈表現主義的な身体〉はインターナショナル・スタイルとダイナミックに一体化していく。

拘束具との融合／拘束の快楽

「東京厚生年金病院」はインターナショナル・スタイルを採用し、

その角を丸めるといった加工を施した代物とは本質的に異なる。曲線・曲面はインターナショナル・スタイルに大きなスケールで取り込まれ、両者は融合している。ここで初めて、そしてようやくにして山田の身体は拘束具と一体化し、装着による違和感は完全に払拭されたといってもよい。インターナショナル・スタイルという拘束具は山田の〈表現主義的な身体〉へと取り込まれたのである。あるいはインターナショナル・スタイルを山田が取り込んだ。同病院の建築が個人事務所設立後の記念碑的第一作であったことは記憶しておくべきだろう。

このY字形ブロックプランには、東大の吉武研究室を中心とするLVグループから機能を無視したフォルマリズムの権化といわんばかりの批判を受けるといったオマケは付いたが[11]、水平に走るその軽やかな庇とガラス面が描くダイナミックなストリームラインは、拘束具を纏うことを余儀なくされてきた作家のブレイクスルーとなった。その伸びやかな表現、開放感は、そのまま山田自身の「心の解放」を示すかのようである。単なる個人的な表現への意志の解放とは次元が明らかに異なる。作者は、ひとつのゲーム、すなわち客観という厳格なルールのなかで主観をどうにかして表現するといったゲームを上手にクリアする方策をついに発見した。まさにそうしたときの充実感=快楽にも似た感覚を

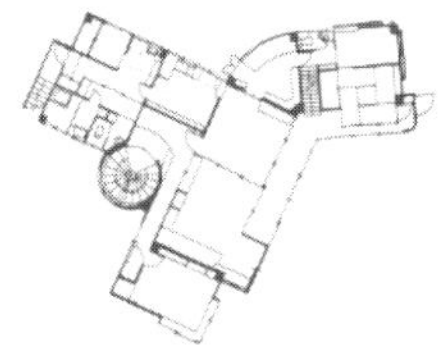

図8:「大阪厚生年金病院」1954年
図9:「自邸」1階平面、1959年
図10:「東海大学湘南校舎2号館」1965年
図11:「長沢浄水場」1957年

味わったのではなかろうか。

その証拠に、山田は「大阪厚生年金病院」（1954）［図8］など全国各地で同様のストリームラインを与えたブロックプラン（Y字形、I字形、X字形など）の作品を次々と展開させている。そしておよそ拘束具を纏う必要のない私邸＝「自邸」（1959）［図9］でさえも同様の解法を見せている。おそらく当時、山田はゲームの快楽を享受する感覚に浸っていたに違いない。一連の東海大学の施設［図10］はそのヴァリエーションを展開させたものと解釈できる。

かつて筆者は「長沢浄水場」（1957）［図11］の造形を「湧き上る浄水のデザイン」と喩えたことがある［12］。この作品は他の作品と比べるとあまり知名度がなく、「一見表現派の亡霊が生き返ったような、アナクロニズムを感じさせ、びっくりさせられる」［13］作品と評され、山田の作品年譜における位置づけも宙吊りにされがちであったが、これも同様の脈絡によって読み解くことができる。すなわち、ブロックプランにおけるストリームラインはその平面における山田の表現主義的体質とインターナショナル・スタイルとの融合によって生み出されたものであり、「長沢浄水場」の場合には同じことが立面、断面で展開されたのである、と。これを拘束具の紐を少々緩め過ぎ、山田本来の体質を垣間見せた作品（アナクロニズム）だと見たのでは面白くない。

事の真偽は別にして、「京都タワー」（1964）［図12］のモチーフが蝋燭であり、「日本武道館」（1964）［図13］の屋根のラインが富士山の稜線だという説明はよく知られるところだが、これはいかにも日本の自然、日本独自の造形を愛した作家らしい説明ではある。と同時にまったく誤解を受け易い物言いでもある。

ともかく「自然式」という初心を山田は生涯忘れることがなかったということであろう。

禁欲的エロティシズム／究極のエクスタシー

「分離派建築会」以降も、というか初めから、やはり本質は何も変わっていなかったのだろう。むしろ、逃げなかったというべきか。原点だった「自然式」を胸に秘め、モダニズムの拘束具を身に纏い、その体形は矯正されようとも、体質までは変わらなかった。建築家山田守のあまりにも透明な不透明さ、そして独特なその魅力はここにある。

　堀口はいわゆる「パルテノン体験」後、茶室研究に救済を求め、日本回帰した。森田はヴィトルヴィウスへと走った。生涯、アヴァンギャルドたらんとしたかにいわれる山田守は、その多作さに比べると理論的構築作業＝著作の数が驚くほど少なかったことも手伝ってか、時に何の苦しみもなく、曲面・曲線偏愛を吐露し、あたかも「形態の誘惑」に淫していたかのようにも見えるのだが、その実、逆説的に最も過酷な道を歩んでいたのかもしれない。埋まるとも知れぬ、主観／客観、機能・合理／形態・表現、理性／感性の狭間の溝を埋め続けるという辛い作業《ゲーム》をし続けることを定められたのだから。

　山田が趣味で俳句を嗜《たしな》んだことはよく知られている。俳諧と建築を重ね合わせて見ていたのである。〈17文字という短い言葉の拘束のなかに「キラッと光るなにものか」をひそませる作業《ゲーム》〉と〈客観性を確保した上で「美しさを結晶させたようなハイライト（主観性＝筆者）を盛り込む」という自らの建築での作業《ゲーム》〉をダブらせて見ていた[14]。ついには〈拘束具〉＝〈客観〉を、〈山田の表現主義的身体〉＝〈主観〉と融合・一体化させる、つま

図12：「京都タワー」1964年
図13：「日本武道館」1964年

り両者を統合する方法論=〈自然式〉を山田はともかく確立させたのである。

それを「デザイナー」=「表現者」という道を歩み続けた作家の「性《サガ》」=「体質」であったと切り捨てるのか、はたまた悲劇的な「救済《アガリ》なき反復」とでもいうべき作業《ゲーム》の個人的了解と解釈すべきなのか。

逆に考えれば、客観性という問題に最も神経を尖らせた作家《モダニスト》こそ山田守であったとも解釈できるのであって、さらに逆説的にいうのであれば、「表現者」=「永遠に分離派であり続けた作家」にしか理解できぬ、モダニズムという拘束《ルール》なしには決して成立しえない禁欲的エロティシズムの世界を密かに構築し、あるいはその究極のエクスタシーを作家自身は感じていたのかもしれない。

［註］

1——関野克が山田守から直接聞いたというある温泉地でのエピソードだそうだ。向井覺『建築家山田守』東海大学出版会、1992年、185-187頁。

2——中村雄二郎「かたち再考」、『現代思想』1992年11月号所収、青土社。

3——たとえば、藤岡洋保「『科学』から『方法』へ」、『建築ジャーナル』1995年2月号を参照されたい。

4——堀口捨己「芸術と建築との感想」、『分離派建築会の作品・第2巻』所収、岩波書店、1921年。

5——山田守「吾人は如何なる建築を造るべきか」、『分離派建築会宣言と作品』所収、岩波書店、1920年。

6——前掲書［1］、122-123頁。

7——いわゆる「土筆論争」である。その詳細については前掲書［1］、125-130頁を参照されたい。

8——薬師寺厚「解説——作品とその変遷」、『山田守建築作品集』所収、東海大学出版会、1967年、9頁。

9——Hitchcock / Johnson, “*Der Internationale Stil 1932*”, F.V. & Sohn, Braunschweig / Wiesbaden 1966を参照した。

10——山田守「私の関係した綜合病院のブロック・プランニングについて」、『建築文化』1957年7月号所収。

11——これについてはすでに布野修司が指摘している。布野修司「近代日本、建築家の足跡 山田守」、『建築文化』1990年4月号を参照されたい。

12——拙稿「東京都長沢浄水場」、『建築知識』1996年6月号所収。

13——前掲書［1］、13頁。

14——前掲書［5］、187頁。

Yoshida Isoya 1894–1974

吉田五十八

1923年、東京美術学校（現・東京藝術大学）を卒業。1925–26年、欧米の建築を見て回る。戦前に吉田流の近代数寄屋を編み出し、多くの住宅を手がける。1946年、東京美術学校教授。戦後は、住宅以外に日本芸術院会館、五島美術館、大和文華館など大規模建築も手がける。

本音と建前

岡﨑乾二郎

吉田　さっきのインテリアとして残るということね。私が、新しい数寄屋をやりはじめた時分はね、シャム・コンストラクションだというので非常に迫害されたもんですよ。

清水　迫害とはね——

吉田　日本建築は本来が真壁でいくべきもので大壁建築はいかんとね、だいぶ私はとっちめられたわけですよ、建築界から。しかし、時代はかわって、近頃のように日本建築がセット化すると、真壁も大壁も、シャム・コンストラクションなんかもどこかへ吹っ飛んでしまいましたね。そういう意味では私のやったことが、非常に早かったともいえるわけですね。

（対談・吉田五十八、清水一「木のこと 木造建築のこと」、『木』1965年1月号、篠田銘木店）

1

よく知られた伊藤ていじの整理によれば、近代数寄屋を完成したとされる吉田五十八の手法的特徴は、次のようになる。

1——大壁造りによる木割りからの解放
2——吊り束の廃止。欄間の吹抜け
3——荒組みの障子と横浅の障子
4——押込み戸の考案
5——工業生産材料の使用
6——レベル差のある部屋

もちろんここにはごく細部の特殊な工夫も含まれていて、数多くの模倣亜流を生み出したという吉田五十八の作風が、これだけで様式的に規定されうるものではない。だいたい吉田の案じ出した工夫の類いは枚挙にいとまがなく、その反対に明らかに五十八様式というものがあるとしても、その様式的全体がいかなる原理によって統制されていたかは、ただ吉田自身が言った「明朗性」という言葉の他に、何も手がかりはないのだった。よって模倣者は吉田の新興数寄屋が全体として醸し出す感覚を写そうとしながら、結局細部の移しかえだけに終わる。大壁造りはこのなかでは、たしかに吉田の建築の全体を特徴づける、もっとも基本的な要素のようにも思われる。だからこそ、吉田の模倣はまずはこの大壁からはじめられる。けれどこの大壁の模倣こそが、吉田にとってみれば大きな勘違いというものだった。

たとえば吉田五十八が多用した大壁造りを、構造的な柱による拘束から意匠上の柱を解放する目的を持っていたと考えるのは、単純すぎる。「柱ばかりの家」（昭和13年）で吉田はおおよそ次のように書いている。

日本の伝統的な住宅建築では構造上の柱が、あたかもそのまま生かされ空間の美的秩序を形成してでもいるかのように語られてきていたが、実のところ、これは大うそであり、全体ではなく個々の部材の高価さに価値を置きすぎる柱フェティシズムとでもいうべき悪弊である。おおよそ大工は柱だけ無闇矢鱈と高価な材を大量に用いようとする。というのも慣習的に建築費の大部分が支払われるのは建前式までの段階であり、大工はゆえに高価な柱だけが林立する建前式までの建築の見てくれを立派にすることだけを考えているものだ。けれど建物が仕上がってしまうと、もともと目に触れる柱は何本もない、大抵の柱は建付と壁の中に隠されてしまう、ばかりか、せっかくの高価な材を資金をケチった造作の安い材でくるんでしまうのである。大体見せもしない柱に希少材を使うほどばかげたものはない。

あるいは、

> 昔の大工っていうのはね、仮にね、手持ちの網代板があるとすると、それを無理にどこかへはめ込んでしまう。それから黒部の板があれば、そこに合っても合わなくても、それ使っちまう。
>
> （「木のこと 木造建築のこと」、前出）

吉田が反発したのは、このような建築の見せ方である。正確にいえば、ここで対立的にとらえられているのは構造と見かけではない。文字通りに「建前と本音」、対価が支払われるところの建築の見せ方と、実際にその建築に住み、それを使用するときに現れる建築の見かけであった。

大体、耐震構造から考えても大壁は不可避であった。反対に日本建築で柱が構造として不可欠のものであったわけではない。たとえば1本でも筋交いを入れることがいったい建築にどれだけ強度を与えることか、これは太古から分かりきったことである。にもかかわらず、伝統的な日本建築では筋交いが投入堂《なげいれどう》などの例外を除いて、あからさまにあらわにされる例は少なかった。すなわちそれは筋交いが意匠として扱われてこなかっただけのことである。筋交いは、ゆえに大壁に隠されなければならなかった。吉田は端的に伝統的な日本建築といわれるものが、その潜在的可能性として持つ生産システムの合理性に比して、いかに、このような趣味的な悪弊によって覆われてきているか、そのあり方を徹底して嫌悪したのである。

> みんな大壁、大壁というけれども、実をいうと大壁建築はきらいなのです。どこまでも木材を美しく見せる、柱を見せるというのが本来だ

といってるのです。できた時は大壁建築には見えないようにする。
（村松貞次郎との対談、昭和49年）

吉田の建築がそう呼ばれ迫害されたというシャムとはすなわち虚偽を意味する。しかし吉田の考えをより率直にいうならば、虚偽であれ真実であれ、それはただ見かけの上だけにしか存在しやしないのである。つまりは正しい表面と正しくない表面の違いがあるということにすぎない。いいかえれば、ゆえに見かけの上だけで確実に正しさと間違いの分別はつけられる。そこにはれっきとした違いが感受される。視覚的に正しさと虚偽の決着がついてしまうのである。ゆえに吉田はこの目に感受されるところの正しさに徹底的にこだわった。正しい表面。これは建築における言質の問題であり、その言語運用上のマナーの問題である。嘘はいけない。建前だけを重んじ、本音をいわぬ建築を風上に置くわけにはいかぬ。これは東京日本橋に生まれ育った吉田五十八の氏と育ちによるものとばかりともいえないだろう。

シャム・コンストラクションとは、端的に鉄骨構造を石材などの化粧材で覆う、あるいは木構造を煉瓦で覆うなどの被覆構造への嫌悪と蔑視の言葉であった。そもそも外国人技師によって使われたというこの言葉が広く行き渡ったということが、意匠と構造の間の関係がもつれだした20世紀はじめの日本の建築の状況をよく示している。けれど中村達太郎は１９１５年そうそうに、虚偽や真性というのが、構造それ自体の問題でなく、単に言葉の問題にすぎないと喝破していた。すなわち同じ事柄であれ、それが悪意をもってなされたのか、あるいは、いやおうなき必要性をもってなされたのか、その受け取り方いかんによって、嘘にも本当にも解釈される。すなわちこれは建築をとりまく人間関係の問題であり、建築それじたいの問題ではない。よって建築用語から虚偽とか真実という言葉を放逐すべし、と主張したのである（「虚偽建築なりや否や」『建築雑誌』）。

いわゆる虚偽建築論争（１９１５－１６年）は中村達太郎のこの論に対する山崎静太郎の反論ではじまるが、実質的には中村の論を受け継いだ後藤慶二の以下のような整理によって、その行く

上：「梅原龍三郎画室」東側外観、1951年
中・下：同内観

末にある程度の見通しはついてしまっていた（「形而下の構造に対する形而上の批判（山崎学士へ）」、『建築雑誌』大正5年6月号）。

1——虚偽構造という用語は意匠上の問題で構造上の用語ではない。

2——構造上の問題とは文字通り建築がどう構築されるかという、工法の問題であり、意匠上の問題というのはその「構造物が吾人の官能に触れた場合の現象《フェノメナ》」の問題である。この両者の概念区分は対象上の差異としてあるのではなく厳密に論理的に適用されるカテゴリーの違いとしてだけある。すなわちそれは「対象《オブジェクト》」に認めたのでなくして範疇《カテゴリー》を限った」使用においてだけ有効である。

3——すなわち美／醜、善／悪、真／偽などの現象上の判断は、客体的事項ではなく、あくまでも主観的領域に属し、そこからはじめざるをえない。

後藤は以上のような見解を述べる前段として、よく知られているように「虚偽のハガキ」という例えを使った一文を書いている。

譬えば甲の人が乙を欺かんがために虚偽の意味を持った文章を認《したた》めたハガキを送ったとする。これは取りも直ほさず、虚偽の文字、虚偽の通信、虚偽のハガキと云はれる。しかしこれは間違った文章を書いたのではなく、文法にはずれた文章を認めたのでもなく、誤って伝達されたのでもなく、贋造ハガキでもない、唯甲の意志が虚偽だった計りである。
(『建築』大正5年3月号)

山崎はこの比喩を捉えそこねた。山崎は文章において、文の成り立ちつまり構造は文の意義とは無関係であるが、建築においては構造は、建築の意義のほとんどすべてだというのである。山崎の見解はもちろん文章の意義に対する理解からして、当時の文学理論の常識的水準にもとうてい達しない幼いものである。けれど山崎の学友でもあった後藤は、あえて山崎の見当違いの反論をより生産的に捉え自らに問いかけなおす。すなわちハガキの虚偽性というものが、その文章の誤りにも、配達違いにも起因しないとするなら、その主観的効果はいかに伝えられ心理に組み込まれるのか。後藤は結局のところ、文章の構造じたい(すなわち建築の構造じたい)に、そのような主観的効果の産出と連動するような作用があるということを示唆する。たとえば建築の構造は、ただ客体的な対象《オブジェクト》としてあるわけではない。それが荷重をはじめとする諸力をいかに伝達し、束ねているかなどの力の流れを、われわれの主観的な知覚は必ず捉え、それが主観的価値の創出に連動するというのである。後藤はそれを作用《ファンクション》と呼ぶ。

主観的感情の流出と、形式の機械的な展開が連動するという見解は、表現主義の最大の理論家でもあったヴィルヘルム・ヴォリンガーが、北方ゴシック美術に抽象と具象の対立を止揚する可能性を見出すのと時代的に並行している。後藤の論を延長すれば、たとえばハガキの配達じたいが、ひとつの形式的メカニズムによる運動であり、個々の主体の心理的なメカニズムがこのハガキ配達のメカニズムと連動するばかりか、それから産出される効果であることも当然ということになるだろう。つまり板垣鷹穂らの機械主義にそれは接続しうる可能性を持ちえてもいたが、そんな心理的メカニズムが的確に表されるのは1930年、

上：「梅原龍三郎邸」正面外観、1958年
中：同、サロン・食堂
下：同、寝室

横光利一の『機械』を待たなくてはならなかったのである。感情も意識も機械的メカニズムから生み出される効果でしかない。自律した主体が考えるのではない、メカニズムによって考えさせられるのである。

2

吉田の多用した大壁がシャム・コンストラクションと批判されたのは、ある意味で当然である。だがその吉田五十八は大壁が大壁に見えるのは嫌いだという。あくまでも真壁に見える見かけにこだわった。真壁に見えるとはいったいどういうことなのか。真壁とはただ、そこで視覚に現れる柱が、悟性的に捉えて、構造上不可欠な要素としてもっとも正しい位置にあると感じられるということ、それにつきる。簡単にいえばあるべきところに柱がある。すなわち後藤慶二の言葉でいえば作用の問題である。反対に柱があるべきところにあるだけで構造的に不十分だとするのなら、これは既存の構造技術の未発達ゆえにであり、その技術開発は理論的には、いずれにせよ、必ず可能にならなければならないはずのものだった。

吉田　構造屋にも罪があるんじゃないかと思うんだ。それは、構造屋がこれでなければもたん——仕様がないからそれにしようと、そういう構造計画の人にも相当考えてもらいたいと思うことがあるんですがね。

丹下　しかし、僕はまだ経験未熟だから大きなことは言えないんですが、むしろこちらで非常に均衡がとれていると感じるような寸法を決めまして、それが大抵の場合当たるんですね。あたるというか構造的にチェックしてみて大抵うまくゆくんです。デザインをやる以上は、日本の地震をある程度考慮に入れた、そういう視覚による構造計算ですか——それができなければやっぱり駄目なんでしょうね。

吉田　私はこういうことも聞いているんですけれども——これは確かな根拠のある話じゃないんですがね——フランスあたりじゃ、デザイナーが大たい物のメンバーを決めてしまうんだな——後から計算して、もつかもたないか——。先に、もつらしいということで決めてしまう。あとでチェックしてもらうようなもんですね。ちょうど日本と逆ですね。それでいいと思うんだ。あんたのいわゆる「勘」の計算——。

（吉田五十八、坂倉準三、前川國男、丹下健三、浜口隆一他、「国際性・風土性・国民性 現代建築の造型をめぐって」、『国際建築』1953年3月号）

この注目すべき座談会で吉田五十八は、もっとも若手の丹下健三ともっとも意気投合し、丹下は吉田の正統な継承者であるかのように感じられるところすらある。丹下と吉田の見解が一致するのは、まずは伝統的な木割りの持つ、構造的でも材質的でもなくして、視覚的な正当性、合理性である。構造はその視覚に後からついてくる。ゆえに丹下も吉田も耐震性のみを重視したわが国のコンクリートラーメン建築の「もっさりした」（吉田）プロポーションを、木割りのプロポーションだけで洗練させることができると言い切るのであり、つまりは木割りをコンクリートに適用すべしとまで説くのであった。だが両者の見解の一致はそこまでである。座談会がスリリングになるのは、その丹下がこの吉田に対して次のように迫る場面である。

丹下　吉田先生の場合には、問題はないけれども、大壁の場合には多少の危険なところがあるように思うんですよ。にせもののディテールでかたまったような大壁数寄屋造りを雑誌でよく見かけます。

吉田　それは、私の真似をしようとしているんですよ。

丹下　隠れている可能性はありますね。

吉田　その可能性はあるでしょうね。しかし一応危険を冒さないと、先へ進めないんですよ。そのつぎ進んだ先はどうなるかと訊かれると、それは私にはわからない。――しかし、その結果、何か別な日本的のもの、胚芽みたいなものが生まれればいいんですよ。前にも云った通り一代先でも二代先でもいいんだが――そう云った風に私のやったことが動機になって、それがいつか不燃の建築としっかり結びついて、日本らしいコンクリートの形態が出来ればそれでいいんだ。

浜口　その動機は、エンジニアリングの方からですか、それとも目の方からですか。

吉田　それは両方ですよ。これからはことに材料高で真壁は段々やりにくくなるじゃないかな。――だから、このころはステインで塗って悪い材料をごまかす、下手《げて》ものの家が一方ではやりだしてきた。

丹下　しかし、最近の住宅にしても、真壁のものが多くでているのは傾向としては間違っていないと思います。いままでは柱は大壁造りで任意なところにおける。真壁造りでは任意なところにはおけない。プランと構造を同時に解決しなければできない。ごまかしがきかない。新建築はそれをいま追及している。どっちみち、大壁から真壁が新建築の筋だと思うんです。

坂倉　そうですかね。わが国長年の木造建築で、そこまでいっていたのではないですか。

丹下　新建築の問題としてはまだ完成されてはいない。

坂倉　それは新建築が、日本の遺産を正当に受け継がないで、離れたということですね。

丹下　ええ。桂離宮なら桂離宮で、非常にわれわれの合理的な近代精神から見るとまずいところがありますよ。それをもう一遍合理的にアプローチする、ということは残っていると思いますよ。

吉田　しかし、それは幅が非常に狭いですよ。動かしても知れてい

——ますよ。

丹下はこの座談会の前にちょうど、東京都庁舎コンペに1等入選したばかりであったし、1958年(45歳)にかけて東京都庁舎総合計画、香川県庁舎、草月会館、今治市庁舎・公会堂と次々と作品を完成させる油ののった時期である。ゆえに桂離宮の不完全性を完全にするという、いささか丹下の1人浮いた感じの威勢のよさもうなずける。吉田と丹下がここですれ違っているのは、吉田はもとより構造の顕在性という理念に徹底して懐疑的なのに対して、丹下は最終的にはそれが一致しうるという観念をぬぐい去れぬところである。丹下が見かけと構造という2つの異なるカテゴリーのすれ違いを合理的に解決できる水準をいまだ夢見ているのに対して、吉田はそれこそ建築の御しがたき不合理さの由縁だと諦観している。いいかえれば、この座談会でただ1人丹下だけが、いまだ近代建築のイデオロギーによる展開を信じている。原理とその演繹の徹底性こそが、近代主義だと考えている。建築はイデオロギーを必要とし、それなしに先に進めぬと感じている。

吉田にとって、それは先に進むことではない。ただ動かすことであって動かしてもたかが知れている。当然のように、これはすでにそれを動かし、そして伝統的日本建築の現代的でないところを現代的に改良するという試みだけを行ってきたという自負がそれを言わせている。しかし吉田が建築を動かしてきたとき頼りになったのはイデオロギーではなく、文字通りにただ彼の勘だけであって、つまりは趣味判断だけだったのである。

しかし吉田の勘は正確だったというべきだろう。建築とは構造ではなく言葉の問題であり、言葉とはそれがいかに語られるか、話法の問題であり、それは音楽の問題、いや彼にとってはそれは長唄の問題だった。再びくりかえせば嘘か実かは語り方だけによる。語り方がヘタならば、何であれ嘘になる。語り方がうまければ、そもそも嘘と実の区別すら発生しない。なぜならばその判断基準じたいが、その語り方によって発生するからである。したがって彼はただ自分の話法のなかでの整合性を徹底的に追求すればよい。しかし、これは決して容易なことではなかった。つまり吉田が近代建築に対して抱いていたのは、あくまでも様式的な問題設定であったが、様式というものが、その本質においていかなる性格を表すかについて彼ほどよく自覚していた建築家もいなかった。

3

吉田五十八が完成した様式は「新興数寄屋」あるいは「近代数寄屋」だといわれる。だがなぜ数寄屋なのか。

吉田　建築学会で、新しい数寄屋というものを資料集成で入れたいからやってくれって、私のところに来たんだ。私は骨おしみはしないけど、私の数寄屋っていうのは、数寄屋建築じゃなくて、いつの間にやら様式化してしまって、新興数寄屋様式というものができあがってしまった。だから私の数寄屋様式を、住宅でも料亭でも、おでん屋でも使えば喫茶店も使う。これは一種の吉田式数寄屋様式なんであって建築じゃないんだから、資料集成にはならないとことわった。

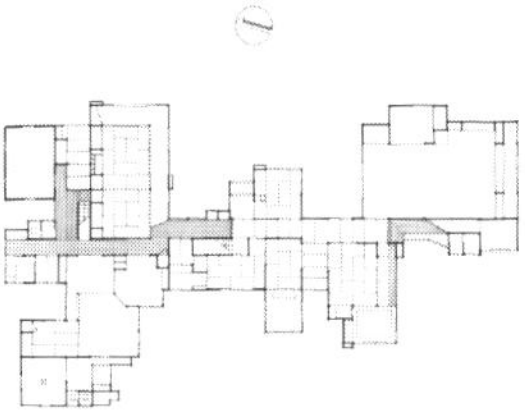

上：「小林古径邸」、1933年
中：「川合玉堂邸」画室、1936年
下：同、1階平面図

磯崎　資料集成に入れるっていうのは、たしかにおかしい。

吉田　だから茶席なら茶席という部門をつくれば、茶室建築として立派に資料集成の一つとして成り立つが、新しい数寄屋ってものは成り立たない、資料集成では。一種の様式だから何にでも使えるわけ。

（『建築の一九三〇年代』磯崎新対談集、初出『都市住宅』1971年1月号）

吉田が言っている通り、吉田がつくり上げたのは様式であって、ひとつのビルディングタイプとしての数寄屋ではない。それを数寄屋とあえて呼ぶのは、彼が数寄屋というものに対するはっきりした定見を持っていたからに他ならない。数寄屋とは書院造や寝殿造などと並列されるような客体的な様式ではないし、また料亭、住宅、仏閣、茶室というような機能によって分類される建築のタイプでもない。数寄屋とはあくまでも趣味によって、多様な様相をいかにひとつに統制しきるかという実践的な問題とだけかかわる、ひたすら美学的な統制概念としての様式だった。よって、一度これが確立してしまえば、あらゆるビルディングタイプにそれは応用できる。

事実、吉田がモデルとした日本建築は、「中古から奈良、天平あたりの様式の中で近代性のある部分だけを抽出し、それに現代の新建築の気分を入れた」という昭和11年の吉屋信子邸から、まだ天井が張られてなく、ゆえに部屋の内のりの高さも高く、板張り椅子生活をしていた、吉田にいわせれば日本建築がもっとも近代的だったころの平安朝あたりのおおらかな建築を主に参照しはじめた戦後にいたるまで、いわゆる数寄屋を直接参照するということはまったく少なかったといってもいい。

大震災後の日本の混乱から脱出するように欧州旅行に飛び出した吉田が、昭和元年に帰国した後、日本建築に専念した理由を、吉田はつねづね「一番感銘したのは初期ルネサンス。フィレンツェあたりのブルネルスキーとか、ああいうところですね。スケールが雄大でね。そのとき考えたのは、こんなにすばらしいのは、民族問題だと思ったんです。自分の国の建築ということ。その国そのものから生まれた民族建築というものは、ほかの国のひとが真似しても、だめなんじゃないか。その民族の血がながれていなければ、うまいものはできないと感じた。……（中略）……これは日本建築をやるべきだ。それならほかの国はかないっこない。こっちが日本建築の近代化をはかって、向こうに真似させよう……」（磯崎新との対談、前出）とあからさまに語ってきたが、とりわけまず数寄屋建築の近代化に手をつけようとした理由は、「従来の日本建築のなかでは数寄屋が一番近代化されており、現代生活に引き戻しやすいと考えたからである」（「数寄屋十話」）。

すでに明らかなことだが、吉田の判断基準は、必ずまず近代性あるいは現代的な水準というものが立てられた上で、いかにそこに漸近するかという論理構成で語られている。

> 私は、どうやって現時点に近づけようかということが主だよね。現時点って、昔、やった当時だけれど、現時点にほど遠いものはみんな捨てちゃったわけですよ。私のはどっちかっていったら引き算なんですよね。みんな捨てちゃうわけ、要らないところを。
>
> （磯崎新との対談、前出）

そして数寄屋というのはその様式性ではなく、現時点つまり現代性という水準をおいたとき、もっとも有効であるとみなされたのである。吉田が近代性といい現代性といっているのは何か。くりかえせば吉田のいう近代性がイデオロギーではなく趣味的な範疇にあることは明白である。また明朗性が彼の捉えていた近代性を形容する語であったこともたしかである。具体的に彼のいい方を借りれば、近代性とは日本建築が江戸時代以来ごちゃごちゃと堆積してきた余分な要素を取り去ることであり、文字通り歴史的様式から離れることだった。では明朗性という言葉はどうか。明快でも明瞭でもなく「明るく朗らか」である。これは単純に煩雑さ困難を忘却させる術だと捉えればよい。「吉田うそっぱち」と揶揄されることもあった五十八が集中したのは、この煩雑さ、見かけの混乱、矛盾を解消することであり、解決の早道は、ときに問題そのものを消去してしまうことであった。彼が数寄屋に見出したのは、普請道楽だったまさに吉田の父のように、生業としての建築業とはまったく無縁な素人、つまりはマンネリズムから解放された個人がひたすら自分の趣味によってのみつくり上げる建築であり、いいかえれば、ゆえにその趣味的徹底は歴史的拘束から、まったく自由である可能性を持っていたのである。よって、吉田五十八はどこにも勤めず、いきなり独立して事務所をかまえ、つまり、あえて制度的な認定から離れた素人建築家の道を選んだりもしたのだった。

4

吉田にとって日本建築を近代化するというのは、日本建築をその歴史から引きはがすことだった。歴史的に根拠づけられるものではないとすれば、その建築はどこに着地しうるか、吉田はそのことに自覚的だった。数寄屋の妙味とは、それを実際に組み上げる大工あるいは建築家がそれをつくったのではなく、あくまでも施主本人がその建築を自らの趣味のみによって建てたのだと思い込ませることにある。これは決して施主のいいなりになることではない、むしろ施主のかけがえなき固有な人格およびその趣味を建築家がつくり上げ、それを施主に植え込んでしまうということなのである。つまりは建築を通して施主の内面をつくり上げてしまうということである。

吉田の『饒舌抄』のはじめと終わりにこんな話がくりかえされる。「新築のお祝いによばれていって、特に目立って賛めるところもないし、と云ってけなす処もない」「そこのあるじさんといろいろ話しをしているうちに、なにかこう心がだんだんと、あたたまってきて、……さて帰る段となると、なんとなく心がひかれて、去りがたいような気がして……家へ帰ってからも、なにかもう一度、あの家へ行ってみたいような……」こういう気持ちを起こさせる家が、よい家だというのである。

建築はその持ち主と同じようにそれぞれ固有な内面を持たなければならない。にもかかわらず、それらの交換不能な内面は、互いに遮断された、その境界をまったく意識させずに、自在に相互に通り抜けができなければならない。

吉田五十八の建築の作法は、あくまでも内側から、インテリアからのアプローチにあった。建築はプランで決まると彼が言うときのプランは間取りであり、そこで徹底的にスタディされるのは、彼のあげた邦楽の3つのエレメントに例えれば、最終的には声でも節でもなく、まさに間であった。必要とされる部屋たちをその因果関係を考慮しいくつかの部屋群としてグルーピングし、最終的にはそれらの部屋の個別性ではなく「部屋と部屋のつながり具合」だけが建築の主題たりえる、ともいった吉田の作法は、いいかえれば、まずはいくつかの節をこしらえておいて、そこから全体を立ち上げていく作曲の作法そのものだった。節という機能的連関でもなく、それらのすべてをつなぎあわせ、解消してしまうところの間が、プランにおいて追求されたのである。間こそが、人となりを表現する唯一の術であり、吉屋信子、小林古径、横山大観、川合玉堂、鏑木清方、梅原龍三郎、あるいは吉田茂、岸信介といった人たちの個性はみなこのプラン、間によって、本人たちが驚くほどに的確に実現されたのである。

　和風、洋風の対立に代表される様式の差異をどう解消するか、近代工法と美学的伝統をどう和解させるかなど、問題は変奏されても、モダニズムが抱えた課題の基本は、たしかに「異なる空間、時系列に属す対象に、統一した場はいかに与えられるか」にあった。

　吉田が近代性という言葉で捉えていたのは、現時点すなわち現在という感覚であり、その未来とも過去とも切り離された現在においてだけ、すべての異質さは解消され、その相互の接続も可能になる。ならばこの現在とはいうまでもなく忘却、健忘という事態に果てしなく近い。その宙づりにされた持続の感覚がある意味で「間」の核心にはあった。

　洋間と和室のキッチュにもなりかねない段差を持った接合を、洋間の床を下げ、椅子に座った人の視線と座敷に座った人のそれを水平にちょうど同じレベルに一致させることで忘却させる（吉田はその最初の提案を大正13年に発表している）。あるいは伝統的な切妻（山型）であるか陸屋根（水平）であるかの差異を、軒を張りださせてしまうことによって視線から消去してしまう。吉田の発明した数々の仕掛けはみな、ひたすら何か判断の手がかりを見出そうとする小賢しい視線の野暮な働きを宙づりにしてしまうように働く。ゆえにすべては、ただ主観的な視線によって生みだされ消去されるように感じられもする。吉田の建築はひたすら、この視線の可変性を蝶番にして結び合わされあるいは離される。どんな対象にも固着せず、あらゆる物を通り抜けていく視線。「明朗さ」というのはこの忘却のことである。

5

ゴダールは溝口健二の『雨月物語』を見た直後に、興奮気味に次のように書いた。

> 源十郎は魔性の女を殺してから、わが家に帰ってくる。彼は、優しい妻のおはま（正しくは宮木）が群盗に暴行され、殺害されたことを知らない。彼は家に入り、部屋という部屋をかけまわる。カメラは彼を追って移動撮影する。彼は部屋から部屋へ進んでゆくが、カメラは、かたときも彼から離れずに追ってゆく。カメラは彼を見失い部屋に戻ってくる。そして、おはまそのひとを視界に収める。ちょうどその瞬間、源十郎がふたたび入ってくる。そして彼女を認める。われわれ観客とともに、自分の目はどうかしていたのだ、優しい妻はまちがいなく生きていると信じながら。
>
> （ジャン＝リュック・ゴダール「最も見事なフィルム」『ゴダール全集 4』蓮實重彦・保苅瑞穂共訳、括弧内筆者）

溝口健二のカメラワークの魔術は『雨月物語』を語ったゴダールのこの一言に、的確に示されている。すなわちゴダールをして「カメラは彼を見失い」といわせた、カメラがフッとうろたえ宙づりになる瞬間である。男の動きに従ってカメラが回転する。男が土壁の向こうに回り込むのをカメラは追うが、土壁が数秒視界を遮り男を見失う、カメラが男を探してそのまま回転していくと、死んだはずの妻が視界に入り、そこに男の姿が再び入ってくるのである。カメラのこの一瞬の呆然自失が蝶番のようになって、視点は、生きている男の側から、男の存在を幽霊である妻と等値に距離をもって眺める視線へと変わっている。

溝口の映画において、観客はカメラの視点にかように翻弄され

上:「惜櫟荘（岩波茂雄別邸）」居間、1941年
中:同、南側外観
下:同、居間開口部回り詳細

るが、吉田五十八の建築における視線の玩ばれ方もこれに似ていないこともない。あの大壁も、戸袋に建具のすべてが吸い込まれていくさまも、上の溝口の映画のなかに現れる、まさに土壁やそれを回り込むように動くカメラとよく似た効果をつくりだす。気質としては、たしかに吉田五十八に近いのは湿った溝口ではなく、小津安二郎の方だろう。けれど、ここで注目したいのは、ただカメラという、本来は誰のものでもないはずの視線の操られ方である。いうまでもなく溝口のカメラワークは決して安定していない。対象によりそい共感するかと思うと、突然それを突き放し蔑むように見下ろす。そこには階級も立場も違うさまざまな人々が登場するが、カメラの視点は決して、ひとつの場（超越的な視点）に安住せず、よろめくように転々とする。弱い者の味方か

と思うと権力者によりそい、事の次第についていけず態度を決めかねている観客の個々の心を先取りするかのように、たえず揺れ動く。観客の内面とカメラの動きはいつしか一致しているように感じられはじめ、ということは観客は登場人物といつしか視線を共有することにもなる。つまり、この結局誰にも属さない視線によって、さまざまな異なる視線がひと連なりに束ねられてしまうことになるのである。カメラの時折見せる優柔不断な態度の変更は、そのつど「まてよ、……もありうる」という疑義を差し挟む異化効果として働くともいえるが、大局的には結局相殺されて事態をまるごと諦念をもって受け入れる唯一の視線と化してしまう。これが映画における、様式というものの持つ恐るべき力である。

6

吉田五十八のつぎのような言葉は、雨月物語の有名な「朽木屋敷」のシーンで溝口の行った演出をまさにそのままのように彷彿させる。そこで知覚を翻弄するのは屋敷それじたいではなく、そこへ導く廊下と、視点を転換させる建具だけであった。

吉田　わたしは前からね、一体、数寄屋だけでなく、住宅ってものは門から玄関までのアプローチは、陰気にすべきだと思っている。陰気というかシットリとしたものにして、中へ入ってから南の庭を非常に広々と明るいものにする。わたしがやったものはほとんど、玄関までのアプローチは陰気ですよ。陰気だし、なんというか、むしろ路地ふうのが多いよね。多少植え込みを多くして、陰影をふやすってことね。わたしは思うのだけど、建築には一種の演出がいるんだよ。

伊藤　演出というと何か……。

吉田　ここでこうしておいて、あとでこうするとか、はじめから計画的に演出を考えるということね。ただやみくもにつくってもこれはだめだね、アピールしないよね。お客にいい家だなあという気を起こさせるには、どこかで演出をしないと。

伊藤　芝居の舞台みたいなものですね。

吉田　大道具と同じで、やっぱりどこかでそれを意識的にやらない

右:「梅原龍三郎画室」1951年
左:「梅原龍三郎邸」寝室、1958年

といい家だなあという気は起こらない。わたしはよくいうんだけど、住宅は、門をはいって玄関までのアプローチを歩いて、玄関をはいって座敷までの廊下、この間で点をかせがなければだめですよ。座敷にはいったら、座敷というのは、やりようがないんだ。

伊藤 形が決まっているからですか。

吉田 かたちが決まっているしね。まわりは襖か壁でしょう。床の間でしょう。やりようがないんだ。やったところでしれている。それから演出はそうはできない。ところが廊下はどうにでもなるんだ。かりに池をつくるにしても、廊下からの池もある。

伊藤 それでそういうときに、中庭をちらりと見せたりなさるのですね。

吉田 そう、なんでもできますよ、廊下なら。要するに座敷までの間なら、アプローチにしろ、玄関にしろ、廊下にしろ、やろうと思えば演出ができますよ。座敷に入るまでに、ああいい家だって感じさせなきゃだめ。

（「日本建築の創造」聞き手、伊藤ていじ、『饒舌抄』）

くりかえせば明朗さを特質とする、吉田の様式は、やはり同世代の小津安二郎にも近いし、絵画の世界でいえば、彼が実際にアトリエを設計した小林古径や梅原龍三郎、あるいは同世代の安田靫彦や安井曾太郎が行った仕事とよく対応している。しかし、いずれにせよ、この世代が行ったのは、決して単純に近代日本様式といえるものをつくったことではない。日本らしさというような所詮、地理的相対性にすぎない問題、いいかえれば歴史的拘束の相対性にもとづくだけの問題を、現在性という忘却において消去してしまったことにある。もちろん、そこですべてが消されたのではない。むしろそこではじめて、いかなる客体的形式をも通り抜けられるはずの希薄な——つまり透明という形容にきわめて近く感じられるところの、抵抗の少ない内面が獲得されたのである。いわば本音とよばれる実感は、吉田五十八たちの世代にはじめて生み出されたのである。

この後の展開は簡単である。その眼前に次々と現れる無粋な抵抗物、物体をただ次々と片づけていけばよい。建築も絵画もこうやって問題から消去される。いやたとえ、それが意識されたとしても、問題が煮詰まってしまえば、必ず、ここへ誰もが回帰しはじめるにちがいない。これはナショナリズムといわれるもののひとつの美学的側面である。しかしそれが、以下のようなきわめて奇想天外な仕掛けの数々によって発明されたものであることは決して忘れられてはならない。

それからまた私は、障子を障子でもたせたといったような、妙なことをやったことがあります。これは二間四枚の障子のはまる鴨居の上は、小壁も何もなく、ただあけっぱなしで、これをつる何ものもないのです。ですからなんのことはない、上下になんのささえもない、二間の鴨居があるだけというのですから、そのままだったら、たわんで折れてしまうかもわからないような形です。私はこれに、まず両はしの二枚の障子を寸法ぎりぎりに建てこみ、まん中の二枚の障子は、両はしの障子より五厘ほど短くこしらえて、はめたため、鴨居は両はしの障子でもち、まん中の二枚の障子は少し短いので、自由に動くという、障子を障子でもたせた変わった例であります。

（「数寄屋十話」）

ここで構造と意匠はまったく一致している。というよりはそもそも、構造と意匠の差異が存在しないのである。障子が障子を支える、つまり見せるべき面がそれ自身を支え他に支えがない、いわばフリースタンディング障子である。けれど同じように語られるアンソニー・カロの彫刻が、決して彫刻じたいを自律させたのではなく、ただ、その鑑賞者たちに鑑賞者自身の主体を意識させなくさせたことと同様に、ここで自律したのは障子でもなく建築でもない、やはりそれを見ているところの主体の内面であった。こうして「見ること」から抵抗が消されていったのである。

Kurata Chikatada

1895－1966

蔵田周忠

1913年、工手学校(現・工学院大学)を卒業し、三橋四郎建築事務所に入所、三橋の下で、『建築世界』の編集を手伝う。1922年から分離派建築会に参加し、その後、『近代建築思潮』を出版。1927年の設計事務所設立後も、『国際建築』など多くの建築ジャーナリズムに積極的に携わる。

日本モダニズムの「水先案内人」

矢木敦

プロローグ

大正から昭和戦前期にかけて、建築家の階層分化という現象が顕著になりはじめていた。また、急増しつつあった中堅技術者層を対象に、多くの建築ジャーナリズムが誕生しはじめてもいた。そして、これらの動向とともに、欧米のモダニズム運動からの影響を受けながら、小会派が結成されることで、日本の近代建築運動も胎動をはじめていた。

こうした動向の中で蔵田周忠[図1]は、「建築ジャーナリズム」という場を借りて、学閥や世代を超えたネットワークを形成するとともに、それを「実践」へと敷衍していくことで、つまり、執筆活動と建設活動を通じて、日本におけるモダニズム建築の導入と展開に、大きな貢献を果たしていった。

近代建築運動への参加とその視点

分離派建築会は、東京帝国大学の大正9年卒の同級生6人をメンバーとして、1920年に結成された。そして、その2年後の1922年に入会した蔵田は、東大外から分離派建築会に迎えられた、はじめてのメンバーとなった。

中堅技術者の養成を目的として設立された工手学校（現・工学院大学）を1913年に卒業した蔵田は、三橋四郎建築事務所を経て、当時は曾根・中條建築事務所に製図工として勤務していた。ここで蔵田は、J・ラスキンを信奉する建築家・高松政雄に出会い、建築芸術に開眼、そしてさらなる「建築」への向学心に目覚めることともなる。こうした建築への熱意と、語学力を買われて蔵田は、分離派建築会への入会が認められたのであった。そして蔵田にとって、近代建築運動とかかわるための一大転機を記す出来事ともなった。

ところで当時は、明治から大正時代にかけて設立された建築関連の大学や専門学校の増加と多様化に伴い、建築家や技術者の階層分化が起こりはじめていた。とくに1923年の関東大震災以降では、ラトー、メテオール、創宇社、AS会、バラック装飾社など、出身大学や世代ごとに、新しい建築のあり方を求める新たな会派が、続々と結成されはじめることとなった。

こうした現象は、「建築ジャーナリズム」の世界でも無縁ではなかった。建築家や技術者が多様化し、多くの雑誌が創刊されていった。

こうした動向の中で、「近代建築」に関する蔵田の執筆活動がはじまる。

その嚆矢を飾ったのが、1924年に出版された『近代建築思潮』［図2］［1］である。同書は、主に欧米の建築史・美術史を参考にしてまとめられたものであったが、日本人著者による近代建築の通史としては最初期のものであり、後述するように貴重な存在ともなっていた。内容としては、科学の上に立つ芸術こそが近代芸術のあるべき姿であることが主張されていた。興味深いのは、そのひとつの事例として「表現主義」が位置づけられていることである。分離派建築会の造形上の拠り所となっていた表現主義

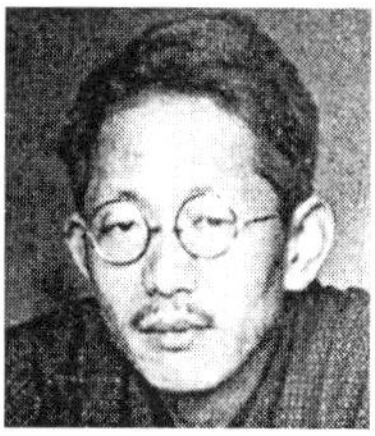

図1：蔵田周忠、1933年、38歳
図2：作品解説の1例（『近代建築思潮』1924年）
図3：海外紹介の1例（『国際建築』1931年2月号）

の正当化を図ろうとする姿勢が、明確に読み取れるのである。

ところで、学生時代を回顧して藤島亥治郎は、当時において日本語で著した近代建築の通史は、岡田信一郎の大学での『近代建築史』の講義ノートを除くと、蔵田の『近代建築思潮』ぐらいしか存在しなかった[2]、と述べており、その重要性を評価している。

その後も蔵田は、同時代の潮流をも含めたかたちで「近代建築史」を著し、建築の進むべき道にパースペクティブを与えようとする試みを、継続させていくこととなる。

蔵田の「近代建築」解釈に大きな変化が認められるのが、『アルス建築大講座』の一環として1926年に書かれた「建築論」という論考である。1920年代中頃には、マルクス主義芸術論が翻訳紹介されはじめ、蔵田もルナチャルスキーなどからの影響を受けるのである。その結果、建築の基盤を「社会学的な方向」に置きはじめ、建築を「社会生活の一機関」と認識しだしたことを明らかにしている。この点において「建築論」は、表現主義的な芸術至上主義からの脱却を表明したものといえ、「日本の近代建築運動の最初の転換期を明らかに」[3]した存在という評価も得ている。

ジャーナリストとしての活動の布石

工手学校卒業後の三橋四郎建築事務所への入所は、蔵田にとって建築ジャーナリズムにかかわる大きな契機となった。三橋は、1907年の『建築世界』誌の創刊に際して、私財を投じてパトロンとなっていたからである。そのため蔵田は、三橋の下で、同誌の編集を手伝うこととなり、また、掲載用のパースなどを作成することともなった。1年半ほど在籍した後に蔵田は、曾根・中條建築事務所に職場を移る。中條精一郎の書生となった蔵田は、彼から佐藤功一を紹介され、その縁で早稲田大学の選科生となることになる。当時、佐藤を中心とする「早稲田建築」は、胎動しつつあった建築ジャーナリズムの一大震源地の様相を呈していた。佐藤自身も中村鎮が編集長を務めていた『建築評論』誌をバックアップしていた。蔵田は、その編集を手伝うのである。そして、後には編集長ともなる。

これ以降、蔵田は、1927年に独立した設計事務所を構えながらも、建築ジャーナリズムにも積極的に携わり、活発な執筆活動を行っていくこととなる。その主な舞台となったのが『建築画報』誌で、「近代英国田園住宅抄」や「近代独逸小住宅抄」の連載で健筆をふるっている。

また、1928年から1930年代にかけては、『国際建築』誌の編集同人の1人に名を連ね、「国際雑記」の連載を開始し、主に同時代の海外のモダニズム建築の紹介を行った。そして、このような活動の中から積年の夢ともなっていた海外渡航の話がもたらされた。

渡欧とリアルタイム情報

1930年から翌1931年にかけて蔵田は、ドイツを拠点として、チェコスロヴァキア、オーストリア、ハンガリー、フランス、オランダ、ベルギー、イギリスなど、ヨーロッパ各国を歴訪した。とりわけモダニズム建築のメッカとなる諸都市を精力的に巡礼していた。

公式には当時勤めていた東京高等工芸学校（現・千葉大学工学部）からの出張〔4〕とされていたが、その渡航目的の詳細は不明である。一方で、『国際建築』誌の編集同人としては、海外の建築動向を日本に送り、連載していく約束を、同誌編集長の小山正和と交わしていた。

1920年代から1930年代にかけて、多くの日本人建築家が洋行しているが、蔵田の渡航時期は、ジードルンクをはじめとするモダニズム建築の多くが竣工し、その成果を誇示する一方で、たとえばドイツにおいてナチスによるモダニズム建築の排除がはじめられる直前ともなる、微妙な時期に当たっていた。いわば、モダニズムの動向を知る最後のチャンスともいえる時期であった。

蔵田は、渡航先で多くのモダニストたる建築家に面会し、取材を行っている。そうして近代建築運動の実践を生の情報として入手し、その記事〔図3〕を主に『国際建築』誌を通じて、日本に紹介していた。面会した建築家は、H・ヘーリンク、O・ヘスラー、W・グロピウス、ルックハルト兄弟、E・マイなどで、いずれも「デア・リンク」グループの代表的なメンバーであった。

また、現地での博覧会や作品展を積極的に見学し、その内容についても報告している。とくに、1931年に開催された「ドイツ建築博覧会」についての報告は、注目すべきものである。同博覧会は、「都市と住宅」をテーマに、ドイツ建築界の技術とデザインとを総結集させたものであり、世界におけるドイツの先進性を示そうとするものであった。蔵田は、渡独中の山脇巌と分担しながら、この博覧会の全貌について、特集号〔図4〕として『国際建築』誌に紹介している。このわが国への報道は、写真掲載の交渉などに1カ月余りも費やした努力の成果でもあり、また、ドイツ本国やフランスなど西欧諸国の報道に先んじるかたちで行われたものでもあった。

この特集号を契機として『国際建築』誌は、海外誌との交換を行うようにもなった。つまり蔵田は、日本と海外誌との相互交流の端緒を開く、媒介者の役割を果たしたのである。このことは、雑誌メディア＝建築ジャーナリズムにおける情報発信のタイムラグを小さくした象徴的な出来事と位置づけられる。

ところで、蔵田が収集したリアルタイムな海外情報は、渡航中に記事としてまとめられ、写真とともに日本に送られていたわけだが、現地で執筆した日付と雑誌掲載号とを比較すると、その差は1カ月あまりに過ぎず、当時としてはきわめて速報性の高いものであったことが分かる。

こうした新情報が、学生や若い建築家に与えた影響については計り知れないものが窺える。たとえば、後に西山夘三は、京都帝国大学の学生であった当時を回顧して、「私が蔵田氏を知るようになったのは、雑誌『国際建築』を舞台とする、その旺盛な文筆活動をとおしてであって、（中略）生の事情を知りうべくもない建築科学生たちにとって、彼は日本の建築界のボスたちが白眼視していた欧州の〝新興建築〟の息吹きをまのあたりにつたえてくれる大変博学の解説者のように見えた」[5]と語っており、蔵田のもたらす海外情報が若い世代に与えた影響の大きさを示唆している。

モダニズム建築の日本における推進者として、逓信省など官庁の営繕組織に所属する建築家の存在を指摘できる。そのトップエリートの多くも、ヨーロッパを視察しているが、蔵田のように、その成果を積極的に発表することは少なかった。1920年代初頭に渡欧した石本喜久治や堀口捨己といった若手の建築家にしても、バウハウスなどの情報を伝えたが、質量ともに蔵田の渡航時の執筆活動を凌駕するものではなかった。

モダニズム建築の潮流が、世界的に伝播し、リアルタイムに連動していく動向は、雑誌メディアを中心としたジャーナリズムの存在を抜きにしては語れまい。世界の建築界の動向が、ジャーナリズムという舞台を通じて収集・編集・発信されることで、国際的な拡がりを見せ、多くの国々に根付かせたであろうことは疑いないからである。この点で、海外のモダニズム建築の動向を包括的に紹介した蔵田のジャーナリスティックな執筆活動は、日本にモダニズム建築を根付かせる上で、看過できない役割を果たしたといえるのである。

体系化されたジードルンクの紹介

人物や運動、そして展覧会など、ヨーロッパでの近代建築運動の全容を包括的に伝えることに意を注いでいた蔵田だったが、とくにこだわりを抱いていたテーマは「ジードルンク」であった。近代建築のビルディングタイプの中で、最重要となる建築的課題と認識

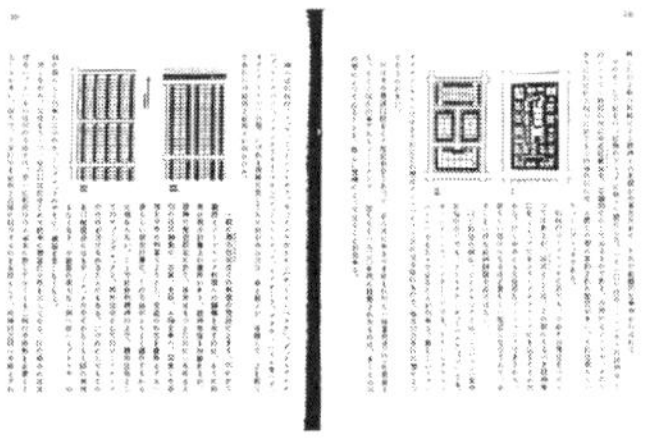

図4:ドイツ建築博覧会特集号、『国際建築』1931年7月号表紙
図5:住棟配置の1例、「ジードルンクの新形態」1932年

されていたからである。

蔵田は1年余りのベルリン暮らしの間に、4カ所もアパートを替えている。その中にはB・タウト設計のツェーレンドルフ・ジードルンクも含まれていた。つまり蔵田は、最新のジードルンクに住むという実体験を通じて、当時のドイツの生活経験も把握した上で、住環境や建築的特徴についての理解を示そうとしていたのである。また蔵田は、ベルリン、フランクフルト、シュツットガルト、ブレスラウなど、当時ジードルンク建設が盛んであった諸都市も巡っていた。日本でも代官山の同潤会アパートに住んでいた蔵田は、こうして日本とドイツの最新の集合住宅を比較できる希有の建築家ともなったのである。

ドイツのジードルンクを紹介するにあたっては、E・マイのヴェストハウゼン・ジードルンクを先駆となる手本と捉え、そこに導入された片廊下型アクセスの理を説いた。また、洗濯室や乾燥室などの共同施設、セントラルヒーティングや機能的な台所の存在など、設備面の充実にも着目していた。そして、規格化と合理化の重要性を唱えてもいた。

さらに、帰国直後にも蔵田は、「ジードルンクの新形態」という論考を、板垣鷹穂と堀口捨己により企画編纂された『建築様式論叢』(1932)に寄稿している。ここで蔵田は、都市形態との関係性、住棟配置[図5]、階層構成、住戸プラン、アプローチ、構造、材料など多角的な観点からジードルンクの類型化を図るとともに、作品や研究事例の個別的な検討も行うことで、その体系的な紹介を行っているのである。つまり日本でのジードルンク情報としては、体系的論考の嚆矢をなすものであった。

また蔵田は、建築専門誌のみならず、『婦人之友』など婦人雑誌でも繰り返し集合住宅の紹介を行っていた。これは、まだ一般的には馴染みの薄かった集合住宅とその生活様式を、家具や台所も含めて論じることで、住まい手の意識の啓発を図ることを目的としたものであった。

1930年代の日本の住宅建設は、同潤会アパートを先駆として集合住宅が徐々に認識されはじめ、労働者や中産階級の住宅が不足する状況の中で蔵田は、その解決策としてドイツの最先端の事例を報告・紹介することを通じて、集合住宅の後進国であった日本に、それを定着させようとしていたのである。

東横ジードルンク計画(1935)

実践活動においても蔵田は、日本における理想的なジードルンクの建設を試みようとしていた。久米権九郎と共同して、ジードルンクの建設計画を立案するのである。そして、その構想を東京横浜電鉄(現・東京急行電鉄)に「新しい時代の新しい姿に於ける住宅地区」[6]としてもちかけた。また、全体計画については、来日中のB・タウトに依頼を行っている。そして、顧問団[7]を置いた上で、15人のモダニストたる建築家(蔵田、久米、タウト、吉田鉄郎、堀口捨己、土浦亀城、土浦信子、山田守、山口文象、山脇巌、斎藤寅郎、谷口吉郎、佐藤武夫、前川國男、松本政雄)の参画による「東横ジードルンク計画」が企図されることとなった。

等々力に設定された敷地面積は5万6000m^{2}で、一区画約

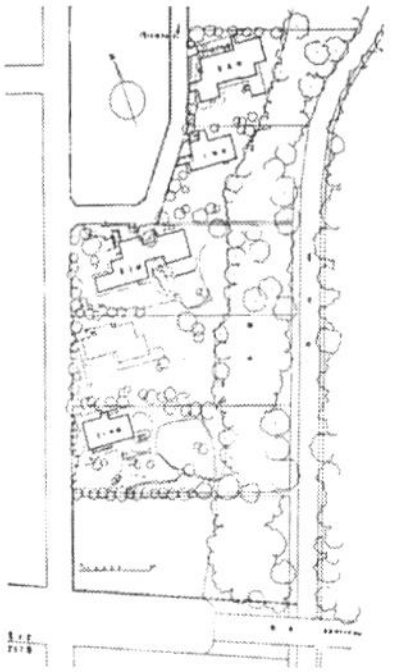

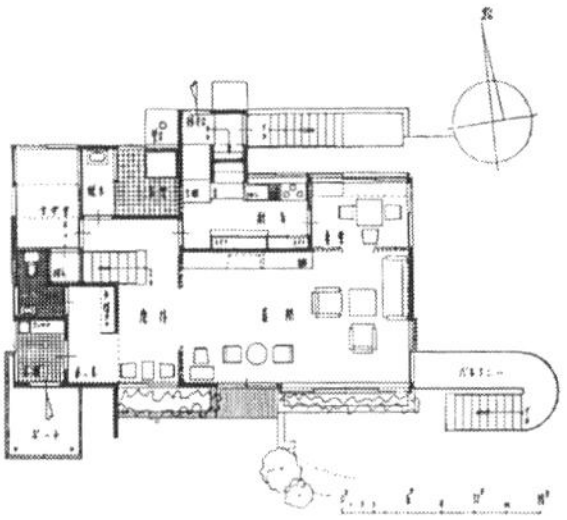

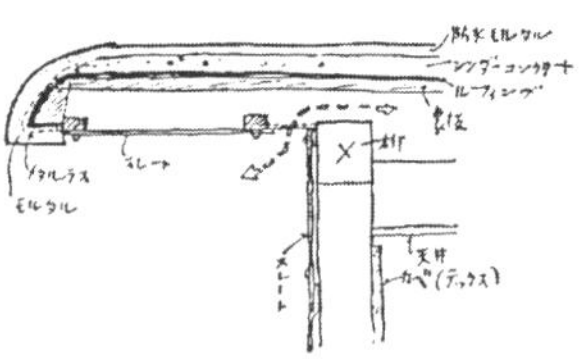

図6:「等々力住宅区計画」配置、1935-36年
図7:「古仁所邸」南側外観、1936年
図8:同、平面
図9:同、陸屋根・軒先詳細

1000m^2の30区画とし、食料や薬品を扱う商店、そして電気変電所や暖房を管理する中央統治プラントの建設も考慮されていた。また、住宅計画に関しては、外壁は石綿スレートあるいはモルタル仕上げとすること、屋根はフラットルーフを用いることなど、統一的な規定が設けられていた。

その計画は、ヴァイセンホーフ・ジードルンク(1927)から着想を得たものであったが、15人の建築家が参画し、一定のルールの下で住宅群を計画し、理想的な住環境を実現させようとしていたことは、日本の近代建築史上において、画期的な試みであった。

最終的には、建築家の意思統一を図ることができず内部分裂が生じ、また、東京横浜電鉄側から計画の本意に対する理解を得ることもできないまま、実現されずに終わることとなった。

乾式工法と「規格化」へのこだわり

東横ジードルンク計画は「幻」に終わった。しかし、蔵田の執念が実を結び、彼の設計により当該敷地に4戸からなる住宅地区計画が実現の運びとなった。これが「等々力住宅区計画」[図6]と呼ばれているものである。

そこには乾式工法を用いた木造住宅が建設された。「乾式工法」は、W.グロピウスの「トロッケンモンタージュバウ」からの影響を受けて、市浦健や土浦亀城が1930年頃から取り組んでいたもので、蔵田は5年ほどの成熟期間をまって、実践することとなった。

建設に際して、蔵田が乾式工法にこだわった理由として、1 工期短縮、2 木材の乾燥保持、3 耐火性、4 重量軽減、5 規格部材による工業生産の促進、6 施工の容易さ、7 増改築の容易さなどが意識されていた。また蔵田は、乾式工法の追求を通じて、建築生産システムの確立も模索していた。

「等々力住宅区計画」で建設された4戸の住宅、つまり斎藤邸(1935)、三輪邸(1935)、古仁所邸(1936)[図7]、金子邸(1936)は、建築家としての蔵田の代表作ともなった。この際に採用された乾式工法は、外壁には石綿スレートを、内壁と天井にはテックスを用いたものであった。平面計画上の特徴としては、居間、応接室、食堂を一室空間［図8］としてまとめあげていること、別に和室が設けられていることなどが、指摘できる。また、大きな開口部と庇の出は、夏期と冬期の日照条件と雨仕舞いを考慮して決められたもので、小屋裏の換気を図るために軒を30センチメートル程度張り出させたことも含め、採光や通風など基本的な居住性能に対する客観的な解決策も提示している［図9］。

そして、雨仕舞いに対する乾式工法の弱点であった、外壁の石綿スレートとその接合部［図10］であるジョイナーの改良を図っていくことにより、乾式工法の普及に邁進していた。そうして「等々力住宅区計画」以降1939年までに、合計8件の乾式工法を用いた住宅を手がけていった。1930年代後半では、日本の気候風土への不適格という理由から、乾式工法に関連する記事が、建築ジャーナリズムを賑わせることが少なくなっていたことを考えると、蔵田は、建築生産システムを確立させる足がかりとして、

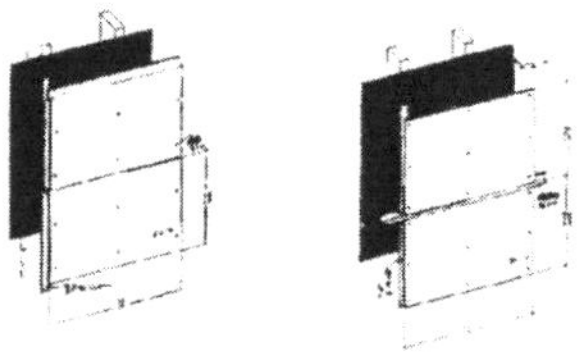

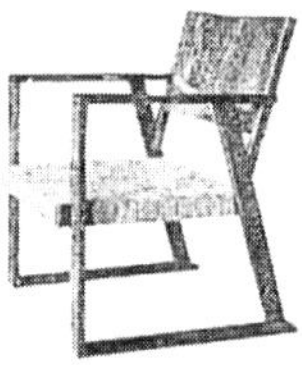

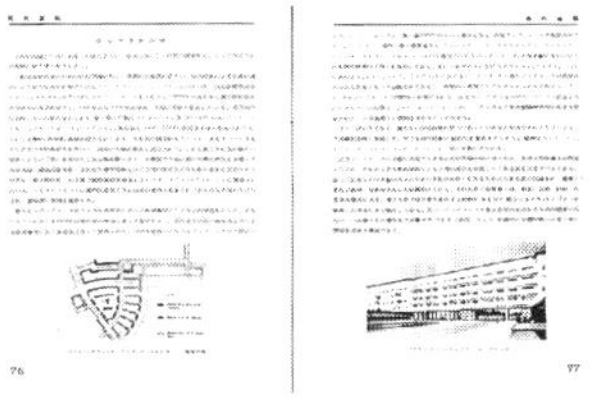

図10：つば付きスレート（左）と平板スレート（右）
図11：鋼管パイプ椅子、1930年
図12：木製肘掛け椅子、1934年
図13：「現代建築」
（『実用建築講座』第1巻収録、1935年）

その可能性を最後まで追求していたといえる。

一方で、東京高等工芸学校の教え子と共同して、「型而工房」（１９２８－３６）を設立し、その主宰者ともなっていた。生活改善運動に触発されてはじめた型而工房の活動は、家具類［図11・12］の調査・研究・製作・販売という活動を通じて、日常生活の変革・近代化を企図していた。

そして、そこでの成果は、椅子式生活や台所などにおける新しい設備機器の導入により、生活の能率を上げることで、機能的、合理的なライフスタイルを示唆していた、蔵田の設計した一連の住宅にも反映されていた。

総括された「モダニズム」

１９３５年に蔵田は、再び近代建築の動向を描いた論考「現代建築」［図13］［8］を記している。１９２０年以降の世界のモダニズム建築の動向を包括的に考察したもので、余り知られてはいないが、戦前の日本において、世界的なモダニズム建築の動向を、体系的・総括的にまとめた唯一の論述となるものであった。

ここで蔵田は、１９２０年代前半の潮流を「表現主義」、「機能主義」、「構成主義」に大別し、いずれにおいてもその最大の意義を、歴史様式の模倣からの脱却に置いていた。そして、それらに続く存在として「合理主義」を位置づけている。「合理主義」とは、工業化、規格化を指向したものと把握されており、その実践の主軸としてジードルンクが描き出されている。

ところでこの論考は、アドルフ・ベーネやグロピウスからの少なからぬ影響を示してもいる。つまり、「機能主義」や「合理主義」の解釈に際してはベーネの『現代目的建築』に見られる見解からの影響を、そして建築の工業化や規格化に対する姿勢についてはグロピウスからの影響を、色濃くしていた。

そうして蔵田は、合理主義の神髄とは「一般的な必要に最もよく適合するもの、すなわち規格（Norm）」であるとし、建築の工業化、規格化など生産の合理化を世界的に統一することで、「型」と「定型」が生じることとなり、結果として必然的に、国際的な共通性を持ち、造形的には立方体を基調とする「国際建築」が導かれる、と考えていたのである。

そして、「国際建築」の具体的な例証を、ヴァイセンホーフ・ジードルンクにおける住宅建設に見出してもいた。さらに、コンクリートの壁面に大きな開口部という抽象的で幾何学的な造形を、「ノイエ・ザッハリッヒカイト」の現れと捉え、それこそを現代固有の「審美性」とする認識も示している。

ここに、蔵田にとって「モダニズム」は総括されるのである。

しかし、実践においては、杓子定規にこうした近代建築解釈を運用することはなかった。むしろ気候風土や生活様式からの要求を適合させた建築は、生活様式の類似性と材料の世界共通性からその形態が類似したものとなっていくとしても、完全に同一になることはない、とも見なされていたのである。

ここにグロピウスのコスモポリタニズムとは異なる、蔵田の独自性を指摘できる。その姿勢はむしろ、日本インターナショナル建築会が宣言文に明記していた「真正なるローカリティ」の追求という姿勢に相通じるものであった。

エピローグ

蔵田は、世界的なモダニズムの動向を貪欲に吸収し、自らの解釈軸を変遷させながらも、つねに一連の動向に対して確固たる視座を築き上げていた。そして、その視座を基盤として、ある時はジャーナリストとしての活動を通じてモダニズムの理想を広く紹介・伝達し、またある時は、その理想の実践に生きる者として生活を中心に据えての製作活動を行っていた。つまり、執筆活動と実践活動は、蔵田の活動の両輪となっていたのである。

つまり、「モダニズム」の定着に向けて、全力が注がれていたのであり、いわばその活動は、つねにわが国のモダニズムの動向を先導する「水先案内人」ともいえる役割を果たしていたのである。

［註］

*——蔵田周忠の研究を通じて、武蔵工業大学図書館の資料を閲覧させていただきました。

1——濱岡周忠『近代建築思潮』洪洋社、1924年。濱岡は蔵田の旧姓。

2——佐々木宏『近代建築の目撃者』新建築社、1977年、143–144頁。

3——村松貞次郎『日本建築家山脈』鹿島出版会、1965年、225頁。

4——蔵田周忠『住宅月華荘』洪洋社、1930年。月華荘の施主である佐藤義亮は「設計を依頼して」と題する序文の中で蔵田の渡欧についてふれている。

5——西山夘三『建築学入門―生活空間の探究（上）―』勁草書房、1983年、264頁。

6——「等々力住宅区の計画と実際」、『国際建築』1936年6月号。

7——豊口克平・島崎信『型而工房とその家具のデザイン研究』（『武蔵野美術大学紀要』No.13、1981年）に収録されている松本政雄の手稿「幻のジードルンク」（1978）を参照。顧問は、岸田日出刀、中村伝治、吉田享二、技術顧問には市浦健、遠山静雄、田辺平学、十代田三郎、桜井省吾が担当していた。

8——『実用建築講座』第1巻、東学社、1935年、所収。

Morita Keiichi

1895－1983

森田慶一

1920年、東京帝国大学工学部建築学科卒業。同年、分離派建築会に参加。1922年、京都帝国大学助教授。1934年、同教授。『ウィトルーウィウス建築書』を翻訳し、著書に『西洋建築史概説』『建築論』など。京都帝国大学楽友会館、農学部正門などの設計を手がける。

IMITATIO CORBUSIERI
——分離派から古典主義へ

青井哲人

“IMITATIO CORBUSIERI”

家の外には雨が降りつづいている。嵐とまでゆかないまでも風も相当にある。傘には雨の雫がひどい。軒下に身を寄せて、飛沫を浴びて傘をたたむ——このいらだたしさ。相当な十分広い広さの雨をしのぐ開け放ちの場所abri ouvertが必要だ。

私はル・コルビュジエをまねる。この必要のためにも。

森田慶一が1928（昭和3）年11月の『建築新潮』に寄せた文章「IMITATIO CORBUSIERI」の冒頭に、この奇妙な箇所がある。この部分だけでなく、文章全体が風変わりだ。軽快な文体の断章を連ねたような構成で、プロパガンダでも論争的なものでもなく、また厳密な論理展開を意図したものでもない。

引用の部分は何をいっているのか。abri ouvertとは建物の足下を広く開放したピロティのことで、一見したところ鉄筋コンクリート造が可能にしたピロティを、機能主義的な観点から歓迎する文章のように見える。しかし丁寧に読めば、〝私は①雨風をしのぐ開放的な場所をつくるために、②ル・コルビュジエをまねて、③ピロティをつくる〟、というのが文意であることは明らかだ。②＝「まねる」が挟まれることで、この文章はむしろ、たんなる機能主義の宣伝からは奇妙な方向へと遠ざかっていく。

ピロティを題材として、森田は「必要」であること、のみならず、「まねる」ことについても何かを問おうとしているのである。それゆえにこの文章は奇異に映る。なぜ「まねる」なのか。

分離派とウィトルウィウス

森田はすでに京都大学にいた。堀口捨己らと分離派を立ちあげたのは東京帝大卒業の年、つまり1920（大正9）年。その後内務省都市計画局の官僚を経て、1922（大正11）年に京都帝大建築学科のボス、武田五一によばれたのである。上の文章は分離派結成から8年後に当たり、ル・コルビュジエは少し前から日本でも活字で紹介されはじめていた。1928年といえば、グロピウスら欧米の著名な近代建築家を外国会員に迎えたことで知られる日本インターナショナル建築会が7月に京都で結成された年でもある。運動の実質はともかく、表面的なモードの変転として見れば、表現主義風の分離派から、あっという間に最先端の「近代建築」まで来たことになる。同じ1928年の9月に行われた分離派第7回展覧会は、谷口吉郎にあの痛烈な「分離派批判」（『建築新潮』1928年12月号）を書かせ、そして実際に分離派としての最後の展覧会となった。分離派の「自己」の自由な解放としての創作論は、建築はその社会的な存在意義にこそ本質があるのだとする立場（佐野利器・内田祥三のような構造派＝社会政策派と、機能主義をイデオロギー的支柱とするモダニスト＝「新興建築家」らのあいだには、その意味では共通点がある）が台頭するなかで、後景に退いていった。分離派同人の多くも、少なくとも作風を見るかぎり、いわゆる「近代建築」に近づいた。8年の間にいろいろなことが変わった。

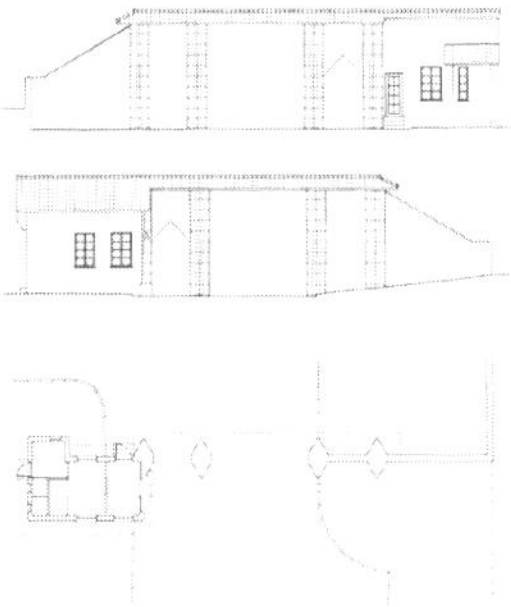

図1：「屠場」
外観透視図、1920年
図2：「ある役所」
外観透視図、1921年
図3：「京都帝国大学農学部正門」
立面、1924年

森田の逝去に際して東畑謙三（1923年入学）が寄せた追悼文によれば、東畑在学当時の京大では、森田は学生とそう歳も変わらず、しかも「分離派建築［建築会］の理論家であること、教室の意匠計画学の若いプリンスであること等若い学生達の崇敬の的であった」という。しかし東畑より若い西山夘三（1930年入学）になると、見方はやや変わっている。

> 当時、森田先生はウィトルーウィスの研究を通してギリシャ・ローマの古典世界の建築論研究に力をそそがれていた。私たちは分離派とウィトルーウィスの結びつきを不思議がっていたが、これが先生の輝かしいライフ・ワークとして結実することは人が知る処である［1］。

西洋古典学に基づく建築論の研究で知られる森田が、最初にウィトルウィウス研究にかかわる文章を公にしたのは、1927（昭和2）年である。ちなみにその掲載誌は、東畑が編集を任せられていた『建築学研究』の第1号であり、同誌は東大ならびに建築学会に対する対抗意識から、この年に京大で創刊された建築研究誌であった。それはともかく、すでにル・コルビュジエやグロピウスをトレースすべき手本とみなしはじめていた当時の学生にとって、分離派同人のかつての宣言文や作品群は、すでにピンと来ないものであったかもしれない。1920年代末の段階では、谷口がそうであったように分離派はまだ攻撃の対象たりえたが、30年代に入ると、一定の距離を置いた分離派の相対化さえ可能になっている。分離派を「アカデミーの産んだ『幸福なる偏執児』」と評したことで知られる高橋寿男の一文「分離派建築会の通った道」(1933)がそのことを如実に物語る。その高橋も、冒頭で「分離派についてながながと書くことは『今更ら』の感が強いかも知れぬ」と書いているほどだ[2]。まして、森田という個人において、分離派からどんな道筋を通ってウィトルウィウス研究に至るのかなど、当時の人々には「不思議」ではあっても別段興味の持てることではなかったろう。しかし、森田慶一について考える者は、この「分離派とウィトルーウィス」という西山の疑問を避けて通るわけにはいかない。

　森田の設計も同じ時期に大きく変貌している。分離派の作品集に発表された「屠場」(1920)[図1]、「ある役所」(1921)[図2]、あるいは京大教員となった当時の初期の実作である京都帝国大学農学部正門(1924)[図3]や代表作として名高い京都帝国大学楽友会館(1925)[図4・5]などが表現主義的であり、いわば分離派同人に共有される(いっては悪いが)いかにも未成熟な、若く甘美なイメージ群に属するとすれば、北野病院(1927)は構成主義的なファサードの取り扱いに特徴があり、「ある住宅」(1928)[図6]はそのドローイングのタッチを含めてバウハウス的な近代建築=「新興建築」への森田の同調を証言している。1920年代の前半と後半とで、森田の作風は大きく変化しているのである。

　思想・言論は分離派からウィトルウィウス(古典)へ、作品は表現主義から近代建築へ。とすれば問題は、森田における〈古典古代への遡行〉と〈近代建築への同調〉との関係である。

　キャリアの最初の10年間にこうした急激な変化を辿った森田は、そのことを自ら整理せねばならなかっただろう。それは、堀口捨己が茶室や茶の湯の文化体系へと学問的な精緻さを持ちながら遡行しつつ近代建築と接続したこと、吉田五十八が数寄

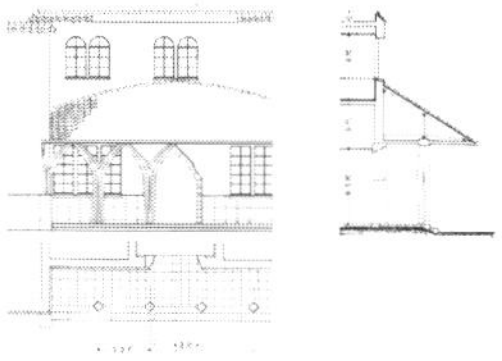

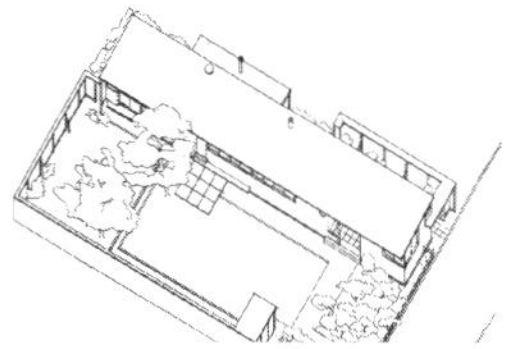

図4:「京都帝国大学楽友会館」
立面、1925年
図5:同、ポーチ部分詳細
図6:「ある住宅」
アクソメ、1928年

屋を出発点として選びそこから近代建築に至ろうとしたことを考えれば、同時期に典型的な、ある種の「転向」パタンの一例だということにもなるだろう。1920年にはほぼ絶対的な根拠であった内面の「自己」から、茶室・数寄屋や古代ギリシアといった外在的「規範」へと思考と創造の根拠を移す作業。では、森田の場合、この作業は具体的にどのような道筋で進められたか。

明治末─大正初期的問題機制からの脱出

森田の変化が1927─28年に見出されるとすれば、それ以前、つまり分離派時代の言説をまず簡単に振り返っておきたい。注目したいのは森田のデビュー論文『分離派建築会宣言と作品』(1920)に収められた「構造派に就いて」である。「構造力学の命ずるままに建築する」者としての「構造派」に対して(この場合の「構造派」は、構造学者を中心とする日本のそれを含むようだが、主としてペーター・ベーレンスと彼のAEGタービン工場を指している)、それは19世紀的折衷主義における様式の「模倣」を「破壊」する意義を持ってはいるが、そしてそれは確かに「冷やかに美しい」が、「そこが自分には物たらぬ。もっと豊かな主観的な感情、情緒が溢れていてもよいはずだ。そしてそれが芸術の真の領分ではなかろうか」、と主張したものである。いかにも分離派的な、決意とも哀願ともつかない文章といえよう。

しかし、4年後の「構造に就いて」は少し赴きが異なる。ここでの「構造」概念は、「くみ立て」あるいは「力そのもの」とも呼ばれる。構造力学の解析する力学的な力が、「この力［構造］の影かもしれないが力そのものではない」として相対化されうるような、より包括的で抽象的な「構造」概念が再設定されているのである。

これは、ちょうど、明治末から大正初期における山崎静太郎や後藤慶二ら（彼らの主張は必ずしも同じではないが）の構造一元論を想起させる。彼らは構造とは無関係な様式的細部や装飾が施された建物を「虚偽建築」として批判し、この種の「虚偽」を排除した構造合理主義が自ずと導いていく「動かぬ点」が「美」を生み、やがて「様式」を生むと主張した。しかし、彼らの「構造」概念は、1916（大正5）年頃には微妙ながら再編成されている。「構造の主観的意義」（山崎）といったものがそれである。

「構造」を単なる客観的形態又は工学的操作と見限れば、別に「意匠」「外形」が必要となってくる……しかし建築は、その構造が主観的内容を有して、これが外面的形相に表現される作品である［3］。

「構造」を強調するとき、その残余に「美」や「芸術」が残るはずだといった二元論に持ち込まれないために、「構造」に概念操作が加えられている。実質的には、彼らは、構造的な「真」の結果としてあらわれるにすぎないと主張してもよかったはずの美や芸術性を、「構造」の概念にあらかじめ含まれるものとして原因の側に回収し、トートロジーに陥る。それは彼らが二元論的な言説空間からそう軽々とは飛び出せなかったということを、逆説的に示している。

森田慶一は、構造から出発して芸術に至る論理を構築しようとして、「構造」をいわば〈構造性〉と読み換える概念操作を行った。それは、論理形成の経緯からいえば、芸術性を予想するための「構造」であり、「構造の主観的意義」といった論理と基本的にはパラレルである。

1927年には、森田の視野にさらに機能主義と「機械」の概念が入ってくる。機能主義・構造主義は「建築の機械化」と捉え直される。同年の文章「建築と機械と」を見よう。ここで森田は、漠然と「美」と考えられているものを、「快」と「芸術性」の2つに区別する。簡単にいえば、「快」とは要求が満たされることであり、逆に、不快であっても生じうるような（快・不快とは原理的に無縁な）美的経験を「芸術性」と呼ぶのである。これは、野田俊彦の「建築非芸術論」（1915）に似ている。野田は、トルストイにならって、ある経験を他者に伝達しようとする行為を「芸術」とし、シェルターとしての事物的要請が満たされることは「快感」であるという。野田は実用性の排他的な追求が美を生むとするが、それゆえ「快感」をとり、「芸術」を捨てるのである。一方、議論の彼岸にあくまで「芸術」を据える森田は、構造主義や機能主義は「快」を生むが、それ自体が「芸術性」を生み出すとは原理的にはいうことができない、とその限界を指摘する。これは、ちょうど野田の論理を反転したようなかたちになっている。

後藤、山崎、野田らの言説より数年後に登場した森田だが、彼もまた以上のように明治末から大正初期の問題機制の延長線上にいて、そこからの脱出を模索していた。他方で、彼よりも数年ないし10年後の世代、つまり昭和初期の「新興建築家」たちならば、こうした問題機制はカッコに入れてしまう。つまり機能性の重視、構造の露出、装飾の排除などの〈標語〉を教条的に繰り返し、他方では日光東照宮を貶めて桂離宮を押し上げるような趣味的峻別の〈範例〉を示すのが常套句となり、それが彼の「立場」の正しさを証明してくれるようになった。森田はそうした場には属さない。

彼は明治末・大正初期的な問題機制から出発して脱出を図る、そうした自身の運動性を理論的に意味づけなければならないような、後から見ればちょっと古くさい場にいたようなのだ。

機能主義・構造主義の決定不能性

森田は、明治末・大正初期的な言説空間に裂け目を見出していく。「建築と機械と」で森田はこういう。すなわち、構造主義者（構造派）の失敗は、彼らが構造を追求した結果、主観的側面をそぎ落としてしまったというようなことではなく、むしろ「純粋に構造主義と呼ばれるにはあまりに芸術的であったこと」である、と。逆に「芸術」として成功した実例（たとえばベーレンスの工場）も、構造や機能への合理的態度を徹底させれば美に至るのだという「信仰」をじつは徹底していないと森田はいう。実際、AEGタービン工場は、19世紀の博覧会展示棟や駅舎のように鉄骨トラスの3点ヒンジ・アーチに近い構造だが、それを徹底するよりは、むしろそこにギリシア神殿やエジプトのパイロンのイメージを持ち込み、被せることで、技術的構成を「芸術」の域へと至らしめようとした作品だ。

　最初に見た「私はル・コルビュジエをまねる。この必要のためにも」という文章の後に、森田はこう自問している。abri ouvert は機能的に有効であるがゆえに設けたのだと、機能主義者であるはずのル・コルビュジエが主張しないのはなぜか、それが私には解せない、と。面白い。森田の答えはこうだ。

> それは雨風をしのぐ目的に対して彼のabri、柱の上に室を造ることによってできるabri、が唯一の解決手法ではないからであろう。他の解決を、吹き放し・深い出軒・車寄柱廊を多くの建築家が造っている。Tony Garnierも。
>
> 室内住と室外住との滑かな推移――心理的な意味でも――の企図はピロチの上の家にのみ究極するのではない。……

森田は、ひとつの機能が必ずしもひとつの形式を要求するのではないこと、つまり原理的には、機能主義は建築の形式を導く根拠にはならないといっている。仮にル・コルビュジエのabriが美しいとしても、その美しさは方法的に再現できるのか、という問いがその背後にあると見ることもできる。ル・コルビュジエ作品の美しさは、機能主義的な設計態度を貫くという倫理的な態度によっては決して再現されえない。同様に、森田は構造主義の決定不能性をも指摘しえただろう。

　彼が「ル・コルビュジエをまねる」というとき、機能主義のこの決定不能性を照らし出そうとする反語をまず読みとるべきなのである。

ギリシア人とローマ人

しかし、これは必ずしも反語ではなかった。

最初にあげた１９２８年の文章は、ル・コルビュジエの機能主義の無根拠性を指摘した後、古代ギリシアとローマの建築観に関する興味深い議論へと展開し、再びル・コルビュジエに戻ってくる。ギリシア、ローマに関する部分は、いうまでもなく森田自身のウィトルウィウス研究の成果に基づいている。

> ギリシアの建築観が、建築の「美しきもの」に少しも関心を向けていないのはふしぎなことである。ギリシアでは絵画が、彫刻が、詩が、その原理として持つものは模倣の概念であった。自然の模倣、人間の模倣、イデアの仮の象を迫真に示すこと、実在の二次的模写、それの「技術」であった。

ここで森田は、ギリシアの「シュムメトリア」とローマの「エウリュトミア」という2つの概念を比較する。「シュムメトリア」は、特定の比例からくる調和、すなわち「均斉」の概念で、これは「万物に普遍な秩序調和の建築における形式」であるとされる。言い換えれば、建築が「自然の模倣」によって厳密に宇宙の秩序の一部となるとき、その建築は必然的にシュムメトリアを備えている。したがってギリシア人は美そのものを理論化する必要はなかった。

ローマ人は、しかし人間の感覚に関心を向ける。「エウリュトミア」は、美しい配置を意味する概念だが、森田は難解なウィトルウィウスの読解を通じて、これが「シュムメトリア」とは根本的に異質な概念であることを見出す。そこではもはや「自然の模倣」が美を保証するといった必然性ではなく、人間が感知する「芸術性」をいかに実現するかという作為が主題化されている。ところが、この意味の「芸術性」に向かって投企されるローマ人の構想力も、ギリシアの「シュムメトリア」を根拠とし、それを模倣せざるをえなかった。18世紀の美術史家ヴィンケルマンが、すでにわれわれには直接的な「自然の模倣」は不可能だが、だからこそ「自然の模倣」をなしえた古代ギリシアの芸術を模倣することが理想美に達する唯一の方法だと主張したことも想起される。森田もまた古代ローマ以後にいる。森田にとって、ル・コルビュジエもまたその1人であった。

ゆえに森田は、ル・コルビュジエにおける機能主義とともに、むしろ建築形式の決定プロセスを規制する「軸・円・直角などの単純な幾何学図形」、つまり「規制図形 tracé régulateur」の重要性に注意を促す。それはギリシアの「シュムメトリア」のいわば別案であり、世界の造形的秩序を建築に分有させる方法だと森田は考える。ピロティのデザインでさえ、機能のみならず、「人の眼の明証に耐える」ような形式秩序が根拠とされていることを、森田は積極的にクローズアップするのである。これは、教条化した機能主義を繰り返す同時期の日本の「新興建築家」とは異質なル・コルビュジエとの同調といえよう。

「芸術性」は、ここでは「世界秩序にあずかる」こと、というギリシア的な意味で規定され、その意味で他律的なものとして据え直される。と同時に、ギリシアの回帰という一種の時間意識が浮上してきていることにも注目すべきだろう。「ル・コルビュジエをまねる」という奇妙な一文には、自然を「模倣」する古代ギリシア人の思考法を「模倣」するル・コルビュジエを、さらに「模倣」するという多重的な回帰、反復的な回帰の更新、といった人間営為のイメージが含まれる。

記念性と古典主義

こうした一種の視覚的形式性への依存と、回帰的な時間への意識は、戦中期に至って急速に強められていったように見える。1942（昭和17）年、森田は「日本の建築とフランスの建築」と題する講演を行っており、これがのちの論集に「建築の記念性について」として収録されている。ここでの議論は、フランスでの彼自身のノートル・ダム体験に対する自己省察として語られているが、実際には出典がある。それは、森田が5年前の1937（昭和12）年に、自分の学生に読ませたパリ近代美術館に関するペーター・

マイヤーPeter Meyerの議論であり、森田は『建築学研究』にその抄訳も掲載していた[4]。パリ近代美術館は、細部を単純化した平滑な面とヴォリュームの構成に、巨大なオーダーの柱を並べた、一種のグリーク・リバイバルであるが、コンペではル・コルビュジエがこれに敗北している。マイヤーの議論は、この実施案を基本的には肯定的に評価し、「記念性」という概念をめぐって展開されたものである。

岸田日出刀や佐藤武夫がそうであったように、森田もまた1930年代後半にはドイツ・ナチズムやイタリア・ファシズムの建築造形に見る強い「記念性」に関心を高めていたらしく、それをグローバルにあらわれつつある普遍的要請と捉えてもいた。別段国家への接近などというまでもなく、建築家としてこれに応える方法の確立を、森田は構想していたようにも想像される。

森田は、マイヤーに従って、まず記念性とは「時間的に持続するある程度の永遠性、単に過ぎ去る一瞬からは自由であるような願いを含」むものだと述べ、「過去から未来へ、現在から未来へのつながり」という時間軸を導入する。これを具体化するには「コンベンショナルな表現形式」への依存がどうしても不可欠になると

図7:「湯川記念館」立面、1954年

森田はいう。しかも、近代性が歴史意識なしにはありえないように、過去に共通する形式言語なしにはモダンな表現もその理解もありえないのだという。このあたりは、議論としてはやや性急で短絡的にも思えるが、のちにアルド・ロッシが都市の集合的記憶と建築類型とを接続した議論（『都市の建築』）を想い起こさせるものもあって興味を引く。

　こうして森田はギリシア・ローマの古典へと自身の思考・創作をより強固に結合していくが、その萌芽（＝それ以前の自分からの転換）が、「ル・コルビュジエをまねる」という奇妙な両義的な文章にあらわれていたのだろう。

　実作においても、戦後は、むろん細部を省略した抽象的表現においてではあるが、古典主義的な厳格な形式性が前面に出てくる。たとえ、彼が古典主義の本来的な柔軟性を強調したとしても、古典に対する彼の距離感のこの変化は、決して無視できるものではない。また、こうした変化を通じて、P・マイヤーも現代における古典主義のあり方として「教へられる所が多いであらう」と書いていたオーギュスト・ペレが、森田にとってル・コルビュジエと並ぶ標準となっていった。彼は戦後、この2人を「現代の古典主義建築家」と位置づけるようになるが、湯川記念館（1954）［図7］はまさにそうした森田の代表作である。

［註］

1——東畑・西山の追悼文は、『建築雑誌』1983年4月号所収。

2——高橋寿男「分離派建築会の通った道」、日本大学工学部桜門建築会機関誌『建築』1933年12月。ここでは藤井正一郎・山口廣編『日本建築宣言文集』（彰国社、1973）によった。

3——『建築雑誌』1916年6月号。

4——「建築に於ける記念性の問題」『建築学研究』第89号、1938。なお、これ以外の森田の論説については『森田慶一建築論集』（京大建築会編、彰国社、1958）によるので出典は逐一明示しない。

*——本稿の執筆にあたっては、数少ないまとまりある森田論として、加藤邦男「建築家・森田慶一」（『SD』1987年6月号）、堀川勉「二元論的理念と建築」（『アテネから伊勢へ』彰国社、1984）を参照した。

Horiguchi Sutemi

1895－1984

堀口捨己

1920年に、同じ東京帝国大学工学部建築学科の卒業生とともに分離派建築会を結成。数寄屋造りをベースに、日本的な伝統と近代主義の理念との統合を図った。また、庭園の研究を行い、『庭と空間構成の伝統』を出版。他の著作に『草庭』『利休の茶』『桂離宮』『建築論叢』などがある。

「どうしようもないもの」の形容矛盾

田中純

両極の併存

建築家の早川正夫は、堀口捨己が1943年から1944年にかけて、片桐石州の茶室と書院の研究のため、大和小泉にある慈光院にこもっていた時期の食事にまつわる思い出話を伝えている。戦争末期の物資の窮乏状態にあって、慈光院でもその日その日の食物に事欠くありさまであった。わずかばかりの冷飯と漬け物しかなかったため、堀口は椀の底に冷飯を少し入れ、そのうえに熱い粥をかけて食べてみたのだという。「すると意外な味が発見されました。熱い粥と冷たいご飯とが口の中で混ざり合い、温度の変化に加えて、かたいものとどろどろのやわらかいものとの、舌ざわり歯ざわりの感触の変化が、口の中で微妙な旨味となって拡がっていくのです……」[1]。千利休同様、文字通り「ぬるい」ことを何よりも嫌ったという堀口らしいエピソードといえるだろうか。

堀口捨己については、伝統主義と近代主義、日本と西洋、合理主義とロマン主義といったように、その二面性がことあるごとに指摘されている。磯崎新のいう「様式の併立」あるいは「両極の併存」[2]が堀口の謎であり、解釈を誘う魅力であるようだ。しかし、その「両極」のあり方を支えている感覚を、このエピソードほど鮮明に伝えるものは、数々の精緻な堀口捨己論のなかにもないのではないか。それは美食家であったという堀口の、終生一貫して手放されなかった色や素材の質感に対する鋭い感覚にも通じる、ある種の官能的な執着を生々しく感じさせるのである。逆にいえば、先に挙げた二項対立のいずれもがそこから派生したものでしかないような両極の併存状態ないし衝突が、堀口にとっては、理性では如何ともしがたい情動の快、不快の次元で先行していたように思われてならない。

先鋭な対立関係を構築することが堀口の手法であり、美的感覚の要求であったとすれば、建築の実作においてそれが十分な洗練を経ることなく分裂として現れ、政治状況との関係もあって集中的に理論化がおこなわれた1930年代から第2次世界大戦敗戦までが、今までの堀口捨己論において最も関心の向けられた時期であったことは当然である。稲垣栄三が述べているように、堀口は1932年に発表された「茶室の思想的背景とその構成」ですでにのちの茶室研究の大枠を提示しており、1945年までには、戦後に著作集として刊行される著書のうちの5冊分をすでに執筆し終わり、その肉付けの作業もおおかたなし遂げてしまっていた[3]。

純粋建築としての茶室と近代建築

「茶室の思想的背景とその構成」は、茶室を「生活構成の芸術」である茶の湯からは離れた「建築」として見る、モダニストの視点から書かれている。茶室の特徴はそこで表現の「自由さ」に求められ、反シンメトリー、ずれを元にした構成的均衡・調和、多素材主義、天然素材色を主にした反多彩色《アンチポリクロミー》主義、および「床の間」という専用空間の設定による、絵画の建築からの分離といった特質が抽出されている。そしてこれらが、シンメトリー、多彩色、オーダーの繰返しを特徴とするパルテノン神殿の「戒律的様式主義」と対比されることになる。いや、ここで茶室の対立項となるのはパルテノンのみではなく、「パルテノンを〈永遠なる美の規範〉としているすべての建築」である。そこにはシンメトリーと反復を基礎とする東洋の大部分の建築も含まれてしまう。この大胆な図式化によって堀口は、建築は彫刻と絵画の装飾によって美になるという「今までの建築史のすべての部分に、瀰漫していた思想」を逃れた、純粋に自律的な建築の「建築性」の発現を茶室に見出し、それがモダニズムに通じるものであることが示唆されるのである[4]。

「現代建築に表われた日本趣味について」（1932）や「建築における日本的なもの」（1934）といった論文で堀口は、茶室を中心に据えた以上の図式に則って、いささかアクロバティックな方法で「日本的なもの」と近代建築との調停をおこなっている。大島測候所の竣工にあたって書かれた「様式なき様式」（1938）では、建造当時は多彩色であったギリシア神殿が、歴史的経過のうちに色彩を洗い流されて全裸となり、そこに「実に健全な古典建築」が現れたと述べられたうえで、「建築性」の自律化過程のなかに近代建築の成立が位置づけられている[5]。堀口はここで、あるジャンルの芸術が自己規定的にそれ固有の領域を画定してゆく営みというモダニズムの定義をなぞるように正確に、近代建築を定義づけているといえるだろう。そして、先に見たように、「永遠なる美の規範」としてのパルテノン、特にその起源の姿である彩色された状態に対して、茶室は純粋建築として対置され、茶室のなかに近代建築の理想がすでに実現されていることが発見されるのである。これによって日本的伝統と近代的建築理念との同一化がはかられているのだ。

日本建築の伝統や古典のなかにすでに近代建築の原理があったことが、このように日本建築史研究によって見出される。それはモダニズムの起源をパルテノンから簒奪し、日本の過去へと移し替える操作である。これによって、日本の建築は室町時代にすでにモダニズムだったのであり、そのことが事後的に確認される次第となる。この再認過程は、建築の様式は事後的に立ち現れるものでしかありえないとする、「様式なき様式」の発想と同型である。

様式なき様式

堀口は「建築は事物的な要求があって工学技術が高められた感情の裏付けをもって解決し充たすところに生ずる」[6]という。この過程の前に様式は存在しないが、建築の後にその形は何らかの様式をもつ。この事後的に発見される様式を彼は「様式なき様式」と呼ぶ。なるほどこれは一見したところでは即物的な論理に見えるが、堀口は事物的な要求と工学技術のどちらにも決定因を見てはいないことに注意しなければならない。重要なのは「高められた感情の裏付け」である。堀口の出発点である分離派のモチーフを、藤岡洋保は「抽象美」の提唱と「主体」の重視に求めている[7]。野田俊彦の「建築非芸術論」（1915）や内田祥三をはじめとするいわゆる構造派に対するアンチテーゼとしての分離派運動は、構造や機能に関する最適解が存在するはずだとする見地とは異なり、建築家の個性こそが建築美を実現するという立場に立っていた。「高められた感情」とはそのような建築家の主体というモメントの介入にほかならない。それはいわば、ゴットフリート・ゼンパーの即物的な装飾様式論に対する反定立《アンチテーゼ》として提示されたアロイス・リーグルの「芸術意欲」に対応している。この主体の介在は、様式というかたちで意識化されたものの適用であってはならない。主体はあくまで「感情」を通じて様式の生成に関与するのであって、事前に様式が何であるかを知ることはできない。

「様式なき様式」という堀口の表現は、したがって、様式の不可能性を暗に告げる即物的な論理のアイロニーではない。それはむしろ、感情によって様式を生み出す主体とそれを事後的にしか知ることのできない主体との分裂を意味するのである。「様式なき様式」という「形容矛盾（contradictio in adjecto）」は、フロイトが夢を見ている人についていう、「人は自分が知っていることをまったく知らずにいる」という事態の表れである[8]。夢を見た人はその夢が何を意味しているかを無意識では知っている。ただ

上・中：「紫烟荘」外観、1926年
下：同、居間

自分が夢の意味を知っているということを知らないのであり、そのために自分が知らないと信じている。このような意味において、堀口の「日本的なもの」をめぐる建築論もまた、この「形容矛盾」の事実を明らかにする営みだったといえる。それは茶室のなかにいわば「近代なき近代建築」を見出すことだったのだから。

それゆえに、というべきであろう、稲垣が指摘しているように、堀口捨己の歴史研究は、過去の史実を引用した史料によってのみ描くことに専心し、たとえば茶室史のような全体的展望を解説することには興味を示していない[9]。千利休や織田有楽斎らの生き方や作品の細部に及ぶ事実の考証を重ねることにより、「知る」ことのありえない次元を学ぶ、すなわち「まねぶ」＝模倣することがその主眼である。「茶室の思想的背景とその構成」をはじめとする1930年代前半の論文は、その意味で比較的わかりやすい問題構制を提起するにとどまっていたともいえよう。そして、歴史研究が深められてゆくとき、「知る」次元における理論化はますます困難になってしまう。

庭という問題

茶室を中心とした論理構成がきわめてモダニズム的であったのに対して、実作においては「庭」の優位が次第に際立ったものとなる。紫烟《しえん》荘の図集に書かれた「建築の非都市的なものについて」（1926）で示されているように、「非都市的なもの」の重視は確かに初期からの堀口の志向ではあった。「非都市的なもの」とは、都市を離れて存在する何かではなく、都市の内部にあって、しかし都市から隔離された、ユートピアとしての住文化の場である。茶室がそこでひとつの理想とされるのも、それが市中に山居をつくり出す「空間構成」（堀口）を実現していたからにほかならない。「建築の非都市的なものについて」では、庭を主体とした空間構成にいたる「非都市的」空間への関心とともに、茶室を純粋建築と見なす視点がすでに提示されていた。ただし、紫烟荘の場合には、この2つの視点は庭と建築との総合的な空間構成においてではなく、急勾配の屋根と水平・垂直の抽象的な構成が合体された形態と茅葺きのシンボリズムによって示されていた。

　庭の問題が関心の中心にせり上がってくるのは1933年の岡田邸においてである。この住宅における数寄屋と洋館の併存は堀口が意図したものではなく、特殊な建設経緯による[10]。したがって、その事実を過度に重く見ることはできないにしても、和・洋両様式が併立したままの状態であるにもかかわらず、それを自作として認めうるだけの条件がそこにあると判断されたことは重視されなければならない。そのような条件のひとつは純粋建築としての抽象的構成において様式の差異は小さなものでしかないとする認識であろうし、もうひとつはこの住宅における庭の機能であったに違いない。

　よく知られているように、岡田邸では和風数寄屋と洋風が1本の直線を挟んで併立している。その分割線の延長上の庭には直線状の池がつくられ、敷地を2つに分離している。この細長い池というモチーフは吉川邸（1930）に始まり、若狭邸のプール（1939）に続いてゆくものであった。

　洋館側の庭が芝庭であるのに対して、数寄屋側は堀口が名づけるところの「草庭」、あるいは「秋草の庭」である。その着想は俵屋宗達の秋草の屏風から得ているという。宗達や光琳の絵が1色の平面を背景とすることによって草花の図を引き立たせて

いるように、秋草の庭にはコンクリートの塀という単色の平面が与えられている。この塀を背にした植栽は、主に建物の内部から見て微妙な構図をなすように、その視覚的イメージの過不足のない完結性を重視してなされることを求められた。

外部の不在

作品集『家と庭の空間構成』で堀口はこの住宅の洋間について、「ここだけ鉄筋コンクリート造り。そとからの眺めは庭からのもので、ほかにはどこからも見られないので、日本の木造との不調和はここでは考えていない」[11]と述べている。和洋の併存は庭以外の外部から「見られない」ことを理由に可能なものとされている。逆にいえば、庭のみがこの併立ないし分裂を見ることができる場であるわけだ。庭には長方形の池という分割線が走り、芝庭と草庭を分け隔てているのだが、ここではそのことは問題にされていない。堀口が両極の分裂に関して意識しているのは建物外部の視点のみなのである。この住宅が分裂することを回避しえて

「岡田邸」1933年

上:「岡田邸」1933年、
和風数寄屋外観
中:同、洋館外観
下:同、数寄屋と洋館の
間接合につくられた直線状の池

いるのは、外部からの視点のこの不在、あるいは端的にいって、外部の不在による。そして、この外部の不在が意味するのは、庭もまた建築の内部であるという認識にほかならない。

岡崎乾二郎は源氏物語絵巻に見られる吹抜屋台の図法に、岡田邸におけるこの外部の不在に対応する構造を見ている。源氏物語絵巻において建築は図像として現れてはおらず、几帳や御簾などの調度が描かれているだけである。言い方を変えれば、そこでは建築が支持体である巻物の平面と一体化してしまっている。平面そのものが建築なのだから、そこに外部は描かれていないのである[12]。

秋草の庭はいわば絵画としての庭、眺められるためだけに存在する庭である。先に引いた堀口の言葉は、その庭に立って岡田邸という建築を総体として見ることを暗に禁止している。庭は一幅の屏風絵となればよい。あるいはそれは絵巻物にも似た平面であり、建築が外部をもたずに形式的に完結して閉ざされた、その閉鎖的な世界の縁のようなものだ。日本建築と西洋建築の併立という分裂状態は、この縁の存在によって調停される。庭という境界面上には、時とともに移ろいゆき枯れてゆく草花の盛衰が描き出される。そこは綿密に構成されたひとつの夢の舞台ないしスクリーンであり、四季の反復のほかに歴史的な時間の経過を知らない。だからこそ、それは琳派や源氏物語絵巻の世界へと直結することも可能なのである。

『庭と空間構成の伝統』と題された著作で堀口は、環状列石や古墳にまで遡り、日本建築史を庭と建築が一体化した「空間構成」の歴史として、どこから建築、どこから庭園、どこから自然と分けることのできない環境空間の意匠の歴史として記述している。日本の伝統において、庭こそは文化的表現の舞台であって、建築はむしろその付属物にすぎなかったこと、必然的に家屋と外部空間が密接につながり合い、庭のデザインと建物の構成が連動して、空間はあくまで水平方向に連続するものであったことは周知の通りである。堀口はこうした空間構成の形式的完結性に、純粋建築の日本的なあり方を見ようとした。

2次元平面の組合せのみの空間表象

しかし、堀口が傾倒し、研究を重ねた千利休の草庵茶室は、こうした「伝統」にむしろ逆らうかのような特徴をもってはいなかっただろうか。日本建築が基本的に柱主体の構築であり、空間の分節を襖や障子といった取外し可能な建具によっておこなう開放的な構成をとっているのに対して、草庵茶室は土壁に囲い込まれた密室であり、利休の茶室においては、茶室内部から路地の庭を眺めることはできない。なるほど、路地を通過することが不可欠の経験であるにせよ、庭との連続性は躙口から茶室に入ったときにいったん厳しく断ち切られてしまうのである。こうした点で利休の茶室は本来、「反住居」であり、「反日本建築」であったとさえいえる。しかし、利休以後の茶の湯や茶室は伝統との融合へと方向転換してゆくことになる。「草庵茶室が志向した強度な空間の閉鎖性と求心力は、そのイデオロギー的な意味とともに茶室の形式化と数寄屋造の流麗さのなかに解消されていったといえよう。いまだに回復されていない、利休的なるもののジレンマである」（中川武）[13]。

茶室の形式化を進行させた要因として、茶室の「写し」が盛んにおこなわれたことが挙げられる。この「写し」のために利用されたのが「起こし絵図」であった。組立てと解体が際限なく反復されうる起こし絵図によって、建造と解体は何度でもシミュレートできる。茶室空間はそこで、薄い壁によって囲われた間《ま》として生成する。しかし、その薄皮が剝かれてゆくと、そこには2次元平面以外もはや何も残らない。その内部空間はそれ自体のヴォリュームをもつものではなく、あくまで2次元平面の組合せによってのみ表象されている。言い換えれば、すべてが平面なのであり、そこにはもはや内部も外部もない。

　ビアトリス・コロミーナはヨーゼフ・ホフマンのストックレー邸に、起こし絵図に通じる、型紙でできた模型のような空間表象を見ている[14]。磯崎新は紫烟荘のインテリアが数寄屋と見紛うようなアール・デコ風の処理をされている点に触れて、「ウィーンの分離派、とりわけヨーゼフ・ホフマンらのデザインがアール・ヌーボーの曲線を消し、明快な直線だけを使用しはじめたとき、日本の数寄屋的な、薄い壁面を直線で分割するような構成に到達していたことは、日本における昭和期の和風のデザインの展開に重要な契機を与えたに違いない」[15]と推測している。茶室に近代なき近代建築を見出そうとする理論構築の過程で、堀口の

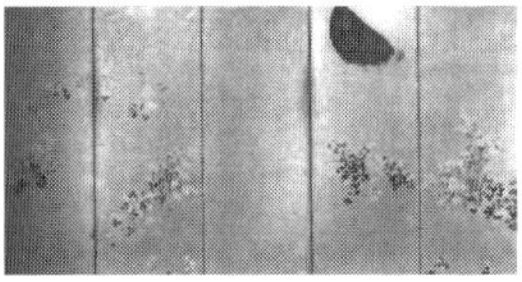

上：俵屋宗達「月に秋草図屏風」
左隻部分、17世紀
下：ヨーゼフ・ホフマン「ストックレー邸」
1911年頃

「構成」概念に、この種のヴォリュームを欠いて平面の組合せのみからなる空間表象が深くかかわっていたことは確かだろう。

「どうしようもないもの」への憧れと恐れ

堀口に何らかの分裂があるとすれば、それは「日本的なもの」と「西洋的なもの」との分裂である以上に、「利休的なもののジレンマ」が示しているような日本の伝統そのものの内在的な分裂である。「日本的なもの」と「他者=西洋近代」との葛藤と見えるものが、「日本的なもの」それ自体の内部の矛盾であると捉えるべきなのだ。そしてそれは、世紀転換期のウィーンでホフマンの建築が見せたような、空間の表層化をもたらす装飾性と、同時代のアドルフ・ロースの、反装飾論に結びついた「空間計画《ラウムプラン》」との対立へと送り返すことができる。さらに、「装飾と犯罪」などにおけるロースの装飾否定論が、不在において作用する記号としての装飾というファルス的シニフィアンにかかわるものであったことを思えば、この対立はロース自身の激しい内的葛藤に実は折り重なっていたと考えられるだろう[16]。そこにあるのは、ヘルマン・ブロッホが世紀転換期ウィーンの「価値真空」と呼んだ精神の「無」に対する「真空恐怖」とそれによって駆動された装飾欲との、神経症的な緊張を孕んだ相克である。

多彩色の装飾を失って全裸となったパルテノンに建築の純粋化を見る堀口の視線は、「天上の首都シオンのように」白壁が輝く無装飾の世界を幻視したロースのそれとまったく無縁なものではないはずだ。もとよりそこに生み出された建築のあり方は大きく異なっているにしても、堀口捨己の作品における両極の併存状態の背後には、ロースが装飾に対して抱いたものに通じるような、魅せられながらも恐怖を覚えて拒絶する、二律背反的な情動が感知されるのである。いわゆるパルテノン体験について、「現代建築と数寄屋について」(1954)で堀口は次のように述懐している。

私はかつてギリシャのパルテノンの傍に立ったことがあった。パルテノンの列柱の一つが修繕のために地の上に一個一個がばらばらにして横たえてあった。その柱頭の所を見入って、二十代の私は思わずうめき声を上

げた。学校で習ったドリア風の柱頭とは全く異った生きもののごとき在り方であった。これはギリシャの地に生まれて、豊かな世界に育ちあがったもので、アジヤの東のはしの育ちには、歯のたつものでないことをはっきりと知らされた。それは学ぼうとしても学び得るようなものでないこと、ギリシャ彫刻の女神のごとき在り方であった[17]。

堀口はここでパルテノンの建築を見ているのではなく、解体された柱の柱頭という細部に眼を奪われている。そしてその「生きもののごとき在り方」に彼は狼狽《うろた》えている。堀口は「そこでギリシャの古典は、東のはてから来た若男に『柄にあった身についた道を歩め』とささやいてくれる女神ではなかったが、冷たくきびしく寄りつくすべもない美しさの中に、打ちのめされて、柄にあう道を探さざるを得なかったのである」[18]という。堀口の発した「うめき声」は女神からの拒絶に接して発せられたものであると同時に、女神の「生きもの」のような存在に対する彼自身の恐れと拒絶の小さな叫びだったのではないか。とするならば、彼にとっての「柄にあう道」はこの女性的な「生きもの」から逃れること、あるいは「生きもの」を秘かに葬ることではなかっただろうか。

堀口はパルテノンやエジプト、中国の遺構を語るときにしばしば、「どうしようもないもの」という表現を使ったという[19]。単に「戒律的様式主義」に尽きるものではない、「どうしようもないもの」としての「生きもの」に対する憧れと恐れが、茶室と近代建築を結んでこの「どうしようもないもの」に拮抗させる堀口の理論構成を生んでいた。一見したところ、日本の伝統のなかに融合していったかに見える堀口の作品のなかにあっても、おそらく「どうしようもないもの」からの逃避あるいはその克服は完全なものではありえなかったはずだ。だからこその両極の併存なのである。茶室に学ぶ身ぶりを繰り返し、庭という夢の舞台によって建築を形式的に閉ざそうとした堀口捨己のなかに確認されるべきなのはむしろ、そのような閉鎖を不可能にしてしまう、「アジヤの東のはし」における「文化のなかの不快」(フロイト)とでも呼びうるような、堀口自身にとって「知る」ことはありえなかった、情動の軋みと葛藤であるように思われる。

［註］

*――この論考は拙著『政治の美学――権力と表象』（東京大学出版会、2008年）、440―455頁と重複する部分があることをお断わりしておく。

1――早川正夫「冷飯と熱い粥」、『建築文化』582号、彰国社、1995年、107頁。

2――磯崎新「様式の併立――堀口捨己論」、『見立ての手法――日本的空間の読解』鹿島出版会、1990年、232―258頁参照。

3――稲垣栄三「堀口捨己の茶室研究」、『建築文化』582号、彰国社、1995年、103頁参照。

4――堀口捨己「茶室の思想的背景とその構成」、『茶室研究』鹿島研究所出版会、1977年、781―873頁参照。

5――堀口捨己「様式なき様式」、『堀口捨己作品・家と庭の空間構成』鹿島研究所出版会、1978年、11―12頁参照。

6――同、11頁。

7――藤岡洋保「『主体』重視の『抽象美』の世界――分離派時代を中心とした建築観の考察」、『堀口捨己の「日本」――空間構成による美の世界』彰国社、1997年、43―52頁参照。

8――ジークムント・フロイト『精神分析入門（上）』、高橋義孝・下坂幸三訳、新潮文庫、1977年、124―126頁参照。

9――稲垣、前掲論文参照。

10――建設経緯については、藤岡洋保による岡田邸解説（『堀口捨己の「日本」』所収、80頁）参照。

11――『堀口捨己作品・家と庭の空間構成』、93頁。

12――岡崎乾二郎「読むは看るに如かず」、『10＋1』17号、INAX出版、1999年、25―26頁参照。

13――中川武『建築様式の歴史と表現――いま、日本建築を劇的に』彰国社、1987年。

14――ビアトリス・コロミーナ『マスメディアとしての近代建築――アドルフ・ロースとル・コルビュジエ』松畑強訳、鹿島出版会、1996年、56―59頁および212―213頁、註75参照。

15――磯崎、前掲論文、248―249頁。

16――この点については、拙著『建築のエロティシズム――世紀転換期ヴィーンにおける装飾の運命』平凡社新書、2011年、78―100頁参照。

17――堀口捨己「現代建築と数寄屋について」、『堀口捨己作品・家と庭の空間構成』、21頁。

18――同。

19――高橋靗一「どうしようもないもの」、『建築文化』582号、彰国社、1995年、105頁。

Ｉｓｈｉｈａｒａ Ｋｅｎｊｉ

石原憲治

１８９５－１９８４

東京帝国大学工学部建築学科を卒業後、同大学院で、農民建築の研究を始める。その後、東京市役所で、震災復興事業と営繕業務に従事。１９３０年、日本の近代建築運動を糾合する「新興建築家連盟」の結成に奔走。１９３４年から１９４３年にかけ『日本農民建築』全16巻を刊行。

全体性を回復する回路《トリアーデ》をつなぐ「社会技術」という視座《ヴィジョン》

矢代眞己

１９３４年から１９４３年にかけて刊行された、全16巻からなる大著『日本農民建築』の研究に代表される、著名な民家研究者としての顔。そして、１９２２年から１９４４年にかけての、東京市における震災復興事業と営繕事業への従事や住宅営団における公営住宅建設にかかわる作業、くわえて都市美協会での活動など、近代都市のリアリティに眼差しを向けた実務者としての顔。さらには、日本で初めて唯物史観的に建築を解釈したといわれる１９２７年の「必然と建築」の執筆や、日本の近代建築運動を大同団結させた１９３０年の「新興建築家連盟」の設立へ向けて、山越邦彦、白鳥義三郎らと並んで、その原動力を提供した理論的な前衛としての顔。

戦前の石原憲治の活動を俯瞰すると、「民家・都市・前衛理論」という矛盾も孕みそうな3つのテーマが、しなやかに三位一体《トリアーデ》を成している。

「下からの建築史」の探究

石原の「農民建築」に関する研究は、東京帝国大学の大学院時代（1918－22）に端を発していた。その着眼は、いまだ描かれてはいない、「文化の母胎」として特定の「時代の生活文化を支えている民衆の生活文化」を体現する建築の性格こそ、探究される必要があるという意志に根ざしていた。つまりその企ては、時代ごとに「支配者の生活文化を象徴するもの」として研究が蓄積されてきた、神社仏閣、宮殿などの変遷の記述を主体とする既往の建築史の枠組みでは一顧だにされることなく、その外部へと追いやられていた「庶民住宅」という未開の領域を、歴史（科学）的にクローズアップする、という意志に貫かれていたのである［1］。

当時、民家に対する研究は、アトランダムな探訪、採集に基づく調査報告を核として、民俗学的成果も踏まえながら、柳田国男らを会員とする「白茅会」（『民家図集 第1集埼玉県』［1917］）や、今和次郎（『日本の民家』［1922］）らによっても進められていた。しかし「農民建築の事実を実証的に理論づけ」ようとする石原の姿勢は、基本的にこれら一連の研究とは立場を異にするものだった。

「組織的に学問的方法」を求める石原は、全国的にアンケート調査を行い、その結果として得られた9157の回答をもとに、農民建築＝農家の特徴を、間取りの形式に着目しながら、系統立てて類型化・分類していく作業を行う。そして、その成果を下敷きに、地方ごとに見られる特徴についても整理していく。こうして、それまでの個別的な採集作業に依拠した研究ではなし得なかった、日本全国の民家の形式が、十分とはいえないまでも初めて体系づけられることになった。また、その差異と同一性も明らかとされる［2］。

農民建築の研究を通じて石原は、たとえば様式建築には見ることのできない、農家の建物から発信される「素朴な美」の表現形態にも着目することになる。そしてここから、一義《アプリオリ》的に「美」の具現が求められるのではなく、むしろ主体性の排除されたヴァナキュラーな存在として、生活の要求に則り必然《アポステリオリ》的なかたちへと形成《ブリコラージュ》された造型、つまり素朴な美の表現が成立し得る純然たる理由＝淵源を追求していく契機が見出されることともなった。

　こうして石原は、農民建築を主体に建築を捉え直すこと、いわば「下からの建築史（民俗建築学）」の創成の試みを通じて、人類の工作的営為としての「建築」という作業に対して、歴史的にも、

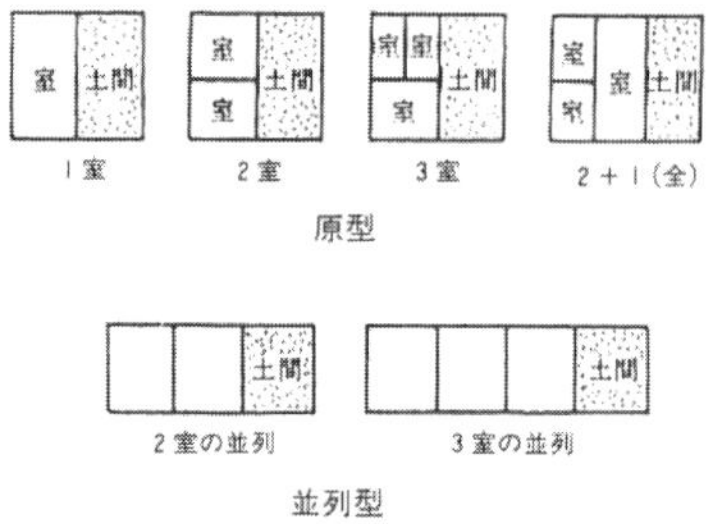

上：基本的に「原型」「並列型」「喰違型」「広間型」「整型」「整形広間型」の6種類に類型化された農家の間取り形式分類の1例
下：「東京女子大学追分寮」1935年。戦前の石原の数少ない実作のひとつ

そして表現的にも、その全体性の回復を図るための回路を、探りあてたのである。

「住宅問題」と実践のかたち

近代社会の器たる「近代都市」の最大の課題は、都市への人口集中がもたらす「住宅問題」を、どのように解消するか、という点にあった。

実務者としての石原の活動は、つねにこの問題に対峙しており、2つの側面からのアプローチが試みられていった。ひとつは、巨視的な視点から、リアリティとしての都市の構造を考察し、そこからあるべき将来像を描き出す作業であり、いまひとつは、微視的な視点から、供給の側から庶民住宅の理想像を導き出そうとする作業だった。

東京市の技師として石原は、その都市計画策定作業にもかかわっていた。「近代都市計画」の先駆者とも称される石原は、都市を「有機的組織の生活体」と捉えており、その全体性を整調するための計画理論こそを追求していた。そして、「都市人口の集中と、交通機関の発達の結果は、大都市の発達を促すと同時に、必然的に、夫れ自体の中に分裂作用を生ずるに至らしむる」との結論に達し、都市計画は、やがては地方計画に、さらには土地計画へと変化する、と指摘することになる[3]。

こうして、「有機的組織の生活体」という視点のもと、クロポトキン流に都市と農村の対立という構図を解消させながら、「都市」の新たなかたちが示された。つまり都市の全体性を回復する回路が、導かれたのである。

一方で、「労務者其ノ他庶民ノ住宅ヲ供給スルコトヲ目的」(住宅営団法第1条)とする住宅営団での活動は、「住み方調査」など供給側と生活者側とのフィードバックを期待できる作業を通じて、庶民生活に見合ったかたちの住宅を、実状に即して帰納的に求めていこうとするものだった。いわばかつての農民建築に匹敵する存在として、「近代の生活文化」を代弁する住宅像が、模索されていたのである。

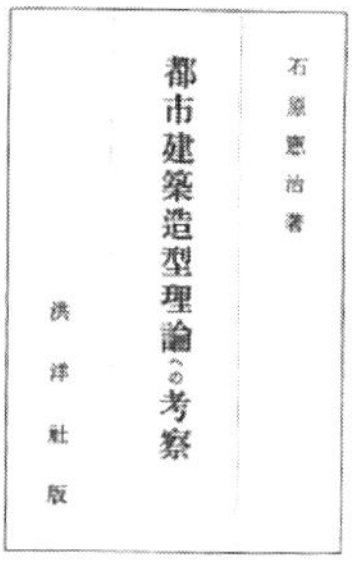

上：石原が常任理事をつとめた「都市美協会」の主催で、1935年に開催された「大東京建築祭」のポスター
下：石原の著書『都市建築造型理論への考察』（1929年、洪洋社）の中表紙。「用と美」や「必然の建築」など、石原の思考を知るうえで重要な論考が再録されている

「必然」という補助線

農民建築の研究を通じてもたらされた、人類の工作的営為としての「建築」という活動の、その全体性を現す表現形態の淵源への関心。そして、当時では「機械」の形態にも立ち現れていたもの。それを体現すべく鍵となる補助線として石原は、オットー・ヴァーグナーやヘンドリク・ペトルス・ベルラーへらの「近代建築」に対する前衛的な思想も勘案しつつ、「必然」という概念を提起した。

そして、たとえば唯物史観の方法論を援用した「必然の建築」という論考を通じて石原は[4]、かつてはあったが、いまや失われている、しかし、「新興建築」という姿を借りて再び現れつつもあった「建築」の存在形態の正当性=正統性を、「必然性」という概念を根拠として歴史的に検証することを試みたのである。言い換えれば、その根本現象として存在していた「美・用・強」という3要素が、必然性をもって不可分に関係づけられた造形行為としての「建築」の姿を、再び浮上させたのである。つまり、「必然」という補助線を引くことで、表現形態としての「建築」の全体性を回復する回路が、導き出されたのである。

こうして、「農民建築・近代都市・前衛理論」というトリアーデを成すテーマを通じて石原は、おのおのに「生活文化の母胎・生活組織体・表現形態」という観点から、いずれも全体性を回復するための回路を、準備することとなった。

石原の内部で、住宅という小さな要素と、都市という大きな要素が、矛盾せずに共存していたのは、ともに人類の工作的営為＝「建築」として、一括りにされていたからである。

そして、これら3つの視野のいずれの場合でも、全体性＝健康体を取り戻すための「特効薬」として期待されていたのが、科学技術のもつ力だった。「必然性」を薬効とする「服用法」が処方されるのである。そして、その薬には「社会技術」という名前が付けられることになる。

「社会技術」としての「建築」

1930年10月20日、新興建築家連盟第1回大会から帰宅した石原は、その興奮もさめやらぬ様子で、「新しき社会技術へ」と題された「創宇社第8回制作展」のレヴューを記している[5]。そしてそこには、石原の思考の核心も描かれていた。

同展覧会には、「協同組合アパートメントハウス」（今泉善一、道明栄二）、「紡績工場の女工寄宿舎案」（岡村蚊象）、「サナトリウム」（竹村新太郎）など、社会的弱者、しかし近代社会の主役たる庶民の生活に内在し、そこから提起された問題点に対して、建築的に解決を図ろうと試みる計画案が多数、出展されていた。

これを石原は、「明確に建築の社会的任務を、その階級的意識に迄把握せんとしつつある」とし、建築界《アカデミー》にばかり顔を向けるのではなく「社会に主張と、問題とを投げかけた」と、高く評価している。そして、根源に遡れば建築は「一個の社会技術であり、社会生活の形態組織の役割」を果たす存在だったと指摘する。そのうえで「新興建築」の使命とは、技術的側面において「建築」が担ってきた、「社会学的責務」を引き受ける「新しき社会技術」として捉え直すことに他ならない、との見解を示している。

ここに「社会技術」としての建築像が提起されたのである。そして、建築とは技術の所産と認識されることで、「美・用・強」の3要素は必然的に不可分な関係になることが、自明の理ともなった。つまり、普遍的《ニュートラル》で、未知の可能性ももつ「技術」という存在に、積極的に「社会性」という性格を注入することで、将来への投企=希望が目論まれたのである。言い換えれば、全体性の回復をめざして「民家・都市・前衛理論」という回路《トリアーデ》を形成させていた石原は、その全体性をつなぐ決定的な要素として、「社会技術（としての建築）」という構想を据えたのである。

しかし、新興建築家連盟を舞台に選んでのその目論見は、恩師・佐野利器の「アカ」という鶴の一声で[6]、無惨にも「死亡宣告」されてしまった。ここに、たとえば石原個人としての活動は継続されていくことになるが、「社会技術」という構想を声高に唱えながら、それを建築運動体として組織的に実践へと移していく機会は、あっけなく消えてしまったのである。

今日でのリアリティ

石原が提出した、「技術」がもつ普遍性という性格を、唯物史観のもと「インターナショナル」という概念と重ね合わせることで構想された「社会的存在としての建築」という企画《イメージ》。「希望」に溢れたその構想は、産声を上げるやいなや圧殺されてしまった。だが、「民主主義の建築」というテーゼに衣を変えて、「技術」を主題として（装って？）展開されていった、戦後日本の近代建築の軌跡を準備する原点を担った構想とも位置づけられる。そしてその展開の道筋は、「建築の解体」という主題のもとで新たな息吹も与えられるが、再び「芸術性」という自閉的な回路へと陥りはじめ、今に至る。

ところで、「インターナショナル」という亡霊は、現在では「グローバル」という概念にかたちを変えて、世界を席巻している。いわば、考えるべき問題の所在は、結局のところ変わってはいない。そして同時に、地球環境というもうひとつの全体的な主題も提示されている。
そんな今日のリアリティを考えれば、石原が示したような全体性の回復をめざすための「建築の社会性」という視座《ヴィジョン》は、いまだからこそあらためて問わねばならない、最重要課題ともなる。

［註］

1——石原憲治「民族建築研究の任務」、『民族建築』第1号。

2——石原憲治『日本農民建築の研究』南洋堂、1976年。1931年11月10日に日本建築学会秋期大会にて報告された講演録となる書。

3——石原憲治「大都市の構成とその分裂作用」、『都市工学』1925年5月号。

4——石原憲治「必然の建築」、『科学画報』1927年12月号。

5——石原憲治「新しき社会技術へ」、『国際建築』1930年11月号。

6——山口文象「前衛建築家の宙返り」、『新建築』1964年6月号。

Imai Kenji

1895–1987

今井兼次

早稲田大学理工学部建築学科を卒業後助手となり、同大学で1960年代まで教壇に立つ。1920年代後半にヨーロッパを訪れ、モダニズムの建築作品に触れる。この際に実見した、エストベリ、シュタイナー、ガウディの作品などから強力に触発されつつ、独自の近代建築のかたちを模索する。

ドキュメンタリーのモダニズム

濱嵜良実

フォルム／イコン／モルフェー

そもそも「かたち」とは何だろう。

「かたち」=「フォルム」とするならば、ギリシア語の「エイドス」に由来し、それはすなわち概念へと繋がっていく。また、それを「イコン」と解釈するのなら、ロシア正教の聖像とそのイメージに繋がる。「かたち」をあらわす語には、上記以外にもうひとつある。「モルフェー」である。

モルフェーの語源を溯ると、ヘシオドスの『神統記』の登場人物モルフェウスへと辿り着く。タナトス（死）の兄弟ソムヌス（眠り）と女神ニュクス（夜）の間に生まれた「夢の三兄弟」のひとり。人間の姿をそっくり真似る特技を持っていたという。わりと馴染みのあるところでは麻酔薬のモルヒネにその名を刻む。どこか陶酔的で怪しげな響きがあるからだろうか。表層的な実在を指すフォルムに対し、モルフェーは表面的ではなく、動的で生命的な、何やら暗闇のなかからゆっくりと姿をあらわすかのごとき「かたち」を表現することばとして用いられる[1]。

このモルフェーを学として拡げたのがゲーテである。ゲーテは、後に詳述するが、自然の形成過程に見る原像と個別的な「かたち」との関係、すなわち共通項と差異（これを「かた」と「かたち」といってもよい）といった両極性の動態の統一性を動植物の形態形成や色彩の研究を通じて検討する道を拓いた自然科学者としても知られる。その「形態学」=「モルフォロギー」はスタティックな「型」を超えるダイナミズムを内包する。

今井兼次の建築を語るには、このモルフェーを援用すること、あるいはモルフォロギー的=ゲーテ的な視点が必要となる。

ファンクションというフィクション

今井の建築にはいわゆる機能主義のフィクションはない。ルイス・ヘンリー・サリヴァンの「形態は機能に従う」、オットー・ヴァーグナーの「オートマティズム」といった本来ノンフィクションとして成立した理念は、時とともにイデオロギーというフィクションへと硬化し、ついにはファッションへと横滑りしていった。モダニストたちはおよそ画面の中で起きていることが、現実の世界と判別できなくなるような、テレビの視聴者に見られるのと同様の錯覚に囚われていった。実際あまりにも鮮やかな手法（映像）で見せられたがゆえの、理解という名の誤解、あるいはデザイナーの本能的欲望の解放によるエクスタシー（機能、あるいはまた合理という名のフォルマリズム）に近代人は酔いしれた。そこを問わないことがフィクションの約束事でもあったのだが、鮮やかな論理的分析、実像として現れる美しい形式の魔力は、現実の統合プロセスにおけるブラックボックスの存在の忘却現象を引き起こし、近代の機能主義（あるいはまた合理主義）という名のフィクションをあくまでもノンフィクション（であるかのごとく）として享受させ、熱狂させていった。

今井はこうした近代のフィクションに醒めていた。ドキュメンタリータッチのその作風は、まさに今井のそうした本質そのものを物語っている。

共通項としてのゲーテ

いうまでもなく、今井も機能を軽視していたわけではない。それでは一体、近代建築をどのように捉えていたのであろうか。

今井は次のような近代建築の方程式を提示する。すなわち、Function+α=Modern Architectureと。

機能は場所に限定されない「共通不変の問題」=「コンスタント」であり、「アルファ」は「不定値」、すなわち哲学、美学、民族、環境などさまざまな価値が考慮されたもの、と定義づける[2]。

今にして思えば、あらためて言明するまでもない定義に見えるが、その必然を痛感せざるを得ないフィクションの世界を今井は身をもって体験していた。たとえば、1920年代にスウェーデン

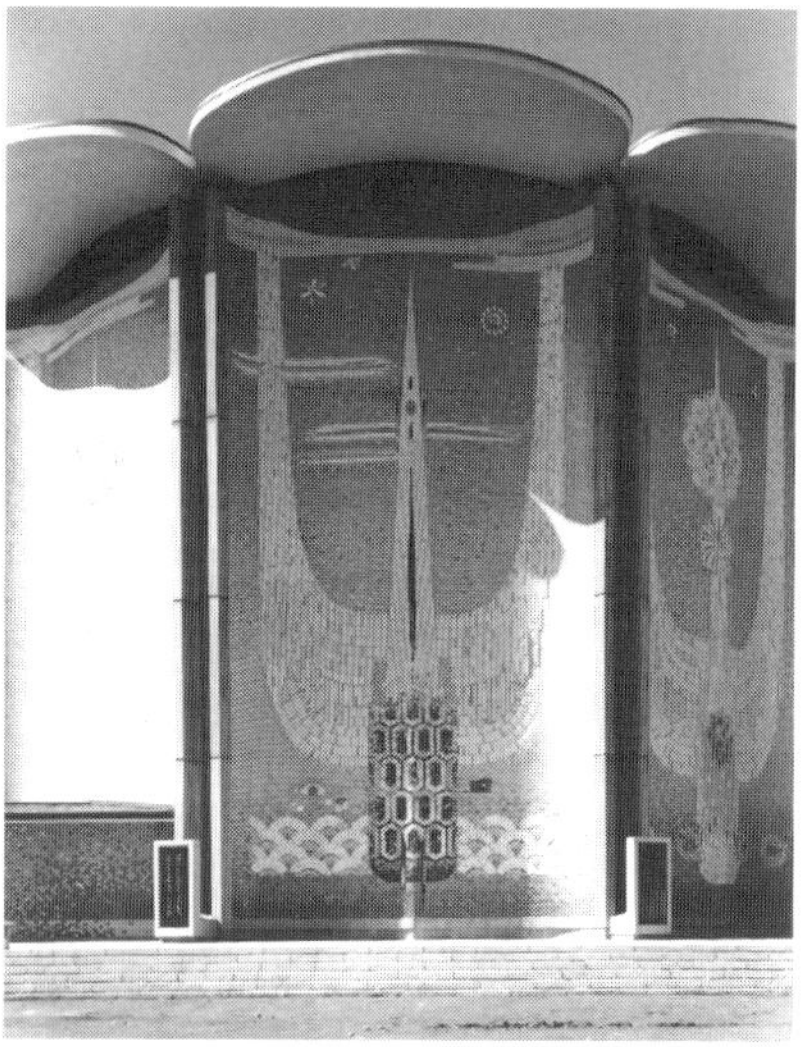

上:「早稲田大学図書館」1925年
中:「日本二十六聖人殉教記念館」1962年
下:「桃華楽堂」1966年

の建築家ラグナール・エストベリの「ストックホルム市庁舎」を見て、その造形美に心打たれたと発言したとき、「お前は何と甘い建築家だろう」と揶揄されたという背景があってのことだった[3]。

さらに今井は上記方程式中の「アルファ」には、「多分にヒューマニティーが要求されなければならないことはもちろんのこと」[4]としている。これまたいかにも今井らしい。

当時の日本では孤高とさえいえるこうした近代建築の定義は、もちろんエストベリ、アントニオ・ガウディ、そしてルドルフ・シュタイナーといった建築家たちとの直接/間接的接触によって体得されたものであったが、これら今井の導き手となった建築家たちの共通項として指摘できるのが、「総合芸術としての建築」という理念、ヒューマニティ、そしてゲーテの自然科学へと繋がる思想であり、ものの見方なのである。

ゲーテは、はじめに少し触れたように、自然科学の分野で、自然の形成過程の両極性、すなわち「原像」と「個別的な形態」との関係を動態の統一性として、動植物の形態形成や色彩の研究を拓いた。これがいわゆる「形態学」=「モルフォロギー」である。

「森羅万象はそれぞれ固有のリズムを持って絶えず流転する」とヘラクレイトスは語ったが、ゲーテもまた自然の形成過程を万物流転と捉え、個別的な生の根源的な形態を生成変化していく遠心力と、なおその中にあって固有の生の根源を留めようとする求心力との、拮抗と親和の動的な場と把握していた。その求心力に「根源的なかたち」=「原像」あるいは「原型」を、その遠心力に「個別的なかたち」=「転生（メタモルフォーゼ）」の契機を洞察したのだが[5]、こうしたゲーテの自然科学における考え方を今井の近代建築に看取できる。

今井は、「機能《ファンクション》」=「原像」あるいは「原型」=「コンスタント」と位置づけ、それに「アルファ」=「不定値」を加えることで「個別的なかたち」=「転生としての近代建築」を成立させようと試みていたのである。ゲーテのモルフォロギーになぞらえていうならば、〈建築の形成過程〉=〈創造過程〉を万物流転と捉え、「アルファ」によって生成変化していく遠心力と「機能《ファンクション》」という近代建築の根源を留めようとする求心力との拮抗と親和の動的な場《ドキュメンタリー》と把握していたのである。

ドキュメンタリーの近代建築

ここに述べた〈創造過程〉にはもちろん設計という「デスクワーク」のみならず、「筋肉の運動」＝「労働という建設行為」も包含される。設計者のみならず、建設業者などおよそ建築が完成するまでにその建設に携わった、ありとあらゆる人間の夢や希望、理念や意志、あるいはこれを〈願い〉や〈思い〉といってもよいのだが、そうした人間たちの〈魂〉＝〈精神性〉が建築に直接投入されなければならなかった。設計者自らが建設行為という労働に参画したという有名なエピソードも、こうした所以による。

したがって、建築雑誌に見る今井の言説は必然的にドキュメンタリータッチにならざるを得なかった。もちろんそこに前衛的なマニフェストは見当たらない。

今井にとって近代建築はドキュメンタリーとしてしか成立し得ない。そうすることではじめて「総合芸術としての建築」、ヒューマニティを現前させることが可能となるという信念に今井は支えられていた。「機能主義《ファンクショナリズム》」＝「前衛的なマニフェストの硬化した形式」＝「フィクションのなかの映像、あまりにも構築的で計算し尽くされたストーリー」を仕立て上げるのではなく、その「骨格を成す主張」＝「機能《ファンクション》」をこそ的確に捉え、個々のケースでの「不定値」を計測しながら「メタモルフォーゼ」させていく、といったドキュメンタリーの制作を続けたのである。

これまで今井の作品は、たとえば「早稲田大学図書館」はエストベリ、「佐賀大隈記念館」はシュタイナー、そして「日本二十六聖人殉教記念館」はガウディと、作者が師と仰いだ先人のまねびであり、今井が偉大な先人たちの創作の秘密を追体験した証であったかのように、繰り返し語られてきたかに思えるのだが、そうした解釈は、今井のドキュメンタリーを単なる追体験記（＝模倣）、悪趣味極まりない再現《リヴァイヴァル》、あるいは個人的な嗜好を吐露した私小説（フェティシズム／ナルシスティックなロマンチシズム）と誤読させる。そうではなくて、ある時はエストベリの、ある時はシュタイナーの、そしてまたある時はガウディの思想・創作態度・建築理念を「アルファ」＝「不定値」の中に獲り込み、転生としての近代建築、すなわち近代建築のさらなる可能性を模索していたと見るべきなのである。

そして何よりもまず、今井にとっては、近代建築もともかく芸術でなければならなかった。というよりも今井にとって建築は先験的に芸術であったのである。ありとあらゆる「芸術の母」であり、またそれは人間の理性のみならず、魂の琴線、すなわち感性にも直接触れるものでなければならなかったので、したがってモダニズムという枠組みの中にあっては、その理念は特に異彩を放つ作品となって現れたのである。これは逆説的に、いわゆる「モダニズム」＝「機能《ファンクション》というフィクション」の狭間では、特別な異彩（＝モダニティ）を放っていた、ということでもある。

建築は実際見ないと分からないなどとよくいわれるが、今井の作品は本当に見てみないと分からない。今井の言説と同様に、そこから前衛的なマニフェストを読み取ることはできない。しかし、そこには転生した、語りかける近代建築の姿（「かたち」＝「モルフェー」）がある。それは今井の理性と感性、あるいは知と感覚、そして設計者自身および建設に携わったすべての人々の〈手と心〉＝〈「技術という労働」とその「情熱」〉、すなわちヒューマニティの現れといってもよい。

その前に実際立った者にのみ、そしてその空間に抱かれた者にのみ「ドキュメンタリーのモダニズム」は上映されるのである。

［註］

1——中村雄二郎『かたちのオディッセイ』岩波書店、１９９１年、65–70頁、などを参照した。

2——今井兼次『建築とヒューマニティー』早稲田大学出版部、１９８５年、５–６頁。

3——今井兼次「大多喜町役場」、『新建築』１９５９年７月号。

4——前掲書［2］。

5——向井周太郎『かたちのセミオシス』思想社、１９８６年、10–18頁を参照した。

Ito Masabumi

伊藤正文

1896－1960

1917年、早稲田大学建築学科を卒業後、辰野片岡建築事務所を経て、大阪市役所建築課に技師として着任。1927年、上野伊三郎らと日本インターナショナル建築会設立。その機関誌での活動などを通じ同会のスポークスマン的役割を果たす。実作では小学校建築を多く手がけた。

反転する純粋技術

笠原一人

「日本」の「インターナショナル」という問題

1927年7月2日、京都において日本インターナショナル建築会（以下、「建築会」）が設立された。本野精吾、上野伊三郎、伊藤正文、石本喜久治、新名種夫、中尾保の6名の建築家を中心として発足し、次第に会員数を増やす。B・タウトやW・グロピウス、G・リートフェルト、J・J・P・アウトなど欧米の著名な建築家10名を含み、準会員まで含めると、総会員数は最大で200名近くにまで増加している。このような「建築会」の世界的広がりは、結成時に作成された宣言文に「人類の生存に基礎を置」きつつ「世界各国の同志と提携して共同の目的に向って進む」とあることから［1］、理念としては素直に理解できる。しかし、実際にさまざまな交流を通じてこれほどの規模と広がりを有していたことは、日本の建築運動としては驚くべきことであった。

このように、世界的広がりを有するという意味での「インターナショナル」な活動を宣言し実践する一方で、その綱領には「伝統的形式に拠る事を排し狭義の国民性に固執せず真正なる『ローカリティ』に根底を置く」という文章が置かれているなど、「建築会」が日本固有の問題に取り組んでいたことはよく知られている。固有性と普遍性をいかに接続するかという問題は、「日本」の「モダニズム」に特有の大きな問題であり困難であると思われるが、「日本」の「インターナショナル」という、ひとつのパラドックスとでもいうべき問題を掲げ、それに対して真正面から取り組もうとしたのがこの「建築会」であったといえる。ただ、「インターナショナル」や「ローカリティ」が具体的に何を示すのか、そしてそれらがいかにして接続され、共存可能となるのかについては、宣言や綱領には示されていない。それゆえ共通の認識はあったとしても、その最終的な解釈と実践は、会員それぞれに託されていたと理解するべきだろう。

「建築会」は当時、そのネーミングからしばしば左翼的な集団と解されていたようである。そうした理解が流通したことが原因のひとつとなって、「建築会」が終焉を迎えたのだという。だが上野伊三郎は、後にそのような理解は誤解だといっている[2]。また中尾保は、1930年に結成された「新興建築家連盟」にいったんは加盟している。しかし新聞紙上でこの連盟が「赤」の宣伝であると報じられた直後に発行された「建築会」の機関誌では、「建築家の職業的フェデレイション」のために加盟したが、この連盟のように「建築の階級性を云々するのは愚の骨頂」であり「社会はそれほど甘くはない」から脱退したと表明している[3]。これは、世間から危険視されぬための弁明とも取れるが、建築家は単に技術者であるべきだと述べているように見える。

「建築会」には、左翼的といわれるような傾向は、香野雄吉が入会した1932年5月から事実上活動を停止する1933年5月頃までの間を除いて見られない、というのが現実であった。むしろ、建築や建築家の社会性について最も論じることの多かった新名種夫が、後に「建築会」が活動を停止せざるを得なくなった状況を振り返る文章の中で書くように、「建築会」の全

図1:伊藤正文

体としては、「左に口を開いた赤い深淵の前に」立ち止まらざるを得なかったほど「純粋に技術的な立場において」活動していた[4]。事実、「建築会」には役所の営繕課などに勤務する技術者が会員として多く在籍していた[5]。彼らは、同じように技術者による当時の建築運動団体であった「創宇社」のようには、大きく左傾化することはなかった。

だとすれば、「建築会」のように「純粋に技術的な立場」を貫くことによって「インターナショナル」と「ローカリティ」を接続するとは、どのようなことを意味するのだろうか。そして、それは成就されるのか。これは「日本」の「モダニズム」の行方を見極める上でも興味深い問いであろう。ここでは、「建築会」の中でおそらく最も技術的な立場を貫いた会員でありながら、これまでほとんど知られることのなかった伊藤正文の足跡を追いつつ、「インターナショナル」と「ローカリティ」の接続のあり方とその意味、そしてその行方を検証する。

「建築会」における伊藤正文の位置

伊藤[図1]は1896年に生まれ(本籍は千葉県)、1917年に早稲田大学建築学科を卒業した後、大阪の辰野片岡建築事務所に勤務している[6]。さらにその後、大阪市役所建築課技師に就任し、その間に、同じく大阪市技師であった新名らとともに「建築会」を設立し、参加することになる。

1925年末にウィーン留学から帰国した上野が翌年京都に開設した建築事務所を、伊藤が訪れた。そのことがきっかけとなり、彼らを中心とした数人の建築家によって、新しい建築のあり方を考える会合が持たれるようになったという[7]。さらにそこに、以前から伊藤と親交があり[8]、当時京都高等工芸学校（現・京都工芸繊維大学）教授であった本野精吾が加わるようになる[9]。そして、この会合が元となって、「建築会」が設立されるに至っている。このことからは、伊藤が「建築会」設立にかかわる重要な位置にいたことがうかがえる。

「建築会」設立後においては、会の中で会長的役割を担ったのが、最年長の本野であったとされている[10]。一方、この建築会の構図を描き、多くの人に働きかけるという、運営面でのリーダー的存在は、上野だったといわれる[11]。事実、上野は「建築会」の代表者を務めていた[12]。そんな中で伊藤は、「建築会」の他の会員に比べて雑誌等での執筆が多く、一貫して技術的視点からさまざまな理論や評論を展開しており、いわば理論家としての役割を果たしていたといえる。

「建築会」での活動中には、ほとんど毎月のように何かの雑誌に伊藤の論考が掲載されており、「建築会」の機関誌であった『インターナショナル建築』には、彼の作品が掲載されるとともに、14回にもわたって「建築意匠の研究」という論考が連載されている。そこでは新しい建築意匠のあり方について、西洋と日本の歴史を踏まえながら、科学・技術的な分析を通じて論じている。それは「建築会」の認識を代表しているかのようである。また『インターナショナル建築』では創刊時より表紙デザインを担当しており[図2][13]、『インターナショナル建築』が創刊されるまでの間「建築会」の機関誌であった『デザイン』でも、表紙デザインを担当している[図3][14]。

図2:『インターナショナル建築』1929年8月号(創刊号)表紙
図3:『デザイン』1929年4月号表紙

このように、機関誌を通じて「建築会」の理論面を担いつつ表紙をも飾るというあり方は、伊藤が「建築会」における「スポークスマン」[15]的存在であったことを示しているといえるだろう。さらに伊藤は、「建築会」が中心的課題に据えていた「インターナショナル」と「ローカリティ」の問題に対して、最も真摯に、あるいは一貫して取り組んでいた。そのことがまた、伊藤が「スポークスマン」であったゆえんでもある。

「インターナショナル」と「ローカリティ」

そもそも「建築会」が「ローカリティ」なる概念を必要とした背景には、1920年代後半以降、建築界で大きな論争を巻き起こした、いわゆる帝冠様式の問題があった。帝冠様式に対しては、いわゆるモダニズムを標榜する建築家からの反発が生じている。中でも、「建築会」の署名で提出された、東京帝室博物館建築設計懸賞に対する応募拒否の「声明」[16]はよく知られている。「日本趣味を基調とする東洋式とすること」という「応募心得」に対して、応募を拒否することによって批判の姿勢を示したのである。「建築会」の綱領に書かれた「狭義の国民性」は、こうした帝冠様式をはじめとする、「日本的なるもの」の様式的表現を指していた。様式化されたものとしての「狭義の国民性」の否定が、「建築会」の目的のひとつであった。

では、それに代わる「ローカリティ」とは何か。本野は「建築会」の宣言と綱領に対する解説において[17]、「世界各国の同志と提携」することに「インターナショナル」の意味を、また「民族的地方色」に「ローカリティ」の意味を見出している。ただ、それ以上に具体的なあり方が述べられているわけではなく、その後本野によって、具体的なあり方が明示されたわけでもない。では、伊藤はどうか。

伊藤は、「建築会」設立直前に発表した論考の中で、「社会の一部に於て」謳われている「東洋主義或は日本主義」を「空虚なもの」であるとして退けている[18]。そして、現代の建築は「現代の社会の科学と功利とに融合する美をもつものでなければならない」が、しかし「風土」の差異から「表現形式に及ぼす影響」は「肯定すべきである」とする。こうした認識は「建築会」設立後、さらに深められ、次第に具体化していく。

「建築会」の機関誌などを通じて、伊藤はたびたび「インターナショナル」と「ローカリティ」について論じている。伊藤にとっての「インターナショナル」は、「科学的観察」に基づき「観念的な思考方法を排撃」したところにあるような「合理的であると云ふ現実」だという[19]。それに対して「ローカリティ」とは、「雨量、湿度、緯度、地帯、地質、地形、温度」[20]などを含んだ「風土的特質」[21]を意味している。そして「日本」の「インターナショナル」建築を達成するためには、「日本のローカリテイに関する特殊条件を、現代の科学的処理によって、建築的に解決して行かなければならぬ」のだとする[22]。ここに至って、「風土」は以前のように単に「肯定すべき」ものであるのではなく、「解決」すべき対象としてその位置づけが強められており、さらに「インターナショナル」と「ローカリティ」の接続方法が具体的に述べられている。言い換えれば、対象としての固有性に対して科学的方法としての普遍性で臨むことにおいて、両者は接続されるとしているのである。

図4:「喫茶店」スケッチパース、1927年
図5:「郊外の住宅(伊藤正文自邸)」1928年
図6:同、模型

　このことは、「建築会」がつねに意識していたと思われる、グロピウスの「インターナショナル」に関する認識と比較すれば興味深い。グロピウスは「統一的世界像を発展させようとする意志」は「客観的な価値」を前提とするものであるとした上で、「3つの同心円の輪――個人、民族、人類――のうち、最後のもっとも大きな輪は、他の2つの輪をも包含する」としている[23]。グロピウスにとっての普遍性は、方法であると同時に理念であり、かつ固有性を包含するものであった。それに対して伊藤は、固有性は自明のものであると見なした上で、普遍性は固有性を見出すための「現実的な方法」であると理解したことに特徴がある。技術的な視点に基づこうとする伊藤にとっては、当然のことであったのかもしれない。だが、この伊藤の論理は、実は奇妙である。

　伊藤は、「作者の主観的な趣味」を排すれば「建築実用は純粋に保たれ」、「純粋なるものは自らに普遍性が」あるとしている。また「科学的真理に立つデザインは純粋」であり、それは技術においては「洗練の極地(ママ)」を意味するという[24]。純粋で洗練された科学や技術は「インターナショナル」であり、普遍性そのものだというのである。そして、これによって「ローカリティ」は「処理」される。つまり「ローカリティ」は、「狭義の国民性」や「ナショナリティ」といった、「日本」を強く表象するような〝強固な固有性〟ではなく、「風土的特質」という場所ごとの差異にまで細分化されながら、科学・技術という普遍的なものによって「解決」可能な、いわば脱色されたものとして定義されている。それは語義矛盾を恐れずにいうなら、〝中性な固有性〟とでもいうべきあり方である。固有性と普遍性を技術で接続するという、一見明快な論理は、実はこのような奇妙で曖昧なものにほかならなかったのである。そしてこの曖昧さは、後に、形を変えて大きな矛盾として再び姿を現すことになる。

こうした「ローカリティ」への興味の背後には、当時の和辻哲郎らによる風土論や人文地理学の流行を指摘することができる。建築界においても、藤井厚二が気候条件など風土的な特性から日本の住宅を分析し、実際に住宅の設計に反映させるなどしており、風土に対する興味はひとつの大きな傾向であった。ただ、藤井が表現において和風にこだわりを見せたのに対して、伊藤や「建築会」の会員の表現は異なっていた。

「ローカリティ」の具現化

伊藤は、言説のみならず、建築作品の数も多い。「建築会」結成当初には、さまざまな色に塗り分けられた大小の矩形を組み合わせた、いわゆるデ・ステイル風の表現すら見せている[図4]。だが、「インターナショナル」な技術的方法による「ローカリティ」の具現化を試み始めるとともに、作風も変化する。

伊藤は伝統的な日本の住宅を考察する中で、「風土的特色」を「軒」や「庇」、大きな「開口部」などに見出している。「軒」や「庇」は、強い日差しや雨をよけ、大きな「開口部」は外光を多く取り入れつつ風通しをよくするものとして機能しており、鬱陶しい日本の気候にふさわしいという[25]。さらに現代の建築に「庇」を用いる場合は、「趣味に拘泥して出来た」ものではなく

「雨量の多い天候と、日光の直射を避ける為の」ものでなければならないとしている[26]。そして鉄筋コンクリートを用いた伊藤の作品にも、これらの要素が登場し始める[27]。「郊外の住宅（伊藤正文自邸）」（1928）［図5・6］は、白い立方体を微妙にずらしながら組み合わせたような印象の建物である。そこでは、まだ装飾的な域を出ていないものの、帯状の「庇」が垂直や水平と方向を変えながら建物の周囲に廻らされている。また「野上博士の家」（1929）［図7］や「夙川の家（辻邸）」（1929）［図8］では、大きな「開口部」のある白い箱型の住宅の上に深い「軒」を兼ねた陸屋根が載せられている。さらに、丹波の達身寺の仏殿として計画された「稲麻殿」（1929）［図9・10］に至っては、「軒」の深い三重の屋根が奇妙なまでに強調されたものとなっている[28]。

　こうして、1933年に「建築会」が事実上、解散するに至るまで、伊藤は「インターナショナル」としての科学・技術的な方法

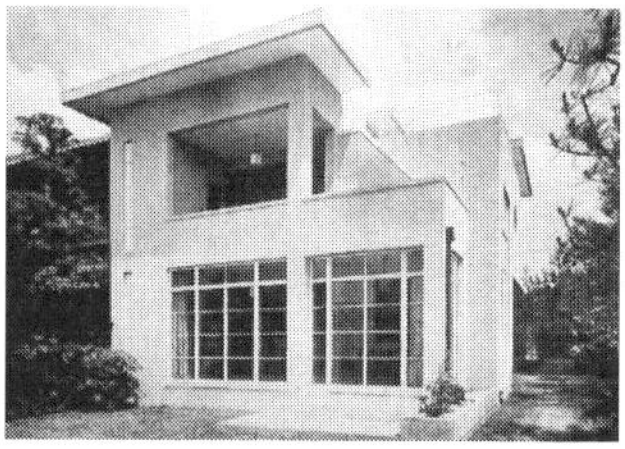

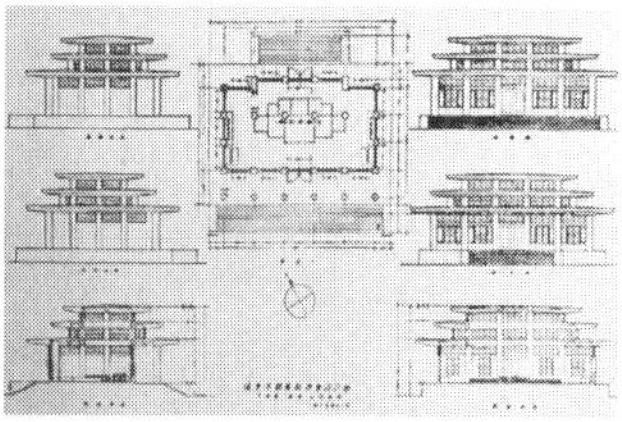

図7：「野上博士の家」1929年
図8：「夙川の家（辻邸）」1929年
図9：「稲麻殿」スケッチパース、1929年
図10：同、図面

を通じて、気候・風土としての「ローカリティ」の具現化を試みた。

だが、伊藤が科学・技術性、機能性を強調したところで、しょせんは鉄筋コンクリートと「軒」や「庇」の組合せという「ローカリティ」に則したひとつの様式を見出したに過ぎないともいえる。一見明快でありながら奇妙な論理と、あげくの果ての様式化。それは伊藤や「建築会」の限界であったことを意味している。しかし、伊藤による科学・技術的な視点による「ローカリティ」の追求は、その後新たな様相を見せ始める。

「建築保健工学」へ

「建築会」が事実上の活動を終了した翌年の１９３４年９月、関西地方を台風が襲う。大阪府下では１万３０００以上の家屋が倒壊するなど、被害は甚大であったという。このとき伊藤の在籍していた大阪市では、小学校の木造校舎の多くが倒壊する被害を受けていた。この後、伊藤は小学校の復興のために大阪市の教育部に設置された臨時校園建設所の設計係長に就任し、中心的な存在として小学校建築の復興事業に取り組むことになる[29]。

大阪市の小学校建築の復興事業は、木造校舎を鉄筋コンクリート造の校舎へ建て替えることを大きな課題としていた。そこでは、標準的な平面を作成し、それに基づいて意匠も含めた全体の計画を行うという「標準化」が進められた。このことは、伊藤の「建築会」時代の「インターナショナル」な技術的方法の延長上にあるとみなすことができる。さらに、教室と廊下の配置に関して、東京と大阪の気候の差を考慮しながらタイプを分けて論じるなど[30]、「ローカリティ」への配慮も見られる。また「ローカリティ」の具現化であった「軒」や「庇」は、「遮光庇」[図14・15・16]へ発展させられている。「遮光庇」は、伊藤によって考案されたもので、「教室内の日照による照明度を均一に近づける為の設備」[31]である。日光を遮りながら教室内の天井面に反射させて照明度を均一にするのであるが、太陽高度に応じて庇の長さが決定されるという[32]。これは緯度・経度にも関係することから「ローカリ

図11：「大阪商科大学（現・大阪市立大学）予科校舎正面」1933年
図12：「大阪市立美術館」1936年
図13：同、玄関

ティ」への配慮だとみなすこともできる。このように伊藤は「建築会」終了後も、照明や空気など「建築会」時代には「風土的特質」に位置づけられていた要素に着目することで、「ローカリティ」の科学・技術的考察と具現化を試み続けたといえる。そして、科学・技術的様相はむしろ以前より強められている。だがそれは、「建築会」時代のあり方とはその目的が異なっていることに注意しなければならない。

伊藤は、小学校建築の復興事業に取り組む中で、「ローカリティ」の建築への反映のみならず、次第に学校内で過ごす児童の健康への影響を考慮するようになっていた。たとえば、採光が児童の視力に及ぼす影響の考察から、最適な遮光の方法や教室の寸法を導くことを提案している[33]。前述の「遮光庇」も「ローカリティ」の反映であるよりは、むしろ児童の健康のために提案している。また、教室内の空気を新鮮にするために「ホッパー窓」の効果を丹念に研究して復興小学校に用いたり[34]、児童の身体的健康に最適な椅子の寸法を研究したりしている[35]。こうした研究はさらに広げられて、「建築保健工学」と名付けられる分野として確立される。それは、現在の「環境工学」に該当する。伊藤によれば「建築保健工学」とは、「風土気候の変化に対して、技術的に順応調整の方法を講じて快適な環境を作る」ために「光、気動、熱、音等が生体と作業にどんな影響があるかを充分に知」ろうとする学問であり、「建築学と衛生学との直接の連繋の上に立てられる」ものである[36]。伊藤はこの分野の研究によって、1939年には博士の学位を授与され、同年建築学会賞まで受賞している[37]。

こうして、「建築会」時代には「ローカリティ」をいかに建築に反映させるかにとどまっていた伊藤の興味は、その後次第に、いかに周辺環境や建築から身体に影響を与えるかという問題へと移動させられていったのである。

その背景には「個人の健康の保持と増進、進んでは国家社会の福利繁栄を希ふ」ことや、「個人及び国民の健康を保持増進する為の建築法を考究する」といった、「国民」や「国家」への効果を求めようとする意図が見えている[38]。戦時下においては「大東亜共栄圏」の思想に応じるかのような姿勢さえ見られる[39]。それは背景というよりは、むしろ目的となっている。もはや建築は単に風土を反映させるのではなく、建築が技術的方法を通じて身体を制御することによって、標準的で健康な「国民」をつくり出し、「国家」に奉仕しようというのである。ここにはもはや〝中性な固有性〟といった、曖昧な論理は見られない。むしろ〝強固な固有性〟を目的とした明快さだけが目立つ。それは「ローカリティ」が「ナショナリティ」に回収されてしまったことを意味しているのである。

身体と「ナショナリティ」

ちょうど同じ頃、建築界では、モダニズムを標榜する建築家によって帝冠様式が批判され、代わってモダニズムに見合った形での「日本的なるもの」の表現が追求されていた。そこでは、モダニズムの言語によって翻訳可能な特性、すなわち平面や構造の簡素さや明快さ、左右非対称性、無装飾性などが日本の伝統的な建築の特徴であるとされ、設計にも反映させられていた[40]。しかし彼らは、帝冠様式には批判的ではあったとしても、結局は可視化される特性によって「日本的なるもの」を説明しており、その点では共通していたといえるだろう。

だが他方では、可視化されないような形での「日本的なるもの」も追求され始めていた。たとえば、堀口捨己は茶室に「日本的なるもの」を見出したが、茶室の本質は茶会における主人と客との行為性を含んだ絶え間ない運動にあったとされる[41]。これは、茶室の本質が建築の効果としての機能性に帰せられているのではなく、茶会を行う者の身体のレベルに帰せられていると読んでよいだろう。また前川國男は、伝統と創造は「行為的な人間」や「実践的人間の行為」を媒介として結ばれるという認識を提示している[42]。これは、伝統が建築家の実践の中にしかないという認識を示したとともに、すべての建築家が自らの身体を通じて伝統にかかわり得るという認識を示したといえる。さら

図14：遮光庇とホッパー窓
図15：「天王寺第五小学校」1936年
図16：「敷津第二小学校」1938年

に浜口隆一が、西洋の建築の特性が「構築的・物体的」であるのに対して、日本の建築の特性は「空間的・行為的」であるという認識を提示したことはよく知られている[43]。ここでも身体において建築の「日本的なるもの」が語られている。このように多くの建築家によって、身体が直接的に建築にかかわる場所において「日本的なるもの」が読み取られている。それは建築の形態によって示されることはなく、不可視のものとなっている。

　このように、社会が戦争体制へと移行する中で、建築においては、身体と建築とを直接的に、不可視な状態で結び付けようとする書記法（エクリチュール）が獲得されていったといえる。むしろそのような書記法を通じて、強固な「ナショナリティ」を構築しようとしたといえるだろう。それは、音声としての身体と文字とを透明にしようとする「言文一致」のあり方にも似ている。伊藤による「建築保健工学」もこうした建築と身体を密接にするような書記法を示そうとするものであったといえる。機能主義が建築の使用の効果を問題にしているのに対して、ここでは健康という、直接的な身体への効果が問題とされている。伊藤が獲得しようとしたのは、建築と身体を無媒介に結ぶ技術である。それは「建築会」時代のように、もはや様式的なものを伴う必要もなく、技術はほとんど不可視のものとなり、主観や趣味を表出させる余地がない。そのような意味で、技術は、伊藤が理想とするような普遍的な純粋さを獲得したとはいえるだろう。しかし、このとき技術はすでに「ナショナル」に機能してしまっているのであるが。

　「ローカリティ」と建築を接続させるというあり方から、身体と建築を接続させることで「ナショナリティ」に作用させるというあり方へ。このような伊藤の興味の移動を、時代の流れとして、あるいは思想的変化として理解することも可能である。しかし、時代や思想の問題で片づけてしまうことは、問題の本質を見逃してしまうことになるように思われる。

「ローカリティ」の行方

伊藤は、科学・技術的方法を採用することによって、「インターナショナル」と「ローカリティ」という、普遍性と固有性の接続を追求し続けた。「建築会」時代には帝冠様式のように固定化されたイメージでつくられる〝強固な固有性〟を否定して、「インターナショナル」としての科学・技術的「解決」の可能な、いわば〝中性な固有性〟として「ローカリティ」なる概念を定義したにもかかわらず、結局ある種の固定された様式化を免れ得なかった。しかしその後は、目的の移動を伴いながら、より一層の科学・技術的態度を貫き、建築を介して直接身体へ作用するような、より中性なあり方を成就させたかに見える。だがそのとき、「ローカリティ」はもはや〝中性な固有性〟であることを超えて、「ナショナリティ」というべき〝強固な固有性〟に回収されてしまっていた。そして同時に、「インターナショナル」として定義された「純粋技術」は、「ナショナル」な「純粋技術」へと反転されてしまっている。科学的であったはずの技術は、今や「想像の共同体」（B・アンダーソン）を支えているのである。おそらく伊藤にとっては、技術的一貫性を保ったという意味で、矛盾していないにもかかわらず。

問題があるとすれば、それは、伊藤が定義したような普遍性としての技術が、決して普遍的ではあり得ず、強い固有性へと反転してしまう可能性があるという、技術の原理そのものにおいてである。つまり、技術の両義的な原理に問題がある。さらにいうなら、伊藤のように、普遍性と固有性の接続を、科学や技術に託そうとすることに問題があったのだ。技術によって介入されるような普遍性と固有性は、実は、接続して共存するようなものではあり得ず、つねに表裏のものとして共存している。ゆえに両者は相容れることなく、どちらか片方の側面のみが現実のものとなる。たとえば、近代におけるメディアの発達は、地球上のあらゆる場所への即時的な情報の伝達を可能にするという「インターナショナル」な側面を見せた。しかし、他方では、国内のあらゆる場所への即時的な情報の伝達をも可能にしており、「ナショナル」な側面を見せている。メディアの発達によって、国内も均質にされ「ナショナリティ」が強固なものとされたのである。技術も同様の側面を有しているといえるだろう。技術はどのような場所でも使用される固定されないものであるがゆえに、場合に応じて普遍性にも固有性にも、どちらにもなり得るという事態を招く。

伊藤は、普遍として定義した技術の純粋性に肉薄しようとしたその瞬間に、それが普遍であり続けることの困難さに出会ってしまった。「ローカリティ」という〝中性な固有性〟も、その奇妙な曖昧さが問われることなく先送りされた結果、大きな矛盾として出現したのである。言い換えれば、伊藤は、技術の両義性こそを導き出したともいえる。「モダニズム」によって支えられた技術が「日本」という固有性に接続されようとすることによって、ようやく技術が普遍であるという自明性が問われたのだともいえるだろう。そしてそれは、技術が接続しようとした固有性と普遍性という二分法による問題設定そのものを問いなおすことにもなったといえるだろう。

「建築会」についての後の評価は、厳しい。「『真正なローカリティ』の具体的表現や、技術上の成果については、何ら特筆すべき実績をあげることはついにできなかった」といった評価をはじめとして[44]、「インターナショナル」と「ローカリティ」の接続という問題設定の中途半端さやその不達成を批判するものが多い。だが、技術的な立場を貫こうとした「建築会」の「スポークスマン」としての伊藤が後に示したのは、技術の純粋さを貫いた挙句に導かれてしまう、技術そのものの両義性であった。そのような意味で、伊藤や「建築会」が示したものは、決して「解決」することのできない「日本」の「モダニズム」の〝問題〟として捉えるべきであり、そのような〝問題〟を提示したことにおいて、伊藤や「建築会」は評価されるべきであろう。

では、伊藤や「建築会」が目指したように様式や趣味、主観によって接続することを避け、さらに彼らが乗り越えられなかった技術の両義性をも回避しながら、普遍性と固有性はいかに接続されるのか。この問いもまた、〝問題〟としてのみその意義を保ち続けるだけで、おそらく決して「解決」されることはない。

[註]

1――「宣言・綱領」、『インターナショナル建築』1929年8月号（創刊号）、藝苑社、1頁。

2――上野伊三郎「日本インターナショナル建築会」、『建築と社会』1961年12月号、43頁。

3――中尾保「余の新興建築家連盟を脱会した理由」、『インターナショナル建築』1930年12月号、22頁。

4――新名種夫「その時代に就いて」、『建築と社会』1937年6月号、29頁。

5――「日本インターナショナル建築会会員」、『インターナショナル建築』1930年2月号、藝苑社、29頁。

6――伊藤正文「履歴書」、大阪市立大学所蔵。

7――前掲[2]、42頁。

8――伊藤と本野は、ともに1921年ごろ大阪で設立された「柊会」に参加していた。伊藤正文「回顧十年」、『インターナショナル建築』1930年6月号、藝苑社、18頁。

9――上野伊三郎「本野精吾氏を偲ぶ」、『建築と社会』1950年10月号、41頁。

10――竹内芳太郎『年輪の記』相模書房、1973年、502頁。

11――竹内芳太郎に対するインタビューによる。久保田正一『日本インターナショナル建築会について』（京都大学修士論文）、私家版、1988年、26頁。

12――「建築会」の機関誌であった『インターナショナル建築』の奥付において会の代表者が上野伊三郎とされている。

13――『インターナショナル建築』の目次では、1929年8月号（創刊号）から1931年3月号まで伊藤が表紙意匠を担当していたことを確認できる。

14――『デザイン』の目次では、1929年2月号から同年5月号まで伊藤が表紙意匠を担当していたことを確認できる。その後1930年にも、目次には記されていないが明らかに伊藤の意匠と思われる表紙が採用されている。

15――村松貞次郎「再検 近代日本建築史ノオト」、『新建築臨時増刊 日本近代建築再考』新建築社、1974年、136頁。

16――「声明」、『インターナショナル建築』1931年2月号、藝苑社、11頁。

17――本野精吾「日本インターナショナル建築会の宣言及綱領の解説」、『インターナショナル建築』1929年8月号（創刊号）、藝苑社、4頁。

18――伊藤正文「それは何を意味するか（所謂東洋式への意匠上の疑義）」、『建築世界』1927年5月号、建築世界社、3－4頁。

19――伊藤正文「岸田日出刀氏の講演『現代と建築』と、国際化の意義」、『建築雑誌』1929年9月号、建築学会、178頁。

20――伊藤正文「インターナショナル建築」、『デザイン』1928年2月号、創生社、4頁。

21――伊藤正文「建築」、『デザイン』1929年8月号、創生社、24頁。

22――伊藤正文「日本に於けるインターナショナル建築」、『インターナショナル建築』1931年5月号、藝苑社、9頁。

23――ヴァルター・グロピウス『国際建築』貞包博幸訳、中央公論美術出版、1991年、6―7頁。

24――伊藤正文「技術の純粋性」、『インターナショナル建築』1932年4―7月号、藝苑社、28頁。

25――伊藤正文「日本住宅考察の一断面」、『デザイン』1928年3月号、創生社、10頁、などいくつかの論考にこうした記述が見られる。

26――前掲[22]、9頁。

27――「庇」の強調は、本野や上野など、他の会員の作品にも見られる。

28――伊藤正文『社寺美の新構成』藝苑社、1930年による。

29――伊藤の小学校復興事業への取組みについては、川島智生「昭和戦前期の大阪市における小学校建築の研究」、『建築史学』第31号、建築史学会、1998年、および、川島智生『近代日本における小学校建築の研究』(京都工芸繊維大学博士論文)、私家版、1999年、に詳しい。本稿での伊藤の小学校復興事業の経緯、状況に関する記述は、上記の論文を参考にしている。

30――伊藤正文『小学校建築を如何に改良すべきか』住宅改良会出版部、1935年、3頁。

31――同上、7頁。

32――伊藤正文『建築保健工学 第1部』工業図書、1938年、79頁。

33――伊藤正文「教室の採光方法に関する一研究」、『建築学会大会論文集』1936年3月号、建築学会、244―253頁。

34――伊藤正文「Hopper窓の機構」、『建築と社会』1937年4月号、日本建築協会、8―12頁。

35――伊藤正文『国民学校』相模書房、1941年、72―84頁。

36――前掲[32]、2―3頁。

37――前掲[6]。

38――前掲[32]、2―3頁。

39――伊藤正文「熱帯住居の保健構造要綱」、『建築雑誌』1943年9月号、建築学会、642―648頁。

40――藤岡洋保「昭和初期の日本の建築界における『日本的なもの』」、『日本建築学会計画系論文報告集』第412号、日本建築学会、1990年、173―180頁。

41――志柿敦啓「堀口捨己 一九三〇年代の方法論的視座とその特質」、『1993年度日本建築学会大会学術講演梗概集』日本建築学会、1993年、1493―1494頁。

42――前川國男「覚え書―建築の伝統と創造について」、『建築雑誌』1942年12月号、建築学会、920―924頁。

43――浜口隆一「日本国民建築様式の問題」、『新建築』1944年1、4、7・8、10月号、新建築社。

44――藤井正一郎・山口廣『日本建築宣言文集』彰国社、1973年、168頁。

Tsuchiura Kameki 1897－1996

土浦亀城

東京帝国大学工学部建築学科を卒業後、「帝国ホテル」設計で来日していたライトの誘いを受けて1923年に渡米。ライトの事務所に入所しタリアセンに滞在する。帰国後、山縣邸などライトの影響を受けた住宅を設計した後、1930年代に、バウハウス・スタイルの作品へと移行する。

迷いなく駆け抜けること

岡田哲史

はじめに

土浦亀城について考える場合、私にはどうしても気にかかる謎がある。その謎とは、「日本」という立場から「西洋」を見る場合の批判的眼差しの希薄さである。それは土浦の「西洋」に対する迷いのなさともいえるだろうが、裏を返せば、「日本」のアイデンティティに対する執着の欠如。それとも、その執着からの自己解放というべきだろうか。私はこれまで土浦亀城の一群の作品にある種の強度を感じてきたが、その強度とは、実はそこに原因があるのではなかろうかと考える。

土浦は99年の生涯に数多の作品を残したが、今日の我々に再認識を促すものといえば、ほとんどの場合が1930年代の作品と見られている。御多分に漏れず、私自身が興味の対象とする「一群の作品」もまた、その時期の作品に重なっている。ここではかりにその時期を土浦の黄金期と呼ぶことにすると、その黄金期は、大脇邸と谷井邸が完成を見た1930年から満州国新京に事務所を開設する前、すなわち1939年までのちょうど10年間である。周知のとおり、土浦はこの時期にバウハウス・スタイルの建物、もっぱら白い箱形の住宅建築を矢継ぎ早に設計し実現させていた（なかには、池尾邸のような例外もあった）。

　当時、日本における「バウハウス」といえば、1927年に岡田孝男が書いたエッセイ、「ワルター・グロピウス氏およびバウハウスの近況」が反響を呼び、バウハウスの思想や作品がその後も建築界を席捲していた。しかし少なくとも1920年代のうちに、バウハウスの建築スタイルがいわば純粋性を保ったかたちで日本人建築家の手になることはなかった。この「純粋性を保つ」とは、換言すれば、「日本」という枠組を外す、といえるかもしれない。結局のところ、その出現を見るには1930年の幕開けを待つしかなかったわけだが、最も早い例として土浦の最初の自邸が浮上するのである[1]。このアヴァンギャルド＝土浦を背後から支えていたものは、いったい何だったのだろうか。

ヨーロッパ・コネクション

ここで少しばかりこの建築家の経歴に目を転じておくと、土浦は最初フランク・ロイド・ライトに傾倒していた。大学在籍中に遠藤新の紹介でライトの帝国ホテルを手伝い、卒業後もその現場で働き、1923年にはライトの事務所で働くべく渡米する。それから1926年の1月に帰国するまで、ロサンゼルスとタリアセンを経験するわけだが、本人の懐古話によれば、この時期にライト事務所にいたノイトラをはじめとするヨーロッパ出身の建築家たちをとおして西洋の近代建築に目覚めたという。これからの時代は「ライト」ではない、と。察するに、ウィーン出身のノイトラとの交流、そしてその先輩の友人シンドラーとの接触が、本場のセツェシオニスムス（Sezessionismus）ばかりか、論稿「装飾と犯罪」を書いたアドルフ・ロースの存在（シンドラーをアメリカへと促したのは、そもそもロースであった）、さらにはル・コルビュジエやバウハウスをも学習するに十分な環境を与えていたことは想像に難くない。帰国後は、

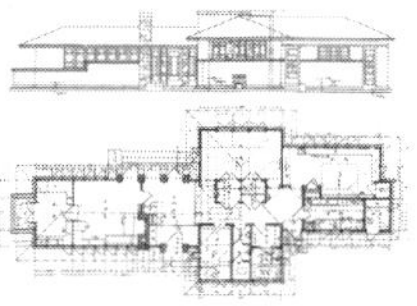

上:「山縣邸」北立面と平面、1926年
中:「大脇邸」1930年
下:「谷井邸」1930年

レーモンドのところにいたフォイエルシュタインと親交を温め、ヨーロッパの最新の動きを吸収していたといわれている。

この時期、すなわち1926年から1930年の間に、土浦の眼に何にもまして鮮烈に映った出来事といえば、1927年にシュツットガルトで開催されたヴァイセンホフのジードルンクであったにちがいない。このことは、土浦が書いた数少ない著述のひとつ、「乾式構造の住宅」と題する1932年の小論に、「ワイセンホーフ・ジードルングに出来たグロピウスの乾式構造は最も代表的なものである」と記されていたことからもわかる。ドイツ工作連盟が主催したこの住宅展は、ミース・ファン・デル・ローエが総指揮をとり、ミース自身を含め16人の建築家が個人住宅と集合住宅を設計し実現させていた。そこにはグロピウス、ル・コルビュジエ、ドイツの集合住宅の手本にもなっていたロッテルダムの建築家J・J・P・アウトらが名を連ねており、新時代の住宅に関する情報、すなわち最先端の建築の方法論や形態が集約されていたのである[2]。

土浦のマニフェスト

土浦は1931年3月号の『国際建築』に「新住宅建築の問題」と題する論考を寄せるが、それは紛うかたなく土浦の黄金期を支えた思想であった。土浦の黄金期のマニフェスト。そこには、直接的には、1929年にフランクフルトで開催されたCIAMの議論が色濃く反映されていた[3]。

> 個人住宅の最近の傾向は、共同住宅やアパートメントの発達した形式を追随せんとして居る事だ。最小限住宅、健康住宅における研究資料が一般住宅にかなりな刺激を与へていることが想像し得る。現代人の生活の形式は変化しつつある。……生活は出来るだけ簡易に、能率的に、健康的に、と考へて居る言ひ更れば、世界の建築界の目下の研究問題である共同住宅の如きものを現代人は望んで居るんだ[4]。

この言説で興味深いのは、土浦が「共同住宅やアパートメントの発達した形式」を優れたものと評価し、西洋の動向を標準と見なし、それが日本においても当然であるかのように一般化し、断言している点である。「現代人」は「共同住宅の如きもの」を望んでいるのだ、と。それがいわば土浦の思想の大前提をなす信念のように高らかに謳われているのである。

ところがこれに続いて、「現代の日本には斯く言ふ共同住宅やアパートメントの良い物が建てられていない」と苦言を呈する。「中流の知識階級と言う中間物だけは社会の注目から忘れられて居る。彼らには要求するが如き共同住宅もアパートも与えられていない」というのである[5]。そしてこの主張のあと、次のようなロジックで自論を展開してゆく。

> 在来の住宅に住むに耐えなくなった人は共同住宅に要望して居たものを以て個人住宅を建てる。無論共同住宅でないだけの得失があって、暖房や衛生工業等の機械設備も一般建築の費用も割合に高くなる。且つ又家庭によっては色々な個人的要素がある為めに、共同住宅の如く純粋に科学的データを組み立てる事に依てのみ平面図を作ることは出来ない。が大体に於いて現代人の生活は、趣味や習慣が複雑な特異性がなくなり、次第に共同生活をなし得る様な方向に進んでいると考へられる。

これを解釈すれば、これからの近代的な個人住宅を設計する場合、共同住宅やアパートメント（以下これらを総称し「集合住宅」と呼ぶ）に特徴的な設備や平面図で計画するのが好ましい、と読みと

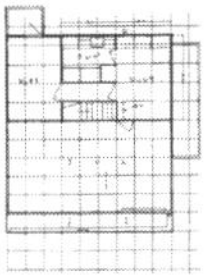

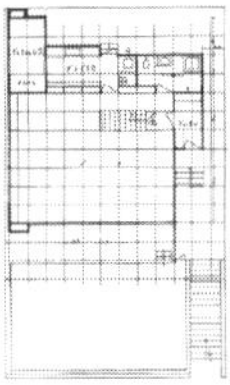

上：「土浦邸」東南側外観、1931年
中上：同、居間
中下：同、2階平面
下：同、1階平面

れる。なぜならここでも、「現代人の生活」は、「次第に共同生活をなし得る様な方向に進んでいる」という予測に裏付けられているからである。この「現代人の生活」の方向性については、〈住宅の様式〉を語る項でも繰り返されていた。

> 住宅の様式も人々の生活の形式や標準が接近して来るが為めに、あるひとつの合理的な形に統一されつつある。ただ地方的な材料と気候に対する防備が多少違っているだけだ。

この文章で注目すべきは、「標準」と「合理」という言葉の使用である。これらふたつの語は、後述するが、大量生産および大量供給が要求された１９２０年代のドイツの住宅産業が掲げたスローガンであった。他方、それに続く「地方」に関する言及は、裏を返せば、「材料と気候に対する防備」さえ配慮すれば、「あるひとつの合理的な形に統一」されると読める。このことは、ひとつ前の引用部分で土浦が記している「共同住宅の如く純粋に科学的データを組み立てることによってのみ平面図を作る」と無関係ではない。この「科学的データ」によって「合理的な形に統一」できるという考え方は、事実、１９１０年代から１９２０年代後半にかけてドイツで育まれていた。たとえば、ＲＫＷ（Reichskuratorium fur Wirtschaftlichkeit）が設立された１９２１年以降、Ａ・クラインがグラフ理論を応用した住空間のプランニング法、そして最もよく知られるところでは、E・マイの集合住宅計画で成立を見た「フランクフルト規準(Frankfurt Normen)」が挙げられる[6]。

これらから判断するに、黄金期の土浦は屈託なく「西洋」を受け入れる信奉者にも似た強さをもっていたといえるだろう。このマニフェストの言葉の端々に響きわたる断定的肯定が土浦の自信を物語っているが、この自信が土浦の黄金期に見られた迷いなき作品を産み出していたと考えられるのである。

ヴァイセンホフの現実

土浦は西洋に端を発する集合住宅に住居の未来を想い信念を寄せるまでになっていたが、ではその本場の集合住宅事情はどうだっただろうか。歴史を少し遡れば、戦前は、都市住居のあり方を集合住宅に問うたアムステルダムのベルラーヘ[7]、あるいはドイツでＡＥＧの労働者用集合住宅を計画していたベーレンスの例からも明らかなように[8]、集合住宅が賞賛される背景には、近代化によって急速に発展する都市が匿名的な大衆を生み、無秩序な社会状況に陥るであろうという予測=前提があった。そしてこうした状況に対し集合住宅は、その統一的なファサード、および住戸の集合性から仮想される連帯性が、そこに住まうはずの労働者階級の連帯性と重ね合わされ、その建築形式が社会秩序の創出に貢献できるにちがいないという期待が込められていたのである。このいわば信念がほとんど無批判に１９２０年代へと受け継がれ、モダニズムの建築計画および都市計画形成に反映されることになる。

実はこうした状況のなかで行われた１９２０年代の総括ともいうべき建築イヴェントがヴァイセンホフのジードルンクであった。この展覧会は、表向き、すなわち社会正義的には、住宅生産の「合理化」と「標準化」、そしてその結果としての「大量生産および大量供給」に対する建築的応答であった[9]。ミースはこのいわば住宅の大展示場に、集合住宅(アパートメントと低層集合住宅)と戸建住宅の双方を総合的に配置計画したが、スローガンのひとつである「標準化」については、それを顕著に具現化できるの

「土浦邸」居間、1935年

「土浦邸」南側外観、1935年

上：「土浦邸」南側外観、1935年
中：同、玄関
下：同、居間吹抜け

は集合住宅の類であり、個別の顔をもつ戸建住宅では効果薄であるとさえ述べていた[10]。

ところがこのジードルンクは、現実にはドイツ社会に多くの反省点を投じる結果を招く。そもそも「合理化」や「標準化」は、近代の明るい展望のもとで掲げられた課題ではない。戦争がもたらした物資不足の社会問題が、否応なく住宅産業に突きつけた課題だったのである。とりわけ「合理化」は、戦後の混乱期に国を再建する手段として数えられていたのであり、その理念の参照先はテイラーリズムやフォーディズム、すなわち「アメリカ」であった。ところが戦後ドイツ経済が回復の兆しを見せるとともに、その従来の参照行為そのものが疑われ始めた。その直接的な原因としては、ヴァイセンホフの建物が数年も経ないうちに故障し始めたため、質的に低くコストパフォーマンスも悪いという印象を大衆に植え付けたこと。「標準化」と「合理化」はドイツ職人の業界が形成してきた生産構造と技芸継承を揺るがしかねないと危惧されたこと。そしてなによりも、「標準化」を唱えておきながら生産された住居群の多くが、現実にはフォルマリズムに傾斜した支離滅裂な様相を呈していたことが挙げられる。こうしてこのジードルンクを契機に、「標準化」や「合理化」は必ずしも住宅の建設費低減や質の向上には繋がらないという評価が大勢を占めるようになる。そしてこれが1930年初頭のドイツにおける住宅産業界ひいては建築界最前線の実情であった。

翻って土浦は、ちょうどその時期に「乾式構造の住宅(Trockenmontagebau)」の試みを開始する。つまりは皮肉にも、本場のドイツが挫折を味わったのとほぼ時を同じくして日本が住宅生産の「標準化」や「合理化」に着手したことになる。このドイツの実情が当時の土浦に届いていたか否かは別にしても、土浦はその生産手段を日本で実践することに先駆者としての社会的使命を感じていたにちがいないし、なによりも個人住宅の仕事を続けてゆくうえでその生産手段は計画実現に向けて大切な説得材料だったにちがいない。土浦はまるで自らを日本のグロピウスといわんばかりに、「鋳物が組立式になるのは工業の進歩である」といい、「乾式組立構造は、……住宅建築の工芸的な要素を工業化する目的である」と断言する[11]。その言葉には、確からしく"Art and Technology — a New Unity!"を謳ったグロピウスの理念がこだましていたのである。

「共同住宅」はなぜ必要だったか?

ところで「乾式構造」は、土浦にとって、無論、マニフェストの類ではなかった。それは自らの建築を実現させるための手段であり、拠《よりどころ》にすぎなかったと見るのが自然だろう。というのも、確かに土浦は「乾式構造」をもって日本の在来構法である木構造の弁証法的発展の方途を示したが、彼自身の最終目標は木構造ではなく鉄骨造で「乾式構造」を実現させることにあったからである[12]。

では、土浦の建築の真髄とはいったい何だったのか。それは西洋の「共同住宅」(今日的にいえば集合住宅だが、ここでは土浦の語彙を尊重する)の形式、つまりは「生活(=空間)」や「設備」を範として戸建住宅を設計することであった[13]。土浦のマニフェスト、「新住宅建築の問題」の結語では次のように記されていた。

> 要するに、現代の個人住宅は共同住宅に移りかはる過程にあるものである。現代人の生活が要求する生活と設備は共同住宅に於いては、遙かに経済的に実現し得るものであるが、かかる施設のない時代に於い

ては、個人個人が多大の犠牲を払って、それに近いものを得ようとして居るのである。

さて、ではなぜ「共同住宅」なのか。この応えとして、ふたつの理由が考えられる。そのひとつは、土浦の言葉どおり、「共同住宅」は近代的な設備を中間層の家庭に対して最も経済合理的に提供できる住居形式だったからである[14]。設備機器の発達が遅れ、インフラが整備されていなかった当時、設備を個人住宅で新設するには膨大なコストがかかったことはいうまでもない。たとえクライアントが裕福だったとしても、そのトータルコストが尋常でなければ、あえてモダンな住宅を望みはしなかっただろう。となれば、建築本体の建設コストをいかに削減できるかが計画実現に向けて大きな課題となってくる。実はそこで「乾式構造」が手頃な手段として浮上するのである。「標準化」と「合理化」による建設コスト低減への期待。それはあまねく施主を説得するに最大の武器だったにちがいない。

理由のもうひとつは、当時は「共同住宅」が「最小限住宅」の生活=空間と不即不離の関係にあり、それを口実《エクスキューズ》にすれば、自らが標榜する西洋の生活=空間を実現させる見込みがあったからではなかろうか。本質的に「最小限住宅」は、大きな空間をつくり、それを機能に合わせて小さな空間に分節する方向性が

上：「土浦邸」居間部分外観、1935年
中：同、居間より見る
下：「俵邸」1931年

ある[15]。さらに、「最小限住宅」という言葉は、当時、西洋モダンの先進的な住居が漂わせるハイカラなイメージ、つまりどちらかといえばポジティヴな響きを帯びていた。そしてなによりも現実的かつ重要な根拠として、建設コスト低減という意味で有効な枠組《フレーム》を与えることができたにちがいないのである。

　土浦が考えた個人住宅には、まずは「文化的設備」すなわち近代的な設備がなくてはならなかった。それはおそらく、この建築家の考えるモダンな住宅が最低限クリアすべき条件であった。それを踏まえたうえでモダンな生活＝空間を計画し、憧れの西洋に追いつくべくインターナショナルなスタイルをできる限りザッハリッヒなかたちで反映させること[16]。これこそが土浦の目的《ゴール》であり、それを実現させる手段として「乾式構造」が選択されたのだと私は見る。

おわりに

１９３０年代といえば、たとえば１９３１年の「東京帝室博物館」の設計競技が物議を醸したように、「日本」に対する自意識を否応なく高められる事件があった[17]。しかしそれにもかかわらず、土浦はひたすら自らの道を突き進んでいたように見える。モダニズムに「日本」を調停させんとすれば日本の因習が邪魔をする。その反対に、「日本」にモダニズムを調停させんとすれば精神論へとふけかねない。土浦はその双方の危険性を見透かし、それらに一瞥をくれることなく駆け抜けた建築家ではなかっただろうか。私は、土浦の魅力、つまりは強度はそこにあると考える。冒頭で述べた〝「日本」という立場から「西洋」を見る批判的眼差しの希薄さ〟は、実はその強度が支えていたと考えるのである。「西洋」を対象化、形式化するのではなく、「西洋」のなかにどっぷり浸って波乗りを楽しむこと。いささか逆説的ではあるが、それこそが日本に「モダニズム」を刻印する力となり得たといえるかもしれない。

［註］

1——土浦は生涯ふたつの自邸を設計していた。大脇邸と谷井邸は双方とも構成はバウハウス的であるが、しかし内部については、前者はセツェシオンに傾斜しており、土浦の言葉でいえば「ロマンチシズム」の残滓が見え、後者は1階の畳の間の否応なき介入が土浦自身に不満を残す作品となっていた。なお、最初の自邸が完成した1931年には石本喜久治が東郷邸を完成させているが、平面計画の明晰性という点では土浦の方が上手である。

2——土浦に影響を与えたと思われる西洋の建築あるいは建築のプロジェクトは、外部のイメージはグロピウスが1922年にバウハウスの演習で行ったヴァールベンバウ（Warbenbau）とバウカステン・イン・グロッセン（Baukasten im Grossen）のプロジェクトモデル、つまりヴォリュームの相互貫入によって全体の形態を形成する方法。ヴァイセンホフ・ジードルンクの住宅群からは、A・ラーディングの深い庇、M・タウトによる外壁パネルの表現法、H・シャロウンによるアプローチの曲面壁、そして内部はJ・J・P・アウトに代表されるキッチン・ダイニングの関係性など。さらに全般的には、ル・コルビュジエの建築から、その吹抜けの空間性や階段、窓、手摺、家具などの要素が挙げられる。

3——このフランクフルトで開催された会議では、たとえば最小限住宅（Existenzminimum）について議論されたが、このテーマについては、E・マイのレーメルシュタット（Romerstadt）の実践が大きな影を落としていた。

4——土浦の言説は、『SD』1996年7月号で特集された「再考　建築家　土浦亀城」を参照し、引用に際しては常用漢字を用いた。

5——現実には、1925年に中間層をターゲットにした「文化アパートメントハウス」がW・M・ヴォーリズの手によって実現され、1924年以降「同潤会アパート」が計画され始めたが、土浦はこれらを暗に批判していたのであろうか。

6——Peter Rowe, *Modernity and Housing*, *Cambridge*, MA, 1993；アメリカのC・フレドリックがテイラーリズムの理念を住宅計画に反映させた1915年の著書 “Household Engineering: Scientific Management in the Home” が1921年にドイツ語に翻訳され、そこで提案された家事空間の効率的な計画方法がドイツの住宅計画に多大な影響を与えていた。

7——Donald Grinberg, *Housing in the Netherlands 1900–1940*, Delft, 1982.

8——Tilmann Buddensieg, *Industriekultur; Peter Behrens und die AEG 1907–1914*, Berlin,

1979.

9——ここで「社会正義的には」と注釈したのは、ミースが展覧会の公式の声明文で、結果的に支離滅裂ともとれる多種多様な住宅を生産してしまった苦し紛れの口実として、そのふたつのスローガン（「合理化」と「標準化」）に拘束されず、近代住居の問題について多様な観点からの啓発を試みた（Bericht uber die Siedlung in Stuttgart am Weissenhof, p.1）、という旨を述べていたからである。

10——Richard Pommer, *Weissenhof 1927 and the Modern Movement in Architecture*, Chicago, 1991. 実際は、1926年にデッカーに宛てた書簡からわかるとおり、フォルマリズムに対して批判的であったミースは、それを助長する「標準化」に反対であった。余談だが、ここに表のミース（ジードルンクの総指揮者）と裏のミース（個としての建築家）とのあいだに引き裂かれた人間模様を見ることができる。

11——この時期のグロピウスの思想は、1930年にバウハウス出版から刊行された"bauhaus bauten dessau"に凝集されることになる。なお土浦は「乾式構造」の利点として次の4点を挙げている。それを要約すると①合理的に標準化された材料の使用による設計の統一化、②軽構造により有効な耐震性、③耐熱材、防音材など材料の適所使用、④増改築の容易さ（「乾式構造の住宅」より）。

12——土浦は「乾式構造の住宅」の結語で、「要するに自分の木造乾式構造は、鉄骨乾式構造に進む前の試案であって、全体的に十分な効果を得る事は望み得ないのであるが、……」と書いている。

13——ちなみに、私の知るかぎりでは、土浦の言説で「空間」という文字は存在しない。

14——この「設備」に関する土浦の定義は、「新住宅建築の問題」のなかの〈文化的設備〉の項目で次のように述べている。「これは完全なる台所設備と、浴室と、給水設備と、便所と暖房との問題である。個人住宅としては多額の工事費を要するのであるからこのためにだけでもよい共同住宅の出現を希望して居る人が沢山いる。そして住宅の様式の点からヨーロッパ諸国と歩調を合わせて居なかった従来の米国建築から、吾々が学び得るものもこれらの文化的設備だ」

15——土浦は在来の日本家屋を「八畳、六畳等と同じ様な小さな部屋が沢山列んだ家」と捉えていた（「新住宅建築の問題」より）。

16——土浦は「乾式構造の住宅」のなかで、「先づ必然的に合理的な材料の標準化が行はれる結果、煉瓦やコンクリートの建物に可能であった彫刻的な遊戯が清算され、著しき形態上の変化があると考へることが出来る」と述べている。

17——住宅については当時、たとえば藤井厚二の『日本の住宅』（1928）に代表されるように、西洋の盲目的模倣に異議を唱え、「我々は我国固有の環境に調和し、其の生活に適応すべき真の日本文化住宅を創成せねばなりません」といった戒めが浸透してゆく状況にあった。

Kishida Hideto

１８９９－１９６６

岸田日出刀

１９２２年、東京帝国大学工学部建築学科卒業。１９２９年、同大学教授。東大安田講堂などの設計を手がけ、『甍』『堊』『扉』『窓』などの著作のほか、写真集『過去の構成』『現代の構成』を出版している。東大の岸田研究室には前川國男、丹下健三、立原道造らが在籍した。

丹下健三を世に送り出した男

五十嵐太郎

巨匠になれなかった建築家

岸田日出刀は、人々によく知られている建物を設計した。東大の安田講堂である。しかし、それはデザインの秀逸さゆえに有名なのではない。１９６０年代終わりの大学闘争で学生がその建物を占拠したように、社会的に注目される大学を象徴する建物だからである。彼は１９２２年に東大を卒業すると営繕課の技師として安田講堂の設計を担当し、１９２５年には東大助教授となり、１９５９年に定年退官するまでデザイン教育を実践した。卒業設計の監獄（１９２２）や安田講堂（１９２５）など、最初は表現主義の影響を受けており、教職に就いてからも設計に関わり、東大物理教室や東大応急診療所（１９２８）、生長の家本部（１９５０）、日本趣味のニューヨーク万博日本館（１９３９）や西本願寺津村別院（１９６０）、モダニズムの富士銀行数寄屋橋支店（１９５７）、そしてゴルフ好きが高じて湯ヶ原カントリークラブのコースとクラブハウス（1956）などの作品を残している。しかし、彼はモダニズムの傑作を生みだしたわけではない。むろん、多くの洋書を読み、四度の洋行を経験し、彼はモダニズムの信奉者だった。帝冠様式やナチスの反国際様式に対しても、当時から肯定的ではない。つまり、彼は知識としてモダニズムを理解していたが、自らがその生産者になりきることはできず、むしろ社会的な影響力が強い立場からモダニズムの普及を背後から支えることになる。

公式な業績をまとめておこう。戦後すぐに岸田は日本建築学会の会長に就任し、技術よりだった学会をデザインの方に向かわせ、作品賞の制定に奔走したり、設計競技執行基準を決めた。コンペの審査委員を何度もつとめ、トラブルを経験したことや、吉武泰水によれば、オットー・ワグナーがコンペで1等をとりながら、計画が放っておかれて建築が実現しなかったことに岸田が憤慨していたことも、コンペ制度を整える動機になったのだろう[1]。目に見えるかたちではないが、改革者として岸田は努力したのである。

文章を構成する建築家

岸田日出刀は、随筆家としても知られている。「若いころから岸田は筆まめによく原稿を書いて」いたと妻が述懐しているように、20冊以上もの著作を残し、菊竹清訓は「最初の建築評論家」と位置づけた。バロック以降の動向をまとめた『欧州建築史論』（1925）や『オットー・ワグナー』（岩波書店、1927）など、初期の歴史研究は当時の限界に縛られているが、専門性を抑えた数々の随筆は建築外の人々への啓蒙につながっただろう。たとえば、その文章の親しみやすさは『科学随筆文庫36 建築と歴史』（学生社、1978）などに、藤島亥治郎、伊東忠太とともに収録されたことからもうかがえる。建築界の寺田寅彦といえよう。また日本建築を紹介した本は、戦前から英語版やドイツ語版が刊行されている。

特に建築の部位を表す1文字を題名とした『甍』（1937）、『堊』（1938）、『扉』（1942）、『窓』（1948）の4部作は、一般向けとしても通用する「建築評論随筆」になっている（いずれも相模

上：「安田講堂」1925年
（内田祥三との共同設計）
中上：「生長の家」1950年
中下：『過去の構成』
（相模書房、1951年改訂版）から
「桂離宮の縁」の頁
下：『現代の構成』から、
「工場の一部」と「鉄骨を見上げる」

書房）。これらの著作では、ほとんど自作の解説がない。１９３０年代から１９４０年代の世相に絡めた建築の時評であり、『文藝春秋』などの一般誌に寄せた文章やラジオの原稿を収録する。内容は、日本的なるものについての論考や海外建築の紹介から、高層建築を導入する復興計画や戦争で亡くなった若い建築家の追悼まで、多岐にわたる。たとえば、戦時下では、日本の木造都市は空爆に対して薪を積んで待つようなものだから危険だと再三警告したり、防空を考えると近代建築を白色にするのは避けた方がいいと述べている［2］。そして彼は次の主張を繰りかえす。木造ではないのに日本屋根を用いる帝冠様式は合理主義に反し、大衆的で皮相な日本趣味である。日本的なデザインは大陸に由来する装飾的かつ曲線的な仏教建築ではなく、神社建築の単色性・開放性・無装飾・直線的なものであり、それはモダニズムの美学に通じるという［3］。たとえば、京都御所の場合、「紫宸殿高縁の下」を撮影し、「今流行のピロティ」を見出す［4］。いうまでもなく、真の日本性が真の国際性になるという反転の論理は、古建築を高く評価したブルーノ・タウトも広めたものだ。

写真を編集する建築家

岸田日出刀は近代の目をもち、ライカを手にしてさまざまな写真を撮影した。前述の4部作にも写真が挿入されているが、有名なのは対をなす2冊の写真集『過去の構成』（1929）と『現代の構成』（1930）である（ともに構成社）。特に本人の自信作である前者は初版が500部以下だったが、相模書房から再版（1938、1951）され、多くの建築家や学生を魅了した。彼は過去のデザインに対し、組物などのディテールから観察する建築史のまなざしではなく、「現代人の構成意識ともいふべき観点から展望を試み」、自らが撮影した写真と解説を掲載する。そして過去の日本建築から「『モダーン』の極致」を発見し、驚いてみせた。後に堀口捨己は「『過去の構成』は非常にわれわれも感心しましたね。岸田さんはあのレンズを通して、面白いコンポジションを見る。ことに京都御所なんか、非常にうまく捉えて、僕は驚きましたね。……非常に啓発されました」と述べている。つまり、近代建築を連想させるような大胆な構図により過去を再構成し、古建築を生きた伝統に変えていったのだ。

『現代の構成』は、巻頭以外に文章はなく、「見るべく計画された」。興味深いのは、いわゆる近代建築は収録されず、代わりに日常のアノニマスなデザインから現代的な構成を抽出したことだ。「現代の美の宝庫はどこにあるか。単調に打ちつづく軌道とそれに負けじと立ち並ぶその傍らの電柱に、ラヂオ・セットの配線と真空管の配列に、工場に、サイロに、鉄橋に、飛行機飛行船とそれの格納庫に、自動車・汽車・電車・汽船と軍艦に。etc.etc.」と記し、アオリのない工場やサイロの写真はダイナミックさを伝え、建築以外の写真は機械の美を表現する。選ばれた対象物はル・コルビュジエの『建築をめざして』（1923）と酷似するが、おそらく参考にしたのだろう。ただし、図版ばかりの岸田に対し、テクストと図版の相乗効果を狙うル・コルビュジエの編集の方が一枚上手である。

岸田日出刀から丹下健三へ

丹下健三（1913–2005）が建築を志したのは若き日にル・コルビュジエを知ったからだが、なぜ東大に進んだのか？ 岸田はその一因かもしれない。彼は高校時代から岸田の文をたびたび読んでおり、憧れの先生のもとで勉強するのは喜びだったと回想する[5]。丹下は「学生のころでしたが先生の「過去の構成」には非常に感銘をうけました。とくに大学の先生の室には先生のライカで撮られた御所の一連の写真が引伸ばされて、パネルに貼ってありましたが、わたしはその写真から強い影響をうけたように思います」と述べている。後に丹下は写真家の石元泰博と『桂』(1960)を刊行したが、屋根を切った特徴的な写真は、晩年の岸田が斜めの線を排斥し、軒の出を嫌い、水平線を強調したという証言に通じる。

当初、岸田は弟子の丹下をもてあましたらしいが、すぐにかわいがるようになる。両者の関係は深い。丹下の有名なル・コルビュジエ論『MICHELANGELO頌』(1939)は、岸田が参加していた日本工作文化連盟の雑誌『現代建築』で発表の場を与えられた。大学院の岸田ゼミに在籍していた丹下が1等をとり、その名が知られるようになった大東亜建設記念営造計画(1942)と在盤谷《バンコック》日本文化会館(1943)のコンペは、いずれも岸田が審査員に名を連ねている。前者では神社を、後者では宮殿をモデルにしたが、ともに岸田の好む日本建築のビルディングタイプである。寺院や城の屋根を採用する帝冠様式の日本的表現を嫌う岸田の考えに沿ったうえで、丹下の抜群の造形センスは、モダニズムと日本的デザインを融和させた。

実作品はどうか。岸記念体育会館(1941)は、前川國男事務所の設計だが、丹下が担当し、顧問の「岸田博士の指導を仰ぎつつ」、誠実な構造の表現を追求した[6]。社会事業会館(1941)は、岸田+丹下の設計であるし、本郷文教地区計画(1946)にも両者が参加している。岸田は積極的に仕事を丹下にまわしたようだ。学会の作品賞に選ばれた図書印刷原町工場(1954)も、清水市庁舎(1955)も、岸田を顧問とし、丹下研究室が設計を行う。倉吉市庁舎(1957)は、岸田が一緒にやろうと誘ったものだが、連名で学会の作品賞を受賞している。倉敷市庁舎(1960)は、監修の岸田が指導した都市計画に従って建設が決定され、丹下研究室が設計した。もっとも岸田の正式な年譜の設計作品には、丹下絡みのものは記載されておらず、実質的には丹下研究室がやったものとみなせるだろう。

岸田コネクションの仕事は晩年まで続く。丹下の記念碑的作品にも後押しがあった。東京オリンピックでは、建設省の建設局が設計する予定だったが、施設特別委員会委員長をつとめた岸田や高山英華らが後世に残る施設が必要だと考え、強く「一流の人」丹下を推薦し、承認されるまでに多くの困難をのりこえて、国立屋内総合競技場（1964）が誕生したのである[7]。岸田は幻に終わった1940年の東京オリンピックでも施設の調査を担当し、ベルリンのそれを視察に行っていたから、ようやく戦後に実現した東京大会には並々ならぬ情熱を注いだであろう。ともあれ、丹下は岸田の期待に応えてきた。たとえば、香川県庁舎（1959）では、帝冠様式とは違う方法により、日本の伝統的建築を解釈した。岸田は丹下以外にも機会を与えている。たとえば、オリンピックでは清家清や菊竹らに、東名高速道路サービスエリア（1968）では、道路公団の顧問だった岸田の意見により、菊竹や黒川紀章らの若手建築家が設計することになった。まさに岸田は「近代建築のプロデューサー」（磯崎新）であり、丹下を中心とする日本モダニズムが生育する環境を整備した。一方、東京オリンピック2020では、こうしたフィクサーが機能せず、建築プロジェクトが迷走したことに、時代の変化が露呈した。

［註］

1――「岸田日出刀」、編集委員会編『岸田日出刀 上・下』相模書房、1972年。以下、本文中の岸田についての回想はこの文献による。

2――他に、岸田日出刀『焦土に立ちて』乾元社、1946年も参照。

3――他に、岸田日出刀『日本建築の特性』内閣印刷局、1941年も参照。

4――岸田日出刀『京都御所』相模書房、1954年。

5――丹下健三『一本の鉛筆から』日本経済新聞社、1985年。

6――『新建築』1941年5月号。

7――『新建築』1964年7月号、10月号。他に、藤森照信と石崎順一によるインタビュー「戦後モダニズムの軌跡」（『新建築』1998年1月号から1999年11月号まで連載）などを参照。

*――なお、本文中で出版社名、刊行年を示せるものは、註にあげなかった。

Sato Takeo

1899－1972

佐藤武夫

1924年、早稲田大学理工学部建築学科を卒業。同年、同大学助教授となり、また大隈記念講堂の設計担当となる。この時の経験が音響研究を始めるきっかけとなる。1938年、同大学教授。戦後、佐藤武夫設計事務所（現・佐藤総合計画）を立ち上げ、多くの公共建築を手がける。

建築の政治性と記念性 戦中期日本のモダン建築

田中禎彦

教条的モダニズムからズレていくもの

日本の近代主義＝モダニズム建築家の系譜でみたとき、佐藤武夫はいかにも異質な存在にみえる。作品的にみても、師の佐藤功一と協同したロマンティックな早稲田大学大隈記念講堂（1927）のほかは、戦後のいくつかの公共建築が知られるくらいで、むしろ、音響工学の先駆者的側面や、早稲田大学建築学科における建築教育の側面で語られることも多い。

しかし、たとえば初期の作品である鴫喃荘《しなん》（1933）や、草月流講堂（1934）などをみれば、佐藤武夫が当時盛行した、陸屋根・平滑な壁面・大きなガラス開口を擁した箱形モダニズムをこなしつつ、なお魅力的な内部空間をものにしていることが知れる。また佐藤は、多数の文章を残した文筆家としても知られるが、初期の『無双窓』などに収録されたエッセイのなかには、空間や構成の美学が旺盛に謳われるなど、彼もまた、昭和初期モダニズムの渦中に存したことに疑いの余地はない。

ただ、〈日本のモダニズム建築再考〉といった文脈で考えるとき、佐藤武夫をつうじて僕たちがいま最も喚起されるのは、建築の政治性と、そこから導かれる建築の記念性や象徴性表現の問題ではないだろうか。この時代、佐藤はナチス・ドイツの建築統制や、中国大陸における列強の植民地建築に接近しながら、建築のシンボリズムに着目。実作をつうじて建築の記念性発揚を体現しつつあった。そんな政治性への着目は、この時代全般の忌避も手伝って、従来あまり語られることはなかったが、これらの表現にみられる求心性は、現在のように、建築表現の依拠すべき基盤がみえにくい時代にあって、強い存在感を放っているように思える。

したがって本稿では、戦後の組織事務所のデザインに一時代を築いた、佐藤とその事務所の軌跡にはあえて言及せず[1]、むしろ、佐藤武夫の１９３０年代後半―１９４０年代の軌跡に焦点をしぼり、佐藤の言説や作品をみながら、国家意識に裏打ちされた建築の記念性の問題をさぐっていきたい。そうして、戦中期の日本にいっとき華開いたモダニズムの記念性のなかに、近代日本のもうひとつのモダン建築の流れを確認したいのである。

ところで、本稿で対象とする１９３０年代後半頃は、ようやく日本の建築界に定着しつつあった禁欲的で、教条的な白い箱形の近代主義建築を、すでに批判・超克するような言説が現れはじめた時代であった。たとえば丹下健三の、土浦亀城や吉田鉄郎の作品を指しての「衛生陶器」との揶揄は有名である。

そんな教条的モダニズムからの変容・脱却のプロセスは、およそ２つの側面からみるとわかりやすい。ひとつは〈空間のダイナミズム〉とでもいうべき、空間の流動性や、周囲との環境を重視した建築表現の流れであり、いまひとつは、しばしば壁体の量感などで表現された、記念性を前面に押し出した建築表現の流れである[2]。

ひとつめの空間の流動性の表現に関していえば、１９３０年代までに日本に定着した白い箱形モダニズムは、これを端的に欠いていた。転機は、おそらく坂倉準三のパリ万博日本館（１９３７）でもたらされる。坂倉は、ここで建築の内外を有機的にとり結ぶ動感を、ル・コルビュジエゆずりの造形手法を入れながら、アシンメトリーな平面構成や、内外を貫くシークェンシャルな動線設定でたくみに表現してみせた。この表現は、従来の表現にあきたらない丹下ら若い世代をたちまち魅了。とくに丹下は、国民住宅コンペ（１９４１）、日泰文化会館コンペ（１９４３）など、戦中期の重要なコンペをほぼ独占しながら、戦後につながる新しいモダニズム表現の流れを切り開いていったのである。

一方、もうひとつの、建築の記念性への着目の背景には、この時期急速に変化しつつあった国内外の政治状況と、それに伴う建築表現の変容があると考えられる。この時代、佐藤武夫や岸田

上：「早稲田大学大隈記念講堂」1927年
中：「鵼喃荘」1933年
下：「草月流講堂」1934年

日出刀といったイデオローグは、ナチスの建築意匠統制等に強い関心を寄せつつ、忠霊塔コンペ（1939）や、大東亜建設記念営造計画コンペ（1942）等の設計競技に、自ら応募、あるいは審査員として参加。あたらしい記念性の表現を問うていた。そこでは、1930年代前半頃までの設計競技でみられた、たとえば屋根によって記念性を表現する、帝冠様式のような19世紀的折衷手法は否定され、あくまでモダニズムの延長上にモニュメンタリズムを表象する手法が模索されたのである。以下、本稿ではこの2番目の流れに着目し、この時期、建築雑誌などを通じてさかんに喧伝された建築の政治性と、その表現の系譜をみていきたい。

ナチス・ドイツの建築、植民地の造形

1930年代は、世界的にみても、勃興しつつあった革新的イデオロギーが反動、保守化していく時代であったが、とくに1933年に政権をとったナチ党を擁するドイツではそれが顕著にみられ、都市建築を含めたあらゆる造形文化の統制が推進されつつあった。

すでに1936年10月から3カ月にわたり、渡独してシュペーアのニュルンベルク党大会議場などを実見していた岸田日出刀は、はやくもこの間の様子をメディアに伝えている[3]。ここで岸田は、ナチスの建築統制の実際を速報しながら、その後も『ナチス独逸の建築』などの著作をつうじて具体的な造形や理念を積極的に喧伝。とくに、建築家が体制に奉仕しつつ、国家の重要建築にかかわるようプロパガンダにつとめている。背景には、材料統制や戦時不況で建設着工量が激減、しかも国家的な造営に主体的にかかわるなど望むべくもない自国の建築状況への苛立ちがあり、それが、逆説的な憧憬としてナチス・ドイツに投影されたものといえるだろう。これは、この時期ドイツに興味をいだく建築家にほぼ共通してみられる立場であったように思える。

佐藤の場合はさらにすすんで、「建築文化政策の欠如」や「建築芸術と政治性―ナチ独逸の建築政策への理解―」「文化機能の翼賛体制」などと題した論考を次々と発表[4]。「独逸や伊

太利等の友邦が、率先して全体主義国家の必要と面目にかけて文化政策を取り上げ実行している事態そのこと」に覚醒をうながしつつ、日本においても「国家の目的性の中に、そして所謂物心総動員の行動のうちに、建築を主とする所有る造形文化に、一つの判然りとした芸術的ベクトルを与える」[5]ことを強く提議するなど、建築の意匠統制に向けた啓蒙はさらにラジカルである。

また、『ドイツの造形文化』といった著作をあらわし、建築統制の理念と造形の正確な把握につとめる。ここではナチス・ドイツの造形文化全般につき、当時公刊されたさまざまな文献、たとえばヒトラーの文化政策に関する演説文書等を翻訳によって紹介しつつ、図版とキャプションでドイツの造形文化を紹介する。図版編では、ナチス党大会場、ベルリン国立競技場はもとより、ハイマートシュミッツを体現したような青少年寄宿舎、あるいはアウトバーンや、ケルン空港などの土木構造物、はてはヒトラー・ユーゲントの制服までが掲載され、当時みられたナチスの造形文化の全般が網羅されている。「全体主義の造形文化」の全容を捉えながら、なお建築造形を主位とした日本の造形政策の方向付けをもくろむ、佐藤の姿勢がかいまみえてくるだろう。

では、佐藤が「文化機能の翼賛体制」などというとき、彼の視点はいったいどこに向けられていたのか。

僕たちの多くは、すでにその意識からはなれているけれど、当時の日本の知識人、さらには国土計画にかかわる専門技術者たる建築家のうちには、いまでは考えられないほど、中国大陸、とりわけ満州をはじめとした植民地に、建築をいかに建てるか、という問題が念頭されていたはずだ[6]。

実際、佐藤の場合にも、その視点は国内のみならず、日本がその当時持った租界地や植民地の建築表現に注がれている。この時期、佐藤は公務等でたびたび大陸に渡り、ドイツの文化政策を経由した視点で中国における列強の建築表現を観察、その政治性について正確な把握をしていた。さらに、それを経由した視点で、日本植民地の建築造形を見据えていたのである。

たとえば「支那大陸に於ける外国建築とその政治的表現」[7]という、ダイレクトな標題を持つ手記をみてみよう。ここで佐藤は、支那大陸にみられる列強の対華政策に関する考察と、それらを背景とした建築の政治的表現に関する所見をのべる。

> 今ここに誌そうとしている支那大陸に於ける諸外国の、乃至は夫等を背景とする建築も、所詮、意図するとせざるとに拘わらず一つの政治表現として受取られる対象に充分であり、夫等を振りかえって凝視することにより、私達はそこから夫々本国の持つ当時の建築文化を窺知するばかりでなく、それらの国々が企図した対外政策の手の裡を覗くことが出来るように思われる。

周知のように、イギリス、フランス、ドイツ、ロシアら列強各国は、租界地をはじめ中国各地に本国の建築様式をさらに誇張したようなスタイルを持つ建築を次々と建立していた。そして、そんな彼らの極めて尊大な建築群は、事大主義的な思想の強い中華民族に対し、強い示威効果をもたらしていたのである。

では、日本租界の建築状況はいかがであったか。佐藤は天津や上海の日本人居留区における建築群が、これら列強の建築表現に比し著しく見劣りすると指摘する。

> 我々は我が大陸政策が厳として存することを疑うものではない。にも拘らず彼の地に示される建築の造形的表現の上に如何なる指標を見出すことが出来るのだろうか。既に幾星霜の経営が為し遂げられて居乍ら、筆者は不幸にして未だに建築政策における斯の如き文化志向の顕示を明らかにしえないのである。

一方、新興満州国の首都新京では、RC造の躯体に勾配屋根を掲げた、日本の帝冠様式に類する官庁建築が、陸続と建てられつつあった。日本の都市計画史上、官庁街がまるごとひとつの様式で統制された例は、後にも先にもここ新京以外にない。もちろん、佐藤や岸田をはじめとするモダニストは、こうした帝冠様式風の折衷スタイルを概して嫌った[8]。しかし佐藤は、このような政治的な視点でもって建築造形をみたとき、新京・帝冠様式の造形群は、その表現意匠の巧拙はともかく、これらの統制行為を肯定するに躊躇しないという。

新興満州国都の新京は流石に主として日本人による建設のめざましい進歩が挙げられて居る。そこでの多くの主位的な建築は一連の政治的姿態をとって登場して居る。表現の適否、意匠の巧拙は別として、筆者はこの政治意図を肯定するに躊躇するものではない。

このような、建築の政治性にともなう、認識の転倒が注目される。こうした動きは、モダニズムが、その国際性ゆえいったんイデオロギー的に排除してきたものを、植民地に対する視点の移動を経て、再び自らのもとに召還する行為であったと考えられるからである。

建築の政治的な表現とは、ある国際間の緊張のなかで、意識的な表現をおこなうときにはじめて表れる。とすると満州は、日本人建築家が、はじめて国際的な緊張にさらされる舞台であったといえるだろう。

記念性の意匠へ

しかし、今一度確認しておくが、佐藤は、新京の建築表現を、造形統制の手段として容認したのであり、そこで展開された折衷

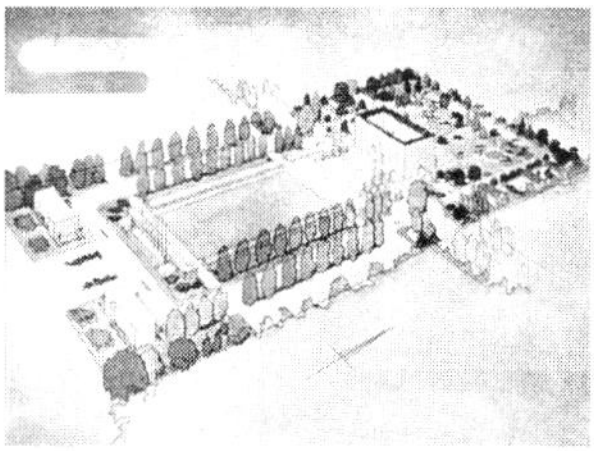

上：「忠霊塔設計競技案」1939年
中：新京の帝冠様式の1例、
石井達郎「国務院庁舎」1936年
下2点とも：
「熱河古蹟 普蛇宗乗之廟」1771年

的な意匠をそのまま受け入れたわけでは決してない。彼は彼で、あくまでもモダニズムの延長線上に、西洋歴史主義でもなく、帝冠様式のような折衷主義でもなく、また教条的なモダニズムでもない、何かしらあたらしい記念性の表現を追い求めていたのである。そんな「既存の造形的カテゴリーから独立」[9]した表現を、佐藤は、忠霊塔コンペの応募作品ではじめて世に問うこととなる。

忠霊塔コンペは、当選案こそ旧来的な日本の墓石を模したような表現であったが、堀口捨己、前川國男、坂倉準三らモダニストの案のなかには、従来の合理主義の美学ではおしはかれない意匠が表出していた。その意味で忠霊塔コンペは、記念性の表現を日本のモダニズム建築の流れに容れた画期的なコンペとして記憶される。

彼らの案の特徴はおおむね、①トータルな都市計画的提案のなかに忠霊塔を配置、総合的な神域の創出を意図、②マッシブなヴォリューム表現や量塊性をともなう壁体の構成で記念性を演出、などといったかたちで代表される。なかでも佐藤案の表現は突出して異様であった。

佐藤案をみてみよう。

佐藤はここで、「敷地全体に対して土木的、造園的、その他一切の造形要素を挙げて」広大な神域を計画。中心には塔のかわりに、むしろ「量感に愬えられる対象として巨大なる壁面の形式」を採用した「神殿」を表現した。実際、中心に位置する神殿は、古代エジプトのマスタバをスケールアウトさせたようなマッスそのもので表現されており、前庭には、これまた量感をたたえた2本の塔が屹立している。これは、具体的なディテールを避けつつ、壁体の構成といった、より抽象化されたモダニズムの造形によって、建築とそれをとりまく神域の記念性を演出したものといえるだろう。また、古典主義的な幾何学的秩序を基調としながら、なおオーバースケールな表現で記念性を表現する手法や、壮大な神殿の壁に穿たれた柱列のディテール等には、ナチス・ドイツの造形表現からの直接的な影響が看取される。

さらに、佐藤案は、熱河古蹟など、大陸の建築にみられる壁体を中心とした表現からの影響も色濃いように思える。

熱河古蹟は、満州国時代、彼国随一の建築遺跡として大いに建築家の注目をあびた建築群である[10]。佐藤も忠霊塔コンペの前年に、蔵田周忠とともに承徳熱河を訪問している。

いま一度、佐藤案をみてみる。と、一見してその壁体の構成に熱河古蹟との相同性を確認できる。さらに、壁体に囲まれた神殿の中庭中央に、遥拝の対象として中国風の亭が内包されていることに気づくだろう。無表情な壁体の内側に、東洋的な造形を内包する手法は、熱河古蹟、とりわけ普蛇宗乗之廟の正殿などでみられる手法であり、佐藤は、みずからの記念性表現に、この中国大陸の建築からの翻案を試みたのではないか。

熱河古蹟を訪れたモダニストたちは、その壁体のダイナミックな構成に、近代的な造形感覚に符合したモニュメンタルな建築の姿をみていた。とりわけ蔵田周忠は、その姿を西欧のモダン建築と比較しつつ「壁を遣いこなしている支那建築、その中でも近代的感覚を多分にもっている」熱河建築に、「新しい時代」の記念

上:「岩国徴古館」1945年
中:同、展示室
下:同、正面列柱

建造物の可能性をみた、と叙述。佐藤の場合にも、熱河の魅力を「壁の重畳」と断じながら、大陸の〈壁の建築〉を喧伝するなど[11]、この時代の造形にあたえた影響は決して小さくない。

さらに、このような佐藤の美学は、戦中に竣工したおそらく最後の建築、岩国徴古館（1945）にも連なっているようにみえる。この建築の持つ材質感や空間の質、そして何よりも圧倒的な量塊性には、佐藤の幾何学的秩序への執着とともに、熱河古蹟をはじめとした〈壁の建築〉が持つ量塊性、記念性への畏敬が見受けられるのである。

岩国徴古館を訪れてみる。

低い屋根、鉱滓タイルで仕上げられた壁。正面に列柱をならべ、左右に縦長の小窓が穿たれただけの、寡黙な表情を向けて徴古館は建っている。列柱をくぐって玄関ホールに入ると、ここは、外観の印象そのままに、さらに超然とした空間である。周囲に鉱滓タイルの壁が切り立ち、垂直の柱が林立するこの空間は、古典主義建築にみられるような幾何学的秩序への執着と同時に、陰影に満ちたロマンティシズムが同時に立ち現れている。

一転、玄関ホール向かって右側から展示室へ入ると、内部空間は優しく穏やかである。たおやかな丸みをおびた柱が林立し、連続したアーチをつくり出す。正面アーチの向こうに設けられた小窓からさしこむ光は、白い漆喰の壁と柱に明るみをつくり、黒く塗られた木部の対比とあいまって、息をのむような美しさを生んでいる。外観や、玄関ホールが持つ、荒々しいテクスチュアに支えられた圧倒的な量感、そして小窓から光さしこむロマンティックで優しい場所。これら、ほとんど対立する空間の要素が、幾何学的な構成を基調に、破綻なくまとめあげられる。佐藤の求めた、建築の超越的な力と、ロマンティシズムとが、ここに結晶しているといっていい。

超越性とロマンティシズム

さてここまで、ナチス・ドイツの建築統制と造形文化に深く傾倒し、植民地を含めた日本の国家をシンボライズするような記念性の表現を追求した戦中期佐藤の言説と作品とをみてきた。また、そんな記念性への傾斜は、ひとり彼のみならず、岸田ら同世代の建築家と共有するものであり、彼らのプロパガンダは、やがて前川國男や丹下ら、若い世代の建築家の造形表現までも変容させる強い同時代性を持っていた。たとえば、佐藤や岸田が主導した大東亜建設記念造営計画コンペで丹下健三は、マッスの表現で記念性を表現、モダニズムを基調とした新しい造形表現の可能性が呈示されたのである。

しかし、ここにきてなお、この時代の佐藤のなかに、何か時代的な背景だけでは説明できない、美学的な没入の身振りを感じてしまうのも事実である。最後に、佐藤の個人的な資質にあえて議論を収斂させ、佐藤武夫論のけりとしたい。

佐藤の作品の多くに、幾何学的な秩序が認められながら、なお、民族的なものや、地域的なもの、そして風土的なものが、抜きがたく表出していることはよく知られている。これが佐藤作品のなかに、後の世代の建築家には見出せない重厚さと安堵感とを同時に与えているのであるが、一方でこれは、佐藤の体質的とでもいうべきロマンティシズムを端的に示しているようにも思える。

そこでその、佐藤のロマンティックなもの、こわれゆくものへの傾斜をあらためて考えたとき、さらに幼少から病弱であった彼の肉体の質を想起したとき、戦中期の佐藤の、何か圧倒的なものへの没入の身振りとは、じつは、自らのうちにある弱いものへの共感と、そこから逃れようとする反感とのアンビバレンスを、超越的なものへと一体化することで克服しようとしたものではないかと想像されてくる。そして、それらを止揚する媒介として、たとえばナチス・ドイツの建築は選ばれたのではないか[12]。村松貞次郎は佐藤の死に際し、彼を「こころよわき建築家」と評している[13]。外的な超越性をもとめた建築家の、出立からはじまって、自らのうちにかえっていくもの。そんなところに戦後まで続く佐藤の表現の神髄があるような気がしてくるのである。

［註］

1――佐藤武夫設計事務所の軌跡については、田中孝、米山勇『ロマンティストたちの家』日刊建設通信新聞社、1997年、『現代日本建築家全集7』三一書房、1975年などを参照のこと。

2――こうした1940年代前半にみられる、教条的モダニズムからの変容プロセスを、「環境」やランドスケープといった観点から論じたことがある（田中禎彦「2つの〈環境―建築〉―1940年代日本のモダン・デザイン―」、『20世紀建築研究』INAX出版、1998年）。

3――岸田日出刀「ナチス独逸の建築一色化とは」、『建築雑誌』1937年3月号。ほかに早い時代のナチス・ドイツの建築に関する情報としては、新名種夫「最近の建築に現はれたファッシズムの傾向」、『建築と社会』1937年1月号、谷口吉郎「ナチスの建築活動」、『建築雑誌』1940年1月号などがある。

4――前2者はいずれも『無双窓』相模書房、1939年所収。後者は『新建築』1941年2月号。

5――佐藤武夫「建築文化政策の欠如」。

6――従来、こうした建築家、とりわけモダニストの大陸体験とその影響は建築史上であまり論じられていない。しかし、たとえば日本工作文化連盟の機関誌『現代建築』誌上の「大陸特集」等でみられる彼らの大陸へのなみなみならぬ関心をみるに、これを軽視するわけにはゆかない。

7――佐藤武夫「支那大陸に於ける外国建築とその政治的表現」、『建築雑誌』1942年10月号。

8――帝冠様式に類する建築が、1930年頃までの設計競技によって次々と選出されていたことはよく知られている。これに対するモダニストの抵抗としては、日本インターナショナル建築会による設計競技への応募拒否の声明書、前川國男の応募規定を反しての国際様式での応募などがある。

9――佐藤武夫「忠霊塔競技設計図案説明書」、『現代建築』10号。

10――興味深いのは、熱河を巡礼したモダニストが熱河古蹟に近代主義建築の要素を認めつつ、日本の伝統建築にはない「量塊性」「記念性」「構築性」をみていたことである。こうした建築の量塊性や記念性に着目する指向性は、佐藤武夫はじめ、蔵田周忠、遠藤新ら大陸を訪れた建築家の論考にこの時期集中的にみられた。

11――佐藤武夫「北支蒙彊浩形アルバム」、『武者窓』相模書房、1941年。

12――一応ことわっておけば、このようなロマンティックなもの、こわれゆくものへの憧憬は、ナチス・ドイツの表現となんら矛盾することではない。ナチス・ドイツでは、廃墟の美学が唱えられていたことはよく知られているし、彼らの主導した造形文化のうちには、各地につくられた青少年宿舎や厚生施設など、風土性を重視した民族的な形が多数ある。これらは、単に彼らの古典主義への傾倒が、様式復古的な現象ではなかったことをよく示しているように思える。

13――村松貞次郎「こころよわき建築家だった佐藤武夫」、『新建築』1972年6月号。

Yamakoshi Kunihiko 1900–1980

山越邦彦

東京帝国大学工学部建築学科を卒業した1925年に新聞紙上で分離派建築会を批判。1930年、『建築時潮』を創刊、また、新興建築家連盟の結成に尽力。1933年、実験住宅「ドーモ・ディナミーカ（自邸）」建設。「構築」理念により近代建築を乗り越えようとする姿勢を貫く。

「建築↓ルート・マイナス1建築↓構築」という冒険《シュプール》

矢代眞己

「訊ねても語らず、心を尽くして求め薦めても著書を残さず、遺言もしな」いままに[1]、彼岸へと旅立っていったひとりの建築家。そうして彼は、此岸に「決着」をつけたのであり、望んだように現在では、すっかりと歴史のベールに覆われている。

ちなみに西山卯三は、1971年に彼について、「戦前に活躍した建築家」と評したうえで、戦後いち早く中性洗剤の問題点に気づき、その公害性を告発する運動をはじめて、そのために「この社会からシャットアウト」されてしまったと、その消息の一端を伝えている[2]。

そんな生き方を選んだ建築家・山越邦彦が、昭和戦前期に示していた革新的かつ確信的な姿勢、つまり「構築」という構想のもとにあるべき「近代建築」の追求に賭けた、その冒険の企《シュプール》てを、再現《トレース》してみたい。

封印された「近代建築像」

一般に日本の近代建築運動は、1929年から翌1930年にかけて、じつは同床異夢の烏合の衆とも言い得るような、「分離派」以来の同人的集まり、多種多様な小会派の乱立という性格から急激に脱却し、共通の理念《イデオロギー》のもとに大同団結し、組織的な活動を行いはじめた、といわれる。

そしてそのゴールは、言わずもがなだが、1930年7月18日の「新興建築家連盟」の発足へと結実していった[3]。その際、結成に向けて、準備作業に奔走していた群像に、山越、石原憲治らがいた。

100人の少壮建築家が結集することで姿を現した新興建築家連盟は、「科学的な社会意識のもとに団結して、建築を理論的に技術的に獲得すること」を基盤に据え、「現実の科学的探究と史的発展の必然的法則の把握」により、「明日の正しき強大なる建築の更正」と「今日の行きつまれる社会的生産関係の桎梏から建築を解放」することを、目標としていた[4]。

ただし新興建築家連盟は、山口文象によれば、日本建築界の大御所・佐野利器からの圧力を受けて、つまり「アカ」という烙印を押されることにより[5]、具体的な実践を行う暇もなく、実質として同年中に「空中分解」を余儀なくされることにもなる。

こうして、「科学」の名のもとに伝統的な建築像に清算を迫った、新興建築家連盟の企図した「近代建築像」は、その「未知の広野」を具体的に開拓することなく、産声をあげるや否や、有無を言わされずに封印されてしまった。

新建築思潮講演会を巡る2つの挿話《エピソード》

「新興建築家連盟」として日本の近代建築運動が一元化されるに際して、共有されるべく理論的な基盤を提供する契機をもたらした重要な事柄としてしばしば指摘されてきたのが、「創宇社」の展覧会活動と併催されるかたちで、気鋭の建築家を招い

図1:「第1回新建築思潮講演会ポスター」1929年

て二度にわたって開催された「新建築思潮講演会」である。

1929年10月4日に開催された第1回新建築思潮講演会は、雨模様にもかかわらず、立錐の余地もない素晴らしい盛会であった、と伝えられている。

その際、牧野正己「建築思潮を語る」、仲田定之助「アドルフ・ベーネの建築観」、岡田孝男「建築標準化の問題」、岡村蚊象(山口文象)「合理主義反省の要望」、谷口吉郎「建築は口ではない」の5人が、それぞれ講演(「」内演題)を行った。また、講演内容は『国際建築』に掲載されることで、講演会という枠を超えて建築界に共有されることにもなる[6]。

ところで、唐突にキャンセルされてしまったが、じつは山越もこの講演会で、「構築←ルート・マイナス1建築←建築」と題する講演を行う予定となっていた[図1]。ドタキャンの理由は明らかではないが、当日、山越は姿を現さなかったのである[7]。

翌1930年10月3日に開催された第2回新建築思潮講演会では、川喜田煉七郎「ア・クライン氏の住宅平面の考察」、前川國男「3+3+3=3×3」、新井格「建築と近代思潮」、岡村蚊象「新興建築家の実践とは(合理主義反省の要望の続)」、白鳥義三郎「都市形態と都市計画」、滝澤眞弓「ギリシアの建築家」の6人が、講演（「」内演題）を行っている。

こちらの講演会も、講演者の熱心さと来場者の真摯な態度とが支配的で、盛会の内に幕を閉じたと伝えられている。そして講演内容は、ふたたび『国際建築』に掲載された[8]。

さて、この際の前川の講演は、ル・コルビュジエのもとでの修業を終え、日本建築界へのデビューを飾るものであった。

ここで前川は、ヨーロッパでの状況をレトリックとして用いながら、二重の観点から日本の建築界の状況についての批判を展開した。建築の芸術性を根拠に過去の様式を適用するアカデミーの姿勢を批判する一方で、その姿勢には共感を示しながらも、機能主義や合理主義、あるいは階級意識などを標榜してはいるが、じつは浅薄に「流行」を取り込んでいるに過ぎないのではないかと、新興建築の推進派にも批判の刃を向けたのである。そして、芸術としての建築像を否定しながらも、「役に立てばどんなものでもよい、走るものならスチヴンソンの機関車でも結構というのは、すでにニヒリズムへの一歩を走りだしている」と、芸術性を捨て去れない視点も示していた。

この前川の講演について、おそらく今回は聴衆として来場していた山越は、「ナンセンス漬けの新感覚派の文士でも云いそうな事が多かった。暴言まで云って居る。ニヒリストだ。建築家はフランスに行ってはいけないらしい」と、酷評するのである[9]。

ここに紹介した新建築思潮講演会に付随する山越絡みの2つのエピソードは、マイナーではあるが、当時の山越の位相を考えるうえで、看過できないものとなる。つまり山越は、新建築思潮を語らせるうえで欠かすことのできない人物のひとりだと認められていたこと、そして、後に「近代建築の闘士」とも評されることになる前川の近代建築に対する姿勢を、「ニヒリスト」と断じるまでに先鋭的な思考を抱いていたことが、確認できるからである。

そして、新興建築家連盟の結成に向けて奔走したことも含めて、それでは山越は、いったいどのように「近代建築」を把握・構想していたのだろうかと、再検討の作業も誘うことになる。

その核心は、キャンセルされた講演のタイトルに見られる、矢印の最先端に位置する「構築」という「建築」の構想に見出せよう。しかしそれは、いかなる意図や内容に基づくものだったのだろうか。これについては、いくつかの補助線を引きながら、探っていかねばならない。

プルルル生の「分離派」批判

日本の近代建築運動のパイオニアたる「分離派」への若い世代からの批判としては、その芸術至上性を説き、事実上の死亡宣告も告げたとされる、谷口吉郎の「分離派批判」（『建築新潮』1928年12月号）が有名である。

しかし、まさに谷口が指摘したような「分離派建築会」に潜む特質を、速やかに見抜いた人物がいた。「プルルル生」である。そして、彼の朝日新聞への投稿記事を契機に、東京中央電信局の造形を巡る論争が勃発する。

1925年8月7日の朝日新聞（東京）の「鉄箒」欄に、プルルル生という匿名による「中央電信局」というタイトルの投稿記事が掲載された。ここでプルルル生は、竣工したばかりの山田守の設計による「中央電信局」に潜む芸術志向性を指摘するとともに、それを手厳しく批判していた。

まず、その坪当たり単価（550円）を、帝国ホテル（570円）や歌舞伎座（350円）と比較することで、実質的に無駄が存在するであろうことを指摘し、そのうえで「建築は芸術だなどと云ったのはだれだ」、そして「建築は彫刻のようなものではない」と述べる。さらに「いやしくも工場建築には無駄は許されない」とする。

また、無駄の原因として、東京中央電信局の造形上の最大の特徴である「土筆《つくし》」と称されるパラボラの施工上の難しさと、全面タイル張りという「材料の乱用」とを指摘する。そうして建築家に、マッスとかプロポーションだとかを考えないで、「最も価値のないものに客観的妥当性をつけること」、「無駄のない所に美をさがす構想」を行うことこそを求めて、筆をおいている。

これが契機となって「東京中央電信局」を巡る論争が、「鉄箒」欄を舞台に、繰り広げられていくのである。

同月12日、「M・Y」という匿名で「中央電信局礼賛」が掲載される。

ここで「M・Y」は、やや見当違いでもあるが、まず、指摘された坪単価には設備工事費も含まれ、建築工事単独では４４２円となり、工費としてはごく普通の範疇に入るものであることを強調する。そして、美術建築であることは問題外としながらも、「実用建築、それが芸術的であり、物質及精神の両方面の条件を満足せしむる事こそ当面の問題で」、多数の市民の目に触れる「建築が非芸術的物質的醜態である事」は許されないと、近代建築に求められる造形的な課題の所在を明らかにする。そして、「装飾のための装飾」の代わりに、「実用的な部分のプロポーションを整えることで、「美的統一のもとに芸術たらしめ」られたこと、また「装飾塔の代りに煙突が代用され、水そう、機械室、無線電信の鉄塔が美の要素となっていること」に、「何の不都合があろうか」と、未来派的な言辞を述べつつ、その正当性を擁護していた。

これを受けて16日に、再びプルル生からの「建築弁」という投稿が掲載される。

ここで彼は、「M・Y」を「山田守」と解釈したのか、議論の相手を「分離派」と括って、反駁を行っていく。そして、結局は「最も新しい分離派は大建築家の所謂１８８７年の仏国アカデミー編の大辞林にある〝建築家は芸術家なり〟を出ない。情ないじゃないか」と説く。さらに「工場建築を……美建築にして精神的物質的に満足せしむる」ことが建築の命題とされることに疑問を呈したうえで、最良の建築を「経済学の最小労価で最大効果をあげるもの」とする把握を示す。そして、それは「無駄のない所に美を探す構想」であり、「醜建築」を意味しないともする。さらに、時はすでに構成派、ネオダダも過ぎ「構築派」の世に入っているとも位置づける。そうして「あなた達は未来派にも達しない」とも毒づく。そのうえで、「建築家は設計も、見積も、積算も出来、その上に施工もわからなければいけない」と結んでいる。

図2：1930年7月に発行された『建築時潮』創刊号
図3：新興建築家連盟結成の記事が掲載された『建築時潮』第4号（1930年10月発行）。表紙には「石原憲治」の蔵書印が押されている

さらに9月1日には、「分離派」の同人、滝澤眞弓による「工場荘厳」が掲載される。

ここで滝澤は、分離派を代表しての反論を試みている。それは「無駄と余裕との区別を知れりや」を骨子として、現代の象徴たる工場建築こそ、余裕をもつ存在として優遇されねばならないと、未来派にも見られる工場礼賛の立場も引合いに出しつつ、論を進めたものであった。しかし、「彫刻などを引合に出さねば建築が、芸術か非芸術かわからぬ様では困る。建築は建築から出発したらいいではないか」と、トートロジカルな視点、つまりアプリオリな建築像を肯定しつつ、「其上で建築芸術否定ならそれでよい」とも述べている。さらに、「建築芸術否定の如きは世の末」だと、図らずもその胸の内を吐露してもいた。

そして同月9日、プルル生の再度の反論である「再び建築弁」が掲載された。

ここで彼は、滝澤の「建築芸術論」に対する批判を展開する。「一寸した見方に最小労価で最大効果を上る方法」があることを説くのである。そして、その補助線をどう探すかこそが問題であり、「工場建築の如き生産的なものは合目的」だけで良しとする立場を示す。しかし、それでは建築として「かたい」だけのものとなってしまうので、そのかたさを一寸だけ破ることを説く。

そうして初めて「最も合目的で、美しく最小労価で最大効果が上る」とし、無理して「土筆坊」を用いる必然性のなさを明らかにする。また、そのうえで「建築家が工場建築に遊戯をすることで得意になって居るときではありません」と、言及するのである。

こうして「プルル生」は、東京中央電信局を巡る論争に終止符を打つのだが、じつは彼こそ、東京帝国大学を同年に卒業したばかりで、当時は戸田組の設計部に勤務していた、山越邦彦だった[10]。

「構築派」の時代という把握のもとに、いまだ未成熟でもあるが、合目的性や経済性を論拠とした先鋭的な建築論を組み立てることで山越は、時代の寵児たる分離派建築会の諸先輩を相手に、匿名ながら見事な論陣を張り、その限界を指摘するとともに、やりこめもしたのである。

「構築」のフォーラム＝『建築時潮』

1930年7月、新興建築家連盟の結成と歩調を合わせるかのように、『建築時潮』という誌名をもつ1冊の建築雑誌が創刊された[図2]。翌1931年6月には廃刊となってしまう短命の雑誌だったが、創宇社同人・竹村新太郎によれば「此当時最も進歩的でまた建築学的にも高い水準」をもつ存在だった[11]。

その編集の任に当たっていたのが、山越邦彦だった。そして、『建築時潮』という場を借りて山越は、「構築」という理念・構想を展開し、その普及を図っていくことになる。

創刊号には、「Eingang」と題されて、創刊の目的が高らかに宣言されていた[12]。

> 建築の時代は今や過ぎ去ろうとして居る。／我々は構築時代の暁を体験しつつある。／その過渡期に於いて我々は何をしなくてはならないか。それは余りに明瞭である。／我々は、現実の社会に突入して体験した。／社会は未だ未だ建築の幼稚な地下室で遊んで居る。／不合理な計算されない、感覚的な、非物象（ウンザハリヒ）趣味的な、暗い、個人的な、非生物学的、非社会学的な、製図板的建築計画が行れて居る。／何故か？／社会に責任がある。建築主は真の建築を知らないんだ。そして

建築家も悪い。／我々は構築したい。併しその為めに非常に大きい摩擦抵抗を感ずる。／その減摩剤が此の「**建築時潮**」として現れた。／当分此の減摩剤を社会に注入する。／**生物学的**／**社会学的**／**健康的**／**ザッハリヒカイト**／**機能的**／**材料的**／**構造的**／**合目的的**／の研究を目指して、可及的新しい報道の順列組合せをしようと思う。／何故此の雑誌に「構築」の代わりに「建築」を冠したか。それは我々に大いに考える所があつた為めである。／何れ「構築」へと棄揚する時代の早く来ることを待望する。（「／」は原文改行）

ここに明らかなように『建築時潮』は、一貫して「構築」という課題を命題としていくのである。そして、芸術家としての建築家像を否定し、自らを「新建築家強いて在来のと区別して云えば構築家」と位置づけたうえで[13]、刊行の目的を「客観的妥当性のある構築」[14]、「合目的構築」[15]の確立としていた。そして掲載される記事は、翻訳、論説を除いて、「匿名性署名の如何に拘らず客観的妥当性があればいい」という姿勢により、一般に無署名とされていた[16]。

こうした視座は、「社会の動向に対して深い洞察を有ち、建築の進路を新たに開拓して行こうとする」企て、つまり、芸術ということで特権的な位置を占めてきた建築に、科学を用いることで、積極的に社会性をもたらそうとする態度に基づくものであった[17]。そして、『建築時潮』の役割は、「世界の現実を在りのままに把握すること」と「建築の技術を忠実に研究すること」と、位置づけられていた。さらにそのためには「イデオロギーの存在を否定するわけにはいかない」との立場も示されていた[18]。そのうえで『建築時潮』の「発展は、日本に於ける新興建築の発達を意味し、日本民衆の生活に対する新らしい態度の把握を意味する」と表明されている[19]。

つまり、唯物論的・科学的な立場に立ちながら、即物性、合目的性などを規範として、建築という課題の根本的な捉え直しを図ることが目論まれていたのである。そして、誌名では伏せられていたが、誌面としては実質的に、「構築」という近代建築の構想の展開・普及を図る「フォーラム」の役割を担っていた。

記事の内容そのものとしては、各号とも基本的に「論説」「時潮」「技術」という三本柱からなりたっていた。論説欄では構築としての近代建築を理論的・技術的に支持する論述が、時潮欄では国際的な展覧会や会議、そして世界各国における住宅を中心とした近代建築運動の動向や成果が、そして技術欄では実務的な技術情報が、盛り込まれている。また、口絵では世界各国の近代建築の実例が紹介されている。そして雑録欄では、世界の建築界の動向や最新情報が取り上げられている。多数の文献の紹介と書評が掲載されていることも特徴となっていた。

とりわけ特徴的な記事としては、ソ連での建築の動静についての継続的な報道[20]、バウハウスでのハンネス・マイヤー解任事件の顚末についての追跡的な報道[21]、ＣＩＡＭ会議の内容についての迅速かつ詳細な報道[22]、などを指摘できる。また、わが国の建築界の動向については、日本の建築専門誌の中で唯一、新興建築家連盟の結成と解体について、大きく誌面を割いていた[23][図3]。

こうした誌面内容について山越は、「世界建築界の情勢を、これ程迅速に、これ程要約して報道しつつある建築雑誌は殆ど他に見られない」との自負も示している[24]。

つまり、『建築時潮』は、唯物論的な基盤から「科学・技術」を規範とする「構築」という構想を前面に押し出して、同時代の世界的な近代建築運動の動向を紹介しながら、「インターナショナル」な建築像の普及・確立を企図していたのである。そして、創刊および唐突な廃刊の時期の符合や、近代建築の方向性に対する類似した視点、さらに編集長・山越の動向を合わせて考えると、『建築時潮』は、新興建築家連盟の機関誌＝代弁者たらんともする雑誌であったともいい得る。

「構築」されたリアリティ＝「Domo《ドーモ》 Dinamika《ディナミーカ》」

それでは山越のいう「構築」としての近代建築理念は、どのような回路で具体的な創作論へと接続されていたのだろうか。

１９３３年に竣工した山越の自邸、「動力学的家」の意味をもった「ドーモ・ディナミーカ」というエスペラント語の名称がつけられた作品をつうじて、検討していこう［図4—6］。

「ドーモ・ディナミーカ」は［25］、現代の茶室建築、そして都市生活には必須の住居集合体のユニットの典型、ともなるべく建設された実験住宅である。また、将来的な生活の変化も見越して、その変化にも耐え得るよう「成長する家」というアイデアも取り込まれていた。

ところで、茶室建築は、山越にとって「構築」の手本＝「建築の本道」と認識されていた。茶道という生活形式と茶の湯の心に即応したかたちで、「最も手近に転がって居る木石の中から合目的的で然も美しいもの」を選び、「ザッハリッヒで生々した解決」として構成されたものであったからである。そして「個々の材料

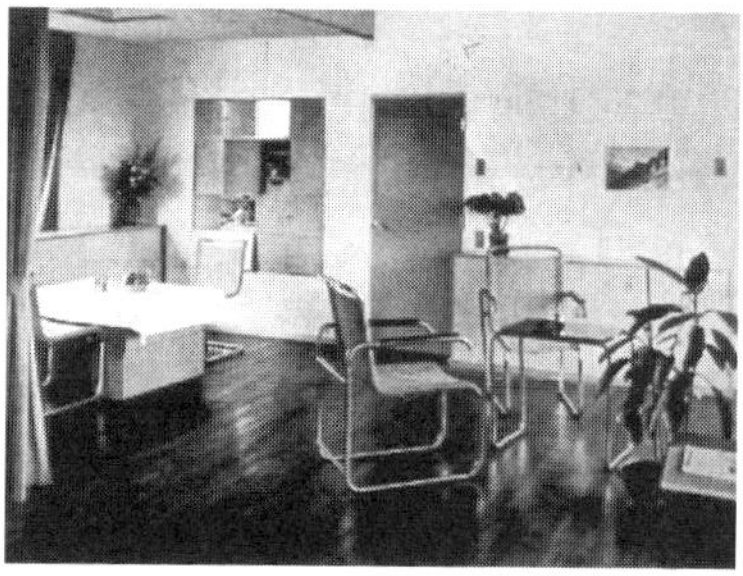

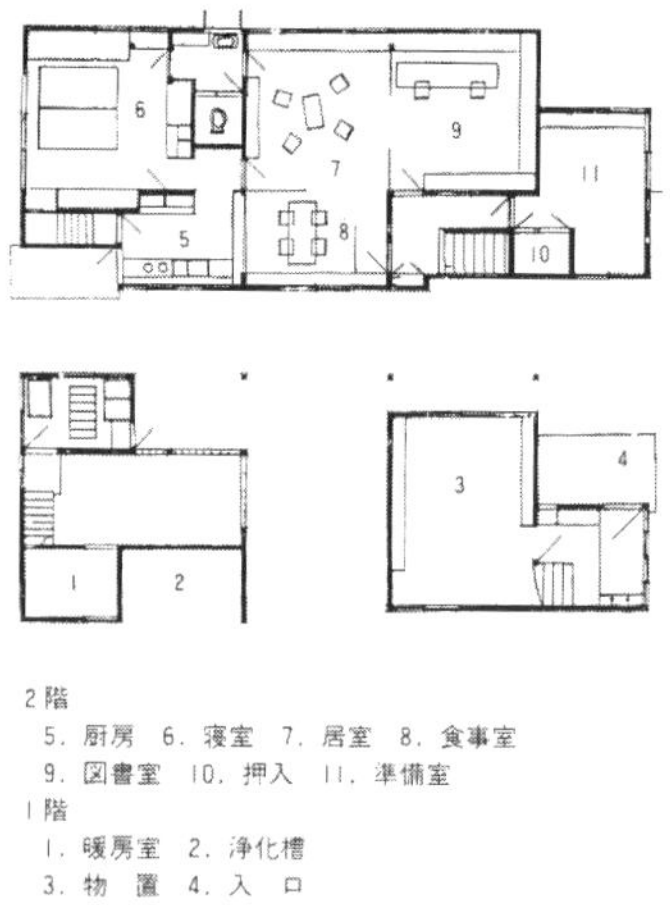

図4：「ドーモ・ディナミーカ」外観、1933年
図5：同、2階居間＋食堂部分。
収納や時計が装置化されて、壁面にビルトインされている
図6：同、平面。「成長する家」という主題どおり、
1階ピロティ部分には後に「実験室」が増築された

を100%に利用して、更にその材料のモンタージュによって、飛躍的に120%の効果」をあげていたからでもある。

この意味で山越は、近代生活に見合う市民生活の器として、現代の茶室をターゲットとしたのである。

その着眼が、住居集合体のユニットの典型や「成長する家」という発想につながっていく。具体的には、「夫婦共稼ぎ」の世帯が、技術の力を借りながら快適かつ無駄を省きながら暮らせるライフスタイルが想定されていた。そして、これらの点で弾力性を含ませていることが、「ドーモ・ディナミーカ」という名称に結実されているのである。

「ドーモ・ディナミーカ」の建築的な特徴だが、主体構造は木造である。仕上げは、外壁はアスベストボード乾式工法張り、内部はフジテックス張りのうえ塗装である。こうした仕上げは、住宅建設の工業化を視野に入れたものといえるだろう。また、屋根は陸屋根に近い緩勾配となっている。

平面計画では、生活の中心、つまり主要な居室は2階部分におかれている。椅子式生活の欠点を補うために、パネルヒーティングの床暖房が設けられている。L字形に配列された居間+食堂、そして図書室は、可動の間仕切りによって、多様な使い方が可能となるように工夫されている。また照明や時計は、乾式工法を用いた利点として、壁面に装置化されるかたちで埋め込まれている。さらに各室には、造作としての収納家具が設けられてもいる。1階部分には玄関、物置、暖房用機械室、そして浴室が設けられているが、一部はピロティとされており、この部分が将来の「変化」に備えるための担保となっている。

このように、最新の技術を用いながら、部分部分で合目的的、機能的、経済的な工夫がなされているとともに、それらが全体化された際に、総合的に「成長する家」あるいは弾力性を包含した「ディナミーカ」な性格をもって、相互に補完しあうように関係づけられている。つまり、「120%の効果」とも、「最小労価で最大効果」とも言い得るかたちが、具現されているのである。

つまり、生活を根本に据えることで、「技術」に溺れることな

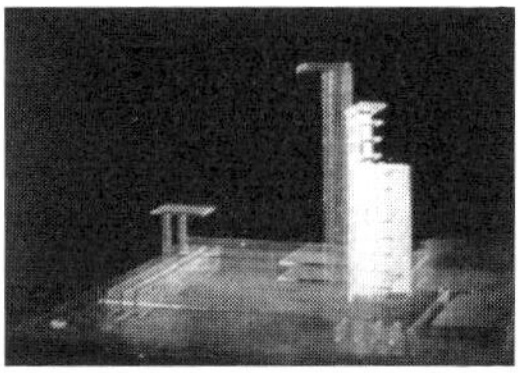

図7:「三科形成芸術展覧会ポスター」1927年
図8:「硝子構成物体」1927年

く、その「総合化」を図っている点に、山越の「科学」に対峙する姿勢の特質を、見出せるのである。

「構築」の世界性

「構築」という構想をもって山越は、「近代建築」を結晶化させようと試みていた。その山越独特の「建築」に対する言い回しは、「明治初期の大先輩の造語〝建築〟」に対して、「環境的には都市計画も含めた軍隊用語」を転用して用いたものであった[26]。

つまり、山越にとって近代建築の課題とは、「ドーモ・ディナミーカ」に体現されているような総合的な科学・技術として、建築という概念を捉えなおすこと、にあったのである。つまり、美に奉仕する存在としての建築像の転換が図られていたのであり、同時に、建築として分化された領域を総合的に問いなおそうとする作業が行われてもいた。言い換えれば、美的現象としての「建築」という概念が生まれてからは失われてしまった「建築」という営為の本質を、取り返そうとする目論みであった。すなわち、山越の言葉を借りれば、「建築」は、美的存在と理解されるようになったことで「ルート・マイナス1建築」、つまり「虚数」という虚像、いわば虚飾の存在に成り果てた。しかしそれを、先に見たように科学的に捉えなおすことで、「構築」と定義しなおされた（建築の）本来の姿へと回復させることが企図されていたのである。

そして「構築」とは、科学・技術的な可能性を信頼して、たとえばその所産である「機械」などに見られる「合目的性」「即物性」「機能性」「経済性」といった諸々の特質、あるいはそれらをひっくるめての「必然性」という性格を援用しながら総合的に運用することで、「モノ」としての「建築」のあり方を、とことんまで突き詰めようと試みるものであった。ただし、単にその機械的な適用・応用にとどまるものではなかった。それは、たとえば「成長する家」という概念を見れば明らかとなる。むしろ山越は、「科学・技術」という視線をつうじて、「自然＝モノ」に潜んでいる同様の性格を見据えていたのであろう。「自然」もまた「科学・技術」と同様に、必然的な存在であり、なおかつ、変化や成長というプロセスにも完全に耐えうる存在だからである。そして、それゆえにそのレゾン・デートルを「不滅」を目標とする芸術性におく「建築」に対して、異議を唱えたのである。

ところで山越は、いわゆる芸術音痴として反芸術を唱えていたわけではない。むしろ、「新しい芸術」の有りように対して、自覚的でもあった。たとえば山越は、山口文象、仲田定之助らを中心に、諸芸術の総合化を試みる姿勢を打ち出して1926年に結成された芸術運動体「単位三科」の活動にも参加していた。

そして、その唯一の果実ともなった、1927年6月に開催された「三科形成芸術展覧会」［図7］では、「硝子構成物体」［図8］、「（可動）家具」という2つの作品を出展している。このうち「硝子構成物体」は、ガラス板を組み合わせて高層ビルを想起させるような建築的な構成を試みたものであった。ガラスという素材がもつ透明性や反射性といった固有の性格を詩的に表現しており、同展覧会の展示作品の中でも高い評価を受けていた。また、同時に開催された「劇場の三科」では、山口、仲田らと共同で、日本で初めて演じられた、可動する舞台機構を主役とした抽象劇「ファリフォトン舞台形象」の上演にも、参画していた[27]。

それでは、山越の「構築」という構想においては、「美」は、どのように把握されていたのだろうか。

一言でいえば、すべての要素が全体=総合として必然的なかたちで組み合わされながら現れている自然の形象を人が美しいと感じるように、科学の力を活用してすべての要素を必然的に構築できるとすれば、自ずからそこに美は降臨する、と考えられていた。

つまり山越は、アプリオリな、要するに特権的な存在としての「美」を、否定していたのである。

そして、その「総合的な科学」という視点のもとで、「俊鎮論争」以来、わが国の建築界を賑わしてもいた、美と用に分裂した建築解釈の二元論的対立の回路にも、概念的には終止符《アウフヘーベン》が打たれることにもなった。

ところで、山越の提起した「構築」という建築の構想は、決してエキセントリックな存在ではなく、西欧における同時期の建築運動の潮流と、軌を一にするものでもあった。たとえばドイツを

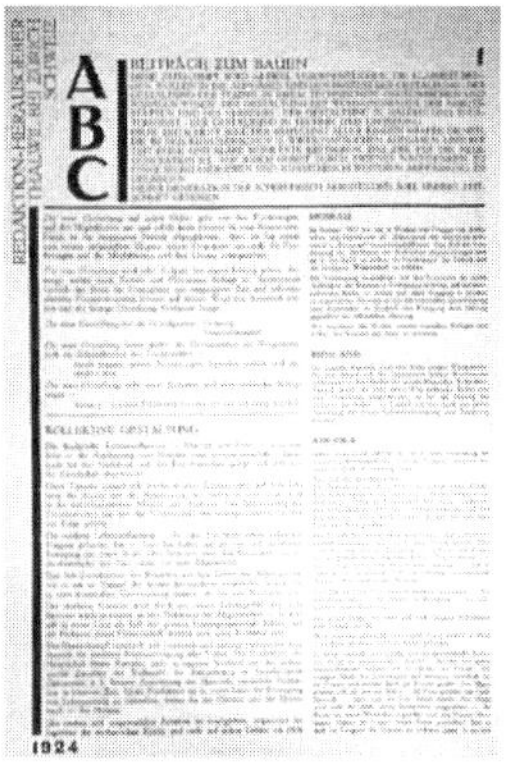

図9:『ABC:バウエンへの貢献』創刊号、1924年

中心とした「ノイエス・バウエン（Neues Bauen）」の動向と、類似する性格をもっていた。とりわけ、１９２４年から１９２８年にかけて刊行されていた『ＡＢＣ：バウエンへの貢献（ABC: Beiträge zum Bauen）』（以下『ＡＢＣ』）［図9］で、マルト・スタムらが展開していた「バウエン（Bauen）」という近代建築の構想とは、酷似してもいた［28］。

そして、おそらく山越は、『ＡＢＣ』の存在を、知見していたと考えられる。「構築」という用語は、ドイツ語の「バウエン（＝建てること）」に相当するのはいうまでもないが、たとえば「成長する家」という概念や、「ドーモ・ディナミーカ」におけるピロティを活用しての解決策は、スタムが『ＡＢＣ』で「増築可能な住宅」として発表した計画案と、近しいものとなっている［29］。また、山越が「構築派」の時代と捉えて、東京中央電信局を批判した論拠である「最小労価で最大効果」という視点も、スタムの近代建築理念を彷彿させるものである［30］。そして、『ＡＢＣ』と『建築時潮』の類似した誌面構成も指摘できる。さらに、イデオロギッシュな視座も共通している。

それでは『ＡＢＣ』は、果たして当時、わが国に到来していたのだろうか。その鍵となるのが村山知義の存在である。『ＡＢＣ』には、世界各国における頒布場所が記載されているが、そのひとつに、「マヴォ」が記載されている。そのため、少なくとも見本として雑誌交換は行われていたものと推測できる。実際、１９２６年に出版された村山の『構成派研究』には、管見では当時まだ『ＡＢＣ』にしか掲載されていない図版が掲載されてもいる［31］。そして、村山と山越は小学校の同級生であり、友人であった［32］。「単位三科」や「劇場の三科」など芸術運動をつうじての交流も指摘できよう。

つまり、西欧からの影響は否定できない部分は残るが、山越の示した「構築」という構想は、世界的にも通用する先鋭な性格＝同時代性を内在させてもいたのである。

希望という名の「パンドラの箱」の行方

まるで「パンドラの箱」のように取り扱われることとなり、開けられるや否や閉ざされてしまった、山越も積極的に参画した「新興建築家連盟」の活動。そして、その結果、行き場を失い「宙吊り」とされてしまったのが、「新興建築の理論的獲得」という目標と、その未知なる地平であった。

「新興建築家連盟」という存在に託された、山越ら若手建築家にとっての希望の未来は、佐野ら当時の建築界の長老にとっては、悪の権化と見なされたのである。

しかし、封印されてしまった希望の大筋については、このテキストをつうじて描いてきた、山越の提起した「構築」という構想をとおして、透かし見ることができよう。

そして、歴史に「もしも」は禁じ手だが、仮に「パンドラの箱」が開け放たれていたとすれば、いったい「建築」にはどのような「未来」が広がっていたのだろうか、と想像したい誘惑に駆られることにもなる。

許されているのは、痕跡さえ消え去りつつある山越の活動のシュプールを、ひたすらに凝視することだけなのだが……。

［註］

1――大河原保次、宝木冨士夫、山本康正「山越邦彦先生を追悼する」の文中に転載された未亡人・山越基子の手紙。『水煙会報』第17号（昭和62年12月）。

2――西山卯三「二一世紀の設計と建築家・技術者の役割」、西山卯三『都市と住まい』（東方出版、１９９７年）に所収。なお、戦後の山越の活動は、教職を軸としたものとなり、１９４９年からは法政大学教授を、１９５３年から１９６７年にかけては横浜国立大学教授を務めている。

3――新興建築家連盟の結成については、一般にその宣言が発表された１９３０年「10月20日」と記述されているが、すでに１９３０年「７月18日」の段階で発足していた。「新興建築家連盟の成立」、『建築と社会』１９３０年９月号。

4――「新興建築家連盟 １９３０年宣言」。筆者は『建築時潮』１９３０年10月号に掲載されたものを参照した。

5――山口文象「前衛建築家の宙返り」、『新建築』1964年6月号。

6——『国際建築』1929年11月号。なお同号には牧野の講演内容は掲載されていないが、編集後記欄には牧野の希望によりその掲載を見合わせたことが記載されている。後の創宇社同人の1人である竹村新太郎による牧野、山越は欠席したという記述をもとに、講演者は4名と記した文献もあるが、どうやら誤りのようである。竹村新太郎「創宇社建築会の新建築運動」、『建築と社会』1936年6月号。

7——註[6]に同じ。

8——『国際建築』1930年12月号。

9——『建築時潮』1930年11/12月号。

10——「座談会　分離派・東京中央電信局・山田守」での山口文象の発言。『建築記録/東京中央電信局』日本電信電話公社建築局、1969年に所収。

11——竹村新太郎、註[6]に同じ。

12——『建築時潮』1930年第1号。

13——『建築時潮』1930年第4号。

14——『建築時潮』1930年第4号。

15——『建築時潮』1930年第1号。

16——『建築時潮』1930年第4号。

17——『建築時潮』1931年第8号。

18——『建築時潮』1931年第8号。

19——『建築時潮』1931年第8号。

20——『建築時潮』第1、3、7–12号。

21——『建築時潮』第3–8号。

22——『建築時潮』第3–7、11号。

23——『建築時潮』第4号および第5/6号。

24——『建築時潮』1931年第8号。

25——ここでの考察には山越邦彦「DOMO DINAMIKA」、『国際建築』1933年5月号、および山越邦彦「DOMO DINAMIKA」、『新建築』1933年9月号を用いた。

26——註[1]に同じ。

27——展覧会の全体および山越の展示作品の論評については、『建築新潮』1927年6月号および7月号の記事を、「ファリフォトン舞台形象」への山越の参画については、対談・村山知義/山口文象「〝マヴォ〟と〝創宇社〟の時代」、『新建』1972年No.5を参照されたい。

28——スタムの「バウエン」という構想については、たとえば拙論「マルト・スタム：〝バウエン〟の殉教者あるいは虚空に消えたアヴァンギャルド」、『建築文化』1999年5月号を参照されたい。

29——Mart Stam, 'Wohnhaus mit Erweiterungsmoglichkeit' in *ABC: Beiträge zum Bauen*, 1925 No. 3/4

30——Mart Stam, 'Modernes Bauen 2,3' in *ABC: Beiträge zum Bauen*, 1925 No. 3/4.

31——村山知義『構成派研究』中央美術社、1926年、25頁にHans Wittwerの落選したジュネーヴ・コーナヴァン駅設計競技応募案が掲載されている。この図版は*ABC: Beiträge zum Bauen*, 1925 No.6からの転載と推定できる。

32——対談・村山知義/山口文象、註[27]に同じ。

Sakakura Junzo

1901−1969

坂倉準三

1927年、東京帝国大学文学部美術史学科を卒業。1929年渡仏し、1931年にル・コルビュジエのアトリエに入所。ル・コルビュジエのアトリエを借りて、1937年のパリ万国博覧会の日本館の設計を行う。他の主な作品に「神奈川県立近代美術館」「東京日仏学院」「新宿駅西口広場」など。

他者による建築はどこまで他者的であり得るか

南泰裕

文学から建築へ

建築家になるためには文学に触れなければならない、というような言葉を、建築を学び始めたばかりのころにどこかで読んだことがある。そのときは、この言葉がさしあたり魅力的であるように思えたが、一方でこうした記述は、何か警戒しなければならないものをも同時に含んでいるようにも感じていた。それが、建築を学ぶためには建築以外のさまざまなものに触れなければならない、といったありふれた言辞を踏襲しているように見えたからだった。

ここでこうした言葉がふと脳裏に蘇ったのは、坂倉準三が文学部を出た後に建築家となった、という履歴を持っているからである。1901年に岐阜で生まれた坂倉は、東京帝国大学の文学部で美術史を学ぶ。同じ教室で美術史を学んでいた友人によれば、在学中は建築の話など少しも口にしたことはなく、卒業論文のテーマにはゴシック建築を選んだものの、建築家になる気配はまったくなかったという。

その坂倉が、１９２７年に行われたル・コルビュジエの国際連盟コンペ案に刺激を受け、卒業まぎわになって、突然フランスに行くことを思い立つ。そしてそこから、坂倉は驚くべき速さと行動力で建築へと傾倒していく。１９２９年、夜明け近い横浜の波止場から単身でフランスへと渡り、当時ル・コルビュジエのもとで働いていた前川國男に、すぐさまル・コルビュジエのアトリエに入るための紹介依頼の電報を打つ。しかし、ル・コルビュジエの勧めでまずパリ大学技術学校に２年間通い、建築の基礎を学んだ後、１９３１年にル・コルビュジエのアトリエに入所し、１９３６年までの５年間を過ごすことになる。

こうした軌跡は、坂倉準三という建築家を神話的な物語の次元へと誘い込むように見える。だが、坂倉がここでわれわれを驚かせるのは、もちろんその軌跡自体ではない。焦点を当てるべきなのは、彼がそうした軌跡の後に生み出した建築が、きわだった空間表現の水準を獲得している点である。

パリ万国博覧会日本館

１９３６年に、パリで開催される万国博日本館のまとめ役として再びフランスに赴任した坂倉は、政府によって決められた計画案を自らの信念に従って変更する。そしてル・コルビュジエのアトリエを間借りしながら、１９３７年に独自の案によるパリ万国博日本館を実現させる。その経緯からか、この建築は日本政府から厳しい不評にさらされる。しかし、自ら応募しなかったにもかかわらず、審査委員長のペレはこの日本館を高く評価し、師のル・コルビュジエをも抜いて国際大賞を獲得する。その瞬間、坂倉は建築家として一気に世界的名声を博することになったのである。

緩やかな傾斜地に建てられたこの建築は、外部に大きく突き出した斜路と内部に林立する鉄骨の柱、壁に貼り込まれた木製の菱形格子や大きなガラス面によって特徴づけられている。建

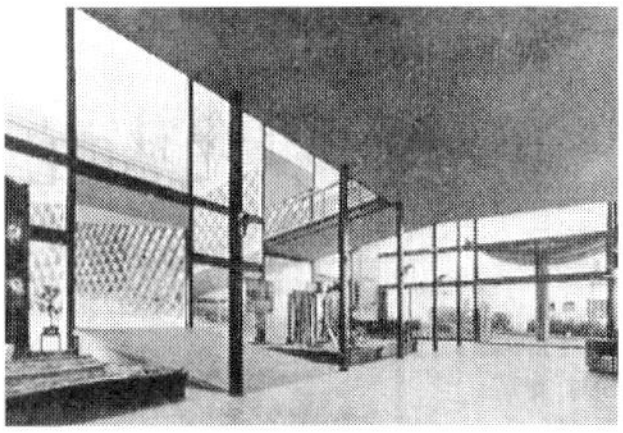

上下とも：「パリ万国博覧会日本館」1937年

物全体の構成は本館と別館からなる分棟形式で、それらを斜路でつなぐことによってシークエンシャルな空間の流動性が生み出されている。各所に配されたスロープがワンウェイによる8の字状の動線をつくりだし、それによって4段階の異なったレベルを次々と体験する「プロムナードとしての建築」となっている。

坂倉はこの建築をめぐって桂離宮を引合いに出し、日本と近代の両方を睨みながら新しい日本のインターナショナル建築をつくろうとしたのだ、と語っている。しかし、そうした自作解説以前に、この建築には何か、見る者をはっとさせる気配がある。むろん、斜路の多用や鉄骨とガラスによる自由な平面といった側面から、そこにル・コルビュジエの影響を読み取ることは十分にできるだろう。また、伝統的な鳥居の形を模した庇や木製格子など、日本的なるものの現代的表現、といった形容を可能にさせる要素もさまざまに抽出できる。だが、そうした解釈には還元し得ない静謐な鮮やかさが、この建築にはにじみ出ている。それが高い評価を得たことは偶然ではない、と感じさせる端正で張りのある空気が、その表現全体に漲っている。

他者という意識／他者への意識

問題なのはここからだ。なぜ、坂倉はこうした建築を創り得たのだろうか。建築家になるためには文学に触れなければならない、という冒頭の言葉が、逐語的に実効力を持つかに見えてくる。30歳近くになるまで、建築についてほとんど門外漢に近かった坂倉が、建築に目覚めて一直線に歩みを定め、一気にこうした建築へとたどり着いてしまう、そのことをわれわれはどう受け止めればよいのだろうか。

いうまでもなく、ある作品の評価はその作品自体によってなされるのであって、作品をつくり上げた者の出自が評価を左右するわけではない。だから、ある作品の評価と解釈はそれ自体を対象として自律的になされればよい。しかし、作品をいかにつくるか、という問いと無縁でない者にとっては、なぜ、そのような作品をつくり得たのか、を問わないわけにはいかない。しかも、美術史を学ぶことで基礎的な素養があったにせよ、坂倉は始めから建築を学んでいたわけではない。にもかかわらず、彼の初めての建築は、有無をいわせない表現の水準を獲得している。おそらくわれわれは、坂倉のこの処女作を見るたびに、彼に嫉妬するだろう。「建築家になるためには、文学に触れなければならない」。この言葉は本当なのだろうか。もちろん、そんなことはない。というよりも、こうした言葉に動かされて文学に触れようとしても、それは建築をなすうえでの滋養とは決してならないであろう。建築を志していようがいまいが、本当に文学に触れている者は、こうした言葉に出会う前に、すでに文学に憑かれているに違いないからだ。

その、文学に憑かれる者と同じように、坂倉はル・コルビュジエによって、建築に憑かれたのであったろう。そうしてパリ万博日本館へと一気に駆け登ったのだったが、そこには他者という意識／他者への意識が、集約的に表れ出ていたのではなかっただろうか。坂倉はこの日本館の設計に際して、文学部という自身の出自が建築の他者であることを十分に認識していたに違いない。また、万博における展示館という建築の特性から、西欧における他者としての日本をも、同時に強く意識していただろう。そればかりでなく、当の日本政府からも離反し、自己が帰属する国からも厳しく他者化されていた。孤立無援にも近い、この他者性のきわだった意識こそが、彼の建築に張りつめた輝きをもたらしたのではないだろうか。極限的な、重層的な他者性。それはすなわち、見られることをどこまでも認識することである。ことごとく他者の眼差しにさらされることを表現へと転化させる、その意識の強度が、彼の建築につややかな精彩を与えたのではないだろうか。

神奈川県立近代美術館

そうした空間のつやは、神奈川県立近代美術館においても同じように現れてくるだろう。坂倉準三、前川國男、山下寿郎、谷口吉郎、吉村順三による指名コンペの後、坂倉によって設計され

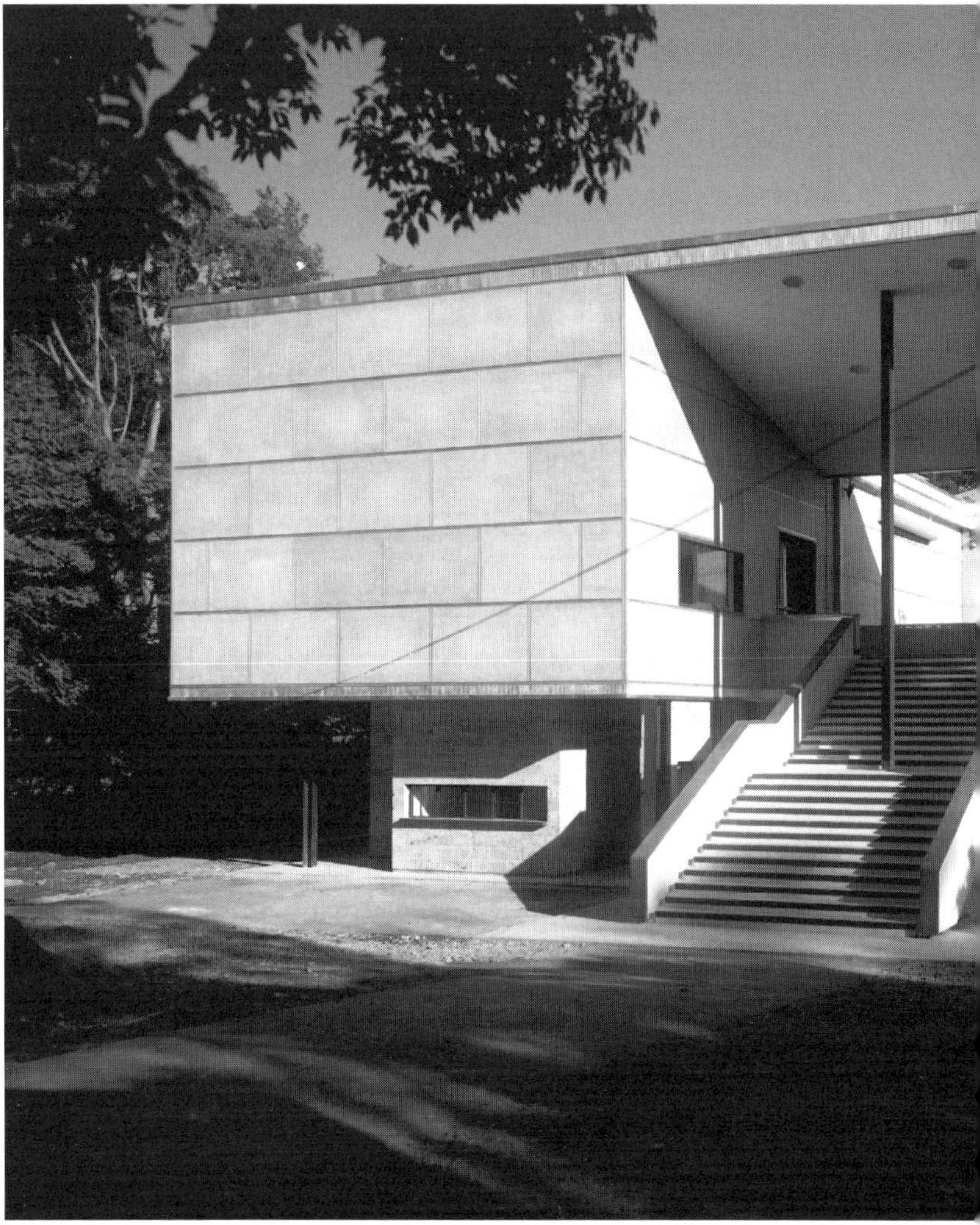

「神奈川県立近代美術館」1951年

上:「神奈川県立近代美術館」1951年
下:「新宿駅西口広場」1966年

たこの美術館は、1951年、日本初の近代美術館として鎌倉の鶴岡八幡宮の境内に建てられる。中庭を有したロの字形平面によるこの美術館は、その一部が池にせり出す配置となっており、池から延びる鉄骨の柱によって、柔らかい陰影をはらんだピロティをつくり出している。外壁にはアスベストボードと大谷石が張られ、上階部分のヴォリュームがほの暗いピロティ部分と対比されて緑の中にくっきりと浮かんでいる。

　日本館のときと同じように、この美術館も敷地の絶妙な読解によって生み出されている。また、中庭の周囲を立体的に巡ることで展開される内部空間の流動性も、日本館の構成を思い起こさせるのだが、やはりここにも、見られることの張りつめた色香が空間全体に漂っているのである。いわば、見られることが内在化されているのだ。

　それは日本で初めて建てられた本格的な近代美術館であり、社会教育的なシステムを併せ持つ行動型美術館としてパイオニア的な施設だった。そうした、さまざまに多彩な「初めて」を体現するという意味で、この美術館は戦後日本の社会にとって強い他者性を帯び、さまざまに注視されていただろう。その他者性を坂倉が自己の問題として引き受けたときに、この建築が生まれたのではないだろうか。他者性を、そのようにして坂倉は建築において生きることで、見られることの厳しさを表現へと昇華させたのではなかっただろうか。

都市へ

坂倉における他者性はしかし、やがて少しずつ反転する。戦後の日本を代表する建築家となった坂倉に、もはや建築における他者であることは許されなかった。そのことをはっきりと彼に教えたのは、都市だった。前川國男と吉村順三との共同による国際文化会館（1955）や、同じく前川國男、吉阪隆正との共同による国立西洋美術館の実施設計（1959）のかたわら、数多くのプロジェクトをこなす坂倉に、都市がゆっくりと近づいてくる。戦後、難波ターミナルや渋谷ターミナルという都市交通計画にかかわりを持った坂倉は、最晩年に至って、新宿という巨大な都市の貌と向き合う。新宿駅西口計画（1960–66）である。全国的な都市化が、本格的に始まろうとしていた。膨大な人の流れ、激しい交通流動、複雑な都市機能、莫大な資本。これらのひとつひとつと格闘しながら、坂倉はその場所の中心に、車路となる8の字形のスロープを書き残す。パリ万博日本館で試みた8の字形の豊かな空間が、遠い過去から想い起こされ、都市に刻印される。しかし、そこではもはや、他者性を見られることへと転化させることはできなかった。何よりも、坂倉自身が（そして誰もが）、都市においては他者ではあり得なかったのだった。

そんなことを考えながら、ふと思い立って、新宿へと出てみた。夕闇の迫る頃、西口の高層ビルに登り、その一角から西口の広場を見おろしてみる。無数に行き交う車の群れと、あちこちで明滅する光の粒。地下へと引き込まれた8の字の斜路を、蟻の列のように車が続き、次々と流れ込んでいく。その側に立ち上がったペデストリアンデッキを、うんざりするような数の人々が、乱雑に覆いつくす。

この光景を坂倉も見たのだろうか、と思った。

Kawakita Renshichiro 1902－1975

川喜田煉七郎

1924年、東京高等工業学校附設工業教員養成所建築科卒業。山田耕筰の文章「音楽の法悦境」から「霊楽堂の草案」を構想。1927年の分離派建築会展覧会で「霊楽堂」計画案が入選。1930年結成の新興建築家連盟に参加。同年、ウクライナ劇場国際設計競技で4位入選。

ユートピア――アヴァンギャルドの往還

梅宮弘光

アヴァンギャルドとユートピア

この論考で述べたいのは、モダニズムの道ゆきである。それを、ひとりのアヴァンギャルド、川喜田煉七郎の人生に読み取りたい。

追々述べていくが、川喜田はユートピアを描いて建築ジャーナルにデビューしたのである。1920年代の彼はヴィジオネールだった。最初は分離派建築会以降のモダニズム建築運動にかかわりながら夢想的な計画案を数多く発表した。1930年代の前半は、バウハウス流のデザイン教育を実践した。計画案はやめてしまう。1930年代の後半は店舗設計を多くした。その数473超。この活動がその後を規定する。戦後は店舗設計の草分けにして店舗設計家協会初代理事長、そして中小企業コンサルタントだった。

ヴィジオネールからコンサルタントへ。これはアヴァンギャルドの人生か?　中小企業コンサルタントはアヴァンギャルドの末路か?

こう問うより、この遍歴において彼の人生の歯車を回していたのは何なのかと問う方がもっと有益だろう。なぜなら、そこには、川喜田ひとりの人生を超えてアヴァンギャルド一般の運命を読み解く鍵があると思うからだ。そこでまず、川喜田個別の事情を検討するまえに、1920–30年代日本の建築アヴァンギャルドの変容を概観することから始めたい。

● 夢想

対外独立を国家的課題とする明治維新以来の近代化過程において、建築もまた、課題遂行のための実務であった。実務とはつねに所与であって、異議なく受け容れられるべきものとして現れる。課題はいつも自らのあずかり知らないところで発生し、自分の前に回って来た間のみ自らの専門性をかかわらせることが許される。そんな実務の連鎖を断ち切り、部分機能に矮小化された建築家自身と建築創造に、尊厳と全体性を獲得しようと願うなら、なんらかのかたちで建築を理念化せずには行えない。建築＝実務という現実の保守的構造に異議を唱え、建築＝理念という新たな図式を設定したとき、そこに浮かび上がってくるのが、ユートピアである。モダニズム建築運動のなかで提出された計画案には、何らかのかたちで、そうしたユートピアが内包されている。

どこにもない場所という原語の字義どおり、そこで求められたのは、抑圧的な現実からどれだけ離れることができるかであった。たとえば、分離派建築会の初期案。施設として精神的、神秘的テーマが多いのは、現実社会にはそうした気分を満たしてくれる場所やものがなかったからだ。その外見が世紀転換期ヨーロッパのピクチャレスクや表現主義風なのは、当時の日本で歴史様式の折衷が支配的であったからだ。敷地の設定が田園牧歌的なのは、実務的建築であふれる現実の都市から逃げ出したかったからだ。コンテや絵筆による一見拙いドローイングが混じるのは、実際の設計図が烏口できっちり仕上げて寸法を入れるものとされていたからだ。

このように、建築と実務との既存の関係を切断するためには、実務としての建築の属性に対してことごとく反対をいくこと、現

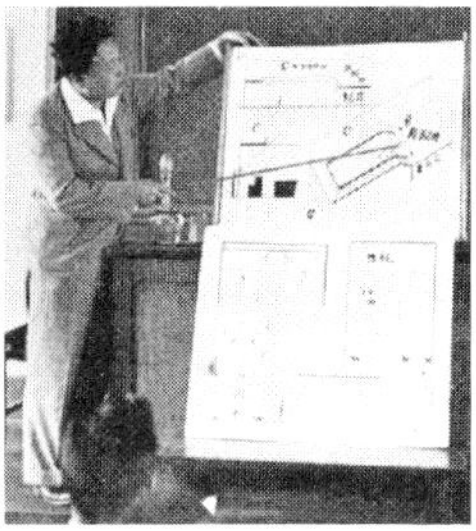

図1：「店舗設計カミシバイ」
実演中の川喜田煉七郎

実からできるだけ遠く離れることが必要だった。ユートピアは現実と遊離したものとして形象化されてこそ、現実への批判になり得るからである。

その手段として、アヴァンギャルドがまず取り込んだのは、芸術、文学、哲学といった教養主義だった。テーマにおける精神主義、敷地の設定における抒情主義、様式における表現主義、図面表現における芸術主義、そして言説（「分離派宣言」、石本喜久治「建築還元論」など）における人格主義。こうした傾向は、大正教養主義のヴァリアントであり、それらが一体となって、明治期以来の日

的合理的な功利主義、実利主義に対抗するロマン主義的世界をかたちづくっている。

● 試行

しかし１９２８年前後、かつてユートピアを可能にしたはずの現実との遊離が、現実からの逃避と映るようになってくる。その現実とは、１９２７年からの金融恐慌、追い打ちをかけるように続く１９２９年からの世界恐慌、知識層を含めた失業率の増加と日常生活の非近代性、それらと表裏をなす風俗のエロ・グロ・ナンセンス。こうした矛盾をはらんだ社会の現実に直面して、アヴァ

ンギャルドは眼前の現実を自らの建築理念に取り込まなくてはその思想的自律性を保てなくなっていた。自我の内部で自足する教養主義的ユートピアは、いまや否定の対象であった。教養主義の内向性、非政治的性が時代に対してもっていた批判力は急速にその力を失い、大衆との差異化に機能したエリート性は反省され克服されるべきものと映るようになった。あり得べき社会における建築の享受者としての大衆、そして専門技術者としてのあり得べき建築家像が措定されなければならなかったのである。

　こうした変化は、たとえば創宇社後期の計画案などに顕著である。敷地は都市。テーマとして選ばれた工場や労働者のための厚生施設、集合住宅。陸屋根モダンスタイルの外見。日照線や日影、視線や動線が描き込まれた設計図。それらは、モダニズム建築運動の初期計画案とは反対の印象を与えるばかりか、実務的にさえみえる。しかし、ここで重要なことは、それらがアヴァンギャルドの実務への回帰を意味するのでは決してないことである。アヴァンギャルドが目指したのは、あくまでユートピアを現実社会の上に描き直すことなのであって、その意味で、これらはいまだユートピアの圏域にある。にもかかわらず、それは現実的なリアリティを備えていなくてはならない。ユートピアとリアリティ。この相反する要請を、１９２８年以降のモダニズム建築運動は背負うことになったのである。

　こうした問題意識（彼らはそれを「社会意識」と呼んだ）は、先にふれたように、まず計画案のテーマに、次いで図面表現に現れた。その建物が誰のため（もちろん労働大衆のため）に役立つのかがタイトルで表明され、現実的な根拠を示すために、アクソノメトリックを多用した分析図やグラフ、解説文が加えられた。この時期、単なる平面図と立面図のみの計画案を出そうものなら、ましてや絵画的なスケッチなどを付けようものなら、たちまちその作者は社会意識の低さを批判された。そもそも会場に図面を並べるというような展覧会の形式じたいにも疑問が呈される。外部に対してはあり得べき建築家像と今後の進むべき道が熱く語られ（その代表は岡村蚊象「合理主義反省の要望」）、内部では、超階級趣味だ、観念論だと相互批判が交わされていた。

　ユートピア実現のための具体的な方法論を欠きながら、内容のリアリティのみを高めようとするこうした努力が、当のアヴァンギャルドたちにとってどれほど空しいことであったか。運動の閉塞感は、ますます高まっていった。製図板の上にとどまっていられないことは明らかだった。そこに浮かび上がってくるのが「行動」の2文字である。こうした機運のなかから結成されたのが、新興建築家連盟である。

● 挫折

　1930年7月18日に設立され、10月20日の第1回大会をもって姿を現した新興建築家連盟が、それまでの運動と決定的に異なっていたのは、現実社会に対する直接的な政治参加を活動プログラムに含んでいた点である。組織として研究部、宣伝部、実行部、抗議部、互助部、連絡部の6部が置かれ、なかでも抗議部は「懸賞制度の改善」「建築設計組織及び施工組織の改善」「学校教育の改善」などを担当することになっていた。それまでの運動では、抗議は計画案の制作というナイーブな形式（建築の「疑似実務」）で行われたのである。それを今度は、直接行動という政治の形式で行おうというのだ。ユートピアの現実への接続作業が開始されるはずであった。

　1930年11月12日付読売新聞7面の中段に「建築で『赤』の宣伝／凡ゆる方面に拡がるナップの活動／『歳末闘争』を当局厳戒」の大見出しが躍った。記事は、新興建築家連盟の結成を、「極左芸術思想団体」ナップ（全日本無産者芸術連盟）の「大衆赤化歳末闘争」の一環と報じていた。この報道が原因で連盟は内部分裂、翌12月には崩壊に至る。

　新興建築家連盟の崩壊をもってモダニズム建築運動は終息した。その後、小会派の活動がなかったわけではないが、1920年代の10年間のような運動の高揚にはほど遠かった。

　それでは、モダニズム建築運動が模索したユートピアの現実への接続という課題はどうなったのか。モダニズム建築運動を通じてアヴァンギャルドはたしかにユートピアに向かったのである。そして、そこから戻ろうとしたとたんにつまずいたのだ。戻りたかったのはどこで、実際に戻れたのはどこだったのか。ポスト「モダニズム建築運動」におけるアヴァンギャルドの行方が問われなくてはならない。

川喜田煉七郎について述べるべきところ、いたずらに回り道をしただろうか。そうは思わない。川喜田の活動を検討するためには、モダニズム建築運動とその後というフレームが必要なのだ。その文脈を私は、アヴァンギャルドの、ユートピアへの往路とユートピアからの帰路と概括できると考える。言い換えればそれは、現実とユートピアの間に描かれたはずの軌跡を、因果律として記述することである。

ユートピアへの往路

●現実

川喜田煉七郎は1924年3月に東京高等工業学校附設工業教員養成所建築科を卒業した。東京高工は現在の東京工業大学の前身で、本科とは別に教員養成所にも建築科があった。工業学校の建築の先生を養成するところである。東京高工などの実業専門学校（中学校または甲種実業学校卒業を入学資格とする）は、実業界や実業教育において将来の中堅幹部となる人材を供給するために「程度の高い実業教育」を施す機関。一方、中程度の実業学校（工・農・商・水産業学校など。尋常小学校卒業を入学資格とする）は、それぞれの現場で働く中堅的人材を供給する機関と位置づけられていた。そもそも実業教育は、明治初期から萌芽がみられ、実業教育費国庫補助法などの政府奨励策と日本資本主義の発展を背景に、急速に発展・整備された制度である。川喜田が属した枠組みが、そうしたヒエラルキーのなかで、実務としての建築に関する知識を、上意下達式に媒介する中間的立場として動かしがたく定められていたことが窺えるだろう。

こうした秩序を受け容れることができるなら、相応の人生も用意されていた。事実、同校の同窓会蔵前工業会の名簿をたどってみても、国内や大陸の工業学校をまわり最後は校長に上り詰めるというケースは多い。実は、川喜田も卒業直後にはいった

図2:「霊楽堂の草案」立面図、1924年

ん神奈川工業学校（現・神奈川県立神奈川工業高等学校）に勤めるのだ。その当時のことを、一緒に赴任した化学科の同期生で、後に神工高の校長になる副島一之は次のように述懐している。

> 建築の川喜田君は学校は私と同じで音楽部の重鎮だっただけに、神工でも音楽を教えたり、建築史の講義を受け持っては、いつまで経ってもギリシャローマの神話に足踏みばかりしていると生徒から文句をつけられたり、天才型の奔放な情熱家だった。……それぞれ若い勝手な熱を挙げて、表現派の絵画や映画のこと、築地小劇場のチェホフのこと、ドイツの民主社会主義のことなど話し合うのだった[1]。

こう述べる副島自身、当時はアインシュタインにあこがれワイマール憲法下のドイツへ留学することを夢見る青年だった。しかし彼は現実にとどまり、川喜田は1－2年で辞めてしまう。副島の回顧から判断するだけでも、川喜田の教師ぶりは、建築の実務的知識の伝達からはほど遠そうだ。教員養成所規定では卒業後4年半実業学校に勤めれば、在学中に支給を受けた学費の返済義務が免除されることになっていたが、これではそれもだめだっただろう。

● 出立ち

川喜田にとって東京高工附設工業教員養成所は、建築に対する自分の夢を育む環境にはなり得なかった。その環境を、彼は芸術の世界に求める。在学中から西洋音楽に興味をもち、『詩と音楽』を愛読していたという。この雑誌は山田耕筰と北原白秋の共同主幹によりアルスから発行されていた詩、音楽、美術を中心とした「芸術雑誌」である（1922年9月創刊、1923年10月終刊）。そのなかで彼は、山田耕筰が音楽芸術によってもたらされる究極の精神的境地とそれを可能にする音楽堂の構想を説いた「音楽の法悦境」と題された文章に出会い、やがて夢想的な計画案へと結実させる。

> 最近に於いて私は、ふとこんなことを考へるやうになつた。といふのは、外でもない。一つの新しい音楽の殿堂を築くことである。それは謂ふ所の音楽堂でも、劇場でもない。特殊な組織のもとに建てられた礼拝堂か、祈祷場の如き楽堂である。この殿堂は人里離れた静かな森の只中に建てられなければならない。……個々人は真実の孤独な自分に帰つて、静かに、厳粛に、音を聴き、内に聴き、音と一つになつて敬虔ないのりの心を、円天井の屋根を通して見えざる神の御座へと昇らせる。そして彼等は、浄められ、高められ、美化された心で、又沈黙のまゝ静かに此の聖堂を出て、ひとりびとり、森の入り口へと静かに歩み去る[2]。

本格的な音楽ホールがまだ存在していなかったこの時期には、山田のこの構想じたいがユートピア的である。川喜田はこの文章に基づいて「霊楽堂の草案」[図2]と題する一連の図面を描く。文章によって描かれたこの音楽ユートピアに建築的表現を与えることが、建築学徒としての自分に課せられた仕事（つまりユートピアにおける実務）だと感じたのであろう。図面には山田のこの文章の一部が引用され、末尾に「このまづしい草案を私の山田先生にさゝげます／一九二四年四月」とある。

前述したように神奈川工業学校を辞めたあと、川喜田は山田に「作曲を師事」した。その理由を後に「当時いだける1種の建築芸術至上主義より『氷結せる音楽』を創出せんがためなり」と述べている〔3〕。この間の山田との交流が、川喜田に「音楽の法悦境」に対する理解を深めさせたに違いない。「霊楽堂の草案」に続いて1925–26年に制作した「霊楽堂」（「或る音楽礼拝堂」などの異名あり）〔図3・4〕は、「音楽の法悦境」の内容を正確に平面計画に置き換えると同時に、山田の記述にはない豊かな内部空間が、大判のフリーハンド・ドローイング40枚に描かれていた。川喜田はこの計画案を分離派建築会第6回展覧会（1927年1月）の公募に応じ、入選する。

● 都市へ

『建築畫報』の1930年12月号に「『浅草』をはなす」という随想が掲載されている。署名は「RRRRRR生」。内容から判

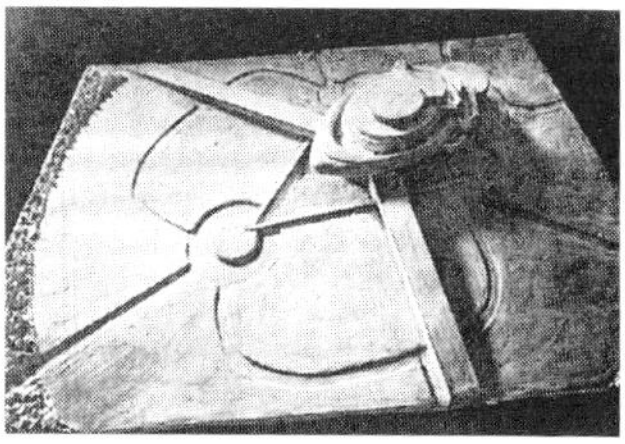

図3：「霊楽堂」模型、1926年頃
図4：「霊楽堂」天井部を描いたドローイング、1926年頃
図5：「浅草改造案」模型、1928年

断して、川喜田煉七郎の書いたものに疑いない。名前の頭文字を7回連ねたのであろう。なかに、次のような一節がある。

> その頃の自分は、「メーテルリンク」や「悪の華」やヴエルレイヌやマラルメや三木露風や、ベルグソンを読んで、栄久町のある寺の墓場の隅に四畳半の家をつくつていた。
> 谷崎氏の小説の中の女装して浅草を歩く男程、デカダンではなかつたが、浅草を背景とした仕事は、そんな意味で、自分にとつて大きな魅力になつた。仕事は夕方と朝早くが一番よく出来た。そして、夜はたいてい一人で浅草を散歩して歩いた[4]。

明治末期以来の耽美主義と、昭和のエロ・グロ・ナンセンスがないまぜになった時代の気分が伝わってくる文章だ。教員を辞めた川喜田は、1927年に山田耕筰の紹介で遠藤新の事務所に入るが、ここも長くは続かなかった。上の一節は、ちょうどその当時、1928年頃のことである。寺の境内の一隅に、小さなアトリエを構えていた。

文中の「浅草を背景とした仕事」とは「浅草改造案」[図5]のことである。この計画案で、浅草という実在の立地が想定されたことは、川喜田の計画案制作活動の画期をなす。それまでは、現実世界から隔絶した架空の田園牧歌的敷地が想定されていた。その設定は、すでにみてきたように、計画案のロマン主義的性格が必要とする条件でもあった。それが「浅草改造案」で初めて、実在の敷地が設定されたのである。それは、当時の浅草公園を中心に南北約800m、東西約500mの範囲、現在の浅草1–2丁目、雷門1–2丁目にあたる。

しかし、これもやはりユートピアの計画なのである。「改造案」という名が示すとおり、実在の施設が理想に置き換えられている。観音堂にかわって「新観音堂——更生せる市民のカスエドラル」の表現主義的造形が都市の冠としてそびえ立ち、その周囲に「国民劇場」「映画館のグルッペ」「娯楽地に生活するもののアパートメント」「寺院に生活するもののアパートメント」などが機能集約的に配置されている。震災復興、地下鉄開通といった都市インフラの整備が進められる一方、街中には活動写真館など商業施設の無秩序なバラックと劣悪な生活環境が横溢していた。「改造案」は、そうした現実への対案だったのである。同案は分離派建築会最後の展覧会である第7回展に会友作品として出品され、注目を集めた。

● リアリティ問題

注目されたのはよかったが、川喜田にはつねにある批判がつきまとった。誇大妄想だといわれるのだ。たしかに、誰に頼まれたわけでなし、技術的にも経済的にも実現不可能であることは明らかだ。しかし、そこに描かれているユートピアが人間の未来にとって望ましいものであり、条件さえ整えば近い将来実現可能なのだということをリアリティをもって説明できなければ、建築運動に前途はない。それは、アヴァンギャルド全体の問題でもあった。

1928年以降の川喜田は、このリアリティ獲得に腐心することになる。

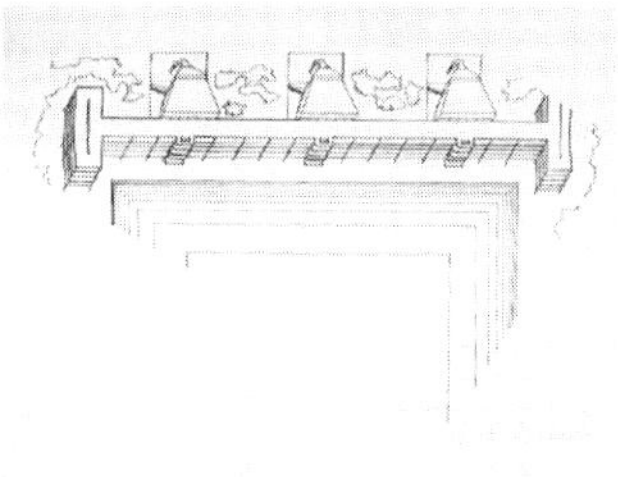

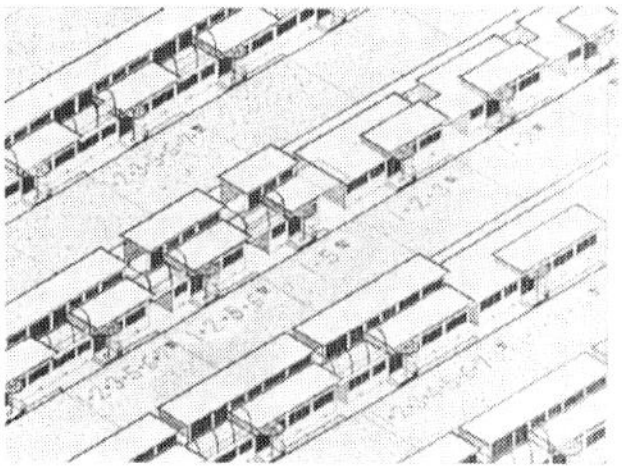

図6:「民衆映画館兼かげえ劇場」1929年頃
図7:「一戸建式より連続式に伸展する共同住宅の型」1930年頃

理想といふものは未来の幻想の中に存在するユートピアではない。真の理想とは一つの方向線に過ぎないと思ひます。ユートピアニズムは結局一種のローマンティシズムでせう。何の必然の根拠もなしに将来を空想して紙の上に模型の上に作品として現わす事は吾々若い者のありがちな事で、又深く戒めなければならぬ事と存じます[5]。

川喜田は新たな活動を展開する。ひとつは、AS建築会での新しい計画案の発表。いまひとつは旺盛な執筆活動である。AS建築会は、川喜田を中心にした高等工業学校附設工業教員養成所建築科の同窓グループで、1回の展覧会(1929年4月)と2回の雑誌特集(『建築畫報』1929年7月号、1930年9月号)で計画案を発表している。そのなかで川喜田は「浅草改造案」に萌芽のあった都市施設——劇場、映画館、立体街路、商業施設、集合住宅——を、動線理論や光や音の反射、視線と視覚などの科学的な知見によってより精緻化する。そのようにして制作されたのが、「民衆映画館兼劇場」「東京街路改良案」(1928)「民衆映画館兼かげえ劇場」[図6]「十万人野外映画館」「裾野に立つ労働者の村落」(1929)「一戸建式より連続式に伸展する共同住宅の型」(1930)[図7]などである。一方、こうした計画案の根拠となる理論やデータを、精力的に雑誌に発表する。アレキサンダー・クラインの小住宅平面研究やアドルフ・ベーネ、ラッシュ兄弟、ル・コルビュジエの訳出、クロポトキン、ディーツゲン、プレハーノフ、マルクスらの社会主義思想を援用した考察などである。

しかし、計画案と文章でいくら説得しようとも、そこには自ずと限界があった。そんなによいのなら、なぜ実現できないのか。自分たちの活動形態そのものが、疑わしくなってくる。モダニズム建築運動を担ってきた人びとの上に、運動の根本的な転換の要請が重くのしかかっていた。新興建築家連盟への胎動のなか、川喜田もまたその中枢にいた。

● 宙吊りのユートピア

ウクライナ劇場国際設計競技への応募案募集の知らせがもたらされるのは、ちょうどそのようなときである。ソヴィエト連邦ウクライナ州の首府、ハリコフ市に大規模な劇場を建設するという議案は、ソ連国内では１９２９年前期に承認され、国際設計競技に付することになる。ソ連国内で15の建築家あるいはグループに対して指名競技が行われる一方、１９３０年６月、５カ国語——ウクライナ語・ロシア語・ドイツ語・英語・フランス語——で書かれたプログラム３０００部が世界各国に送られた。日本には、ソ連大使館を通じて日本建築学会にもたらされる。１９３０年の『建築雑誌』８月号「時報」欄には、募集要項の抄訳が掲載された。「建築物は五年後に完成のよていなり……原本は建築学会事務所に在りますから御希望の方はそれに就いて御覧下さい」

　新興建築家連盟はこの募集に対応する。募集要項をタイプ印刷したものと敷地図の配布、日本からの応募案一括発送のソヴィエト大使館への交渉である。川喜田は独自に、あるいは新興建築家連盟の設立準備委員としてか、『国際建築』に募集要項の要点解説を執筆するほか[6]、「我我仲間の参考のよすがに」とル・コルビュジエ「ジュネイブ国際連盟会館」を訳出している[7]。結局、日本からの応募は川喜田、創宇社、土橋長俊、加藤秋+野

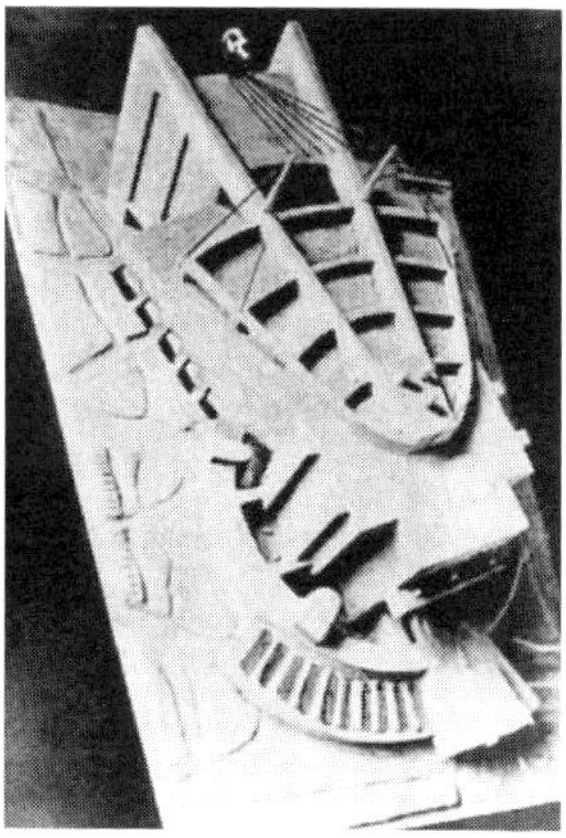

図8:「ウクライナ劇場国際設計競技応募案」透視図、1930年
図9:「ウクライナ劇場国際設計競技応募案」模型、1930年

呂英夫の４組であった。

川喜田の４等（2等4席）［図8・9］入選は、彼の全経歴中のハイライトではある。それはつねに、グロピウス、ゲデス、ペルツィヒといった世界的デザイナーたちをおさえての入賞であったこととセットで語られる。たしかに、西洋近代主義学習の到達度を示すエピソードであろう。これらのデザイナーたちはすべて、川喜田がそれまでの計画案制作において直接に参照してきた人びとだったからである。こんな設計競技があろうとは思いもせず、川喜田は「霊楽堂の草案」以来の劇場計画案で、舞台機構、上映システム、それらを用いた舞台演出、オーディトリアムとホワイエとの動線処理、さらにはそれらを効果的に説明する図面表現などを開発してきたのだった。その成果をすべて投入し総合するチャンスがきたのである。

こうした内容面での蓄積の連続性にもかかわらず、「ウクライナ劇場国際設計競技応募案」は、川喜田の活動のそれ以前とも以後とも不連続な特異点なのである。なぜか。設計競技だったからだ。しかも新生ソ連の。

それまでのモダニズム建築運動における計画案はすべて、自分で設定した課題に自分で答えるという自閉サイクルをもっていた。前述した「リアリティ問題」はこの自閉性の宿痾である。そして、閉じたサイクルを外部に開こうとしたとたんに、サイクル自体が崩壊したのだった（新興建築家連盟の解散）。しかし、ウクライナ劇場は設計競技だ。課題はすでに設定されている。しかも、それをしたのは地上のユートピアたるソ連の民衆、実在のクライアントである。これは実務なのだ。「リアリティ問題」が起ころうはずもない。少なくとも建築アヴァンギャルドにとって、そのように説明することはできた。ここでは言い訳をしなくてよいのだ。

入選後、川喜田は次のように言った。「私はこの案を、一個の建築技術者としての立場からやつたにすぎません」［8］。誇らしげである。言い訳をしなくてよいから、歯切れがよい。科学的な機能主義を徹底させた結果がこの応募案だといいたいのだ。「一個の建築技術者」とは、この時期のアヴァンギャルドが理想とした建築家像で、世界的には20世紀初頭のテクノクラシー思想を背景とし、日本においては構造派や様式主義者に対抗する概念である。設計競技という枠のなかで初めて、川喜田は、理念家ではなく実務家として、運動家ではなく建築家として振る舞うことができたのである。

しかし、この国際設計競技も日本にとっては所詮よそごとだった。本国においても、スターリン体制下で計画そのものが立ち消えた。川喜田は、かりそめのユートピアのなかで実務家たりえたけれども、そのユートピア自体が、設計競技という括弧に括られて宙吊りにされたのである。入選は川喜田のその後の活動にメリットとして作用することはなかった。川喜田自身、この設計競技がなければ計画案を、ましてや劇場をテーマにした制作を続けることはなかっただろう。建築運動における計画案のテーマは、すでに集合住宅にシフトしていたからである。

ハリコフから入選の打電があったのは1931年5月1日。川喜田はその年の1月にはバウハウス叢書の1冊、モホイ＝ナジの

図10：構成教育講習会で講義する川喜田煉七郎、1932年
図11：「大衆和菓子の店〈日本橋〉」1936年

『材料から建築へ』の訳出作業に着手していた（同年3月から8月まで『建築新潮』に連載）。すでに次の活動「構成教育」の準備は始められていたのである。

ユートピアからの帰路

●実践

新興建築家連盟の崩壊によって頓挫したユートピアの現実への接続という問題は、その後どうなったのか。アヴァンギャルドたちは、どのようにしてユートピアから現実へ戻ろうとしたのか。川喜田の場合を素描しておきたい。

1930年から1931年にかけて、川喜田は2つのサークルをつくる。ひとつは「新建築工芸研究所」という川喜田の自宅に集まる学生たちのグループで、勉強会のようなものだったらしい。いまひとつは「生活構成研究所」で、メンバーはバウハウスから帰ってきた水谷武彦、日本大学予科で教えていた市浦健、商業美術学校の主宰者浜田増治に、客員として美術評論家の板垣鷹穂、仲田定之助、文化学院創設者の西村伊作であった。1932年6月、この2つのグループを発展的に解消して組織化したのが「商業美術学校別科新建築工芸科」で、後に「新建築工芸学院」へと名前を変えて発展する。これは、銀座の三ツ喜ビルで1935年末頃まで存続した。全盛期である1934年前半期には、織物、洋裁、建築、絵画、演劇、工芸など全6コースが設置されていたが、一貫して存続したのは、バウハウスの基礎課程に範をとった「構成教育」［図10］であった。

川喜田がポスト「モダニズム建築運動」の活動として展開したのは、こうしたデザイン教育活動であった。それは、銀座に開いた学院と、同時期に責任編集をしていた雑誌で学院の機関誌的性格をもった『建築工芸アイシーオール』（洪洋社、1931年11月創刊、1936年8月終刊）、そしてこの雑誌の地方在住定期購読者を組織化した「アイシーオール地方支部」の三者を連動させた、運動的な性質の活動だった。

しかし、この活動の建築界での反響は芳しいものではなかった。

むしろ支持を得たのは学校教育の領域であった。こうした現状を反映してか、川喜田も普通教育における「構成教育」の普及を意識する。小学校の図工科教師であった勝井武雄との共著『構成教育大系』(学校美術協会出版部、1934年)は、その成果である。

● 現実への帰結

川喜田が店舗設計を主要な活動とするようになるのは、主宰する新建築工芸学院のある東京銀座の三ツ喜ビルに川喜田煉七郎店舗能率研究所を開設する1935年頃である。手がけた数は、1936年11月時点で473件。その所在地も国内のみならず外地にまで拡がっている。その背景には、テーラー・システムの紹介・普及に努めた産業心理学者上野陽一らによって設立された日本能率連合会の活動があった。同時期にはほかに「東京市商工会議所参与」「東京市商品館嘱託」「中外商業新報商工相談部嘱託」を務めており、この時期、川喜田が従来的な建築界とは異なる領域を活動の場とし始めたことが窺える。

川喜田は店舗設計について次のように述べる。「経営と相むすんで、その能率増進、売上増進の極めて具体的な方法を講じ又研究する」。そして、その実践領域として、各種商品に適した「陳列的研究」、商品の寸法、重量、材質、価格を配慮した分類法、貯蔵法、整理法と、それに対応する什器設計を行う「整理的研究」、ウィンドウや陳列棚や店内構成を変え能率を向上させる「店舗研究」をあげている。

川喜田の店舗設計は能率増進が最重要課題だった。売買という人間行動に能率的なかたちを与えることである。一方その外見は、商業主義的ヴァナキュラーといえようか。意匠はあくまで経営者と消費者との関係線上に設定され、この観点からしか説明されない。そこには、設計者の自己表現はないかにみえる。少なくともそのようには説明されない。古めかしい和風意匠が取り入れられているのは、都会の客は古めかしいものを珍しがるからであり、ファサードの全面に扱い品目のイラストをちりばめるのは、壁面のカタログ化[図11]だという。これはすなわち、能率という裸の機能主義の上に、大衆の嗜好をまとわせることである。

機能主義が理念としての純粋性を保とうとして美学を否定した結果、あらゆる様式が許容される。建築家は計画を、大衆は美学を分担するという構図であった。

川喜田の店舗設計が社会に受け入れられたであろうことは、何よりその量が示していよう。川喜田はそのことを「『店舗設計』をはじめ、はじめて社会的な役割を掴み得たりと自覚す」と述べる[9]。「社会的な役割」、それはまさに、モダニズム建築運動のなかでアヴァンギャルドが求め続けながら、ついに最後まで得られなかったものだ。それが得られたと思われたとき、自らの外見が、当初目指していたそれとほど遠いものであっても、その姿を誰もアヴァンギャルドとは呼ばないとしても、その過程は、まぎれもなくアヴァンギャルドのユートピア遍歴の顛末なのである。

[註]

1――『創立五十周年記念誌』神奈川県立神奈川工業高等学校、1961年、51頁。

2――山田耕筰「音楽の法悦境」、『詩と音楽』1922年12月号、4–5頁。

3――「著者の略歴」、川喜田『図解式店舗設計陳列全集I』モナス、1940年、493頁。

4――『建築畫報』1930年12月号、20–21頁。

5――川喜田の発言、「AS会座談会」、『建築畫報』1929年7月号、15頁。

6――「ロシア『ウクライナ劇場』の国際懸賞設計競技について」、『国際建築』第6巻第9号。

7――『国際建築』第6巻第10号。

8――『建築畫報』1931年6月号、4頁。

9――『店舗設計の実際』誠文堂新光社、1937年、299頁。

Yamaguchi Bunzo　1902－1978

山口文象

清水組（現・清水建設）を経て、逓信省営繕課の製図工となる。分離派建築会に入会後、１９２３年、創宇社を結成。１９３０年に渡欧し、一時グロピウスのアトリエで働く。１９３２年に帰国し、事務所を設立。代表的な作品に、「日本歯科医専付属病院」「日本電力黒部川第二発電所」など。

「実践」へ――文ちゃんの「ドイツ日記」を読む

田所辰之助

ベルリンへの旅立ち

「山口文象氏よりやはり文ちゃんがいい」

創宇社で活動をともにした竹村新太郎はこう述懐している。「一しょに銭湯にいき、落語をききに、絵具箱を担いでスケッチに、そして互いにその親兄妹とも親しむ」、こうした家族ぐるみのつきあいが、若き創宇社のメンバーたちの原動力ともなっていた。文ちゃんは、「自分たちのためにだけではなく、ひろくともに進もう」と仲間を募り、展覧会や講演会をとおして若い建築家への啓蒙活動に力を尽くした。それこそが、「創宇社の体質」だったという[1]。

創宇社は１９２９年に開催した2回の展覧会［図1］を経て、それまでの構成主義的な造形運動としての性格を払拭し、より合理主義的な近代建築像を追求するようになっていた。同じ年の10月には第1回新建築思潮講演会を主催するが、そのパンフレットに「明日の建築への指針とその製作に於ける最前衛的実践とは如何なる方法論的検討によって究明し獲得すべきであるか」と記されているように、新たな「実践」とその方法論の構築が大きな課題となっていたのである。

山口がベルリンへ旅立ったのは、翌1930年の12月のことだった。この年の10月に第2回の新建築思潮講演会が開催されているが、これは「同人岡村蚊象渡欧記念」と銘打たれ、山口を送別する会でもあった。このときに山口が行った講演「新興建築家の実践とは」は、マルクス主義的な立場から、建築運動をプロレタリアートの解放運動と位置づけ、その実践を唱えるものでもあった。創宇社はこのときすでに、「今日の時代は、いつ迄も新建築の啓蒙時代である事を許さない」という認識に至っている[2]。その活動は山口の渡独とともに、当初の啓蒙という役割を終えようとしていたのである。そして、ドイツ留学時代の山口は、理論と実践を架橋する、建築家としてのまさに揺籃期を迎えることになる。

ベルリンへ到着してからの山口は、かねてより私淑していたヴァルター・グロピウスの事務所に通いながらも、一方では、日本を離れヨーロッパで社会主義運動に身を投じていた藤森成吉、勝本清一郎、千田是也、三枝博音など文学、演劇関係の人物と交流し、さまざまな活動に携わった。この期間の活動は、山口本人の回想として紹介されているもののほかに、数冊の自筆による日記およびノート類が残されていて、その一端を推しはかることができる[3][図2]。日記とはいっても雑記帳のような性格がつよく、展覧会や講演会等の記録、講演の草稿、書簡の下書き、面会や住所等の覚書、書籍リストにも使われ、山口の関心の所在が特徴のあるドイツ語の走り書きをまじえたなかによく示されている。以下に紹介する、プロレタリア建築展の企画やエルンスト・マイによる講演の記録などには、山口の思考が「実践」へと始動する、その痕跡が見事に示されているのである。

生活をともにしていた創宇社の仲間たちから離れ、文ちゃんはひとりドイツへ旅立っていった。はたして文ちゃんは、新天地ドイツに何を求め、彼の地で一体何を目撃したのだろうか。

プロレタリア建築展の開催

山口の渡欧は、朝鮮から満州を経由し、シベリア鉄道でヨーロッパへ入るというルートをとっている。後述するが、山口がグロピウスの事務所に勤務するようになるのは1931年7月からである。それまでは、訪独の目的のひとつでもあった、日本電力の黒部ダム建設[図3・4]に関する技術調査のためにカールスルーエ工科大学へ日参したり、また、真偽は不明だが、ソヴィエトでなんらかの地下活動に携わっていたという回想も残されている。「ベルリンへ行く前に、ソヴィエトでさまざまな用事があり、一時は白ロシアにいて向うの組織と連絡をとったことがあるが、うまくいかなくて、それからベルリンへ着いた」とも山口は回想している[4]。グロピウスの事務所へ通いはじめる1カ月前の1931年6月、山口はベルリンで「プロレタリア建築展覧会(Proletarische Bauausstellung)」と題する建築展にかかわり、その記録を日記に残している。この展覧会は、同年の5月からやはりベルリンで開催されていた、ルー

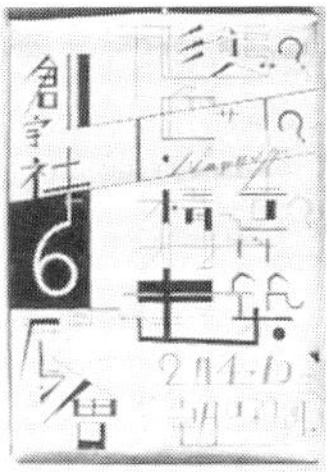

図1:第6回創宇社展覧会のポスター、1929年
図2:ドイツ日記の表紙
図3:「日本電力黒部川第二発電所」1936年
図4:「日本電力黒部川小屋ノ平ダム」1936年

トヴィヒ・ミース・ファン・デル・ローエのモデル住宅やブルーノ・タウトのジードルンクの展示などで知られる「ドイツ建築展」に触発された企画だった。山口は滞独中共産党のベルリン支部に属していたとのちに吐露しているが、そのなかの「若い建築家グループ」——日記には「社会主義的建設のための共同体(Kollektiv für sozialistisches Bauens)」と記載されている——が、このドイツ建築展を批判するための対抗的な建築展の開催を企図したのである。

山口の回想によれば、プロレタリア建築展は「ドローイングだとか、設計、パースペクティブとか、模型だとか、そういうもののぜんぜんない」、文字どおり「画のない展覧会」だった[5]。予算も限られ、会場は小学校が移転したあとの空き教室を転用したという。ちなみに、会場風景の写真が残されているが[図5・6]、この写真に示される室内の木造小屋組みと類似するスケッチを日記にもみることができる[図7]。パネルを展示する壁面への自然光の導き入れ方をスタディしたもので、山口が会場構成にも関与していたことがうかがえる。

日記には、この展覧会のプログラムの一部を抜粋した文章がみられる。それによれば、「プロレタリア建築展は示す。住宅建築に於いて何がなされなければならなかったか、また何が忘れられてあったかを示す。この展覧会は最も重要な都市建築を研究する」とある。また、実際にこの展覧会がどのような内容のものであったのかという点については、山口がのちに語っているところによれば、古代ギリシャやローマの町に題材を求め、「建築の歴史なり文化史なりで教えられたときに出てくる建築」ではなく、「それとは別にまだぜんぜん知られない庶民の、抑圧された人民の建築」についてレポートしたものであったらしい[6]。

日記には、「都市建築(Stadt Bau)」と表題のつけられた、十数ページにわたる走り書きのメモがみられる[図8]。これは、プロレタリア建築展の展示パネルの文章を、山口が会場で書き写したのではないかと思われるものである。1つひとつの展示パネルに対応するかのようにNO.1からNO.25までの番号が付され、それぞれに各パネルのタイトルと目される短い文章がちりばめられている。このパ

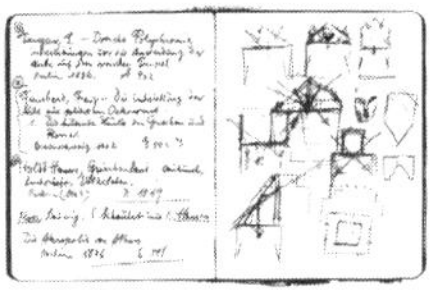

図5：プロレタリア建築展の会場風景
図6：プロレタリア建築展の
展示パネルの前にて
図7：ドイツ日記より、会場構成のスタディ
図8：ドイツ日記より、プロレタリア建築展の
展示パネルから書き写されたと思われるメモ
図9：プロレタリア建築展の会場入口

メモに記されている内容は先述の山口の回想を裏付けるもので、NO.1の「都市の形態は生産手段によって決定される」というマニフェストにつづき、一般庶民の生活を歴史的に遡りながら、その劣悪な住環境の実像を訴えている。NO.22以降はソヴィエトとドイツの住宅政策の比較が行われており、1928年からはじめられたソヴィエトの第1次五カ年計画の成果が報告されている。

また山口は、「新しい建築、新しい住まい(Neues Bauen, Neues Wohnen)」と題されたプロレタリア建築展の展覧会評と思われる文章を日記のなかに抜粋しているが、これは「凡ゆる労働者、建築職工はこの展覧会に行かなければならない。この仕事をした若い建築家達はProletariatに属する。彼等のPlaneはまた我々のものだ」というような扇動的な内容のもので、躓かずには歩けない舗道、ひっきりなしに響く隣の機械工場の音、フロックコートを着ない講演者、などと会場の雰囲気もいきいきと伝えている［図9］。ここには、「我々は見る――何処へ膨大な家賃が流れ、ベルリンの大きな住宅十年計画はどうしたかを。……ソヴィエトはさうぢあない。一つの写真には社会主義都市計画を捧げる。大きな図面と表には労働者に彼らの都市を示す」という日本語で記された箇所があり、この展覧会が、当時ドイツの建築家につよい憧憬をもたらしていたソヴィエトの都市計画を紹介し、逆にドイツの住宅政策の現状を批判することを目的のひとつとしていたことが示唆されている。

　こうみると、建設が進められつつあった社会主義都市を史的唯物論の立場から位置づけ、展覧会というかたちでそれを一般に周知させることが、山口ら「社会主義的建設のための共同体」に集った若い建築家たちの目論見だったともいえる。逆にそれは、山口にとって、渡欧前には理念的な枠組みにとどまっていた合理主義建築のあり方に史的論拠を与え、その構想を実践へと切り開いていくひとつの方向性を与えてくれるものだったとも考えられるのである。

「社会主義都市」へのまなざし

山口の社会主義都市への関心は、日記のなかに要約されている、エルンスト・マイの講演の記録からも読み取ることができる。フランクフルト市の建築統監として一連のジードルンクの建設計画を指導したマイは、１９３０年10月に渡ソし、マグニトゴルスクなどの都市計画に携わった。フランクフルトで住宅建設にかかわった建築家たちを主な構成員とする、いわゆるマイ旅団の活動は、新聞や雑誌を通じて本国ドイツへも報告されていた。１９３１年の６月にマイは一時ドイツへ戻り、ベルリンで数回の講演を行っている。マイの活動に熱いまなざしをそそいでいたベルリンの建築家たちのなかに、山口の姿もあったのである。

　日記にはマイによる３回の講演について記されている。６月５日の講演は、「社会主義都市の問題とモスコーの一般建築計画」との表題が書きとめられているのみで、その内容については言及されていない。ただそれが、「社会主義的建設のための共同体」の主催した講演会であることが付記されていて、プロレタリア建築展と同様山口がなんらかのかたちでこの講演の企画に関与していた可能性もある。翌日の６日に行われた「ソヴヰエットに於ける社会主義都市計画」と、２週間後の21日の「農民の家」の２

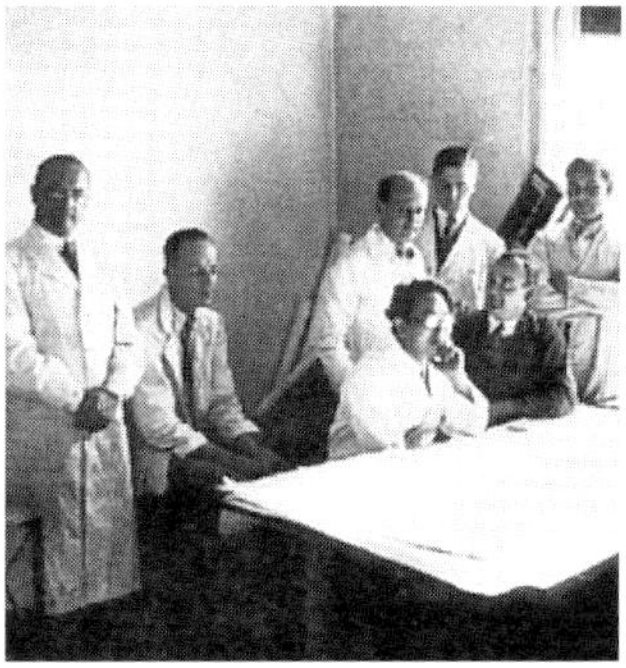

図10：ヴァルター・グロピウスの事務所にて
図11：ヴァルター・グロピウス
「ソヴィエト・パレス」コンペ案、1931年
図12：ル・コルビュジエ
「ソヴィエト・パレス」コンペ案、1931年

つの講演については、ともにその要旨が書きとめられている。

着目されるのは、6日のマイの講演が二度にわたって日記のなかに記されていることである。一方ではその標題が「ソヴヰエットに於ける社会主義建築」となっていて若干異なるのだが、付された日付が同じである上に内容に重複する部分が多く、同じ講演ではないかと思われる。これは、この講演に対する山口の関心の高さを示すものと考えられるだろう。山口の記録は、雑誌に発表された講演抄録などを参照していると思われ、異なる参照先がこうした二度にわたる言及に結果したのかもしれない。

山口の記述によれば、マイはこの講演のなかで、ソヴィエトの第1次五カ年計画の全体像を紹介している。帯状都市や衛星都市の手法、住宅の「三形式」（独立住宅、集合住宅、共同住宅の定義とその性格）、家事労働の軽減と婦人の解放など、都市建設の具体的な方法論をめぐってその成果が報告されている。また、「マイ氏は新しい偉大な社会主義工場都市に於ける都市計画の問題をコンクリートに数種の図面で説明した」とあり、いくつかの計画案が実際に披瀝されたようでもある。山口がマイの講演にみたものは、社会主義の理念が建築として、都市として、実際にその形姿を露わにしていくプロセスにほかならない。マイが提示するさまざまなプロジェクトを眼前にして、山口の近代建築観にもより具体的な形象が具備されていったことも想像に難くないのである。「マイ氏は強調する：U.S.S.R.には空想政論は行われない、吾人は住宅建築の範囲に於いてもしっかりした実際の結果の上に止まる」と書き記されているが、新生ソヴィエトの「実際の結果」を知ることこそ、山口がドイツ留学において期待したもののひとつともいえる。

　日記には、グロピウスがマイについて記した「何をロシアの都市建築から期待するか」という文章も書きとめられている。土地の解放という「最も重要な根本的要求を拘束なくUSSRだけが満足させ、それによって、現代都市建築への道を自由にした」と、社会主義都市建設の可能性が大きく称揚されている。ソヴィエトは山口にとって、「要素的な無制限な新計画への智的な仮定を創造」する、まさに実践の都市だったのである。

インターナショナル・スタイルの解釈をめぐって

また、日記には多くの書簡の下書きが残されているが、1931年7月頃からグロピウスの事務所で働きはじめたことを伝える記述がみられるようになる。Heinrich L. Dietz氏宛ての7月16日付の書簡草稿には、「13日の月曜日から毎日ヴァルター・グロピウス教授のアトリエに通っていて、一日中そこで働いています」とある［図10］。また、9月26日のV. Dufais氏に宛てた書簡のなかでは、「グロピウス氏のもとで大きなプロジェクトに取り組んでおり、完成するのは12月の終わりになりそうです」とも記されている。この「大きなプロジェクト」とは、山口がグロピウスの事務所でもっともエネルギーを投入したという、モスクワのソヴィエト・パレスのコンペ案作成だった。

　日記のなかには、モスクワに集まった応募案の展覧会の様子を伝えるレポートが書きとめられているが、そこにあるように、1万5000人と6000人を収容する2つの巨大なホールをい

図13：「日本歯科医専付属病院」1934年
図14：「番町集合住宅」1936年
図15：「関口邸」1936年

かに配置するかが、このコンペの計画上の要点のひとつだった。「一つの建築体に包含し、並べて置くか、或いは正反対に即ち対照に置き、……またそれを重ねて処理したものと、要求された室を一つのBaukörperにまとめたのもあった」と記されているが、山口らグロピウス・チームの応募案はまさに「一つの建築体に包含し、並べて置く」かたちのもので［図11］、よく知られるル・コルビュジエ案が「正反対に即ち対照に」配置しているのとはまったく異なる案だった［図12］。

のちに山口は、グロピウスの著書『生活空間の創造』をめぐる対談の席で、「グロピウスは、あのコルビュジエ案に対して、作家の造形意欲が先行しすぎてはいないか」と批判的に語っていたと述べている［7］。また、グロピウスのインターナショナル・スタイルに対する認識について、「……構造のプリンシプルは同じである。ただ地域によってそれがいろんな表われ方になるが、それがいわゆるインターナショナルじゃないか。だから、「豆腐を切ったような横窓の型がとくに国際建築であるといわれるのはどうかと思う」と、グロピウス自身の言葉を引いて説明している。ここには、インターナショナル・スタイルを造形的な規範として理解するのではなく、その理念的射程の有効性を検証することがより重要であるという教えが込められている。山口がドイツへ持参したという１００枚を超える茶室の写真を見て、グロピウスは、「日本の茶席というのは、日本人の生活の中で地域的にでき上がってきた建物、……生活に密着しているプランニングであり、サーフェイスも全部近代的な形になっている。これは建築家が故意に一つのイズムをこしらえて、そのメジャーの中に入れてくるものでなくて、自然にでき上がったほんとうの意味のインターナショナルの建築の一つの表われ方じゃないか」という感想を漏らしていたという。これは、『生活空間の創造』でグロピウスが示す、「多様のなかの統一」、そして「包括的建築(total architecture)」の構想の一端を物語るものでもある。「グロ氏は今、新建築の表現について非常に悩んでいる様です。その苦しみの表れがこのソビエトパレスの案であろうと思います」とも、山口は後年回想している。近代建築の理念と表現との乖離を、山口はグロピウスのなかにみてもいたのである。日本歯科医専付属病院［図13］や番町集合住宅［図14］などの帰国後の山口の作品は、「豆腐を切ったような横窓の型」を踏襲し、グロピウスの建築のスタイルを採用したものである。だがこの時期、関口邸［図15］や酒井邸などの数奇屋あるいは民家調の住宅も同時に設計され、山口の作風にはいくつか伏流ともいえる系譜が存在することが知られている。スタイル上のこの奇妙な分裂に、グロピウスの葛藤の、別なかたちでのあらわれをみることもできるかもしれない。

合理主義建築のヴィジョン

日記のなかには、滞独中に行われたと思われる山口の講演の下書きがいくつかみられる。いずれも断片的なものだが、「社会主義的建設のための共同体」の仲間たちを念頭に書かれたものと思われ、近代建築に対する山口の認識がよく示されている。そのなかのひとつに、「近代建築家の実践とは何か(Was ist Praktik des moderne Architekt［ママ］?)」と題されたものがある。「建築における合理主義とは何か」という問いかけではじまるこの草稿は、合理主義建築は合目的性を基本原理としながらも、唯物論的弁証法に照らしてその再検証がなされる必要があることを主張している。これは、山口が渡欧直前に行った講演「新興建築家の実践とは」の内容をタイトルもそのままに敷衍していったものにほかならない。

この講演とあわせ、昭和4年に雑誌『アトリエ』に発表された「新建築における唯物史観」や、第1回新建築思潮講演会での「合理主義反省の要望」などに一貫している渡欧前の山口の認識は、機械論的合理主義が観念論的なロマンティシズムに変質していきかねないことを警告し、社会科学的な視点からその方法を補完する必要性を訴えるものだった。フォルマリズムへ傾斜しがちな合理主義の危険性をその認識の前提に置いているという点で、山口の主張は戦前における合理主義建築の理解のひとつの到達点を示すものである。しかし、ここには、対置された社会科学的合理性についての具体的なヴィジョンは何も表明されてはいない。むしろ当時の日本における、そうした社会的な対象そのものの不在ゆえに——創宇社の展覧会に出品された「公衆食堂を持てる無料宿泊所」や「労働保健館」などの計画案は、当時の社会状況下においてクライアントを獲得するのはほとんど不可能だった——、現実性の欠如がその論理を混迷に導いていたのである。

日記からは、山口の滞独中の関心が、こうした社会科学的観点を基礎とする合理主義建築の実像を、その実践の相において発見していこうとするものであったことが読み取れる。研究発表のような体裁に近かったプロレタリア建築展は、作品展示という形式を踏襲してきた創宇社時代の展覧会とは異なり、社会主義都市の建設という現実の課題に史的論拠を付与するためのものだったといえる。そしてなによりも、ソヴィエトにおいて実際に進められていた、マイらによる都市建設活動に、合理主義が完成された段階へ最終的に統合されていく、社会科学的理論の実践の道程をみていたのである。

日記には、「同志諸君!」と呼びかける講演草稿がある。そこには、「われわれはもはや、近代建築(moderne Baukunst)、機能主義、構成主義、要素主義といった美しい言葉にそそのかされてはならない」という強い調子のマニフェストがみられ、山口が、近代建築のスタイル上の差異を強調することに疑義を呈していたことが示されている。社会主義都市への関心をみせながら、スタイルとして回収されていくことをあくまでも忌避する合理主義建築の理解に山口は達していた。ここには、インターナショナル・スタイルの解釈についての誤謬を正そうとした、グロピウスの教えの反映もあったかもしれない。この意味において山口の「ドイツ日記」は、自閉的な議論に収束しがちな、形式論的な近代建築の思考をあらためて問い直そうとする認識が示されている。それは、イデオロギー的な動機を背景にしながらも、建築の思考を社会との境面へ拡張することで開かれる地平を、日本の近代建築が戦前においてすでに獲得していたことを物語るものである。

［註］

1——竹村新太郎「文ちゃんと創宇社」、『建築家山口文象人と作品』ＲＩＡ建築綜合研究所編、近藤正一編、相模書房、１９８２年、15–16頁。

2——瀬田作士「創宇社の躍進」、『国際建築』１９３０年11月号。

3——山口文象の「ドイツ日記」は計5冊のノートからなり、うち3冊は雑記帳、また2冊が日々の行動を記録した日誌となっている。渡欧の際の山口のパスポートも残されている。これらは現在、株式会社アール・アイ・エーに保管されている。閲覧に際して、同社の永澤明彦氏、村越正明氏(元社員)に大変お世話になりました。ここに記して謝意を表します。

4——佐々木宏「建築家としての山口文象」、前掲書[1]、75頁。

5——千田是也、駒田知彦、山口文象、栗田勇「建築と演劇」、『現代建築家全集11』栗田勇編、三一書房、１９７１年、１２１頁。

6——大谷幸夫、山口文象「建築はどうなる」、『建築家』5巻3号、１９７２年夏号、21–35頁。

7——山口文象、相田武文、藤本昌也「『生活空間の創造』ワルター・グロピウスについて——山口文象先生にきく」、『建築雑誌』89巻１０８６号、１９７４年11月、８８５–８８９頁。

Taniguchi Yoshiro 1904–1979

谷口吉郎
1928年、東京帝国大学工学部建築学科卒業（卒業設計のテーマは、製鉄所）。同大学院を経て、1932年より、東京工業大学で教壇に立つ。
1943年、同大学教授。代表作品に「秩父セメント第2工場」「藤村記念堂」「東宮御所」「東京国立博物館東洋館」「東京国立近代美術館」など。

転向の射程

八束はじめ

「分離派批判」の論客

日本の様式建築に対する批判の論説として知られる野田俊彦の「建築非芸術論」は、東京帝国大学（以下、東大と記す）での彼の卒業論文「鉄筋混凝土構造と建築様式」（大正4年）の「本論の二」「材料構造と様式」を独立させ、『建築雑誌』に改題して発表されたものだった。この掲載には指導教官であった内田祥三の意が働いていたことから、「建築非芸術論」は内田やさらにその師であった佐野利器など、官学の「構造派」のイデオロギーを体現したものと見做されることがある。それがモダニズムの様式、ひいては芸術否定とパラレルなものであるかどうかについてはいろいろと議論が分かれるところだろう。ここではそれに触れるつもりはないが、少なくとも野田自身はそれを十分に展開するところまでは行き着くことがなかった。しかし、この路線が第二の論客を生んでいることは意外に注目されることが少ない。

この人物は野田の13年後、昭和3年に東大を卒業した（ちなみに野田はこの翌年の暮れに急死している）。指導教官は伊東忠太であったというが、教室主任であった佐野利器の示唆で卒業設計に「製鉄所」というテーマを選んだ。震災の後の崩壊した東大キャンパスで「建築構造学」や「都市計画」の講義を彼に授けたのは佐野の片腕であった内田で、ずっと後の昭和47年に87歳の内田が文化勲章を受賞すると、彼は新聞社に求められて「教え子の一人」として祝いの小文を書いている。彼は佐野の紹介で昭和5年に東京工業大学（以下、東工大と記す）に就職し、「工場建築」の研究に従事した。当時の東工大には構造や材料、環境などの工学部門の研究者が揃っていたために、サイロの中の粉状のものの流動や空気の暖房気流の研究を行い、やがて室戸台風の影響で建築の風圧問題に取り組み、昭和17年には「建築物の風圧に関する研究」で日本建築学会学術賞受賞、翌年には工学博士号を授与されている。

これだけであれば、他にも多くいるであろう大学の工学畑の研究者のキャリアにすぎない。しかし、その傍ら、彼は雑誌などのメディアに建築批評の論陣を張った。その最初期のものに、昭和3年、つまり卒業の年に『建築新潮』に書かれた「分離派批判」がある。これは同年に開かれた分離派の第7回展の批判である。第7回展は分離派の最後の展覧会になるが、分離派展に関しては先輩である野田もまた初期のものの批判を書いている。野田の批判は「注文主を欠いた建築は常に片輪（原文ママ）だ、注文主がないんだから建つあてがない。建つあてのない建築と、建つあてのある建築とは同一物として論ずべきものじゃない」というものであったが、昭和3年のそれは分離派を「明らかに偏狭な自己隔離」であり、「建築硬化症の産物たる退嬰的な耽美主義の蠢動だ」とするものだった。ともに社会（ないしクライアント）との接触点をもたず、自分の「小世界」の中に「立て籠っている」（いずれも同論文）ことを咎めている（最後に批判を補償するかのようなエールが送られていることも似ている）。この年以降、彼の書いたテクストは少なくない。

実際、彼、つまり谷口吉郎は当時日本に情報が入りだしていたル・コルビュジエに関して、まず昭和4年の『国際建築』(5月号)に「コルを掴む」を書いている。谷口の同級には前川國男がおり、前川は前年からパリのル・コルビュジエのアトリエにいた。「コルを掴む」の末尾には友に対する「コルを掴んで帰れ!」という檄が飛ばされている。しかし、翌年の『思想』(12月号)に発表された「ル・コルビュジエ検討」では、すでにル・コルビュジエへの見解は批判的なものに転じている。つまり、ガルシュの家の曲線の乱用などを谷口は建築の「貴婦人化」であり、「線のロマンティシズム」と断罪する。ヨーロッパのアヴァンギャルドにおいてもハンネス・マイヤーやマルト・スタムのようなル・コルビュジエ批判者はいたが、これは世界的に最も初期に数えられるル・コルビュジエ批判のテクストのひとつだろう(この両テクストは、昭和7年に出版された堀口捨己・板垣鷹穂編の『建築様式論叢』に再録された。ただし、とくに「コルを掴む」はかなり手が加えられている)。作品においても東工大の作業の延長上に水力実験室および材料研究室がつくられた。物の流れや物性は彼の研究テーマであったから、これらは単なる設計の対象に留まるものではなかったが、理論においてそうであったように、当時最もザッハリッヒな建物であったことは、これまた間違いない。篠原一男の百年記念館の後ろに建っていた(平成15年取り壊し)水力実験室は、とくに妻側の立面の構成によって知られているが、たとえばヒッチコックとジョンソンが1932年にニューヨークのMoMAで開いた「近代建築:国際展覧会」展(通常「インターナショナル・スタイル」展と呼ばれるもの)に展示されても他に遜色なかったであろうレヴェルに達している。

当時の谷口のテクストを読むと、「分離派批判」における「金銭の無計画的な乱費は現在の建築の発展を害する病毒」という趣旨からの堀口の双鐘居批判や、建築家は「現在の発展段階にある使用価値から出発しなければなら」ず、「建築は理論で終わってはなりません。それは実践まで進まなくちゃならないのです。科学的正当さに立脚した科学的良心に掴まれた世界観を抱いていねばならないのです」という「建築は口ではない」(『建築思潮』昭和4年)など、社会的な背景が強調されている。ほとんどマルクス主義的といってもよい。この時期は大学の中でマルクス主義が最も隆盛し、かつ権力からの弾圧（昭和3年の三・一五事件以来、翌4年の四・一六事件など共産党員の一斉大量検挙）が行われていく時期である。谷口と同じ年に東工大（当時は東京高等工業学校）を卒業した人物にマルクス主義建築理論家として知られるようになる原沢東吾がおり、原沢は昭和4年に「唯物史観と建築」を書いたが、谷口自身にも共産党の秘密党員であるという風聞があったことを清家清が書いている（否定的にではあるが）。東工大水力実験棟が竣工した昭和7年には文学でのコップ（日本プロレタリア文化連盟）への弾圧があり、その余波でも被るかのように、同年の暮れには、「赤宣伝」なる記事を読売新聞に書かれたばかりに、山口文象などの創宇社のメンバーが中心となって結成したての「新興建築家連盟」がたちまち解散するという事件が起きている。この「新興建築家連盟」には谷口も前川も名を連ねていた。藤岡通夫は、『谷口吉郎著作集』第2巻（淡交社、昭和56年）の巻末解説で、「先生本来の性格からみるとその参加はむしろ不可解で、解散は先生にとっては好都合であったかもしれない」と述べているが、これには当時の谷口の論調を見る限りにわかには同意し難い。

しかし、藤岡の感想は彼がよく知っていた後年の谷口の姿から見ると無理からぬ感想であったと思える。つまり、谷口はこの初期のアヴァンギャルドとしての立場を維持することはなかった。ベルリンの日本大使館の工事に関して派遣されたドイツ滞在（昭和13–14年）前後から谷口の言説もデザインも変貌し始め、初期の谷口であったら確実に攻撃の的にしたであろうような方向に傾斜していく。後年の谷口はむしろ伝統主義者であり、随筆の名手として数多くのテクストをものしているといっても、理論家というイメージからは遠い。この意味で谷口のケースはいわゆる「転向」の最も典型的な例である。だが、ここには逮捕や投獄を通した権力からの外圧が働いていたとはさほど思えない。「新興建築家連盟」解散の際には官学アカデミーからの恫喝もあったといわれるが、それだけでは強制による思想的転向を引き起こすに十分であったとは到底思えない。当時のリベラルな保守主義者の代表的な論客で、『日本ファシズム批判』（昭和7年）の著者である

ジャーナリスト長谷川如是閑の思想的転向を論じながら、山領《やまれい》健二は如是閑には「おそらく転向の自覚はない」と書いているが、それは谷口の場合も近かったに違いない。伝統主義者としての谷口の代表作が戦後すぐ（昭和22年）につくられた藤村記念堂であることはいうまでもない。白いキュービックなコンクリートの水力実験室とはまったく違う木造平屋の建物である。ここには前者にあったような社会的、時代的なマニフェストはない。しかし、戦後の谷口はもうひとつ藤村記念堂よりはむしろ水力実験室の延長上に成立するような建物、つまり秩父セメント第2工場（昭和31年と33年）をつくっている。転向者であればつくらなかったであろうような建物である。この3つを互いにどう位置付けるのか？しかし、この問いに答えるにはかなり迂回が必要である。

風土の建築家

滞独経験というきっかけとは別に、谷口の転向を引き起こした概念のひとつが「風土」であるといわれる。藤岡洋保の谷口論（「意匠

上：「東京工業大学水力実験室」1932年
下：「秩父セメント第2工場」1956年

への傾倒――〝プロポーションの世界〟の可能性」、『谷口吉郎の世界――モダニズム相対化がひらいた地平』彰国社、1998年所収)でもそう述べられているし、直弟子の清家清にとっても谷口は風土の建築家だった。実際、風土ということばはこの頃以降の谷口のテクストに頻出する。ドイツからの帰国後、昭和16年に、谷口は「国土美」(『公論』3月号)を書いた。これは郊外の駅前の景観からはじまって日本人の生活の風景意識を論じたもので、それは「さかのぼれば、日本人の生活は、なにからなにまで詩であった時代もあった。衣食住はもとより、政治も宗教もすべてが詩と美しき形となっていた時代であった。歴史も詩であった。日常の会話も詩を持っていた」というように理想状態へと遡行する。この遡行を現代に逆に折り返した延長線上に、風土に立脚した「国土美」が構想されているのだ。ここには昭和10年に出版され広く読まれた和辻哲郎の『風土――人間学的考察』との関連を見出すことは容易である。

「風土」は後漢書にも見える古い概念で、『風土記』(中国にもある)はそこから由来しているが、明治以降も非常に頻繁に用いられたことばというわけではない。和辻以前には文化論の概念的な道具として用いられることは少なかった。和辻の本には最後にヨーロッパの風土学に関する歴史的考察が加えられているが、そこで紹介されている書物のほとんどには風土学(ないし風土論)という表題が掲げられているわけではない。多くは「人間(人類)史」とか「文明史」という一般的なタイトルである。最も限定されているのは「政治地理学(地政学)」と「気候学」で、和辻はGeopolitikを「国土学」とし、彼が最も依拠しているヘルダーの〝Geist des Klimas〟を「風土の精神」と訳している。今の辞書でもKlimaあるいは英語のclimateには風土という訳があるが、われわれの感覚では風土とKlimaは少し違う。和辻がこめたように、単に自然条件のみならず、「人間学的考察」(これは和辻の本のサブタイトルである)というニュアンスが入っている。つまり人間との応答関係が含まれて現在は用いられている。これはとくに和辻の論点でもあった。つまり似たようなことが語られていたとしても、西欧とでは概念の枠組みは少し違っている。それ以前の日本の意識とであればなおさらだろう。

和辻がどの程度それに意識的だったかは不詳だが、谷口を含めて後の論者においてはあまりに自然に見えるのでむしろ意識されていなかったにせよ、風土ということばが導入されたとき、ひとつの参照点が人為的につくられたのだ。たとえば、やや似た（谷口の「国土美」という観点ではなおさらに）書物として挙げられる、明治期の大ベストセラーであった地理学者志賀重昂の『日本風景論』（明治30年）では、風土ということばこそ用いられていない（つまりいまだ自明なことばではなかった）ものの、この2つの本は風景といい、風土といい、日本固有の美質をそこに見出そうとしていることにおいて共通している。これらは、あったものの記述というより記述のゆえにそれらが視野に入って来るのだ。これは上記の長谷川如是閑（ちなみに如是閑は今の東京外国語大学における志賀の教え子で、その後志賀を含むナショナリストたちによる『日本』紙や『日本人』誌に参加している）が昭和13年と17年に出版した『日本的性格』と『續・日本的性格』にも共通している。風土にせよ、風景にせよ、文化

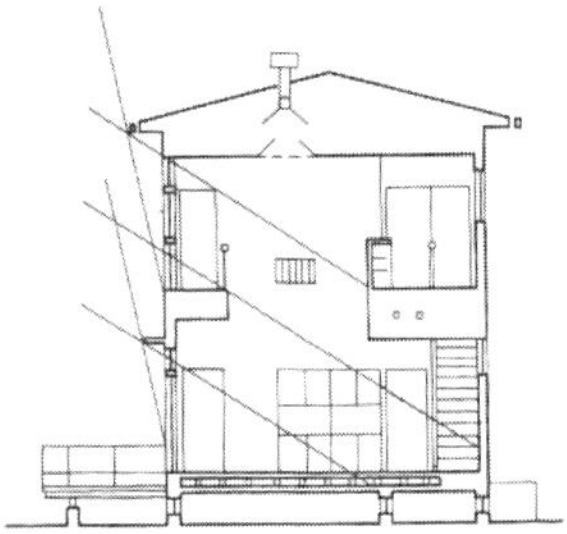

上:「自邸」広間内観、1935年
下:同、断面

にせよ、それが「日本」という枠組みの中で抽出されようとしている。建築史においても、谷口は当時唯一の世界建築史の著者であるフレッチャーや関野貞が建築様式の地域的特性を風土的な観点からアプローチしていたことを指摘している（「建築意匠学・序説」、『建築雑誌』昭和13年1月号）が、これも新しい視点であり、自明の視点ではなかったことを証している。

自覚無しの転向

「気候学」も「地理学」も科学的な観察である。この点においては谷口の出発点も変わりはない。佐野-内田を「構造派」という括り方をすることがよく行われているが、この両者（とくに佐野）のより大きな貢献は、それを都市計画に至る法制度にまで結び付けることにあった。つまり彼らの「学」は構造から環境にまで拡がっていくものだった。実際に谷口は、内田が講義では「特に日本の気象は寒暑が厳しく、雨量が多いので（この2点は谷口の風土論でしばしば強調される――引用者）、建築材料の風化や雨もりに特別の考慮を払う必要があることを力説された」と述べている。谷口の東工大での研究はとくにそれを環境工学的に展開したものである。一方、この観点は建築のさまざまな部位における耐久性能への関心としても展開されていく。たとえば昭和10年に完成された自邸――様式的にはモダンといい得る建物――の発表の際に添付された文章「自余の弁」（『国際建築』6月号）で述べられているのは、「木造の壁体構造に確たる基準を持ち合わせていない日本建築界の現状に、改めて痛切な心もとなさを」覚えたということに他ならない。耐火性のために当時採用されながら一方において虚偽構造であるとして論争の的になっていた鉄網コンクリートを、自らも「口実を設けて、採用せざるを得なかった経験もある」といいながら、虚偽構造うんぬん以前に湿気を含み、熱を蓄積して内部の軸部木材の腐敗を早めるという欠陥を逃れられず、一方もっと近代的な工法として行われ出していた乾式構造（ドライコンストラクション）にしても、石綿スレートの「つきつけ目地」の外装だけではあまりに心もとない、という評価が下されている。

そこで採用されたのは「ありふれた板羽目」で、これは当時は流行らなくなっていたとしても結局「長い間の木造建築の経験からの帰結」であるというのである。この自邸では壁で遮断ばかりすると夏の夜の暑熱がこもるということで、中央を吹抜けにして屋根の排気塔を介して熱を逃がしたり、ガラス窓におけるヒートゲインのコントロール装置として庇や雨戸を意識するとか、暖房施設としてパネルヒーティングを使う（これは後の慶応の幼稚舎でも試みられた）などの「環境的」なデザインが行われている。ここでは風土ということばはまだ使われていないが、今風にいえば風土―環境的な考慮に基づいたデザインである。

　谷口はここで「我が屋の寝室は家庭のサナトリウム生活の実験室である」と述べている（このサナトリウムという形容も慶応の幼稚舎で再現する）が、それは西欧におけるサナトリウム建築の新しい動向（ダイカーによるヒルヴェルスムのゾンネンストラール・サナトリウム＝竣工1928／昭和3年や、アールトのパイミオのサナトリウム＝竣工1933／昭和8年）に平行だし、シンドラーやノイトラの健康住宅（1926／大正15年と1929／昭和4年）にも共通している。いわゆる国際様式の背後に風土―環境的なパラダイムが入り込んでいくプロセスの中の作品である。そして、たとえばはるかに後年に前川が同じ理由でトレードマークであった打放しコンクリートを打込みの二重タイル壁に取り換えていわゆる地域主義的な方向に転向していくプロセスを、ここでの谷口は先取りしている。「自余の弁」の中で、むやみと窓ガラスを大きくする傾向を「漫画建築」であると評しているのは、当時のスタンスではモダニズムのより一層正しい（つまり科学的な）適応を目指して、形式主義の横行を正すというものだったろうが、実はそこで転向の軸がかすかに廻りはじめていたのである。モダニズムの論理がモダニズムの様式を反駁しはじめることによって。

　実のところ、谷口はもっと以前の昭和5年に書いた「手を」（『建築新潮』昭和5年2月号）で、「社会学の序説的理論を、そのまま、機械的に附会して、恰も建築の本体を説き了たがごとき、公然たる覆面の建築理論を多々自分は読まされた」といいながら「もっと建築の実質的検討、考究、研究に立ち入るべき転向が意識されねばならぬ」と述べている。ここでは「転向」ということばは同時期には進行していたはずのイデオロギー的なそれの屈折したニュアンスをまったく帯びていない。いずれにせよ、谷口の転向は「おそらく転向の自覚はない」ままに行われる。つまり自然に経過するのだ。たとえば戦後の金沢の石川県繊維会館(昭和27年)では鉄筋コンクリートの建物であるにもかかわらず、谷口は勾配屋根をつけている。そしてこれを「古い意匠だという人があるかもしれない」といいながら、多雨のスイスなどでもわざわざつけている例があり、金沢は雨が多いからこれは当然の措置であるという。理論的には非の打ちどころがない。しかし建物は屋根の有無を超えて伝統「主義的」に見える。つまり機能的な分析の結果として伝統的な建物に接近していったというようには見えない。ヒッチコックがいうように陸屋根がインターナショナル・スタイルのトレードマークとなった感があったにせよ、たとえば東工大の系統の清家から篠原一男に至る流れの中でも、勾配屋根の有無だけで即、伝統主義的で非モダンな建物というように安易にはカテゴライズはできない。しかし谷口の場合はそう見えてしまう。実際、谷口本人もそこから「ポエジー」(これは清家の形容だが)を引き出そうとしている。理論からの跳躍がある。

「日本的なもの」の位置

建築における転向ということが論じられるときに通常取り上げられるのは、いわゆる帝冠様式をめぐる問題である。帝冠様式というさまざまな問題を引きずってしまうネーミングを回避しようとするなら「日本趣味」でもいい。ここでの問題はいわゆる「日本趣味」に傾斜した保守主義者たちよりも、それに反対したモダニストたちの方が一層歴史主義的であったということだ。転向問題の最もデリケートな問題がここに存している。谷口は当然、「日本趣味」への反対者である。「新しい建築美の意義」(『科学画報』昭和10年6月号)や「化膿した建築意匠」(『科学ペン』昭和11年12月号)ではそれが鮮明に述べられている。それらは「伊勢大廟や、出雲大社の真の日本的建築の形式」が示す「純正な真の建築」とは違って、「あまりにひどい愚劣に」よった「毒々しいばかりに独りよがりの醜状」を呈している「国粋の侮辱」であるというようないい方である(ただし、ここで取り上げられている例が、神奈川や愛知の県庁舎とか東京帝室博物館より、観光地に建てられているホテル建築などであることは興味深い。つまりここで意識されているのは、政治的な様式よりも「国土美」なのだ)。

この一連の問題については、指弾されている側の方にまとまった抗弁なりのリアクションがないということが特徴的である。ほぼ一方的に批判の言説だけがある。そして、この批判において、抗弁されているのは「日本趣味」自体ではなく、それが本当に適切な「日本趣味」なのかということについてである。たとえば上の谷口の言説にしても「国粋の侮辱」といっているわけで、「国粋」自体を攻撃しているわけではない。谷口は日本の上代の建築術は素直な潑剌とした意匠であったとしながら、「これさえ忘れられ、毒々しい仮面の建築が日本趣味の本家であるかのように横行している」ことを「化膿した建築意匠」であるといっているので、「京都御所内にある清涼殿および、そのほか桂離宮、修学院離宮」などの「世界に誇るべき名建築」についてはその価値を毫も疑っていない。これは日本派(伝統派)対西欧派(モダニスト)の争いというより、彼のことばをそのまま借りるとするならば、「日本趣味の本家」争いである。

これは上記の長谷川如是閑の『日本的なるもの』の位置と同じである。如是閑の本には建築にかかわる記述が多く出てくるが、横川茂樹によれば、如是閑と堀口は京都の華道去風流の7世家元である西川一草亭の主催するサロンのメンバーであり、如是閑は堀口からいろいろと建築論を教えられたと述べている。ちなみにこのサークルの会報の執筆者の中には和辻や板垣鷹穂もいた。そしてその板垣と堀口の編による『建築様式論叢』に収められた堀口の「現代建築に表われたる日本趣味について」は、上記の谷口のテクストと同様、「日本趣味」「東洋趣味」を現代的な要求に応えていないとして批判するものだったが、ここでは「現代建築」の方に比重をかけて論じていた（同じアンソロジーの冒頭に「茶室の思想的背景と其構成」を書いていたためだろう）のに対して、2年後の『思想』には姉妹論文たる「建築における日本的なもの」が発表されている。これは日本の伝統建築全般に関する記述だが、そこに現前する「日本的なもの」を、堀口は「民族」と「国土」から導き出そうとする。これは如是閑のスタンスと共通している。谷口にせよ、堀口−如是閑にせよ、正当な日本論を擁護し、そうでない傾向を排斥しようという立場であることには変わりがない。つまり、ここでは2つの「日本論」の系譜が見られる。「悪しき日本論」と谷口−堀口−如是閑というような「良き日本論」の系譜だというわけだ。

しかし、政治的な事柄はさておき（仕事柄ある程度政治的にならざるを得ないこともある如是閑はともかく、谷口や堀口がこの時期政治的に特定の立場をとっていたわけではない。堀口にはヒトラーを礼賛したようなテクストも残っているほどだが、少なくとも両者が「日本趣味」の担い手たち——さして確信的なものであったとは信じ難いが——よりも反体制であったという証はない）、この善と悪との境界はどこに設けられるのか？ 根拠のない上辺だけのものか否かということにあったのだろうか？ つまり、「善」のグループの論者がそれなりに意を尽くして歴史的な（あるいは実証的な）作業を行っていた（つまり根拠がある）ことにこその違いが求められるのだろうか？

けれども、われわれはここにある種の選別作業が働いていたことを見出すことができる。谷口は「京都御所内にある清涼殿および、そのほか桂離宮、修学院離宮」などを日本が「世界に誇るべき名建築」といったわけだが、注意深く（と思われる）避けられているのは寺院建築である（他に肯定的に挙げられているのは民家と茶室）。これは挙げられた事例を「支那建築と本質的に相違する大きな建築分野の代表的傑作」というためであろう。戦後のテクストになれば寺院建築への言及はそこそこ見られるが、『日本美の発見』（日本放送出版協会、昭和31年）の解説でも、法隆寺や平等院の建築を「日本独特の古い文化財」として評価しながら「桂の離宮、修学院離宮、あるいは京都御所などというものに、甚だ違った感銘を私たちは抱きます。桂などの美は今日の造形力を刺激し、世界の心ある作家の新しい建設精神をゆすぶるのである」と、後者の美が別格的に選別されて述べられている。かつての評価軸は(「良き日本論」であるがゆえに?)ゆるいでいないのだ。如是閑のテクストではさすがに一般を意識してか法隆寺に対する言及が多いが、それでも大陸からの影響(これを否定する積もりは如是閑には毛頭ない)をいかに日本人が寛容に受け入れ、自己のものとして独自に咀嚼したか(いわゆる和様化)を語ることになる。いわゆる太子流の配置手法(インドや中国に見られない——つまり残された遺構にはないという意味——左右相称をくずしたもの)だが、これは堀口が「建築に於ける日本的なるもの」で述べているものとまったく重なっている。

堀口のテクストは東大寺に大陸様式の批判的摂取の集大成を見たり、モダニストにはおおむね評判の悪い日光東照宮のポリクロミーを評価したりと一筋縄ではいかない展開だが、それでも彼が結局「日本的なもの」の「根源的な」所産と考えるものは、神社建築と住宅建築そして茶室建築である。つまり伊勢と桂というタウト以来定着した日本建築のエッセンスのパラダイムなのだ。

実証主義と転向

もとより伊勢も桂もタウトがはじめて見出したわけではない。これは当時の建築家たちが面白くなさそうな調子で言及している事柄である。しかし、同時にそれは国民的な合意において「定評」が成り立っていたわけでもないことをも証している。そしてそれが求められていた。ちょうどそこに都合よくタウトという外部の目の証言がのったと解すべきだろう(堀口も谷口も如是閑も抜かりなくタウトに言及する)。ここでは詳論する余裕はないが、この時期に日本建築史における神社建築の比重が上昇し、それが急速に実証を超えた起源(エッセンス)の捏造に及ぶことを黒田龍二が指摘している(「第2次大戦までの神社建築研究」と大田博太郎・稲垣栄三責任編集『日本建築史基礎資料集成一』の書評)。黒田は、伊勢は上代に大成しており、この建築精神が正しく継承されているものが真の日本建築であること、そして実物上は論じられないが、とにかくこの精神は連綿として存続しているという足立康の『日本建築史』(昭和15年)を引用している。「論客である足立が書いた文章とは思えない矛盾に満ちた」ものというのが黒田のコメントだが、それでもこれは決してわれわれのことばでいうところの「悪しき日本論」に属する類の著書ではない。いったん近代的な実証的精神を経た上での転換(転向?)であり、それは当時の堀口、岸田、谷口らモダニスト建築家に論拠を提供するようなものだった。

要するにこれらの論考では、結局「日本的なもの」は帰納的に抽出されるのではなく、演繹的に提出されているのだ。「日本的なもの」があるということに対する懐疑はそこにはない。そのアプリケーションに関する議論があるだけなのだ。これはそのヴァリエーションたる風土や景観ということばに関しても同様である。どこかでトートロジーがはじまる。事実としての気温や降雨量や地形、生態(の差異)などはあるにせよ、それらを束ねてトータルかつ一般論的な日本の風土や日本の風景を抽出することはつねに仮説としてしか成立しないはずなのだが、それが自然な問題設定と感じられるとき、この問題は意識として浮上してこない。個別の事実に関する実証主義はむしろこのことに関するヴェールとさえなり得るのだ。『日本的性格』の中で如是閑は「日本的性格とは……その語に内容の規定はないので、ただ日本的性格の『かくある』心・形であって、『かくあるべき』それではないのであるが、しかしもともと『かくあるべき』の上に成り立つもの故、日本の心・形の『かくあるべき』典型は、すなわち正しく『かくある』心・形に外ならないのである」と述べているが、ここでは帰納(「かくある」)と演繹(「かくあるべき」)の関係がいささか錯綜していることに如是閑は意識的であり、それゆえにジャーナリストらしく具体的な事実から出発しようとするが、前記山領は「具体的なものへの執着は、〈日本的性格〉そのものの内容規定を逆にきわめて抽象的なあいまいなものにしている」と指摘している。実際、如是閑が「日本だけが民族即国民、国民即民族の国である」と述べ、そこに「国民的性格の空間的、時間的の一貫性」の成立を見ようとしても、それはたとえば日本のアイデンティティなるものが東アジアの交通空間の中に解消されてすらしまいかねない近年の上代研究で反駁されてしまうような「仮説」なのだ。

谷口の場合でも、風土論と個別の環境制御にかかわる工学的な研究およびそれに基づいた設計実践は間然することなく結び付くように見えてしまう。転向論という視座から見てもこの部分は微妙である。「日本的なもの」や「風土」と同じようなことが、実は「モダニズム」に関してもいえてしまうからだ。ふたたび谷口の初期のテクストを追っていくと、いまだアヴァンギャルド的なスタンスをキープしていると見られる時期にもそれへの批判的な言説が見られる。先に触れたル・コルビュジエ批判もその例だが、「機械建築の内省」（『思想』昭和11年10月号）や「建築とヒューマニズム」（『雑記帳』昭和12年3月号）がその例である。とはいえ、それは前者における「明らかに新興建築家側の主張や活動に欠陥のあったことを証明するものである。或いは新建築と自称するものの中にも、形こそ新しいが、それが仇敵視した因習建築以上の誤謬と虚構を潜ませているものがあることは、内省の最も必要とするところである」というように、いわば内省であり他者への批判ではない。正しい原理の誤った運用への自戒というようなものである。しかし、このギャップは結局モダニズムの正しい原理（「真の建築」というようなもの）の存在を前提として信じる限りにおいて、いまだ架橋可能なものと考えられるにすぎない。実証をいくら積み重ねてもそこに確固として到達することがないのだから、それは信念のうちにしかない蜃気楼のようなものにすぎない。そうなれば、もうひとつのより信じられる方への転向は容易である。しかもそこがもともとつながっているという信念があれば、これはほとんど転向の意識さえなくスムーズに移行する。そして風土なるものへの信念が動かない限り再度の転向は起こりにくい。

風土と新しいテクノロジーの融合

谷口本人には、自分は必ずしも変わっていないという弁解はいくらでも可能であったろう。近代的なテクノロジーをいささかも否定していないからだ。工学者としてのスタンスを彼は止めたわけではない。ドイツ滞在中で目撃したものの中で、谷口はナチスの公共建築の公的スタイルには、その代表者であるアルベルト・シュペーアへの個人的な好印象にもかかわらず、あまり感心したようではないが、反対に諸手を挙げて賛意を表しているのはアウトバーン網をはじめとする国土計画への新技術の応用である（「技術の実践と国策の実現——最近のドイツを視察して」、『科学知識』昭和15年7月号など）。その先には風土と新しいテクノロジーの融合のヴィジョンがある。翌年の『東京日日新聞』に掲載された「形の問題」で、「工学技術のもつ大きな造形力こそ、本当に国土の姿を樹立し、国民生活を意匠するものである。近く実現の運びに至るという東京下関間の高速度列車の軌道も一つの例であるが、それが国家的な交通政策の樹立であり、進歩した工学技術のすばらしい実現であるということと同時に、それが日本の新しい美しさの骨格となるのだということを、その建設に当って意識してもらいたい気がしてやまない」と書いたのはそのためである。土木的なスケールで風土や国土美を論じたという点で、谷口は明らかに時代に先行している。

そしてこの議論は戦後の秩父セメント第2工場へと続いている。この工場は内部での環境への配慮という水力実験室以来の課題に続き、きつい工事日程をこなすための外壁（カーテンウォール）や構造の工夫など、そこだけ見れば正当的なモダニズムの建築上の工夫に加えて、塵埃（かつてのサイロでの粉末の流動の研究との関連）を外にまき散らさないための電気集塵機の導入と、単なる建築的処理を超えた工業的な景観への配慮が見られる。煙突やセメントタンクはシリンダーがペアにされたモニュメンタルな姿が与えられている。『日本建築の曲線的意匠・序説』（新潮社、昭和35年）というようなかなり体系的なテクストを書いているにもかかわらず、谷口は自作の屋根に曲線を用いることをほとんどしていないが、この工場建築に関してはヴォールト屋根など曲線を用いているのもそうした意識によるものだろう。自邸や慶応幼稚舎にパイミオとの関連を見るとすれば、ここにスニラをはじめとするアールトの工場建築との平行性を見ることは困難ではない。

もうひとつの代表作、藤村記念堂はどうだろうか？ 谷口の後期の著作ではしきりに「意匠」ということばが用いられるが、それは多く細部における環境制御のための工夫、つまり生活意匠というニュアンスで語られることが多い。環境装置といってもいい。

だから、それは初期の工学的関心とも地続きである。谷口の風土と伝統とは、そうした意匠の発見の上に成立している。意匠は必ずしも内部環境だけにあるわけではない。外部にもある。谷口の認識では、日本の伝統的空間ではこの両者は対立的でなく融合的だが、藤村記念堂はほとんど建物というよりはそのような意匠的要素の集合体のような作品である。冠木門を通し

「藤村記念堂」1947年

て見える白壁は自立した短い障壁でしかなく、それに沿って視線を90度転じると本体が見える。しかしここで見える部分も、実は内部空間をもった箇所ではなく、そこから延長された玄関の屋根架構と袖壁でしかない。動線はその度に直角に折り曲げられる。ここの部分は記念堂本体に比して異常に長く、明らかにプロポーションの上から決められているし、そのために構造柱の1本だけを壁に埋め込むという吉田五十八でもやらなかったようなトリッキーな処理(他は真壁、ここだけ大壁)まで行われている。記念堂の本体空間にしても通常の展示スペースといったプロポーションではない。全体が神社の玉垣のような書割りで構成されている景観装置だといっても過言ではないのだ。それが生産するのは「風土」というイメージである。それは藤村という故郷に愛憎を錯綜させた作家を風土の中に定置させることに見事に成功している。こうして見ると秩父セメント第2工場と藤村記念堂は意外に近い位置にあるとも見られるかもしれない。しかし、結局イメージでしかない文学的風土と社会・経済的事実である工業的風土の間の距離は逆に果てしなく遠いとも考えられる。この距離のうちに谷口吉郎の転向の射程がある。

Shirai Seiichi

1905 – 1983

白井晟一

1928年、京都高等工芸学校（現・京都工芸繊維大学）を卒業後、渡欧。ハイデルベルク大学とベルリン大学で哲学を学ぶ（ハイデルベルク大学ではヤスパースに師事）。1933年、帰国。戦後は同時代のモダニズム建築とは異質な独自の建築世界をつくり上げ多くの作品を手がけた。

伝統のパラドックス コスモポリタニズム、そして認知可能な文化的独自性への夢想

トーベン・バーンズ

単なる0か1かのデジタルな世界を伴った、興奮と麻痺のうちにある現在の思考の狂乱の中で、20世紀の日本で最も深遠な実践家の1人である白井晟一に思いを巡らせようとするなら、おそらく、彼自身と作品をある種の歴史的パースペクティブの中に位置付けなければならないだろう。しかし、もし白井独自のヴィジョンが、歴史的パースペクティブという観念に内在する根本的なアポリアをすでに知覚せしめていたとしたらどうか。「歴史」が、彼の周辺で不穏なまでの速度で展開《アンフォールド》していく中で——もちろんそれは今でも減速することなく続いている——、彼の同時代あるいはより若い世代のものたちはそのような歴史の展開を当然のこととしていたように思えるのだが、白井は「歴史」の展開をその瞬間においてではなく、本質において捉えようとしてい

た。ならば、一連の瞬間に関して改めて考察を試みようとする1個人としての私は、読者のために、それらの瞬間を反復してみせるべきだろうか? さらに、建築家としての私たちの関心事はまずもっては空間的なものであるように思える。とすれば、空間それ自体の創造および操作に関して、いかにして、歴史的パースペクティブがあるもののうちに抜き差しならないかたちで胚胎されるに至るというのだろうか?

　白井は「伝統の新しい危険:われわれの国立劇場建設」と題された文章において、こう嘆いている。

> とにかくわれわれは、今まで民族主義の基盤に立ってはっきり世界に語りかけ表現する建築をもたなかった。国民文化の表徴が平安朝や桃山の復元、変形であったり、あるいは無条件信仰のようなヨオロッパ的本店依存のまね事に終るようなことになっては、それこそ創造の進歩にさからい、せっかくの機会も人間の土を奪う「建設」に過ぎなくなってしまう[1]。

普通ならば、誰でも「伝統」的建築を、その民族の基盤を表現するものとして定義するだろう。伝統建築がその民族の基盤を表現しないというなら、何を表現するのか? この断固たる「伝統」の否定を、われわれはいかに理解すればよいのか? さきにも述べたように、白井はコスモポリタンなアプローチを至上としていた。このコスモポリタニズムとは、多元文化的な了解において「日本的」本質を定義しようとする試みとして理解し得るかもしれない、すなわち優勢な(外来の)言説に屈することなく、その本源的な特質を維持したということにおいて。ここでいう言説とは、歴史、特に「歴史としての時間」であった。われわれは、白井の同時代人の間に、このような観念の諸変奏(和辻哲郎の『風土』[2]から保田與重郎と日本浪漫派までの)を見出すことができる。和辻は場所および時間の特異性を取り込むべく西欧の存在論を拡張しようと試みたが、弁証法的な問いかけに留まり、西欧存在論の本質的特性へと向けられることはなかった——それは、彼の思想を存在論というより認識論たらしめ、時間をも空間をも自然の所与の主体として定義させたものに他ならないが。いいかえれ

「原爆堂計画」ドローイング、1954－55年

ば、和辻は、空間、時間のような概念の歴史それ自体への従属までをも考えようとはしなかったのである。白井も浪漫派も、急速に進む近代化の只中におかれた日本の健全さに和辻が抱いた危惧には同化し得ただろうが、アイロニーの感覚を欠いたままでの批判では、あまりにもその批判の対象の似姿のままでしかない。

コスモポリタニズムが現れるのは、単に場所の特異性としてではなく、まさに日本に特有なアイデンティティーなるものへの固執においてである。すなわち、ただ単に、その枠内ですべての国家が自己特有の地平を保持するような普遍的な差異の観念においてではなく、とりわけ、日本がモダニティの実効性をはぎとりながらも、そのアイデンティティーを回避するのはなぜかということにおいてである。この観念とは、侵入する「他者」によって弁証法的に否定され、蕩尽させられ得るような何者をも超越する差異のそれであった[3]。しかしながら、この観念は、コスモポリタニズムがまず最初に和解しようと試みた問題、すなわち普遍性という問題に向けられたものではない。いいかえれば、白井のロマン派としての同志たち――日本浪漫派の運動に明瞭に荷担した者および直接的な政治行動を模索していた者の両方を含む――にとっては、日本は、根本的に西欧と違いながらも、のっぴきならぬかたちでそれに結びつけられてもいた。この差異の認識に浸透していたのは、こうした差異を明確にする適切な方法なしでは、近代化による文化の去勢効果が取返しのつき難い結果を招来してしまうという感覚であった。

そこでは、西欧の技術それ自体の歴史的／弁証法的な性格そのものを否定しようとするか（「和魂洋才」の類のアプローチ）、または歴史的弁証法によって自己の文化を再定義するかのどちらかであった。どちらの選択にせよ、伝統を、それ自身が最初に育まれた地盤から切り離すものである。浪漫派の解決策は、アイロニー、つまり詩趣の現前こそが「凡庸な現代」を意義あるものになし得るというような類の模糊とした了解であった。芸術とは、自らの普遍性によって、特殊なるものとしての政治的なるものをその特殊性から昇揚させ、普遍性の中へと包括するようなものだった。保田のアイロニーとは、「取り戻し得ない過去の創造」であったと定義できる。しかしながら、弁証法を覆すにはアイロニーが重要であるということには気付いたものの、浪漫派の解決策のアイロニーは、単に弁証法を促進したにすぎない。それは、ヨーロッパの啓蒙運動のように明白なかたちではなく、より密やかに過去を経由しながら未来に関与しようとするものだった。そのアイロニーは、結局権力に（近代の）神話をまとわせるように働き、権力の行使を一層計り難いものとしたにすぎなかった。国家社会主義にせよ、国際的な社会主義にせよ、日本のアイデンティティー問題の解決策にはなり得なかった。浪漫派の批判において本質的だったのは、歴史的弁証法と関連させて、そして成行きとして、芸術と政治との関連の上で、アイロニーを理解したということである。

保田と彼の率いる浪漫派のように、白井もまた、落とし穴を回避するためには歴史の理解が必須であること、また近代化が非可逆的であることを受け入れていた。ヤスパースに教えを受けたことも含めて、白井にとっては、問題はロマン的に（つまり未来に働きかけるために過去を利用するようなかたちで）歴史を用いることではなく、歴史を詩的試みの発端として理解することであった[4]。白井の問題とは、西欧的病いによる日本の内在的衰頽を治癒するということではなく、歴史の過程の理解の中に自己知を育むことであった。アイロニカルなことだが、保田の詩に対する姿勢および政治的な姿勢を考慮してみると、白井と保田の歴史理解の違いは、ヴィーコとマルクスにおけるそれと似通っている。マルクスが「われわれが知り得るのは、われわれが創造したもの（すなわち、歴史）でしかない」と唱えるだろうところで、ヴィーコならば「われわれが知り得るのは、われわれが創造したものでしかない、しかし、その創造とは詩的である」と唱えるだろう。決定的な差異は、意味の所在にある。マルクスそしてヴィーコの両者にとって、歴史は人間がつくったものであり、ゆえに科学の正当な対象である。結果が具体的に評価し得るがゆえに、マルクスは人間を自然

上：「善照寺」外観、1958年
下：同、内観

の内に位置させた。しかし、これは矛盾である。一方、ヴィーコ的な限定づけは、歴史を明確に人為の中で理解し、したがって政治を想像性の領域に根差させる。自然の中に位置づけられた意味は人間を歴史的弁証法へと還元してしまうために、この弁証法を覆そうとする試みは、どのようなものであれ、必然的に人間と自然との関連性を取り扱わなければならない。浪漫派は、彼らのアイロニー好みからしてこのことを直感していたかもしれないが、政治的関与への嫌悪のゆえに、彼らは、郷愁《ノスタルジア》か政治的無責任かという二極の間で揺れ動きながら自分の居場所を引き出すのがせいぜいであった。

白井は、文化的な自己知を政治的想像力それ自体の過程の中に根づかせようとしたために、政治とつくる営為と創造性の関連性に対して明確なかたちで直面していた。では、先に引用したテクストに戻って、この問題から及んでくるものを考察してみよう。われわれの目指すものは、白井のアイロニーの観念、そしてそれがどのように政治的想像力に根差した建築というかたちをとっていくかを理解することである。

> ヨオロッパの文明的経験は閉鎖と開放という本質的に矛盾するものの葛藤であり発展だったといえる。建築にしてもエジプトの閉鎖からギリシャ列柱の開放へ、ロオマの大ドウムから中世、ルネッサンスの閉鎖を通って近代の無限定空間まで成長してきたのだ。
>
> 「創造」について実戦の経験の乏しいわれわれが学ぶべきことは、空間感覚と技術に関するこれらの歴史が示すように、二千年の地中海文明をのみ、数知れぬ「創造の壁」を乗りこえて、いわゆるヨオロッパ的感覚の質を作っていった合理主義の伝統が、こうしたメカニズムの中で血を流しながら育っていった過程にあると思う。
>
> 日本では今もってパタアンとしての桂離宮や龍安寺石庭の復習などが「伝統追求」とされたり、民族の潜在力である「縄文的なるもの」がよろめいて、輸入のアブストラクトや怪奇なオブジェが「伝統を克服する」ぞという勢いである。保守政権の安定、毒をもって毒を制そうという警職法改正が騒がれる世相の反映だとして、眺めていなければならないのだろうか[5]。

先にも述べたように、白井は、どのような「伝統的」建築であれ、その民族的基盤を表現することはできないと主張していた。ここでは、それが、龍安寺や桂離宮の研究は、ある次元では不真正かつ不毛な伝統の探求であるという観察によって補強されている。この彼の主張をどう理解すればよいのだろうか？

何よりもまず、「伝統」という言葉は明治時代の造語である。それは日本の近代化によってもたらされた歴史の危機の始まりと一致している。これは驚くに値することではない。あるものをその意味の地平に等しい物と同定化する必要性は、本来ならばないだろう。しかしながら、「他者」と遭遇した時点において、伝統は明確なかたちをとって見えてくる。とはいえ、日本にとって「他者」との接触は西洋に始まったわけではない。では、それが以前の「他者」との遭遇の伝統的なあり方を根本から覆したとするなら、この歴史と日本との遭遇の何がそんなに特殊であったのであろうか？

日本には歴史感覚が欠乏していると白井は指摘する。日本の創造性の観念や創造の過程とは、「他者」との接触の経験と同様に、歴史の捉え方の（誤）理解に関連している。創造性の問題と「伝統」という言葉の出現とのつながりとは、「進歩」という概念によって引き起こされた問題である。進歩とは、ある瞬間が他の瞬間と根本的に違うという認識とかかわっている。すなわち、どの瞬間も、将来のすべての瞬間をつくり出す中で、それ以前のおのおのの瞬間に対して具体的に適用される批評となるのだ[6]。ここで、進歩を構成するものについては、論争の余地がある。進歩の内容とは意思の問題であるがために、異論を唱える余地があり得るのだ。異論を唱えられぬものがあるとしたら、それは、進歩は生起するにはともあれ具現化されねばならないということである。いいかえれば、仮に進歩（つまり考えられる将来のごとき）が評価され、将来が具現化し得るものであるならば、後はただ単にそれをつくり出すというだけのことである。可能性というものは政治に、そして政治はつくり出す営為に、おのおのつなぎとめられている。そして、具現可能な（自然＝本来的なものとされた）ものとは、誰にでも等しく使用され得るがために、文化的な束縛を超越すると同時にそれを危うくもする。そして、何がなし得るかという判断にとって唯一残される基準は、それが機能するかどうかになってしまう。純然たる効用性それ自体が基準になるのだ。われわれは、この時点において和辻および彼の同輩たちがもった歴史（時間）に対する危惧を認識することができる。つまり、歴史は意味の文化的アイデンティティーに関する論議を無意味にしてしまい、そしてその対象を普遍的な基準（「客観的」真実）へと譲り渡してしまうということなのだ。ここでのパラドックスは、白井がこの危惧を共有していたとするならば、彼がなぜ創造性の意味を強調したのかにある。白井は、すでに創造性の涵養を主張し、また創造的才能が歴史的気質につなぎとめられるべきだといったのではなかったのだろうか？

白井の診断にあるパラドックス（苦笑い？）は以下のことを認めている。つまり行動と判断がつくる営為と結びついているのならば、逆に、つくる営為とは思考と判断のための途でもあるということを。浪漫派の面々が必死に探し求めていたアイロニーを、白井は明らかに思考と創作との関連性、そしてさらには具体的に思考することの中に見出していた。

創造の過程と歴史の弁証法

「歴史」がもたらした危機は、「普遍性」という地盤を変えることにより、判断することとつくること、そして行動することの関係をも変えてしまった。人々が従来はそれに基づいて判断し、意思疎通し、理解していた権威、すなわち文化により境界付けられていた諸々の普遍性が、突然、文化的には無言である歴史的な普遍性として鋳直される。そうなると、そもそもこの歴史的普遍性がそれによって形成されるような文化的正当性を立ち上げること自体が不可能となる。文化的普遍性が共有された言語と文化の基盤を参照していたのに対して、歴史的普遍性は、必然的に、それらを歴史的真実に付随するものとして、つまり、機能するという事実にその真実が存在し、人と場所とを問わない技術的な普遍性として、排除してしまう。

白井は、そんな危機の性格に関してわれわれに2つの洞察を与えてくれる。第1に、それが近代的な問題であるがゆえに、近代的に対処されなければならないということ、そして第2は、この挑戦に必要とされる態度は、英雄的という以上のものだということである。この英雄的なモダニズムは、国際主義とは自らを区別するために、世界精神と個々の文化的発展とを何らかのかたちで和解させなければならなかった。いいかえれば、建築に課された役目とは(つくること/思考すること一般もそうだが)、弁証法的な歴史の超克とは明白に異なったやり方で、両立しがたいものを調和させることにあるということなのである。これは真の創造力によって成就されなければならない。白井はさらに、「『創造』について実戦の経験の乏しいわれわれが学ぶべきことは、空間感覚と技術に関するこれらの歴史が示すように、……伝統が、こうしたメカニズムの中で血を流しながら育っていった過程にあると思う」と書いている。歴史と創造を結びつけようとしているのだ。この両者が相互に関連しているのはごく当然でもあるが、一体それは正確には何を意味するのか? まず、日本が国際社会の一員となろうとしたからには、歴史がもたらす結果(それがどんな事件で、どこで起ころうと)は日本にも等しく適用される。あたかも歴史の重荷とは西欧の問題であるかのように日本がふるまい、無関係を装うことは許されない。その歴史の内容がどのように特異なものであれ、すべての事例はつなぎあわされ、結果として秩序づけられてしまう。逆にいえば、世界の歴史的移入の結果として潜在しているものを引き受けることによって、すべての事例はその移入に対する政治的な責任を負うことになる。簡単にいうなら、従来は建物と区別されていなかった建築は、この時点においてはっきりと「建物+ロゴス」となるのだ。技術を歴史的な所与と解釈するというすでに言及された議論、すなわち現実化された歴史の概念としての、もしくは自由の歴史的具体化としての技術、つまりは進歩という点で歴史的な責任を負うような技術という議論をここで思いだしておくことは意義なしとしないかもし

上:「親和銀行本店I期」外観、1967年
下:同、内観

れない。この責務は以下の2つのいずれかのかたちによって果たされる。ひとつは、すべての建築的な「成果」についての判断が、歴史およびその超越的意味と一致するということ、つまり、建築家が一個人として創造することの権利を断念するということによって。逆のいき方は、建築家が社会の立法者（法制定者）の役目を担うというもので、そうなるとあらゆる建築はパラダイム化され、それゆえに一般化という理論の試練に耐え得るものでなければならない。その純然たる結果としては、建物は思考と行動とに不可逆的に結びつけられることになる。今や建築は、あらゆるつくることと同様に、逆に思考の一形式となっているともいえる。「つくること」─「行動すること」─「思考すること」の旧来のモデルは、そのすべてを同じ存在様式の中に混在させることへと道を譲る。黙々と歴史的な課業（歴史的生産としての建築）をこなすだけで、すべての行動が「つくること／労働すること」の最も卑俗なかたちへと還元されてしまうような状態へと堕してしまう危機に面しながら、白井は問題点を政治的責任性という見地から直接に述べる。しかしながら、この政治とは、（人間の領域における「自然界」としての）社会に関するものではなくて、文化的想像力を指すものである。白井にとっての問題は、何を建てるかではなく、まずもって建物の役割をどう捉えるかであった。白井が「すべての芸術がそうであるように、建築もまた思想の通路だという信条であろう」と書くのはそういうことであろう。

白井の目指したもの：技術、アイロニー、そしてニヒリズムの超克

創造性が歴史の過程にとり不可欠であるということは、芸術的創造力が進歩の一部であるというのに等しい。しかし、創造や判断の政治的手段としての進歩と、技術的な前進としての進歩とでは、根本的にあり方が違う。進歩に内在して、進歩的な、もしくは「近代的」な社会を悩ましている意味の下落を白日に晒すためには、これらを最初から区別しておかなければならない。これは、目的性を欠落させた技術的な普遍性に起因する文化的

「親和銀行本店II期」外観、1970年

普遍性の目的性の下落に内在する危機なのである。技術的普遍性は、特定の土壌をもたない理性的存在に適応される。それに対し、政治的（文化的）な普遍性とは、それらを生起させる文化的地盤に限定された文化現象である。これら2種類の普遍性は、文化的に生み出されたものども、つまり世界の事物（言語や科学、建築、絵画、彫刻、詩など）が共有する存在のうちで交差する。これらのものどもが2種類の普遍性を共有するに至ったとしても、そうした普遍性相互は本来和解し得ぬものでありながら、相互に依存しあっているということは銘記しておかなければならない。これらのものを以下のように考えることもできる。技術的世界性はマセマータ、つまりは知的把握の可能なもの《インテリジブル》——既知のもの——を参照し、一方文化的普遍性は想像性——その一部のみが理解されているようなもの——に基づいて叙述されるというように。しかし、2つの普遍性はともに、思弁的な立脚点、つまりは意味がアプリオリなものであるような地点から始まる。どちらも、それゆえ互いに相手の特質を共有はするが、おのおの

上：「ノア・ビル」外観、1974年
中：同、ショールーム入口
下：同、地下1階玄関

がもたらすものは実際のところ対極に位置する。ここで重要なのは、どちらの思弁的な立脚点も創造的な部分を内に秘めているという点である。どちらも、意味をその立ち現れにおいて知覚し、論証する。すでに述べたように、仮にこれらが生起させるものどもをその所与性（つまり自然であるということ）において限定されていると捉えるなら、生産することも、製造することも、政治的な行動もすべて同一過程に属してしまうことになる。しかし、「物体（客体）」や「客観性」が歴史的地平に埋め込まれたものと考えるならば、そしてわれわれがその地平に対してもつ関係を思弁的だが模倣的《ミミック》でもあるようなものとして認識するのならば、問題は変わってしまう。文化の正当性の問題になるのである。そうなれば、科学にとっての第1の根源的な問題とは、それ自体想像力の、そして思弁的思考の想像的起源の問題となる。この思弁的想像力とは共通《コモン》の理解より起こり、実際に共通感覚（＝常識／コモンセンス）に根拠を与えるものであるがゆえに、この想像力は正当性の基盤となる。だからこそ、「普遍的なるもの」と呼び得るようになるのだ。ここでも、それが思考と知識がそれによって実際可能となる文化的基盤を参照するものであるがゆえに、それは「文化的普遍性」なのである。

進歩についての議論に戻って、「何のための進歩」かという理解が進歩それ自体の手段に先んじることは明白である。しかしながら、これは、判断を行動することおよびつくることから分かつことを意味する。この批判的距離を獲得するのは容易ではない。これは、技術的進歩とは、ただ単にそれ自体の諸々の可能性を提示するのみならず、その「真実性」（すなわち蓋然性）という内的な正当性をも提供する、という簡単な理由によっている。しかし、白井の議論は、この正当性は、創造や客体化のための基盤を支えるものとは実際にはなり得ないというものであった。

こうなれば、唯一の可能な行動形態とは、実際のところでは歴史的かつ弁証法的なものであるのかもしれないのだが、そこで起こる根源的な限定づけはこのような理解を変えてしまう。つまり、無限の可能性と歴史的に与えられた目的性の不在とに直面しながら自らの行動に判断を下す、という必要性から歴史の必要性というものが生じるのだ。そうなると、アイロニーとは、この無限の可能性に直面した際に歴史的正当性を明らかにするという能力でしかない。歴史を読むという課題は、（すでに）アイロニカルなことに、自らの地盤を築くことを求められている地点における創造的かつ解釈的な確証の課題として与えられている。意味の弁証法は、（その語の語源においてもそうだが）、説明が可能であることと対話性とに限定されており、正しい判断を下すというただひとつの目的のためだけのものなのだ。白井にとっては、この自意識的な循環性およびアイロニーの必要性とは、どのようにも取捨選択し得る単なる道具ではなく、実際われわれの条件を形成するものなのである。否定し得る——概念的に、もしくは具体的に——ようなものとは、事実として歴史的に弁証法的なものであるのだから、アイロニーはもはや不必要であると簡単

上：「サンタ・キアラ館」北側外観、1974年
下：同、チャペル

に済ませてしまうわけにはいかない。これこそが近代における「英雄的」な建築についての白井の理解の基盤なのだ。それは特定のあり方を超えたところでは不要なものである。それに関しては、「国際的」あるいは普遍的なところは何もない。文化がそれを通して分節され、根拠づけられるという程度を除いては。

> われわれが欲しいものは最高の借り物でなく、最低の独創であるべきだが、日本の手本があろうと、ヨオロッパの手本があろうと、他力本願で「創造」はできない。この土の上で、自主の生活と思想の中から世界言語を発見するよりほかない。それが創造の倫理というものだ[7]。

白井には、建築に関して2つの主要な関心事があった。ひとつは、国際社会の一員であるならば、いかなる文化であれ、その人類文化の起源を問うものであり、そこからのみ自文化が育まれてくるのだということである。もうひとつは、とりわけ日本についてのものであった。これが、「民族主体の基盤に立ってはっきり世界に語りかけ表現する建築」が欠如していると白井が述べたことの意味であろう。日本は今まで自己のためにであれ、他のためにであれ、その「共通感覚=常識」たるものを意識的に表明する必要はなかった。これこそが歴史的な使命であり、白井にとっての「英雄的」な課題であった。「共通感覚」をつくり出すということは、畢竟、基盤を整えることと何ら変わるものではない。

> 人間精神——こころ——の要件であり、様々な歴史的又は美学的な確証という形で広く想定されるような文化的固有性は、テクノロジーを確実なものとして知られているものの中に位置付けることに奉仕してきた。言い替えれば、テクノロジーが適切な基盤を獲得しようとするならば、文化的自己知が、前提条件として確固として把握されなければならない。文化は、テクノロジー以前にあってそれを枠づけ、そのイデオロギーを与え、権力を保証し、そしてその代償として、それ自身の意味についても抗うのである[8]。

これは日本の技術との曖昧な関係に言及するナジタ・テツオの文章からの引用である。ナジタは、技術を人類の文化的優位性に従属させようとするコスモポリタン的な目的の再考を要求する。白井と彼の創造の倫理への我慢強い探究と照らし合わせてみるなら、ナジタのいわんとするところは明白であろう。自己知は、人間らしい行動のため、われわれの（テクノロジー的に所与の）行動を創造的なかたちで根づかせるための前提条件なのだ。創造的とは、単なる目新しさではなく、文化的な認知可能性を求めるものである。すなわち、「共通感覚」に権威と正当性を与え、その結果としての自己超克のうちに滑りこんでいくような行為をさしている。アイロニーとは、自身の超越を見込んでいる、この明快な自己知以外のものではない。自己知とは、使い古せば取り替えられてしまうような道具ではなかった。水や言葉がそうであるように、自己知を欠いてはわれわれは何事をもなし得ることはない。

（翻訳＝寺川徹＋村本勝彦）

［原註］

1――白井晟一「伝統の新しい危険：われわれの国立劇場建設」、『無窓』所収。

2――和辻哲郎『風土』岩波書店、1935年。

3――ロマン派から継承したこの差異の概念とは、日本のアイデンティティーのひとつの面としていまだにまったく問われることなしにいるほどにこみいったものである。Kevin Doak, *Dreams of Difference* を参照のこと。

4――ヤスパースはカント主義者であり、その両者とも想像力に基盤を置いた政治理論をものしているわけではない。それを始めたのはヤスパース門下として白井の先輩に当たるハンナ・アーレントであり、彼女がそれに着手したのはその晩年においてであった。私は白井が同じような思考を辿ったといおうとしているわけではない。ただ彼は普遍的な市民（世界市民）の本質に関してのヤスパース／カントの問いから始めたにすぎない。

5――白井、前掲書。

6――近代性がロマン主義に負うものに関する簡潔な記述としてはOctavio Paz, *Children of the Mire*を参照（邦訳はオクタヴィオ・パス『泥の子供たち――ロマン主義からアヴァンギャルドへ』竹村文彦訳、水声社、1994年）。

7――白井、前掲書。

8――Tetsuo Najita, “On culture and technology in postmodern Japan”, *South Atlantic Quarterly* v 87, Summer 1988, pp.401-418.

「親和銀行本店Ⅲ期 懐霄館」外観、1975年

Maekawa Kunio 1905－1986

前川國男

1928年、東京帝国大学工学部建築学科卒業と同時に渡欧。ル・コルビュジエのアトリエに入所。1930年、レーモンド建築設計事務所を退社し、前川國男建築設計事務所設立。戦後は「日本相互銀行本店」をはじめ、「神奈川県立図書館・音楽堂」「東京文化会館」ほか多数の建築を手がける。

木村産業研究所という出発点

松隈洋

青森県弘前市。桜で有名な弘前城からもほど近い閑静な屋敷町、弘前市在府町の一角に、鉄筋コンクリート2階建て、延床面積300m^2足らずの白い建物が、ひっそりと建っている。これが、1932年12月29日に竣工式を迎えた「木村産業研究所」、建築家・前川國男の記念すべき最初の設計作品である[1]。後年、屋根がかけられたり、一部の外観に変化はあるものの、スチールサッシュや床タイル、家具なども含めて、当時の面影をとどめており、現在も事務所として大切に使われている。

竣工時の前川は弱冠27歳、1930年の4月、丸2年間を過ごしたル・コルビュジエのアトリエから帰国し、その年の8月からレーモンド事務所に勤め始めて約2年が経過していた。自作の完成が何よりうれしかったのだろう。絵葉書にされた写真には、研究所の設立者・木村隆三とバルコニーの上に仲良く並んだ、前川の晴れやかな姿が写っている。また、数年後の1935年5月

27日には、高崎の井上工芸研究所の顧問として日本各地の工芸を視察中だった建築家のブルーノ・タウトが、木村産業研究所の理事でもあった弘前在住の工芸家・大川亮を訪ねた折に、この建物に遭遇し、その時の印象を、「コルビュジエ風の白亜の建物」と日記に書き留めている[2]。

タウトが驚いたのも無理はなかった。というのも、ル・コルビュジエのサヴォワ邸が1931年、ミースのチューゲントハット邸が1930年、A・アールトのパイミオのサナトリウムが1933年に完成していることからもわかるように、1930年代前半という時点では、装飾のないすっきりした白いモダニズムの建物は世界的にも珍しく、ましてや日本の町中で見かけることは皆無に等しかったからである。

もともと、この建物は、前川が自らレーモンド事務所に持ち込んだ仕事だった。現存する唯一の設計資料である構造計算書の表紙には、そのことを証明するかのように、「本申請に関する一切の交渉は設計者前川國男（レーモンド建築事務所気付）を通じて行わるべきものとす」と記されている[3]。

奇しくも、この建物の設計がなされた時期は、有名な「東京帝室博物館」コンペ（1931年4月30日締切）の直後にあたっている。おそらく、この木村産業研究所には、後に形になっていく直前の、前川國男の建築思想の萌芽を読み取ることができるに違いない。そこで、ここでは、その建設経緯を追いながら、前川の出発点について考えてみたい。

前川國男と弘前とのつながり

それにしても、当時は若輩の身だった前川が、どのようにして東京から遠く離れた弘前の建物に携わることになったのだろうか。資料からは、その背景に奇遇ともいえる人と人とのつながりがあったことがわかる。

前川の母・菊枝は旧姓を田中といい、田中家は、津軽藩の忠臣として知られた田中太郎五郎の子孫にあたる。また、母の兄は、外交官・佐藤愛麿の養子となり、後に参議院議長や国連大

上・中上：竣工当時の木村産業研究所外観
中下：木村産業研究所の絵葉書。
バルコニーに前川國男（左）と木村隆三
下：竣工当時の正面玄関にて。
後列中央＝前川國男、前列左＝木村隆三、
右＝木村新吾。正面の胸像は木村静幽

使、東京青森県人会長などを務めた尚武である。そして、この佐藤尚武こそ、甥の前川がル・コルビュジエのアトリエに入る際に、折しも国際連盟事務局長としてパリに在住し、その後見人として自宅に預かった人物である。一方、津軽藩士で後に広島電力の社長などを務めた弘前出身の実業家に、木村静幽がいた。彼は、晩年に至って、郷土の弘前に地場産業振興のための研究所の設立を決意し、その準備のために、自分の孫に外国での社会事業の様子を見聞してくるように指示する。そして、孫の木村隆三は、奇しくも、駐仏武官として前川とちょうど時を同じくしてパリに在住し、そこで、同郷の佐藤尚武を通じて、前川とも親交を結んでいたのである[4]。

残念ながら、静幽は、隆三の帰国直前にこの世を去ってしまう。しかし、その遺言によって、当時のお金で70万円を投じる財団法人の設立が、隆三には託されていた。

こうして、1931年、「弘前地方に於ける物産の生産技術を研究し、その改良発達を図る」ことを目的として、財団法人・木村産業研究所が、隆三の手によって設立される。そして、その設計が前川に依頼されたのである[5]。

戦後に入ると、今度は、隆三の兄・新吾がＰＴＡ会長を務めていたこともあって、前川は、引き続き、弘前中央高校講堂の設計に携わることになる[6]。その後も、弘前との関係は継続し、市役所をはじめ、市民会館、市民病院、市立博物館、晩年の斎場に至るまで、次々に公共建築を手がけていく。そして、今も、そのほとんどが現存し、時代ごとの前川の作風を伝えながら、弘前の町に静かに溶け込んでいる。

木村産業研究所のおかれた位相

ところで、木村産業研究所は、前川の歩みにとって、どのような位置にあるのだろうか。前川がレーモンド事務所に在籍した１９３０年８月から１９３５年９月までの５年間は、ル・コルビュジエの元から持ち帰ったモダニズムの理念を日本の現実の中で実践してみる絶好の機会だったに違いない。また、一方、同時代のル・コルビュジエをライバル視していたレーモンドにとっても、そのアトリエに学んだ前川をスタッフに迎えることは大きな意味があったことだろう。そこには、ル・コルビュジエの方法を前川経由で自らのものにしてしまおうとする思惑さえ働いていたのではなかろうか。

残された資料によれば、実際に前川が担当した作品としては、聖母学院女子高等学校、フランス大使館改装、Ｓ子爵邸計画案、鳩山秀夫・道夫氏邸、などが挙げられるに過ぎない。前川も後に回想しているように、戦時体制へと向かう中、レーモンド事務所も仕事が激減し、恵まれた状況ではなかったのである。しかし、それでも、レーモンドの作品集[7]からは、興味深い事実をうかがうことができる。すなわち、前川が入所した１９３０年以降の建物には、たとえ担当者として名前が記されていないものにも、ル・コルビュジエ風のデザインが施されている。中でも注目されるのは、１９３２年竣工の「東京ゴルフクラブ」だ。そこには、ピロティや屋上テラス、丸柱や横長の窓、白い箱の組合せ、といった、それまでの作品にはなかった特徴が見られる。そして、レタリングや植

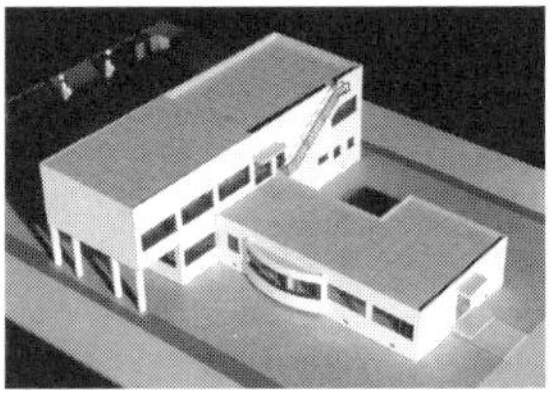

右3点とも:「木村産業研究所」復元模型、製作=仲邑孔一
左上:アントニン・レーモンド「東京ゴルフクラブ」1932年
左中:ル・コルビュジエ「ガルシュのヴィラ」1927年
左下:「明治製菓銀座売店」コンペ案

栽といった図面表現にも、ル・コルビュジエの描き方がそのまま持ち込まれているのである。前川は、当時のことについて、次のように述懐している。

レイモンド事務所にいて、パリで修業してきたのだということで大体向こうでやったような構造というか、そういうことをやろうと、ずいぶんプランだけは書いたのです[8]。

やはり、レーモンドのル・コルビュジエへの急速な接近には、前川の参加が影響していたのだと思う。木村産業研究所もこうした流れの中に位置するのだろう。その一方で、次のような前川の言葉からは、この仕事に込められていた別の意味も見えてくる。

> 僕はね、それまでにコンペずいぶんやったんですよ。小さなコンペもずいぶんやったわけです。それでつくづく感じたことはね、コンペのときに金の心配をしないでやってみたいということが頭にあったものですから、レーモンドへ仕事をもっていったわけ。弘前の産業研究所ってのをね。そうしたらレーモンドがフィーの半分をお前とれということをいってくれた。僕はね、そのときにフィーの半分は要りません、その代りコンペをやりたいから三時から帰ってもいいようにしてくれって言いましてね、それでコンペをやったのです[9]。

前川は、レーモンド事務所での実務にとどまらず、同時にコンペにも積極的に参加して、ル・コルビュジエに学んだ方法を咀嚼しながら、自らの方法を理念的に構築しようとしていたのである。前川の初心にあった決意のほどがわかる。こうして、レーモンド時代においても、東京帝室博物館、明治製菓銀座売店、第一生命、東京市庁舎など、コンペへの応募は6回に及んでいる。これらのコンペ案と木村産業研究所を比較検討することも大切なポイントに違いない。それでは、次に、木村産業研究所について見ていくことにしたい。

ル・コルビュジエとレーモンドの間に

一見してわかるように、建物は、均等ラーメンの整然としたグリッドに則ってプランニングされている。白く清楚にまとめられた外観は、明らかにル・コルビュジエゆずりのものだ。特徴的なのは、次のような点である。

　まず、全体がT字形のプランをしていて、前面道路に面した2層のファサードの棟と、それに直行して奥へと伸びる平屋の棟が、敷地を前庭と裏庭に巧みに分割し、低層部は、一部の外壁が、柱から自由になって曲面状に張り出して変化を生んでいること。また、正面右端の1階部分は、丸柱に支えられたピロティになっていて、奥の庭へと抜ける視線が生み出されていること。さらに、ややスパンの大きな正面入口の上部にはバルコニーを設け、ニッチ状のポーチ部分を2層分の高さの吹抜けとすることによって、エントランスに大らかさと彫りの深さが与えられていること。次に、内

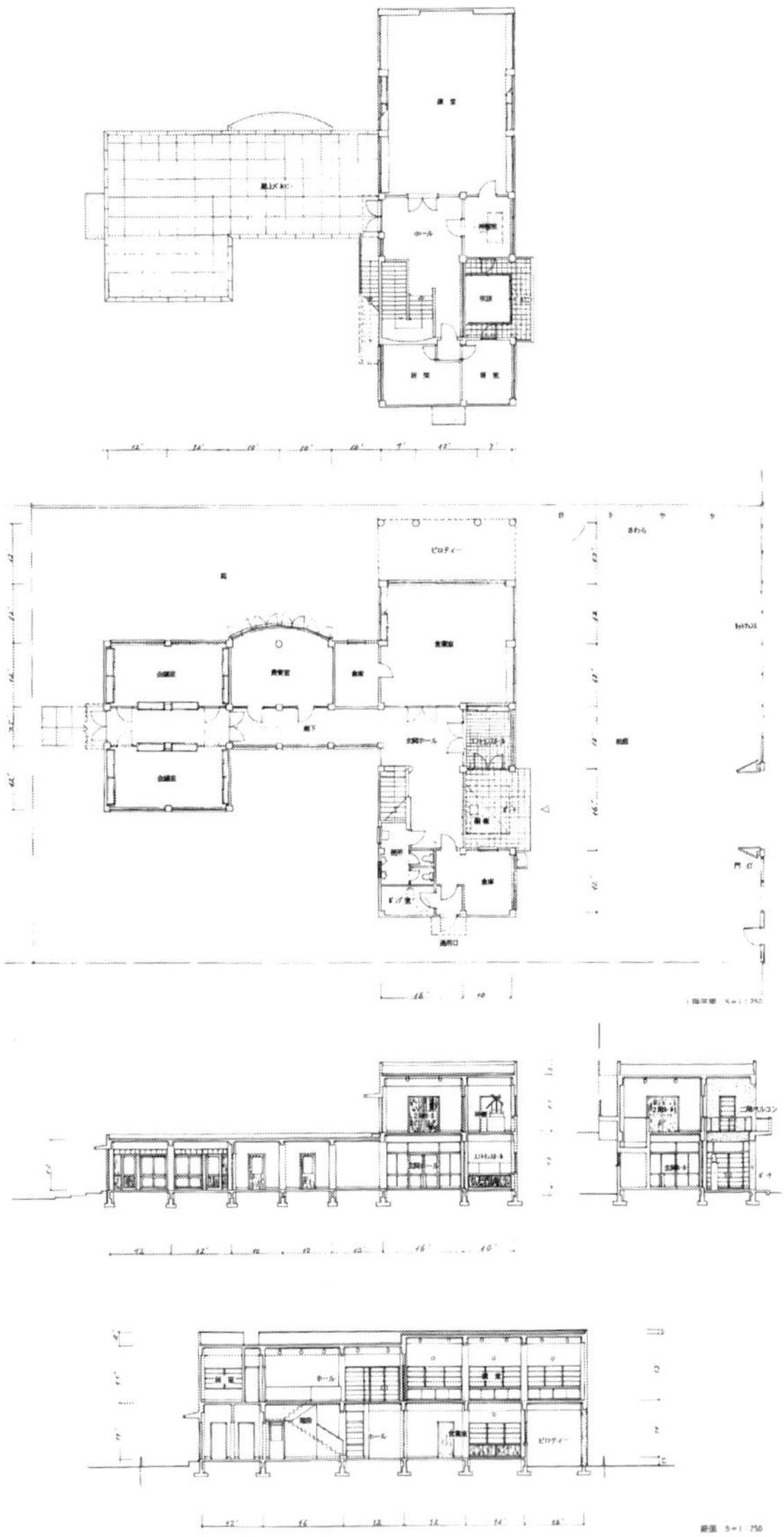

上2点:「木村産業研究所」復元図、2階平面、1階平面、
実測調査・図面作成=田村嘉基(弘前工芸協会)、仲邑孔一
下3点:同、断面

部に入ると、玄関ホールを中心に奥へと伸びる廊下と、上へと昇る階段が、動きのある空間をつくり出していること。また、構造的に必要な最小限の壁以外は、将来的な変更が可能な造付けの戸棚やサッシュによって間仕切りされていること。そして、2階に張り出した外部階段によって屋上テラスへ上れるようになっていること。

これらの特徴からすぐに連想されるのは、ル・コルビュジエの「ガルシュのヴィラ」と「ラ・ロッシュ＝ジャンヌレ邸」である。どちらも、前川のフランス滞在時には竣工していた。ことに前者は、前川にとって、パリのアトリエで、当日出会ったばかりのル・コルビュジエに連れられて、初めて現物を、それも完成直後の姿で見ることのできた運命的な作品であり、後に「裏庭の方から見たときは感激しました」と語るほど強い印象を残したものだった[10]。この建物に、そこからヒントを得たであろう、デザインの痕跡が散見されるのも、そうした背景があったからに違いない。

さて、一方のレーモンドの影響はどこに見られるだろうか。それには、先に触れた「東京ゴルフクラブ」が、手がかりを与えてくれそうだ。レーモンド事務所に保管されている実施設計図からは、この建物が木村産業研究所の直前に設計されていたことがわかる（大半の図面には、1931年9月15日と10月15日と記入されている）。もちろん、その外観が酷似している点も見逃せない。興味深いのは、玄関廻りや1階部分に見られる横長のサッシュの形状がそのまま木村産業研究所へと踏襲されていることだ。しかも、それは、何と「ガルシュのヴィラ」とも共通のデザインになっているのである。おそらく、前川は、何らかの形で、この東京ゴルフクラブの設計チーム（チーフは杉山雅則）に参加し、ル・コルビュジエのデザインをもちこみながら、そこで習得した方法をベースにして、自らの建物の設計に臨んだに違いない。木村産業研究所の、すでに完成されたようなプランニングも安定したディテールも、そうした作業があったからこそ生まれたのだろう。

また、余談になるが、ノエミ・レーモンドが手がけた床のモザイクタイルのデザインも、前川に影響を与えたのではないだろうか。

というのも、そこに見られる、幾何学的なパターンの組合せから生み出された表情豊かなテクスチュアは、前川が、後に東京文化会館や埼玉会館で執拗にデザインした床タイルのルーツをなすように思えるからである。

さてここで、木村産業研究所や東京ゴルフクラブと、ガルシュのヴィラとを比べてみると、明らかな違いがあることに気づく。2つの建物には、ガルシュのヴィラに見られるファサードを横切る水平連続窓が取られていない。また、内部においても、前2者は、律義なほど壁の位置が柱芯に従属している。ル・コルビュジエのスローガンである、「フリー・ファサード」、「フリー・プラン」が、どこかに置き去りにされているのだ。

けれども、ここには、2つの理由があったと推察できる。まずひとつには、三沢浩氏の分析[11]にもあるように、当時の日本の技術水準は未熟な状態であり、「まだ引違いサッシュがスチールでできなかった」こと。つまり、サッシュを横につなげるだけの技術が獲得できていなかったのである。そのことを別の形で証明する事例がある。やはり、木村産業研究所の直前に提出された、「明治製菓銀座売店」コンペの1等当選案だ[12]。ここでは、ル・コルビュ

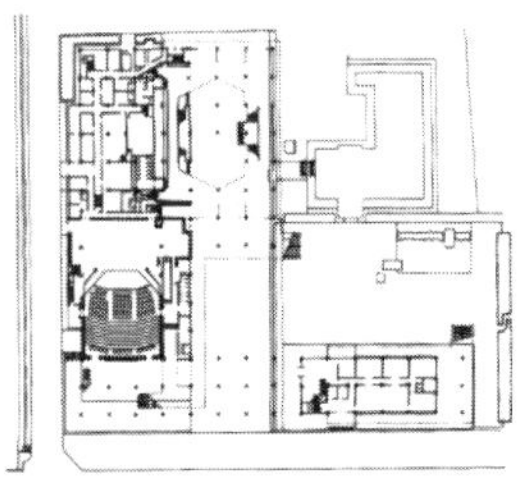

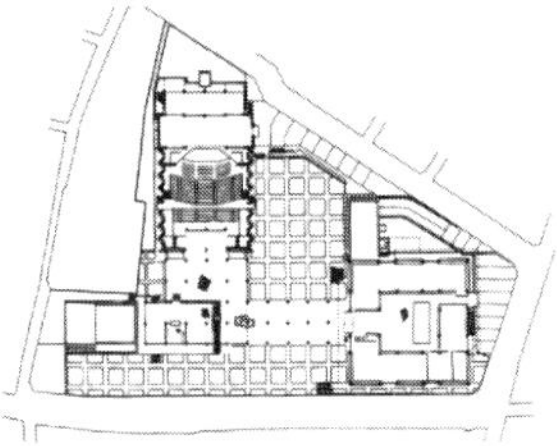

上：「京都会館」平面、1960年
中：「世田谷区民会館」平面、1960年
下：「前川自邸」スケッチ、1973年

ジエばりの軽快な水平連続窓が、ファサードを飾っている。この理想と現実の間にある距離感の自覚こそ、やがて、戦後の前川が追求した、技術の習得を通じた着実なデザインの方法論、「テクニカル・アプローチ」へとつながっていくものにほかならない。そして、もうひとつの理由としては、前川が、ル・コルビュジエの元で担当した「セントロ・ソユース」のプランニングの中で、柱から間仕切り壁を離す「フリー・プラン」の方法に、どこか理念的な強引さと無理があることに気づいていたこと、が挙げられる[13]。

そして、この現実的で合理的なものの捉え方こそ、ル・コルビュジエにもレーモンドにもない、前川國男の立脚点といえるものだった。というのも、木村産業研究所だけに見られる特徴として、建物の骨格を形づくる構造体を、そのままあらわすことが徹底されているからだ。そこでは、天井を張ったり、壁の一部を隠す、といったようなデザインは一切行われていないのである。前川がこうした姿勢を早い時点で取り得た背景には、後年、繰り返し触れているように、ジョン・ラスキンの思想が大きく影響していたに違いない。たとえば、なぜル・コルビュジエの元に行ったのか、について、ある文章の中で次のように述べている。

> まだ(旧制)高等学校の時、ジョン・ラスキンの「建築の七燈」、とくにその第二章「真実の燈」を読んだことが影響あると思う。考えてみると、建築家としての僕の今日までの仕事は、つまるところ「建築の真実」とは何か、という自問自答の苦行であったということに尽きていたと思う。「…度重なる戦火もゴシックの建築を滅ぼすことはできなかった。しかしゴシックがその建築の真実を喪なった時に、ゴシックは滅びた…」といったラスキンの言葉が、今日に至るまで僕の脳裡に灼きついて離れない[14]。

こうして見てくると、木村産業研究所には、前川のその後の歩みを暗示するような思想が、すでに形となって落とし込まれていることがわかってくる。

前川國男の建築の原型として

最後に、木村産業研究所から、その後の前川の建築の中に受け

継がれたことについて触れてみたい。この建物の特徴を今一度整理すると、次のようにまとめられる。

まず、建物のファサードが、道路と平行に正対して整然と置かれていること。また、建物のブロック群が、敷地全体をごく自然に分割し、ほどよいスケールの領域感をつくり出していること。さらに、建物の足元に設けられた風の通り抜けるピロティが、見る者の視線を奥に見え隠れする中庭へと誘い、深みのある外部空間が構成されていること。そして、内外の空間が、人の動きに伴って次々に展開する流れるような構成になっていること。

ここで、こうして得られた観点に注意して、前川の遺した建築を改めてトレースしてみると、多くの建物が、実は、この方法論の延長上にあることに気づかされるのではないだろうか。たとえば、そこに、30年近く後年の、世田谷区民会館や京都会館のプランを並べてみるだけでもいい。2つの建物には、上に記したような特徴をそのまま見て取ることができる。

また、前川が長く温めてエスキースを重ねていた「自邸」(1973)のスケッチを見るとき、遠く、「ガルシュのヴィラ」、そして、木村産業研究所の影が、そこに変わらずに流れ込んでいることがわかる。

「神奈川県立図書館・音楽堂」
1954年

木村産業研究所という経験は、前川にとって、その生涯にわたって追い求めることになる、空間の原型をつかんだ瞬間だったのであり、それは、《誰もが手にすることのできる材料と当たり前の手段を用いて、複雑な条件を、できるだけ単純でシンプルな方法によって解くこと》、というモダニズムの核心にあったエッセンスを、あたかも〝遺伝子〟のように、自らの身体に埋め込んだ稀有な出来事として記憶されたのだと思う。

［註］

1——『東奥日報』1932年12月30日。

2——ブルーノ・タウト『日本美の再発見』篠田英雄訳、岩波新書。

3——「建築申請」書（木村文丸氏所蔵）。

4——工藤哲彦「財団法人・木村産業研究所語録その1建築家・前川國男氏との出会い」、『弘前工芸協会NEWS』NO.11。

5——「財団法人木村産業研究所設立許可申請書」（木村文丸氏所蔵）。

6——『80年史——青森県立弘前中央高等学校』、1980年。

7——『アントニン・レイモンド作品集1920—1935』城南書院、1935年。

8——座談会1、『建築雑誌』1968年8月号。

9——前川國男「建築家としての展望はあるか」、『続・現代建築の再構築』彰国社、1978年。

10——佐々木宏編著『近代建築の目撃者』新建築社、1977年。

11——三沢浩『アントニン・レーモンドの建築』鹿島出版会、1998年。

12——『明治製菓銀座売店競技設計図集』洪洋社、1931年。

13——対談（前川國男・藤井正一郎）「建築家の思想」、『建築』1961年1月号。

14——前川國男「1928年パリ・セーブル街35番地」、『A+U』1974年2月号。

*——追記｜執筆にあたっては、たくさんの方々にご協力いただいた。まず、設立者・木村隆三の甥にあたり、現在も木村産業研究所理事長として建物を大切に守っておられる木村文丸氏には、建物に関する貴重な資料と写真をお借りした。また、東京ゴルフクラブの図面とレーモンド関連資料の閲覧については、レーモンド設計事務所の的埜教介氏にお世話になった。そして、前川建築設計事務所の弘前担当者である仲邑孔一氏には、自らの手で実測調査と復元をされた図面と模型を前に、前川國男と弘前について数多くの貴重な証言をお聞きした。あわせてこの場をお借りして深く感謝の言葉を申し上げたいと思う。

Kosaka Hideo

1912－2000

小坂秀雄

1935年、東京帝国大学工学部建築学科卒業。1937年、逓信省に入省。戦後、逓信省営繕部の課長として標準設計を導入しつつ、意匠的にも独自の創意を加え「逓信スタイル」を牽引した。代表的作品に「東京逓信病院高等看護学院」「逓信ビル」「外務省」「ホテルオークラ」など。

モダニズムにおける「体系」の刻印

田所辰之助

体系の完成者として

鉄鋼工作物築造許可規則が施行され、建築資材の統制が本格的になったのは昭和12年のことだった。逓信省営繕部は日本全国の郵便、電話局舎等の設計を担った部局だが、この種の建築についても、鉄筋コンクリートに代わって木材を主構造とせざるを得ない状況となっていた。吉田鉄郎による東京・大阪両中央郵便局（昭和6年および14年）や山田守の東京逓信病院（昭和12年）をひとつの到達点として、逓信省営繕部の建築は戦前の近代建築運動を牽引した存在である。だが、木造による局舎の設計という新たな事態に直面して、その性格をきわめて限定的に特化させていくことになる。「逓信スタイル」とも呼ばれる独自の外観をもつ木造局舎が、戦争前後にわたって大量に建設されていった。官庁営繕の一組織を舞台に、木造によるモダニズムの語法とその設計技術がしだいに体系化され、継承可能なかたちに整備されていく過程がそこには示されている。小坂秀雄は、この体系のいわば完成者として、立ち現れるのである。

『電通型由来記』

逓信スタイルの原型となったのは、戦時中に建設された吉田鉄郎による一連の木造局舎である。大阪中央郵便局梅田分室（昭和10年）［図1］や逓信省大手町分室仮局舎（昭和11年）などの早い例があるが、戦争激化に向かうなかで建設された高等海員養成所（昭和18年）［図2］、燈台寮男子部・女子部（昭和18年）にみられる竪羽目の外壁、小割窓の連窓、極端に切り詰められた庇や軒の出、切妻瓦屋根、などの造形的特徴が戦後へ継承されていった。

　戦後逓信省で多くの木造局舎の設計に携わり、昭和24年の省庁再編で電通省へ移った野村隼一は、『電通型由来記』［図3］という小冊子をまとめ、逓信省営繕部時代の設計法に関する記録を残している［1］。これは、設計技術を若い技術者たちへ伝えるために書かれたもので、マニュアル的な性格をもちながら、木造局舎の設計上の要点が簡潔に、またユニークに示されている。

　この『電通型由来記』の特色をなすのが、設計のノウハウがひとつの「寸法の体系」として示されていることである。これは、戦時体制下の資材不足により、建材の「市場品」の寸法が著しく限定され、設計の大きな足かせとなっていたことに起因している。当時大梁は2間半以上の材は入手不可能で、このことから平面の単位となる基準寸法が3・6メートル（桁行）×4・5メートル（梁間）と決められた。また、通し柱の長尺物は24尺が限度であり、3メートルの天井高（2階建ての場合）、75センチメートルあるいは80センチメートルの天井ふところ、90センチメートルの腰壁といった各部位の寸法がこの条件をもとに導き出されている。「市場品の最高度活用と言う大義名分によって平面が決まり断面が決まり、その結果として自然に、立面が生み出され、而も採光、通風、換気の諸条件を満さねば」ならなかったのである。

　しかし、こうして定められた寸法体系もいくつかの難点をもっていた。3・6×4・5メートルの平面単位を梁間方向で3単位とっ

図1：吉田鉄郎
「大阪中央郵便局梅田分室」1935年
図2：吉田鉄郎
「高等海員養成所」1943年
図3：野村隼一
『電通型由来記』1952年

た場合、中央に2・25メートル幅の中廊下を置くのが通常とされていたが、この中廊下の両側に配される幅6・75メートルの執務室には独立柱が現れ、使い勝手を著しく損なってしまう。また、敷地の関係で全体がL字形のプランとなるときには、平面単位が3・6×4・5メートルであることから、折り曲げると2方向の柱列が合致しなくなるという弱点があった。そもそも4・5メートルのスパンは、機器の配列上からも不都合が指摘されていた。そしてなによりも、この寸法体系は、じつは構造的に大きな欠陥を抱えていたのである。

寸法体系の再編

『電通型由来記』のなかで野村は、「戦争中に出発し終戦後の資材不足の時代まで継続」した「初期木造時代」と、それにつづく「中期木造時代」の2つの時期を設けて、木造局舎の設計法の変遷について説明している。この初期と中期を分けるものは、尺貫法からメートル法への移行にほかならないが、その契機となったのが、昭和23年の福井地震による木造局舎の被害だった。「初期木造時代」では、スパン3・6メートルの通し柱と大梁、陸梁、そして方杖と小屋組からなるまぐさ式の剛架構が主体構造を形成していた。小屋組は1・8メートルごとに配されるが、柱間にある小屋組の水平荷重は軒桁と火打ち梁とによって柱へ伝えられ、これが通し柱と方杖との接合部を破損させ、局舎の崩壊を招いたという。

「中期木造時代」では、大梁および陸梁面に水平筋交を挿入して水平面の剛性を確保し、3–4単位ごとに配された耐震壁に荷重を伝達するという、構造形式に関する抜本的な転換が行われた。筋交で補強された水平面は平行弦トラスを形成することになるが、その効率を最大限高めるため、平面の基本単位も3メートル（桁行）×6メートル（梁間）の、正方形を単位にできるような寸法に置き換えられることになった。この結果、先述した、尺貫法による寸法体系が抱えていた問題も同時に解決されることになった。

こうした寸法体系の再編は、戦後逓信省営繕部の設計課長として木造局舎の建設を指導した小坂秀雄を中心に、標準設計の導入というかたちで推進されていった。これは、限られた予算と資材、積算や施工の簡便化、そのなかでの質の確保など、戦災復興期の大量建設という状況に対応していくための不可避の選択でもあった。しかし、このとき小坂は、一方では「普遍的であり又質的に高い標準設計」を求めながら、他方では逓信建築の「特異性を示す」ことも重要であるという認識を示している。標準設計として「統一された形式」は、この「特異性」に貢献するためのあくまでも前提として確立されていくべきであるという[2]。それは、標準設計がデザインの固定化へ向かうものではけっしてなく、逓信建築の造形的なバリエーションを表出させる戦略的な技術として捉えられていたことを物語るものでもある。

設計機構の継承

戦前の逓信省営繕の設計課には、「技師会」と呼ばれる独特の制度が設けられていたという。基本設計が完了した段階で、7、8人の技師が図面一式を前に施工上の問題点をさまざまな角度から議論する。また、吉田鉄郎や山田守などからはデザインについても細かく指示が出されたという。この技師会の承認を得ないと、設計作業を実施段階へ進めることができない。だが、一面では技師会は、設計の技術的水準を確保するためのチェック機構として機能するばかりでなく、新たなアイデアを汲み取り、その実現可能性を論議する創造的な場でもあった。それはいわば、逓

図4：小坂秀雄
「東京逓信病院高等看護学院」1951年
図5：小坂秀雄
「仙台地方簡易保険局」1952年

信省にあって個人の創意を担保する機能を担っていたのである。
電気試験所第一部芝浦分室(昭和14年)の設計の際、小坂は、引違い窓の上に欄間をのせる従来の一般的な窓の構成に対して、欄間の成を極端に拡大して窓と同寸にし、無目が開口部全体のちょうど中央にくるような、新たな形式の窓を提案した。技師会ではじめ「逓信省にいる限り、こういうのをやってくれるな」と強く反対されたというが、数回にわたり議論を繰り返し実現に至った。縦子を多用するこの窓形式は、じつはのちの木造局舎で汎用され、その縦長の、独特のプロポーションの窓が、逓信スタイルの大きな特徴となっていった。それは、一連の木造局舎の集大成となった、昭和26年の東京逓信病院高等看護学院[図4]へと継承されていくものでもあった。

小坂は、省庁分割で郵政省へ移ったのちにも、逓信省時代の技師会の制度を受け継いでいった。「組織のなかから生れる建築」と題された文章のなかで示される「設計会議」とは、技師会にならったものにほかならない[3]。また、地方の郵政局に対応して「設計照会」という類似の制度も設けられた。小坂は、標準設計というかたちで寸法体系を定式化していくばかりでなく、逓信省営繕部の設計機構を発展的に継承することによって、設計技術の組織的な体系化を推し進めていったのである。一方では、東京逓信病院高等看護学院や仙台地方簡易保険局(昭和27年)[図5]などの作品をとおして、意匠的な独自性を逓信スタイルに付与していった。こうした意味においても、逓信建築は小坂においてひとつの「体系」としての規範性と同時に創意を発揮し得る土壌を整えていったと考えられるのである。

モダニズムへの批判的距離

木造局舎の設計を通じて発展させられていった寸法体系は、RC造や鉄骨造の建設が本格的になってからもひきつづき参照された。八分と決められた枠回りの見付が、RC造のスチールサッシュに持ち込まれるような例もあったという。たとえば、小坂のもとで多くの木造局舎の設計に携わった経験をもつ国方秀男の

関東逓信病院〔昭和31年〕［図6］では、そのサッシュ窓の縦子の繊細な割付に、こうした木造時代からの反響がうかがえる。戦後の資材不足という特殊状況下で、在来の木造技術は反復的な建設にも対応可能な新たな寸法体系に再編され、同時に造形表現の手法としても継承が可能な、意匠の体系として確立されていったのである。

丹下健三が逓信建築を「衛生陶器」と称して、その思想性の欠如を批判したことはよく知られている。小坂はのちに、逓信省時代に標準設計図は存在せず、「逓信スタイル」なる造形上の一貫性は各設計担当者の「建築に関するイデオロギーの内容によるもの」であったと記している［4］。小坂が念頭においていたのは、丹下の場合のようにミケランジェロを介して復権されていくような建築家個人の「創造」への問いかけではない。それは「体系」を通じて獲得されていくモダニズムのイデオロギー、つまり近代建築が備える規範的性格への道筋にほかならない。

小坂は後年、東京郵政局［図7］について記した文章のなかで、

図6：国方秀男「関東逓信病院」1956年
図7：小坂秀雄「東京郵政局」1962年

「この頃、公共建築の多くに、全面的にベランダの付いたものを見かけるが、私はその必要性に深い疑問を抱いている。事実、そのようなベランダに人影を見たことはほとんどない。形式だけだとしたら少し犠牲が大きすぎるような気がする。そんな考えからベランダをつけないで……」と語っているが、丹下の香川県庁舎を揶揄しているとも読み取れ、興味深い[5]。この小坂の記述に関連して鈴木博之氏は、2つの建築を比較して、香川県庁舎の「記念性の強さ」や「モニュメンタルな表現」に対し、東京郵政局には「普遍性を目指す姿勢、いわば日本的性格をもったユニヴァーサル・スペース追求の姿勢」が認められると指摘している。

そして、両者の相違をみずから感知した小坂が丹下を、「バルコニーの表現に託して批判した」のではないかと解釈する[6]。小坂はまた、「郵政省の建築に関連して」と題した文章のなかで、つぎのようにも述べている。「いわゆる作家主義を奉ずる者だけが進歩的建築家であるというようなことがいわれるとすれば、それはいささかひとりよがりの片寄り過ぎた考え方」ではないか、と[7]。小坂に受け継がれていった逓信建築は、ひとりの英雄的な建築家を召喚しようとしていたモダニズムの相貌をも、その「体系」の規範性ゆえに相対化させる批判的距離を内在させているのである。

〔註〕

1——野村隼一『電通型由来記』近畿電気通信局建築部編、1952年（『電電建築』19巻、1981年10月、19–23頁に採録）。

2——小坂秀雄「逓信建築の標準設計」『日本建築学会研究報告集』第6号、1950年5月、348–350頁。

3——小坂秀雄「組織のなかから生れる建築」『国際建築』21巻6号、1954年6月、28–29頁。

4——註[3]と同じ。

5——小坂秀雄「設計にあたって」『新建築』37巻6号、1962年6月、90–96頁。

6——鈴木博之「東京郵政局の建築―小坂秀雄の信念―」『小坂秀雄の建築』（『小坂秀雄の建築』刊行委員会編）、テイクアイ、2001年、12–17頁。

7——小坂秀雄「郵政省の建築に関連して」『建築文化』12巻11号、1957年11月、30–31頁。

Tange Kenzo　1913－2005

丹下健三

東京帝国大学工学部建築学科卒業後、前川國男建築事務所で岸記念体育会館の設計を担当。1942年、「大東亜建設記念営造計画設計競技」で1等入選。1964年の「代々木国立屋内総合競技場」は戦後日本を代表する作品。1970年万博では総合プロデューサーを務めた。

神話的「日本」と「計画の王国」

八束はじめ

「計画の王国」への道

1960年前後にいくつかの海洋都市プロジェクトが作成される。とりわけ熱心だったのは菊竹清訓で、そのいくつものヴァージョンはよく知られているし、後の沖縄海洋博のアクアポリスが断片的とはいえその実現版であったことはいうまでもない。もう1人のメタボリストの黒川紀章のヘリックス・シティには、正確には海洋ではないが、霞ヶ浦上に螺旋状の構造物がそびえ立つ計画がある（他にも黒川にはメタボナートなどの海上都市計画がある）。また10年以上後の磯崎新のコンピューター・エイデッド・シティの計画は、さらに20年後の幕張のモデル計画だが、湾岸の埋立地を想定している。これらの計画こそは、すでに発展の余地のなくなった首都圏にただひとつ残された「フロンティア」たる海上の開発計画である。いうまでもなくそれらの海洋－湾岸志向の中心に丹下健三の「東京計画1960」があった。

もっと以前の社会状況に立ち帰ろう。近代日本がその「生活圏（レーベンスラウム）」を拡大しようとしたとき、目は海外に向けられた。日清、日露の両戦争の経緯がどうであろうと、つまり狭義の意味での帝国主義戦争であっただろうとそうでなかろうと、結果として台湾、朝鮮半島、中国東北部（いわゆる満州。今後はこの表記を用いる）、そして南方の諸島の獲得へと道は開かれた。それらは大日本帝国における「フロンティア」であった。とりわけ台湾と満州には、最も有能な植民地官僚であった後藤新平の下でかなり徹底的な生活基盤調査（旧慣調査）に基づいた近代的な諸制度やインフラストラクチュアの導入が行われた。そのいくつかのものは本国に先駆けてすら行われている。満州でその駆動力となったのは南満州鉄道、いわゆる満鉄である。この国策会社は大コンツェルンとして満州エリアの開発をリードした。後藤によって設けられたその調査部の充実ぶりは世に知られ、大学の俊才の就職先として最も人気が高かったともいわれる。彼らが行った調査のうちには日露戦争以後潜在的な脅威たりつづけてきたロシア、つまりソ連の実情調査がある。1928年、つまり日本流にいえば昭和3年にはじめられた五カ年計画はその最も注目を引く対象であった。彼らが調査し、公刊したソ連関係のドキュメントは膨大極まるもので、当時のアメリカの調査水準を大きく抜いていたという。調査はそのままには留まらない。やがて仮想敵国に対抗した総合的な経済計画として浮上する。ナチス政権下のドイツがやや遅れて開始した四カ年計画もまた研究対象である（ただし、日本とドイツが親密な同盟国となるのはかなり後の時点である）。当時の世界一の超特急「亜細亜」号を擁する満鉄の鉄路網は、生産および資源、そして交通の拠点を結ぶものとして中核的な役割を果たすべきものだった。この計画主義、つまり理性による社会（経済）の可能性へのトータルな信頼は、全世界的な恐慌に対しての切札として、ソ連であれ、ナチス・ドイツであれ、ニューディール下のアメリカであれ、つまり政治思想の別を超えて拡がりつつあった。日本におけるその最前線が満州であったというわけだ。この「計画の王国」には満州事変を起こした関東軍首脳である石原莞爾らも深くコミットしている。実施案作成にあたった中心人物は、鉄道院出身の十河信二《そごう》（後藤により大震災後に復興院に——佐野利器らと共に——呼ばれ、次いで満州に渡った）と調査立案のプロでありロシア研究の第一人者でもあった宮崎正義である。宮崎のチームによってまとめられ、昭和12年に打ち上げられた満州産業開発五カ年計画がその骨子となる。しかしこの計画を推進するための石原の戦線不拡大説にもかかわらず、同年日華事変が起こり、五カ年計画は岸信介らいわゆる革新（ファシスト）官僚のもとで戦争遂行のための統制経済体制へとなしくずしに変質してしまう。

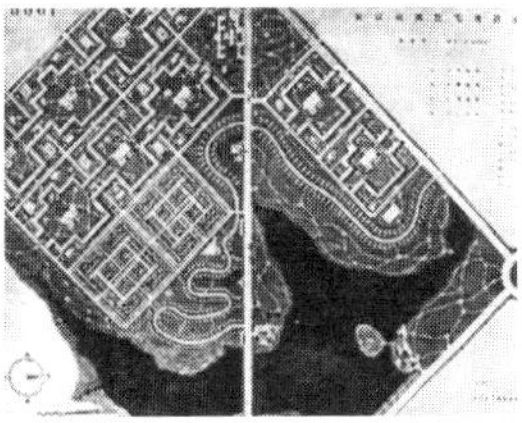

上:「東京計画1960」
1961年
下:坂倉準三
「新京南湖住宅地計画」
1939年

坂倉版「輝く都市」

このような動向に関してモダニスト建築家たちのかかわりはどうであったかといえば、実際にはかなり薄いものでしかない。前川國男は上海に事務所を構えたくらいで大陸進出にはかなり気が入っていたらしいが、実施作品としてはさしたる成果を残してはいない。土浦亀城もまた然りである。満鉄あるいはそれを引き継ぐ満州国政府の建築や都市計画のセクションは、経済のそれに比べると明らかに旧式の方法論を出るものではなかった。満州国の首都として建設されていった新京の建物群は、日本工作文化連盟の面々に酷評を下される始末であった（満州側は現地の事情も知らないでと反発している）。政治的な意味は別にして、満州で進行していた「計画の王国」への道が疑いもなくモダニズムのイデオロギーでありながら、建築様式はそれとはずれていたのである。詳論する余裕はないが、これは、ある意味では本国のモダニズムにおいてすらいえることで、日本における技術や生産、計画手法や制度の近代化（革新）は、かならずしも様式（技法）としてのモダニズムとは重なっていない。そこに日本のモダニズムの弱さを見る者も少なくないが（たとえば稲垣栄三や村松貞次郎）、実際のところではソ連を含む欧米にしてもこの事情はさして違ったものではない。そして、いずれにせよこのギャップは埋められなくてはならなかった。

その片鱗をうかがわせるのは坂倉準三の新京南湖住宅地計画である。坂倉に関しては別の論稿が掲載されるようなので、これも詳しくは語らないが、ほとんどル・コルビュジエの１９２０年代以来の「輝く都市」の住宅地部分に酷似している（とりわけアンヴェールの計画）この計画は、坂倉がパリ万博の日本館で大成功を収めて帰国した昭和14年のものである。新京の都市計画に関する研究書『満州国の首都計画』（日本経済評論社、１９８８年）で、越沢明は、このプロジェクトのことを、高層アパートなど従来の新京の都市計画と矛盾しているとハナからリアリティのない勝手な提案のような書き方をしているが、確かに、すでに太平洋にこそ拡大はしていないまでも、全面的な対中戦線の拡大によって、新京でもそのような計画が実現する情勢はなかったと思われる。この点で十河や宮崎の計画と同じである。

しかし、整合性とは別に、ヴィジョンとしては無視できないものがある。当時満州国に対して佐野利器に次いで影響力のあった建築家は岸田日出刀だった。岸田はパリ万博日本館のまとめ役であり、坂倉の成功を絶賛しているから、坂倉を満州に引き入れたのは岸田であったと考えてほぼ間違いないだろう。岸田は統制経済の枠内での満州国規格型住宅の宅地割、配置、外観などの決定にも参与している（坂倉もそれに関与する）が、それは、時期

上・中:「CHATEAU D'ART」
(卒業設計)1938年
下:「岸記念体育会館」1941年

を反映して、「計画の王国」の首都のイメージとはまったく反するさびしいものだった。そのようなことを考えると、坂倉の南湖計画は確かに実施不可能なデザインとは見えるが、岸田はかえって、そうした既存の代用官舎へのオルタナティブ、つまり満州国の(戦後の)首都にふさわしいイメージを坂倉に求めたのかもしれない。これも詳述する余裕はないが、坂倉はパリでル・コルビュジエの地域主義とサンディカリズムへの傾斜を目の当たりにしてきた。それはバウハウス流のモダニズムとは完全に一線を画すものと考えられた。坂倉は大陸における新秩序の首都造営に自らのヴィジョンを接ぎ木することに格別な抱負を持っていたのではないか。急速に進む情勢の変化はこのヴィジョンがそれ以上に進むことを妨げたが、この坂倉版「輝く都市」は新京の中心部につくられていった満州版の帝冠様式よりも、極東の「計画の王国」にふさわしいヴィジョンであったのかもしれない(ただし満州という風土への適合性においては実は大きな問題があるといわざるを得ない。これはモダニズムの様式パラダイムにおける問題のひとつだった)。

大東亜建設記念営造計画設計競技案

この坂倉の新京南湖計画には、アルバイターとして若き日の丹下健三と浜口隆一が参加している。丹下の卒業設計（昭和13年）は「CHATEAU D'ART（芸術の城）」と題されたプロジェクトで、明らかにル・コルビュジエのスイス館に影響を受けて足元に石積みの壁を見せている（地域主義）し、同年の浜口の卒業設計は満州国中央火力発電所計画で、敷地のみならずプログラムの設定も「計画の王国」にふさわしいものだった。浜口はまた前川が当選した大連市公会堂のコンペにも参加しており、彼らより1級上の立原道造は、この参加を前川のそれなどよりはるかに重要な事柄だといっている。丹下が前川事務所で担当した実施作、岸記念体育会館（昭和16年、事実上丹下に任されたデザインという）や東大に戻ってからの昭和16年の国民住居計画コンペ案は統制経済の枠組み下での建物で、ル・コルビュジエの戦時建築とも通底している（この路線は前川の方が多く推進した）。そしてこの年に戦線は太平洋に拡大される。

太平洋戦争開戦の翌年、昭和17年の秋に、日本建築学会は「南方建築展」を催している。いきづまる北方に対して新たな領域としてクローズアップされてきた南方が主題だが、このイヴェントの第3部として「大東亜共栄圏確立ノ雄渾ナル意図ヲ表象スルニ足ル」記念営造物の計画コンペが行われた。学会の機関誌である『建築雑誌』は、9月号を「大東亜建築特集号」としている。『建築雑誌』では、前号にコンペの審査員の1人でありおそらくは中心人物であった岸田日出刀が、この「偉大なる鴻業の達成と実現とを銘記祝福するため」の「記念営造物」の計画コンペに向けて「新進青年建築家の奮起を要望」する文章を発表しているが、その岸田はこの特集の中心となる座談会の座長をも務めた。板垣鷹穂や遠藤新、大岡実、大村巳代治、小池新二、近藤正造、佐藤武夫などの参加者の他に堀口捨己を含むかなりの数の誌上参加者も加わったこの座談会は、中真己（佐々木宏）も指摘するように翌月号の『文学界』に掲載された有名な（一頃は悪名高きと冠されるのが普通で、近年はそのようにいわれてきたと括弧に入れることが多い）座談会「近代の超克」に比すべきものでもあるが、同時に32年前の明治43年に同じ学会で開かれた討論会「我が国将来の建築様式を如何にすべきや」ともかなり似ている（両イヴェントにまたがって登場しているのが佐野利器――「我が国将来の……」では参加者、「大東亜共栄圏……」特集号では巻頭言――であるというのも興味深い事実ではある）。前のイヴェントでは「建築進化の原則より見たる我が邦建築の前途」など内容的に中心であった伊東忠太がここでは岸田に変わっている（ちなみに岸田は、その伊東に聞き書きした『建築学者伊東忠太』を終戦の年昭和20年に出した、いわば直系である）が、かつては一国だけであった問題がここでは大東亜にまで拡げられているだけで、内容がそれにふさわしい様式とは何かと問うものであったことには変わりがない。大東亜への圏域の拡大にしても、むしろ「様式的表現と云ふ問題をとって考えて見ますに第一に大東亜共栄圏では日本様式でありたいと誰もが思っている処と思ひます」という堀口の言のように、五族協和、八紘一宇、一視同仁の思想からすればおかしな日本中心主義が当然の前提として持ち出されている限りにおいて、構図はまったく変化していないといってよい。そして、こういいながらも、強いてそれらしい表現を持ち出すことにためらいを感じているメンバーが多かったことも変わっていない。

上の座談会で1人積極的に議論をリードしていたのは岸田である。岸田はここで国家の意思がはっきりと打ち出された例としてナチス・ドイツの建築を挙げ、「建築といふものに民族の意思

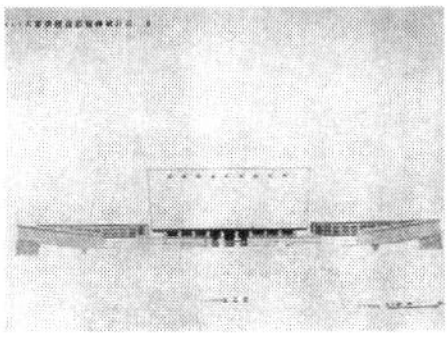

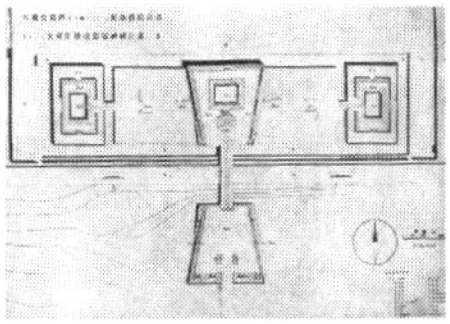

上：「大東亜建設記念営造計画設計競技案」パース、1942年
中：同、立面
下：同、平面

なり国家の意思といふものをはっきりと表はさなければならぬといふ時代になってきた」と明言している。コンペに勝った丹下健三の案は、大東亜=日本という堀口のコメントにもある意識を比類なく劇的なかたちで表現していた。丹下は応募者の自由裁量に任されていた敷地を富士山麓に設定して、それを「大東亜建設忠霊神域」とした。日本精神文化の表象としての富士山という図式は、実は古来のものではない。日清戦争当時に地理学者/ジャーナリストの志賀重昂によって書かれた当時のベストセラー、『日本風景論』以来のものである。志賀は風景という概念によって日本を統一的な国土として構造化し、その中心として富士山を置いた。つまり国民国家の成立とそれを裏打ちするナショナリズム(志賀はいわゆる国粋論者として知られる)が富士山を国家の象徴に祭り上げたわけだが、丹下の位置付けはこうして日清戦争時に開かれたシェマを踏襲し、大東亜戦争で総決算しようとしている。無論、地理的なロケーションのみならず建築のデザインにおいても同様で、丹下の案はすこぶる国粋的であった。これは翌18年の在盤谷《バンコック》日本文化会館(日泰文化会館)コンペでの丹下の勝利案においても共通している。この2つの案は様式的には異なったもので、「大東亜……」は神社風、「日泰文化会館」は寝殿造風である。伊東などは日本の神社建築を南方系の建物と位置付けているから、その意味で丹下の「大東亜……」案は南方建築展にフィットしたといえなくもないし、それをバンコックにもっていくという手もなくはなかったはずだが、堀口同様、丹下の関心はあくまで日本にしかなかった。丹下の「大東亜」には、いうなれば「方法としてのアジア」は不在である(日泰文化会館でははっきり「南方は忘れよ」といっている)。

　このナショナリズムは、むしろ同時期の国民文化をめぐる議論に接続している。「日泰文化会館」コンペ案では「皇国文化の国民文化」という一節があるが、「大東亜……」に関して述べられた「世界史的国民造形」には、当時の日本浪漫派(とりわけ、岡倉天心の翻訳者でもあった浅野晃)の国民文学論と京都学派の「世界史の哲学」とがともに取り込まれている。丹下と日本浪漫派との関連では、卒業論文の「MICHELANGELO頌」(昭和14年)の文体から保田與重郎が引合いに出されることが多いが、本人の傾倒は大いにあるとしても、保田の滅びの美学のようなものは丹下と重なるところは意外にないと考えた方がよい。ポピュリズムとは無縁の保田の思想からは国民文学というような発想は出てこないだろうが、丹下の同級であった浜口隆一の「日本国民様式の問題」(昭和19年)は明らかに国民文学論の建築への横滑りである。『新建築』に連載された浜口のテクストは、「日泰文化会館」コンペの結果に触発されて書かれたものということになっているが、実際には「大東亜……」の設計趣旨に登場している西欧的な記念性への批判(「上昇する形人を威圧する塊量　それらは我々とかかわりがない」)や、「日泰文化会館」の趣旨での「欧米の個体造営的なる建築」に対する「我が国の環境秩序的なる造営」という丹下の位置付けは、浜口のいう西欧の建築の物体的−構築的なものへの志向と、日本の行為空間的−環境的な志向という理解と共通しているから、これらは丹下と浜口周辺の共通のものであったに違いない。

丹下の「大東亜……」案について、板垣鷹穂が「天地根元造《てんちこんげんづくり》」であると述べている(「民族と造営」、昭和18年)。「天地根元造」(もっと正確には「天地根元宮造《てんちこんげんみやづくり》」)とは、もともと伊東忠太が出雲大社に関して「古来工匠間で天地根元造と呼んでいるものに誠によく似ている」ともち出した、いわば仮想的な竪穴式の「原始の小屋」で、江戸時代の『社類建地割』(深谷平太夫)や『鳥居之巻』(辻内伝五郎)などに見える天地開闢神話に関係するモデルである。今では、昭和18年というからまさに同じ時期に発掘された登呂遺跡(矩形でなく集中式に近い)の復元考証によってその仮説が否定されたことになっている。この発見を知る由もない当時の丹下が、日本住居の根源的な形式(伊東はそれが宮殿の様式となり、次いで神社となったと考えた)という意味で、国民統合の象徴として富士山と同様にこの形式に狙いをつけていたことは確かであろう。神社建築がこの時期格別な重要性をもったものとしてクローズアップされてきていたことは、谷口について書いた別稿でも触れた通りである。

日本趣味から脱したコンクリート製神社

前川とほぼ同じ時期にパリのル・コルビュジエのアトリエに在籍していた日本人建築家に牧野正己がいる。牧野は帰国後、満州に渡る昭和8年まで主に文筆活動を展開したが、そこで主張されたのは、建築を生むのは「国土、国民という物理的、心理的な条件」よりも「生活上の必要」なのだというテーゼである。しかし、それは「日本」を外すことではない。牧野は古き日本の姿を煉瓦やコンクリートで再現する試みの多くは失敗したと帝冠様式の類に批判的だったが、それは「日本」への禁忌ではなく、生活という別の基盤に位置付け直すことを意味している。「国粋的建築か国辱的建築か」と題した昭和6年のテクストで牧野が賞揚するのは、仏教伝来以前の「国粋的」建築、つまり神社の構成である。「日本」における「生活」がその究極を空の場、つまり神の座に見出すというアイロニー。つまり、現代的な生活に関する、それだけであれば機能主義的な立場に基づいた牧野の進化論は、反転してその起源たる「神の家」にまで遡行している。他のモダニズムと区別してル・コルビュジエを賞揚するスタンスといい、そこに「日本」との結合の可能性を見ようとしたことといい、牧野は坂倉に先駆けているが、丹下はこの路線をさらに大きく延長させている。

丹下の「大東亜……」における巨大な神社はコンクリートに花崗岩を貼ったものとして構想されている。コンクリート製の神社とは伊東が終始否定していたものだった。丸山茂や藤原惠洋が、伊東は最初の明治神宮の造営にあたって、新様式の創出を主張するという進化論的な立場から、神社に限っては復古様式を木造でという立場に変わっていることを指摘している。少なくとも以後の伊東の記述では、つねに神社だけは「萬世一系の国体」の存在と対応する不変のビルディングタイプであるという議論で、材料も木造を主張しつづけ、実際に建てたものでもこの主張を通した（戦後の1959年の明治神宮の再建で、コンクリート化を主張する佐野利器、内田祥三ら構造学者の説を押し切って木造再建にもちこんだのは岸田であった）。伊東は神社ではないプログラムの建物（震災記念

上：「在盤国日本文化会館
設計競技案」
1943年
下：「広島平和記念公園」
1952年

堂など）ではコンクリート造の東洋風建築、いわゆる進化式を試みたが、どれも神社の様式ですらない。「天地根元宮造」のアプリケーションについては、板垣の指摘などに、清水文永設計の満州開拓幹部訓練所大講堂（昭和15年）など他に当時実例があったことがいわれている。清水のはもう少し合掌造りの民家のような趣があるとしても、確かに平側の立面の印象などは神社に酷似しているが、これは神社ではもちろんない。丹下はそれをやってのけたのである。しかも60メートルもの高さの大建築で、周囲を楔状の平面の回廊（玉垣？前川がサン・ピエトロかカピトルの広場からの示唆かと述べ、「むしろ作者の芬々たる体臭を強く感じる」といったものだが、回廊ではないものの楔状の平面は1930年代のル・コルビュジエの愛用したものでもある）で囲っている。ビルディングタイプとしても、これは護国神社本殿とされており、「萬世一系の国体」を体現する天皇制のイデオロギーに裏打ちされている。そして、進化式の実践のほとんどが失敗している造形面、つまりあまりに新味がないか、それを試みてバランスを崩しているかという問題をクリアしている。それは単に神社を拡大したわけではなく、勝男木《かつおぎ》（堅魚木）のような伝統的な要素を天窓に換えているなどの細部のヴォキャブラリーの還元に加えて、屋根が圧倒的なプロポーションで支配するデザインによって、屋根というよりむしろ斜めの壁のように見えるために、コンクリート造によるいわゆる日本趣味の建築（帝冠様式）の木に竹をついだような印象を完全に回避している。前川ですら、「対象が神社建築にとられた為に今日日本建築の造形的創造一般のはらむ普遍的な問題の核心も亦見事に外らされている」と批判しながらも、「そこに見られるものは単なる擬古主義ではない」と書き、「此の如き神社は可能なのではあるまいか」と述べざるを得なかった。

モダンな都市計画のロジックと神話的「日本」のイメージ

丹下は埴輪をイメージしたのだというが、これは戦後の広島平和記念公園の慰霊碑に引き継がれるものである。ブルーノ・タウトが伊勢や桂を評価したということに関してしばしばいわれるのは、タウトより前に伊東のような日本人研究者がとっくにそれを評価していたのだというような議論（たとえば岸田による）だが、伊東は実際に神社の設計を手がけながらも、それが寺院建築よりも抽象化しやすいというところには気付かなかった。あるいはそのようなモダン化には関心がなかったということかもしれない。この意味では、丹下によるこのデザインは伊東の進化式をモダンなかたちで実現したものといえなくもない。そして進化式か帝冠様式かという様式上の区別、つまり屋根の下の壁体の取扱いの違い（進化式だと屋根と壁は関連づけてデザインされるが、帝冠様式ではそうでない）というような事柄は、ここでは圧倒的な屋根の前にほぼ消滅しているに近い壁の扱いによってまったくトリヴィアルな問題と化している。宮内康が丹下のこれらのデザインを真の帝冠様式と呼んだことは、今となっては歴史的にさして意義のある指摘とも思えないが、進化式と帝冠様式の差異というようなものを止揚してしまったという意味においてであれば、正しい。戦後に「白タイルと歌舞伎座では真実さの希薄の点では同じ。僕はこのことに関しては浜口ほどにはザンゲもしないし悪行だったとも思っていません」と明言しているように、丹下はこの時点でモダニズム

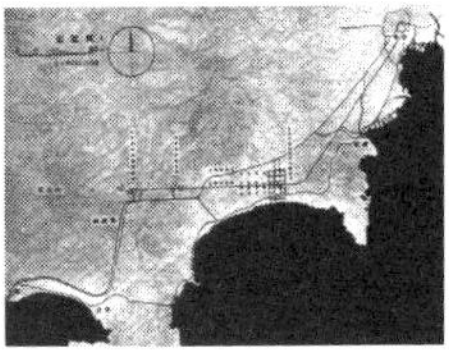

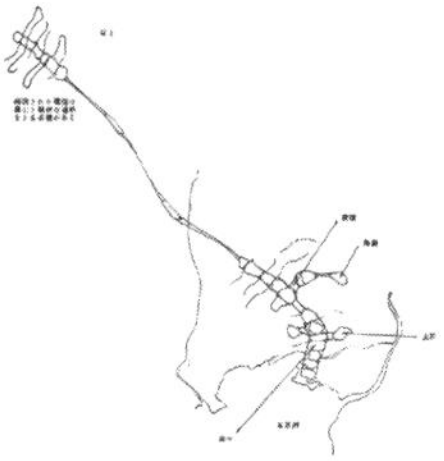

上：「大東亜建設記念営造計画設計競技案」配置、1942年、大東亜道路が富士と東京を結ぶ
下：「東京計画1960」1961年、左上が富士。銀座、上野、池袋、新宿を軸が通過する

と伊東的な進化主義を含む日本趣味とから等距離にあった。

しかし、この計画で真に興味深いのはこのような様式的な事柄ではない。前川の上記の批判にもあるように、神社のヴォキャブラリーの進化は、モニュメント・カルトとしては興味深い進展であるとしても、結局は、日本の敗戦というその前提が消滅する事態を踏まえてしまえば（それまでは、神社－国粋的な記念性とは、前川にとって例外的な状況であっても、丹下にとってはそうでなかっただろうが）、それ以上の発展性があったというわけではない。しかし、丹下はこの計画を都市計画あるいは地域計画として構想していた。設計趣旨説明でも「新しい日本の精神を以てする雄渾なる南方都市計画及び都市再編成が要望される」と述べている。建築創造に根拠を与えるのは都市計画だというのだ。実際には、この計画は単なるモニュメントとしての聖域のデザインにとどまるものではなく、首都東京を精神的に補完する「忠霊神域」であると同時に、それと「東京を時速70粁の距離にて結ぶ大東亜道路を建設」し、中間（富士山と横浜の中間）に大東亜政治経済中枢都市および大東亜文化中枢を設けることによって、「東京の膨張を防がんとす」るものだった。ここで、丹下は明らかに1930年代のル・コルビュジエ、つまり「PLAN」や「プレリュード」によったサンディカリスト、計画主義者のル・コルビュジエの後を追っている。「大東亜建設忠霊神域と東京を時速70粁の距離にて結ぶ大東亜道路」というスピードとインフラストラクチュアへのカルトは、どこかで満鉄的なイデオロギーに繋がっているとはいえないか？ この丹下案には、新京南湖の計画とともに彼が学生として手伝った坂倉の忠霊塔コンペの影響があったとされている。拝殿と本殿との並列的な神社風の平面形式がそのひとつだが、都市計画的な要素の導入もまたそのひとつである（坂倉はこのコンペ案を発展させた都市計画を翌年の「忠霊顕彰世界建設展」に発表している）。「大東亜……」のコンペでは「忠霊神域」のようなプログラムが求められていたわけではないから、丹下の案は明らかにこの坂倉のアイデアの延長線上に置かれている。近代的な都市計画のロジックと神話的、つまり起源遡行的な「日本」のイメージがそこには同居している。谷口のような人が結局発展させ損なった風土や国土というような1930年代的なポレミックは、ここで十全以上のかたちで展開されていると考えられるのだ。だから、これはひとつの総決算でもある。丹下健三はそのキャリアのスタート時にそれをやってのけた。その後の展開についてはメモ的に記すしかない。

戦後復興から万博へ

1―戦後の昭和21年に東大の都市計画担当の助教授になった丹下が取り組んだのは、前橋、広島、稚内、呉などの復興都市計画である。単なる暗合といえばそれまでだが、日本経済復興協会のスタッフとして政治―経済界で復興計画に力を注いだのは、満鉄での計画の中心にいた十河である。つまり、戦後の復興計画は、明らかに満州の計画経済の建設、さらに企画院による戦時物資動員計画に引き継がれたものの後身なのだ。

2―丹下は『建築雑誌』の昭和23年1月号に「建築をめぐる諸問題」と題するテクストを発表している。ここで述べられているのは都市の支配関係および建設工業機構の封建性の打破に関してだが、それは民主主義的なトーンであるにせよ、実はそれならば戦中の「革新」官僚たちのイデオロギーとさして変わらない。丹下がそこでアピールしたものは、デザインや様式論などではな

く、経済現象の安定と社会構造の改革であり、社会的生産力の基盤である都市や国土の計画の問題の重要性である。丹下はそこでアンドレ・ジークフリートを援用し、「世界はここに自由か計画かという二者択一の岐路に立たざるを得ない」としている。ジークフリートは、自由民権の闘士である一方では国外の植民地の獲得を主張した、つまり明治以来の日本のナショナリスト＝対外拡大主義者とも共通する、フランスの植民理論家である（ここでも志賀に近い？）。丹下はそこで資本主義における計画的経済政策の例としてTVAを参照し、「計画の王国」の信奉者たる自身の思想を端的に示している。

上：「東京計画1960」住宅棟、1961年
下：「日本万国博覧会」お祭り広場。1970年

3｜戦災復興計画の延長上にある丹下の広島平和記念公園の計画が、表面上の意匠は別として、強い軸線中心の3つのブロックを対称に並べた構成など、デザインの上でも「大東亜……」の延長にあるが、ずっと後の「東京計画１９６０」がそれをさらに拡張したものであることはいうまでもない。その軸は、皇居をその中心として、そして当時唯一の埋立地であった晴海を通るようにセットされているが、そのために北の方は池袋を通過している。しかしもうひとつのいわば拡張ヴァージョンでは、それが皇居からやや曲げられて新宿を通過する軸に修整された。これは国会議事堂を建てる機会を逸した丹下が後にそこに新都庁舎を建

てることと奇妙に一致するが、実はこの修整はさらにずっと西の富士と首都を結ぶための工夫である。つまりこれは明らかに「大東亜建設記念営造物」の後身なのだ。その際にはもう一方の極である「大東亜建設忠霊神域」を具体化したために描かれることのなかった首都の方の提案がこれであり、ある意味ではその両方で聖俗ワンセットの計画だとも見なし得る。この計画はちょうど岸内閣下での日米安保条約の締結の時期に行われ、かつての満州の革新官僚であり反米ナショナリストであった岸はそれで退陣、池田内閣がそれを引き継いで所得倍増計画による高度成長期を現出する。「東京計画1960」は「所得倍増計画」とほぼ同時に発表されたのである。これは戦前の「計画の王国」のある部分、つまり強固な官僚主導による戦後国家の再建のひとつの段階を通過するものだった。

　広島においては「大東亜……」の屋根が近代建築的なフラットルーフに置き換わっていることを、ことさら丹下における再転向あるいは偽装転向ととる必要はない。戦前において広島のようなフラットルーフでの日本的なものの表現を行わなかったことや、広島であえて神社的なイディオムを用いなかったことに何がしかのオポチュニスティックな計算が働かなかったというのではないが、広島はフラットルーフを頂いていたからといって、それは丹下が衛生陶器として軽蔑を隠さなかった白タイルのモダニズムの建物へのすり寄りだったわけではない。だから「大東亜……」の大屋根も広島のフラットルーフも、丹下自身にとっては建築家としての選択において等距離にあったはずだし、その選択に働いていたのは単なる状況的な判断だけではあるまい。事実、「大東亜……」の屋根は、広島の慰霊碑を経て、ほぼ20年後のWHO本部のコンペ案や「東京計画1960」の住居棟、あるいはより類似した例では丹下自身の作ではないが、菊竹清訓による出雲大社庁の舎や大谷幸夫の京都国際会議場に——たとえ意識的なものではないにせよ——再帰している。

　伝統の再解釈と「計画の王国」のロジックの拡張という、一見相容れない2つのものを統合したという点において丹下健三の傑出性は疑いを容れない。前者は創造者、知識人としてのアイデンティティにおいて、後者は政治、経済を含む日本社会総体とのつながりにおいて、丹下を国民国家日本のもち得た唯一のナショナルアーキテクトとしたのである。１９６０年代に丹下チームは「東京計画１９６０」をさらに全国規模へと展開する計画を行っている。これを構造化するのは新幹線網だが、新幹線を離陸させたのは、国鉄総裁であった十河信二、つまり満鉄官僚として「計画の王国」の住民だった人物である。東海道新幹線はオリンピックと同じ年にスタートした。その前年に総裁を辞していた十河にとって、それが満鉄の超特急「亜細亜」の後身であったことは間違いない。そのオリンピックで丹下健三は生涯の最高の作品である代々木の屋内競技場を建てた。それは日本建築の伝統的な美質（屋根の曲線）と最新のテクノロジー（劇的な吊り構造）を統合したものであった。最後は万博のお祭り広場である。「大東亜……」と同じように、しかしまったく対照的な目的のために動員される群衆のための空間。ここでも屋根が——ただし水平の——主役をはる。この結末についてはすでに何度か書いているので繰り返さない。ポストモダンがここで開幕する。

「代々木国立屋内総合競技場」1964年

［執筆者プロフィール］

青井哲人｜あおい あきひと
建築史・建築論、明治大学理工学部准教授
1970年、愛知県生まれ。1992年、京都大学工学部建築学科卒業。同大学院博士課程中退後、神戸芸術工科大学助手、人間環境大学准教授を経て2008年より現職。著書＝『彰化一九〇六年』『植民地神社と帝国日本』『明治神宮以前・以後』『アジア都市建築史』ほか。

五十嵐太郎｜いがらし たろう
東北大学教授
1967年、フランス・パリ生まれ。1990年、東京大学工学部建築学科卒業。1992年、同大学院修士課程修了。博士（工学）。「第11回ヴェネツィア・ビエンナーレ国際建築展」日本館コミッショナー、「あいちトリエンナーレ2013」芸術監督などをつとめる。

梅宮弘光｜うめみや ひろみつ
神戸大学大学院人間発達環境学研究科教授
1958年、兵庫県生まれ。1982年、近畿大学工学部建築学科卒業。1983年、鹿島出版会入社。1989年、京都工芸繊維大学大学院修了。1994年、神戸大学大学院修了。同年、神戸大学発達科学部講師。主な著書＝『モダニズム／ナショナリズム』（共著）。

岡﨑乾二郎｜おかざき けんじろう
造形作家、武蔵野美術大学客員教授
1955年生まれ。80年代より数多くの国際展に出品。「第8回ヴェネツィア・ビエンナーレ国際建築展」日本館ディレクター。主な建築・ランドスケープデザイン＝「Oraibi Paahu」「なかつくに公園」。主な著書＝『ルネサンス 経験の条件』『漢字と建築』。

岡田哲史｜おかだ さとし
建築家、千葉大学大学院工学研究科准教授
1962年、兵庫県生まれ。1989年、コロンビア大学大学院修了後、早稲田大学大学院博士課程修了。1995年、岡田哲史建築設計事務所設立。デダロミノッセ国際建築賞最優秀賞、日本建築学会賞（技術）等受賞多数。作品および著書多数。

奥 佳弥｜おく かや
大阪芸術大学芸術学部准教授
1962年、大阪府生まれ。1985年、奈良女子大学卒業。1994年、京都工芸繊維大学大学院博士後期課程修了。博士（学術）。1990-92年、アムステルダム自由大学留学。2007年、同大学客員研究員。主な著書＝『G.Th.リートフェルトの建築』『デ・ステイル 1917-1932』など。

笠原一人｜かさはら かずと
建築史家、京都工芸繊維大学助教
1970年、兵庫県生まれ。1998年、京都工芸繊維大学大学院博士課程修了。2010-11年、オランダ・デルフト工科大学客員研究員。主な著書＝『近代建築史』『関西のモダニズム建築』『村野藤吾の建築』『村野藤吾の住宅デザイン』（共著）。

川嶋 勝｜かわしま まさる
編集者
1973年、千葉県生まれ。1996年、日本大学理工学部建築学科卒業、1999年、同大学院博士前期課程修了。東京大学生産技術研究所研究生、鹿島出版会SD編集部を経て現在、出版事業部所属。2015年、日本大学短期大学部非常勤講師。

田所辰之助｜たどころ しんのすけ
日本大学理工学部教授
1962年、東京都生まれ。1986年、日本大学理工学部建築学科卒業。1994年、同大学院博士後期課程修了。博士（工学）。専門はドイツ近代建築史・建築論。主な共著書＝『材料・生産の近代』『20世紀の空間デザイン』『近代工芸運動とデザイン史』『ビフォー ザ バウハウス』（共訳）など。

田中禎彦｜たなか さだひこ
建築史家、文化庁文化財調査官
1969年、大阪府生まれ。1994年、京都大学工学部建築学科卒業。1998年、同大学院工学研究科博士課程中退。同年、文化庁入庁。2005年、文化財調査官。2006-08年、ICCROM出向。主な著書＝『日本人建築家の軌跡』『日本の建築空間』『日本の最も美しい名建築』。

田中 純｜たなか じゅん
東京大学大学院総合文化研究科教授
1960年、宮城県生まれ。1991年、東京大学大学院総合文化研究科修士課程修了。2001年、東京大学より博士（学術）の学位取得。2010年、ジーボルト賞受賞。主な著書＝『都市の詩学』『政治の美学』『過去に触れる』。

中谷礼仁｜なかたに のりひと
歴史工学研究、早稲田大学創造理工学部教授
1965年、東京都生まれ。1987年、早稲田大学理工学部建築学科卒業。同大学准教授などを経て2012年より現職。2010-11年、『建築雑誌』編集委員会委員長。『今和次郎「日本の民家」再訪』(瀝青会名義)で、2013年度日本生活学会今和次郎賞と日本建築学会第一回著作賞を受賞。

Torben Berns｜トーベン・バーンズ
建築史・建築理論、Daedalon Research Labsディレクター
1962年、南アフリカ・ヨハネスブルグ生まれ。オタワのCarleton大学にて建築学の学位号、モントリオールのMcGill大学にて建築学の修士号を取得。McGill大学の建築史・建築理論専攻博士論文提出資格者。京都大学に研究生として2年間滞在した経歴を持つ。

濱嵜良実｜はまざき よしみ
建築家、(株)浜﨑工務店代表取締役
1964年、東京都生まれ。1996年、日本大学大学院理工学研究科博士課程修了。博士(工学)。(株)浜﨑工務店一級建築士事務所所長。1999年より日本大学非常勤講師。2014年より現職。主な著書＝『マトリクスで読む20世紀の空間デザイン』(共著)など。

本田昌昭｜ほんだ まさあき
大阪工業大学工学部教授
1963年、京都府生まれ。1986年、京都工芸繊維大学工芸学部住環境学科卒業。1991年、京都工芸繊維大学大学院修了。京都工芸繊維大学研究員などを経て、2004年、大阪工業大学工学部助教授。博士(学術)。主な著書＝『テキスト建築の20世紀』など。

松隈 洋｜まつくま ひろし
近代建築史・建築設計論、京都工芸繊維大学教授
1957年、兵庫県生まれ。1980年、京都大学工学部建築学科卒業。同年、前川國男建築設計事務所入所。2000年、京都工芸繊維大学助教授。2008年より現職。工学博士。著書に『建築の前夜―前川國男論』など。

丸山洋志｜まるやま ひろし
建築家
1951年、函館市生まれ。1984年、コロンビア大学建築学部大学院修士課程修了。1984-89年、アイゼンマン・アーキテクツ勤務。1991年、設計事務所丸山アトリエを開設。現在、国士舘大学建築デザイン学科非常勤講師。

南 泰裕｜みなみ やすひろ
建築家、国士舘大学理工学部教授
1967年、兵庫県生まれ。1991年、京都大学工学部建築学科卒業。1997年、東京大学大学院博士課程満期退学。同年、アトリエ・アンプレックス設立。主な作品＝「アトリエ・カンテレ」など。主な著書＝『建築の還元』など。

矢木 敦｜やぎ あつし
1972年、兵庫県生まれ。1997年、日本大学理工学部建築学科卒業、1999年、同大学大学院修士課程修了、2000年、日本大学建築史建築論研究室研究生。2001年、(株)三宿工房勤務。現在、矢木醤油(株)勤務。修士論文＝「建築家・蔵田周忠の建築活動に関する研究」。

矢代眞己｜やしろ まさき
日本大学短期大学部教授
1961年、東京都生まれ。1996年、日本大学大学院理工学研究科建築学専攻博士後期課程修了。1987-89年、デルフト工科大学に留学。BiOSを経て、現在、日本大学短期大学部教授。博士(工学)、一級建築士。主な著書＝『カリスマ建築家偉人伝』『マトリクスで読む20世紀の空間デザイン』など。

八束はじめ｜やつか はじめ
建築家、批評家、芝浦工業大学名誉教授
1948年、山形県生まれ。1978年、東京大学大学院中退、磯崎新アトリエ入所。1983年、UPM設立、2003-14年、芝浦工業大学教授。主な作品＝「美里町広域文化センター」。主な著書＝『思想としての日本近代建築』など。

創生社、1928年3月
図6:『デザイン』第1年第11号、
創生社、1927年11月
図7:『新建築』第5巻第4号、
新建築社、1929年4月
図11:『新建築』第9巻第4号、
新建築社、1933年4月
図12:『建築と社会』
第19輯第1号、日本建築協会、
1936年6月
図13:『建築と社会』
1936年6月号
図14-16:伊藤正文
『国民学校』相模書房、1941年

土浦亀城 | 258-271
260, 262, 268下:『SD』
1996年7月号、鹿島出版会
264-266, 268上・中:
彰国社写真部

岸田日出刀 | 272-277
274上・中上:五十嵐太郎撮影
274中下:『過去の構成』
相模書房、1951年
274下:『現代の構成』
構成社、1930年

佐藤武夫 | 278-289
280, 284上:
佐藤武夫作品集刊行会編
『佐藤武夫作品集』
相模書房、1963年
284中:西澤泰彦
『図説「満州」都市物語』
河出書房新社、1996年
284下2点, 286:田中禎彦撮影

山越邦彦 | 290-307
図1:『国際建築』1929年11月号
図2:『建築時潮』
創刊号、1930年7月
図3:『建築時潮』
第4号、1930年10月
図4:『国際建築』1933年5月号
図5:『婦人之友』1933年10月号
図6:『国際建築』1933年5月号
図7:五十殿利治ほか編
『大正期新興美術資料集成』
国書刊行会、2006年
図8:『建築新潮』1927年7月号
図9: *ABC: Beiträge zum Bauen*,
No. 1, 1924

坂倉準三 | 308-315
310:『現代建築』1939年6号
312-313, 314上:村沢文雄
314下:『新建築』1967年3月号

川喜田煉七郎 | 316-333
図1:川喜田煉七郎
『図解式店舗設計の実際』
誠文堂新光社、1937年
図2:日本近代音楽館蔵
図3:『建築畫報』
第19巻第8号、1928年8月
図4:『建築新潮』
第8年第3号、1927年3月
図5:『建築新潮』
第9年第11号、1928年11月
図6:『建築新潮』
第11年第6号、1930年6月
図7:『建築畫報』
第21巻第9号、1930年9月
図8, 9:『建築畫報』
第22巻第6号、1931年6月
図10:
『建築工芸アイシーオール』
第3巻第3号、1933年3月
図11:川喜田煉七郎
『図解式店舗設計陳列全集』
モナス、1940年

山口文象 | 334-345
図1, 5, 6, 9, 10, 13, 14:
RIA建築綜合研究所編
『建築家山口文象 人と作品』
相模書房、1982年
図2, 7, 8:
株式会社アール・アイ・エー所蔵
図3, 4, 15:田所辰之助撮影
図11: Hartmut Probst,
Christian Schädlich, *Walter Gropius, Band 2: Der Architekt und Pädagoge, Werkverzeichnis Teil 2*, Ernst&Sohn, 1987
図12: *Le Corbusier et Pierre Jeanneret: œuvre complète 1929-1934*, publiée par Willy Boesiger, introduction et textes par Le Corbusier, Les Éditions d'architecture, 1964

谷口吉郎 | 346-363
350上, 352:彰国社編
『谷口吉郎の世界』
彰国社、1997年
350下:彰国社写真部撮影
362:『現代日本建築家全集6
谷口吉郎』三一書房、1970年

白井晟一 | 364-381
366:『新建築』
1991年6月号臨時増刊
「建築20世紀PART2」
新建築社、1991年
368, 373, 375, 376, 378, 381:
彰国社写真部撮影

前川國男 | 382-393
384上・中上・下:
木村文蔵氏所蔵
384中下:
前川建築設計事務所蔵
386右3点:彰国社写真部撮影
386左上:杉山雅則旧蔵資料
386左中:『DETAIL JAPAN』
編集部撮影
386左下:
『明治製菓銀座売店競技設計
図集』洪洋社、1931年
388:
田村嘉基(弘前工芸協会)、
仲邑孔一作成
390上・中:『前川國男作品集
——建築の方法』
美術出版社、1990年
390下:
『前川國男=コスモスと方法』
南洋堂、1985年
392:村沢文雄

小坂秀雄 | 394-401
図1, 2:吉田鉄郎建築作品集
刊行委員会編
『吉田鉄郎建築作品集』
東海大学出版会、1968年
図3:『電電建築』19巻、
1981年10月
図4, 5, 7:『小坂秀雄の建築』
刊行委員会編
『小坂秀雄の建築』
テイクアイ、2001年
図6:田所辰之助撮影

丹下健三 | 402-419
404上、414下:丹下健三
『建築と都市』彰国社、1970年
404下:『建築文化』
2000年8月号
406上・中:五十嵐太郎編
『卒業設計で考えたこと。
そしていま』彰国社、2006年。
東京大学大学院工学系
研究科建築学専攻所蔵
406下:日本建築学会編
『近代建築史図集 新訂版』
彰国社、1976年
408, 414上:『建築雑誌』
1942年12月号
412上:『新建築』
1944年1月号、新建築社
412下:『新建築』
1954年1月号、新建築社
416上: Massimo Bettinotti
ed., *Kenzo Tange 1946-1996, Architecture and Urban Design*, Electa, 1996
416下:彰国社写真部撮影
418-419:内野正樹撮影

中村達太郎 | 008-023
図1:『日本建築辞彙』
丸善書店、1906年
図2:『建築雑誌』
第212号、1904年8月
図3:日本建築学会編
『日本建築史図集 新訂第三版』
彰国社、2011年
図4:平内廷臣
『匠家矩術新書』1848年
図5:斎藤平次郎
『日本建築規矩術』1905年
図6:田中國城『和洋建築
大小早割秘伝』1911年

佐野利器 | 024-035
028上:佐野博士追想録編集
委員会編『佐野博士追想録』
1957年
028中上:今和次郎、
大泉博一郎、平沢順
『建築百年史』有明書房、
1957年
028中下・下:佐野利器
「規格統一」『建築雑誌』
第390号、1919年6月
030, 032上・中:
佐野利器『住宅論』
文化生活研究会、1925年
032下:日本建築学会編
『明治大正建築写真聚覧』
丸善書店、1936年

角南 隆 | 036-055
図1-3:青井哲人作成
図4:岸田蒔夫編『明治神宮』
教育画報特別増刊、同文館、
1920年
図5:明治神宮社務所・
明治神宮復興奉賛会編
『明治神宮御遷宮写真帖』
明治神宮社務所、1959年
図6, 8, 10:青井哲人蔵
図7:『小林福太郎氏遺作集』
洪洋社、1943年
図9, 11:『近代の神社景観』
中央公論美術出版、1998年
図12:『橿原神宮史』
橿原神宮、1981年
図13-15:『建築世界』
1944年1月号
図16, 17:『朝鮮と建築』
1942年9月号
図18:小笠原省三
『海外神社史 上巻』
海外神社史編纂会、1953年

藤井厚二 | 056-067
060上・中:彰国社写真部撮影
060下, 062中・下:竹中工務店
設計部編『「聴竹居」実測図集』
彰国社、2001年。京都大学
工学部建築学科図書館所蔵
062上:畑拓(彰国社)撮影

今 和次郎 | 068-081
図1, 2:『日本の民家』
岩波文庫、1989年
図3:『建築雑誌』第367号、
1917年7月
図4:『建築写真類聚 バラック
建築 巻一』洪洋社、1923年
図5-9:『日本民俗叢書 民俗と
建築』磯部甲陽堂、1927年

アントニン・レーモンド
082-095
084, 88, 94上:『現代日本建築
家全集1 アントニン・レーモンド』
三一書房、1971年
086:Le Corbusier,
Le Corbusier: Œuvre complète
vol.2, L'édition d'architecture
092, 093:村沢文雄撮影
094下:『建築文化』
1952年10月号

村野藤吾 | 096-107
図1, 2:
宇部市渡邊翁記念会館蔵
図3, 5-9:矢代眞己撮影
図4:『建築と社会』
1937年7月号

小山正和 | 108-115
110上:『建築雑誌』
1966年7月号
110下:『国際建築』
1928年1月号
112上:『国際建築』
1929年5月号
112中・下:『国際建築』
1931年6月号

上野伊三郎 | 116-133
図1:向井正也「建築/人と作風
——上野伊三郎」、『HIROBA』
大阪府建築士会、1987年11月
図2:『インターナショナル建築』
1929年9月号、藝苑社
図3, 4:『デザイン』
1927年9月号、創生社
図5:『デザイン』
1927年11月号、創生社
図6:『インターナショナル建築』
1929年8月号(創刊号)、藝苑社
図7-9:『インターナショナル建築』
1930年9月号、藝苑社
図10, 11:『新建築』
1929年4月号、新建築社
図12:『インターナショナル建築』
1929年8月号、藝苑社
図13:『インターナショナル建築』
1933年1-5月号、藝苑社
図14:『インターナショナル建築』
1929年10/11月号、藝苑社
図15:『インターナショナル建築』
1930年3月号、藝苑社
図16:『インターナショナル建築』
1931年7月号、藝苑社
図17:『インターナショナル建築』
1932年4-7月号、藝苑社
図18, 19:『群馬工芸』
群馬県工芸所、1938年5月

石本喜久治 | 134-151
136, 142上, 144上, 146,
148上・中上・中下:『新建築』
1929年1月号
140:分離派建築会
『分離派建築會 宣言と作品』
岩波書店、1920年
142中, 144中・下:
分離派建築会・
関西分離派建築会
『分離派建築會の作品 第三刊』
岩波書店、1924年
142下, 148下:石本建築事務所
『50年の軌跡』1977年

山田 守 | 152-163
図1, 3, 5-13:
山田守建築作品集刊行会編
『山田守建築作品集』
東海大学出版、1967年
図2:W. ペーント
『表現主義の建築(上)』
SD選書、鹿島出版会、1988年
図4:
Hitchicock, H-R / Johnson, P.,
Der Internationale Stil 1932,
Branschweig/Wiesbaden,
Friedr. Vieweg & Son, 1985

吉田五十八 | 164-185
168, 170, 182, 183:
村沢文雄撮影
174:吉田五十八
作品集編集委員会編
『吉田五十八作品集』
新建築社、1976年
180:彰国社写真部撮影

蔵田周忠 | 186-199
図1:蔵田周忠『近代的角度』
信友堂、1933年
図2:蔵田周忠
『近代建築思潮』洪洋社、
1924年
図3:『国際建築』1931年2月号
図4:『国際建築』1931年7月号
図5:板垣鷹穂、堀口捨己編
『建築様式論叢』1932年
図6:小山正和編
『現代住宅1933-40 第二集』
国際建築協会、1941年
図7, 8:『国際建築』
1936年8月号
図9, 10:『国際建築』
1937年9月号
図11, 12:グルッペ5 豊口克平編
『型而工房から
豊口克平とデザインの半世紀』
美術出版社、1987年
図13:『実用建築講座 第1巻』
東学社、1935年

森田慶一 | 200-211
図1-7:『森田慶一建築作品』
建築論研究グループ、1986年

堀口捨己 | 212-225
216:彰国社編
『堀口捨己の「日本」』
彰国社、1999年
218, 219, 220上:渡辺義雄撮影
220中・下:彰国社写真部撮影
222上:田中純『政治の美学』
東京大学出版会、2008年
222下:Manfred Tafuri,
Francesco Dal Co,
Modern Architcture / 1,
Electa / Rizzoli, 1986

石原憲治 | 226-233
228上:石原憲治
『日本農民建築の研究』
南洋堂、1976年
228下:国際建築協会編
『現代住宅1933-1940・第3輯』
国際建築協会、1941年
230上:『建築の東京』
都市美協会、1935年
230下:石原憲治
『都市建築造型理論への
考察』洪洋社、1929年

今井兼次 | 234-239
236上:畑拓(彰国社)撮影
236中:彰国社編集部撮影
236下:彰国社写真部撮影

伊藤正文 | 240-257
図1, 9, 10:伊藤正文
『社寺美の新構成』
藝苑社、1930年
図2:『インターナショナル建築』
第1年第1号、藝苑社、
1929年8月
図3:『デザイン』第3年第4号、
創生社、1929年4月号
図4:『デザイン』第1年第10号、
創生社、1927年10月
図5, 8:『デザイン』第2年第3号、

『モダニスト再考[日本編] 建築の20世紀はここから始まった』は、
雑誌『建築文化』の特集「日本モダニズムの30人 モダニスト再考II——国内編」[2000年1月号]
をもとに、単行本として刊行したものです。

編集協力=内野正樹/エクリマージュ

モダニスト再考[日本編] 建築の20世紀はここから始まった

2017年 3月10日 第1版 発 行

著作権者との協定により検印省略

編　者　株式会社　彰　国　社
発行者　下　出　雅　徳
発行所　株式会社　彰　国　社
162-0067 東京都新宿区富久町8-21
電話　03-3359-3231(大代表)
振替口座　00160-2-173401

自然科学書協会会員
工学書協会会員

Printed in Japan

印刷：真興社　製本：誠幸堂

ISBN 978-4-395-32086-8　C3052　http://www.shokokusha.co.jp